U0136165

政教互動與宗教團體自由權限

——『宗教團體法草案』個案研究(1997-2012)

蔡秀菁　著

蘭臺出版社

原來宗教學也可這樣研究

　　宗教學研究的範疇從最古老的宗教神學發展到哲學，再由人文宗教學轉向人類學、心理學、社會學等領域的宗教社會科學的研究。而最近幾年，宗教學者開始關注到社會科學領域中的法學、政治學、經濟學等學科來研究宗教學。其中，宗教政治學的「政教關係」研究，是逐漸開發成一嶄新學科的新領域。

　　蔡博士的研究給此領域打入了一劑強心針，她挑選〈宗教團體法草案〉的個案研究當作主題，嘗試建構與檢視政教關係理論；並運用政治科學中的新國家主義與壓力團體理論，當作理論檢證與修訂的假設。

　　就過去的〈宗教團體法草案〉研究來看，這篇研究具有幾項宗教學理論發展的意涵：

　　1.將宗教社會科學研究觸角伸至「宗教政治學」

　　「宗教政治學」是門嶄新的學科，需要累積諸多宗教與政治互動的相關連理論，才可能逐漸發展。蔡博士這篇研究，傳承了過去對此領域已有研究的成果，並走出一條創新的視野途徑。

　　2.突破宗教法學的傳統研究，轉化為動態政教關係研究

　　過去兩岸學者對宗教團體法或宗教法的研究，都從法學、法哲學或意識型態學等研究途徑出發，從少將宗教團體法當作一項依賴變數，思考這項法案出現的原因，包括來自國家或宗教團體彼此角力過程後，才浮出這項法案的藍圖。蔡博士的研究，指出了這種政與教互相角力動態過程的實際真實樣貌，讓讀者得以一窺究竟。

　　3.運用個案來發展宗教政治學理論

　　蔡博士採用得以深入政教互動理論的個案研究途徑，由此個案讓讀者可以得知，初階宗教政治學理論建構的可能性。如果未來可以累積更多的個案，進行小樣本的個案比較，或是多樣本的個案比較，就可以比較完整的呈現政教互動理論，進而豐富宗教政治學理論。

　　4.質化與量化並陳，探索〈宗教團體法草案〉的過去與未來

　　本研究以質化在前，量化在後，探索〈宗教團體法草案〉的內涵。蔡博士用深度訪談法結合文獻法，詳細理解與〈宗教團體法草案〉相關的產、官、學三類菁英對此議題的意向；再運用問卷調查法，測量這三類菁英對本法案通過後的未來態度。形同本研究是對過去這三類菁英的態度理解與未來估計型的研究，就研究的能量來看，是一篇不可多得之作。

　　就政治學研究來看此論文，本篇是屬於「冷灶熱燒型」的作品；就宗教學的角度而言，本篇則為宗教社會科學又開

了一扇門，讓宗教學者與政治學者的理論、概念，在本文中
激出美麗的火花。我們期待宗教或政治學者，可多花幾分心
力，共同耕耘「宗教政治學」這塊豐沃的土地。這份心情是
對年輕學者的期待，也是對蔡博士的勉勵！

真理大學宗教文化與組織管理學系教授　張家麟

2013/4/2 於台北

推薦序

自現代國家體制與現代世俗文化興起以來,「政教關係」便成為東西方學界持續關注的研討議題,而「宗教立法」則可謂此項議題中的疑難環節、論爭焦點與探索前沿。就華人學界的研討狀況而言,關於古今中外政教關係、包括西方國家宗教立法的論著已有相當的積累,但有關華人社會與文化背景下宗教立法的專門研究尚處於起步階段。因此,這本專著面世,不禁引人注目,它不僅為海內外學術同行奉獻了最新的研究成果,也頗值得海峽兩岸對此議題感興趣的各界讀者會心品味。

此書之新意,由諸多亮點交匯而成。諸如,作者是一位臺灣學界宗教政治學新秀,她所潛心探討的是一個新的研究方向——《宗教團體法草案》,又嘗試以新的學科視域——政治科學的新近理論與方法,致力於新的學術整合——理論建構、個案考察、深度訪談、民意測驗、質化與量化研究相結合等,並力圖基於現有的開放性結論來展現新的探索維度或前景——如公共政策與政教關係研究、宗教法規決策過程及其模式研究、各國宗教政策法規比較研究,以及海峽兩岸政教關係與宗教交流研究等。我以為,其中尤以扎實而細緻的個案研究、周全而互參的民意測驗,讀來令人印象最深、啟發最大,對推進日後同類議題研討最有學術參考價值。

　　我與作者蔡秀菁博士相識多年，所以得知這本專著是她長期辛勤耕耘的結果。她在碩士班學習階段，拜師真理大學張家麟教授，深得基礎理論與實證研究並舉，宗教學、政治學和人類學等學科相交叉的嚴格訓練；此後又考入國立臺灣師範大學政治研究所博士班，在謝邦昌、曲兆祥兩位教授指導下，專注於《宗教團體法草案》研究。我與家麟教授是學界摯友，他自大陸改革開放以來便一直熱心推動兩岸學術交流。在我們多年的合作與交流活動中，秀菁君不僅是家麟教授的得力學術助手，對大陸學者幫助與關照頗多，而且總是虛心討教於北大及其他大學的專家教授，與他們交流治學心得與研究進展。正是此種緣分，得知蔡秀菁博士的這本新著即由蘭臺付梓發行，我樂意為之力薦，並希望她繼續耕耘於這一前沿領域，繼續為兩岸學術交流投入更多的精力、奉獻更多的佳作。

　　是為「序」，更為「願景」。

張志剛

北京大學哲學系、宗教學系教授

北京大學宗教文化研究院院長

2013 年 3 月 15 日記于北大燕園

台湾の政教関係に新たな視座を展開

　　蔡さんの学位論文は、台湾社会における政治と宗教の関わりについて、「宗教団体法草案」を具体例として政治科学的方法論と実地調査によって考察することによって、政教関係に関する新たな視座を提示した労作である。筆者はまず、この研究テーマに関する従来の先行研究の成果を踏まえて、周到に方法論的あるいは理論的な考察をおこなう。そのことによって、本論文の研究目的と射程を明らかにする。そのうえで、台湾における「宗教団体法草案」の背景と意味内容を明らかにし、台湾という具体的な社会的脈絡と宗教の連関性を明らかにする。国家と宗教の関係性に言及しながら、「自由権限」の意味を質的・量的研究方法によって考察する。とりわけ、「国家意向」と「宗教團體意向」の形成要因の連関性は、社会科学的にも宗教学的にも最も重要な研究課題の一つである。こうした研究課題を踏まえたうえで、筆者は台湾における政教互動がいかにあるべきかについて、「宗教団体法性意向」問巻調査および台北市政府民政局の会議記録という具体的データに依りながら、「新国家主義」および「多元主義」の理論を修正し、新たな視座を展開している。今後、台湾社会にお

ける政治と宗教の関わりを理解していくうえで、本論文は
重要な示唆を提示する論考であると言えるであろう。

天理大学教授　澤井義次

2013 年 3 月

目　錄

第一章　緒論

第一節　研究動機與目的

「國家」與「宗教團體」的互動是「政教關係」研究中，非常重要的一個主題。過去筆者曾經對「宗教政策與新宗教團體發展—以台灣地區新宗教申請案為焦點」當作主題進行研究。（蔡秀菁，2006）觀察在國家的宗教政策下，新宗教向國家提出申請後，得以發展的情形。並開始接觸台灣地區的政教關係相關子題的個案研究，從中獲得研究的樂趣，進一步發現在此領域中，尚有許多值得探究的問題。

為了進一步探索台灣地區解嚴後，國家與宗教兩者之間的互動。筆者挑選〈宗教團體法草案〉制定的過程，觀察「政」與「教」互動的現象，作為本研究的主要焦點。筆者認為有下列五項研究動機，分別闡述如下：

壹、研究動機

一、中山先生宗教自由主張在台實踐的理解

　　中華民國曾經以中山思想為立國基礎，憲法前言揭櫫「中華民國基於三民主義為民有、民治、民享之民主共和國。」顯現中華民國在台灣從 1945 年至今，儘管曾經經歷國民黨威權統治。然而到 1987 年民主轉型，已經實踐中山先生的民主與人權思想。就憲法體制的變遷與成長而言，也從臨時條款的戡亂與戒嚴「非常」體制，轉型為廢除臨時條款、解除戒嚴的「正常」體制。其中，國家對人民的宗教自由，也從過去戒嚴體制的宗教管制，轉型為民主體制的宗教輔導政策。從此，台灣地區人民的宗教自由得到高度解放。

　　就憲政主義的角度而言，當前中華民國政府於解嚴後，形同高度實踐中山思想。其中「憲法」賦予人民的「信仰自由」，似乎得到高度的肯定與實踐，台灣變成華人地區及全球社會的宗教自由「典範」。

　　然而，當今台灣人民的宗教自由範圍有多寬？程度有多深？國家公權力可否介入人民或宗教團體的宗教活動？「憲法」中的宗教自由具體實踐程度為何？非常值得學界重新理解。今天筆者忝為政治學研究社群的一員，理應對政治哲學中占一席之地的中山先生思想有所理解，尤其對其民主、人權思想中的宗教自由在台實踐具體內涵，進一步從事政治科學的解讀。

二、新宗教申請案的學術觸角

　　筆者曾經參與內政部「新宗教建立衡量指標之研究」的國家型計劃，(張家麟，2005) 開始接觸我國在解嚴之後，對宗

教團體的「管理」及「輔導」政策，與戒嚴時期國家對宗教團體的「壓制」政策大不相同。戒嚴時期國家體制為「威權政體」；解嚴之後國家體制轉型為「民主政體」。國家統治類型不同，造成宗教政策內涵轉變，由壓制的「管制主義」，轉向為輔導的「自由主義」宗教政策。

　　戒嚴時期禁止任何新宗教，新宗教只能走向地下化，國家的宗教政策將新宗教醜化，新宗教在社會民眾心中，形同「污名化」的宗教。此時國家對新宗教的「形式」與「內涵」加以禁止，新宗教不能存在，形同該宗教的「信仰」、「宣教」、「組織」、「教義」、「經典」、「神祇」與「神職人員」等都沒有「宗教自由」。

　　這種現象直到 1986 年才出現鬆綁的曙光，中國國民黨為了獲得對內統治的合法基礎，乃擴大民主參與選舉，為了贏得選舉，該黨重要領導菁英為一貫道新宗教的信徒，國民黨給予一貫道合法，換取一貫道領袖及其信徒的選票支持。1987 年解除戒嚴後，這項管制的缺口逐漸擴大，隨著台灣政治自由化，新宗教也獲得宗教自由化。至 2011 年為止，在台灣地區登記為全國型的新宗教有 27 個，未登記而在台灣地區傳教的新宗教，至少多達幾百個以上，台灣地區已經變成宗教團體活動頻繁的宗教自由「典範」。

　　然而「宗教自由」程度雖然高，並非意謂國家對宗教團體採取「放任主義」。以新宗教申請案為例，提出申請的新宗教也有被國家拒絕的案例，像「萬宗」、「乾坤教」、「仙教」、「釋教」及「孝教」等新宗教，由於其規模過小，或是經典教義和傳統宗教重疊，被國家拒絕登錄為全國型新宗教。台灣地區高度的宗教自由是宗教的「內在條件」，幾乎任何宗教團體都可

以在台灣宣教。但是，如果宗教團體從事和社會相關的活動時，國家的「公權力」及其法規，可能就會給予宗教團體規範約束。

三、「新國家主義」（neo-statism）理論[1]的反省

筆者對政治學中「新國家主義」理論的學習發現，可以用此理論觀察「政教互動與宗教團體自由權限—『宗教團體法草案』個案研究（1997-2012）」。因為新國家主義的主要概念為，掌握國家機器的一小撮具有關鍵戰略地位的人，他們的行為、意向與能力會影響國家機器的運作，致使國家和其統治底下的團體進行支配與互動，進而導致國家的興衰或國家政策的良弊。

新國家主義是研究公共政策新興的「研究途徑」[2]，筆者想藉此途徑理解，為何我國至今尚無法建構一套完整的「宗教團體法」。從新國家主義的概念觀察，或許少數的國家統治者，他們足以制定與執行公共政策的內容與方向。但是，這種決策

---

1 1970 年末到 1990 年西方出現新國家學派，此學派延續德國韋伯的國家理論。將國家視為一組行動者，國家機關在社會當中扮演政治、經濟、社會發展的角色與作用，國家是一個獨立體，她可能是資產階級或資產階級以外的社會各方勢力競逐權力的場所；她也可能是一個獨立的行動者，有其意志、目標與實踐意志、目標的能力，國家機關形同和社會切割開來，但是又對社會產生重大影響，像對經濟市場的干預，對社會資源的重分配，國家機器皆有其固定的立場。（王佳煌，1998）

2 新國家主義為政治科學的研究典範之一，在行為主義發展告一段落，新國家主義則崛起於 1980 年代，重新將國家的概念帶回政治科學研究領域中，將國家視為獨立變項，企圖理解國家的發展，或是國家的政策表現與效果。（Skocpol, Theda.,1985:3-37；高永光，1995；張家麟，2000）本研究將研究焦點放在新國家主義理論中的國家政策表現及效果的關連性作理解。

方式適合在「威權體制」，卻不見得適合於「民主體制」。在民主體制下，政治領袖代表國家，對公共政策的影響力深受政黨勢力強弱的影響。以 2000 年政黨輪替的民進黨政府為例，其政治領袖領導的國會是少數國會支持的行政體系，簡稱為「少數政府」。欲用少數政府領導整個國家機器，就可能受到多數國會的反對黨杯葛，其決策能力降低，政治領袖再也無法像威權體制的領袖一般，對公共政策掌握實質的主導權。

在此之際，政治領袖變成公共政策決策的一項重要因素，並非扮演絕對影響公共政策出現的唯一因素。新國家主義在民主化之後的台灣，是否變成「理論侷限」，筆者對此相當好奇。在解嚴之前，我國已經有散佈在各種法律、行政命令的〈宗教團體法草案〉，這些法律與命令幾乎都是威權時代領袖的旨意。然而民主化之後，民進黨政府試圖將〈宗教團體法草案〉系統化，此想法卻始終來自黨內外，及各宗教團體相當高程度的反彈；因此，至今我國為宗教單獨立法的理想尚未成功。

四、民主化之後宗教團體宛如壓力團體的觀察

觀察國家與宗教團體在〈宗教團體法草案〉的角力，除了從國家面向作理解外，也可以從宗教團體對此法制的投入與關心狀況，加以描述和解釋。

台灣在 1987 年之後，國家體制由「威權」轉型為「民主化」（democratization）體制，國家為了獲得人民的「合法性」支持，不斷舉行選舉。執政當局中國國民黨乃需要各類型的團體支持，此時新宗教團體也在其拉攏之列。過去被打壓的宗教團體由於民主選舉，其團體成員的選票顯得格外重要。國民黨

為了贏得選舉，必需獲得宗教團體信徒的選票支持，才有辦法
爭取繼續執政。

　　不只國民黨政府會和宗教團體產生互動，在 2000 年台灣
出現第一次政黨輪替。民進黨主政的國家，為了拉攏信徒選
票，或是贏得宗教團體的支持，也和國民黨政府一樣，持續的
重視宗教團體對國家的需求。

　　當統治者在威權統治時代，由掌握與壓迫宗教團體，甚至
不關心宗教團體的需求；到了民主體制時代，統治者為了獲得
選票乃改變與宗教團體的互動關係，此時，宗教團體就有了對
國家施壓的合法基礎。他們對於執政者之間的關係，形同是一
個新興的「壓力團體」。

　　台灣民主化之後，掌控國家機器的一小撮具關鍵戰略地位
的國家領袖，他們對公共政策已經無法完全主導，甚至可能得
接受各類型壓力團體的關說和影響。以「多元主義」(pluralism)
[3] 的決策模式來看，台灣國家機器的擁有者，不必然像個「多
元主義」的「風向雞」，政治領袖擁有其公共政策的立場，卻
也沒辦法完全貫徹其意見，他們得面對各類型團體的壓力。政
治領袖與各類型宗教團體領袖，在國家機器的「競技場」中，
競逐公共政策的主導權。

　　從民主化之後的台灣政局觀察，多元主義的決策模型也無
法完全解讀台灣的決策模式，反而「壓力團體」和「政治領袖」

---

3 道爾（Robert A. Dahl）指稱美國民主政治為「多元主義」(pluralism) 民主，
　是指政府本身像風向雞，維持客觀中立讓各利益團體對政府施加壓力。利益團
　體對政府而言，政府必須公平對待，政策是在利益團體對政府競爭的過程中公
　平產生。（羅慎平譯，Dunlcavy,Patrick.,& O'Lear,Brendan,1994）

的互動模型,可能是比較合適的觀察與切入台灣公共政策的方式。

因此,除了從新國家主義的主要研究概念理解本研究的問題外,國家與宗教團體的互動,及宗教團體是否為強有力的壓力團體而得以對國家施壓,乃變成相當有意義的「研究途徑」。

筆者思考與嘗試將「宗教團體」視為「壓力團體」,觀察民主化之後的台灣,在〈宗教團體法草案〉的決策過程,對宗教團體的影響力有多大?他們的領袖和政治領袖的互動情形如何?互動之後又對〈宗教團體法草案〉產生什麼樣的影響和變化?這些都是筆者想要進一步探索的「理論動機」。

五、〈宗教團體法草案〉的爭議

除了上述「新國家主義」與「壓力團體」兩項研究途徑,對「宗教團體法制」的影響所形成的「決策模型」,構成本研究的兩項「理論動機」外,筆者尚有一項具體觀察的「實務動機」。即筆者個人觀察,我國的宗教政策實踐後發現,國家對宗教團體並非完全放任,宗教團體只要從事「世俗」的活動,國家經常對他們加以「輔導」,儘管不少宗教團體領袖排斥國家的輔導,這種輔導似乎說明國家並未放棄這項根據「憲法」第 23 條賦予「管理」的權力,只要為了維護國家利益,都可以用公權力介入宗教團體,宗教團體並非可以為所欲為。

「憲法」第 23 條陳述,國家可以在「防止妨害他人、避免緊急危難、維持社會秩序、增進公共利益」的前提下,限制「憲法」第 13 條的「信仰自由」。從威權時代到民主化時代,國家對宗教團體的介入從未停止。根據目前正在規劃的〈宗教團體法草案〉顯示,這些公權力對宗教團體的管理,包含「宗

教組織模式」、「宗教團體擁有都市道場」、「宗教團體經營納骨塔」、「宗教團體財務自主」、「宗教團體成立宗教教義研修機構」、「宗教團體的宗教與非宗教性服務商品化」等議題的干涉。

在這些議題中，國家的公權力早已介入宗教團體的「自治權限」，國家與宗教團體彼此對本草案的角力，國家希望介入宗教團體上述事務，而部分宗教團體則希望國家對財務議題不要介入。對納骨塔議題，宗教團體希望國家保護其特殊利益，排除企業經營納骨塔的高度利益。然而在其它國家「憲法」的傳統上，卻展現對宗教團體不同程度的公權力。[4]在本研究則希望釐清在政教互動下，宗教團體自治權限的範疇到底為何？

過去在〈宗教團體法草案〉內涵的討論，曾經引起學界諸多的爭議，大部分爭議的焦點為：首先，國家是否有必要將宗教團體法規集中成為一套完整的「宗教團體法」，或是讓這些法規散佈在各種法規當中即可？其次的爭議在於，宗教團體是否擁有「宗教自治權」，或是國家可以介入宗教團體的自治，不給宗教團體完整的自治權限？

目前對第一項問題，我國的做法傾向建立一套完整的「宗教團體法制」。但是民主化之後，國家主導公共政策的能力衰退，行政院在 2002 年 3 月 20 日第 2778 會議通過〈宗教團體法草案〉之後，於 2009 年在立法院完成一讀程序。然而至今為止，仍然無法走完三讀程序，完成一套完整的「宗教團體法制」。筆者認為應該從政教互動的角度進一步探究，藉此理解

---

4 就德國憲法的經驗，這些事項皆屬於宗教團體自治權限，國家公權力理應尊重宗教團體，國家也沒必要將這些散佈在各校法規中的宗教團體規範，綜合整理成一套宗教團體法。（陳新民，2006）

本草案的爭議焦點。甚至在未來宗教團體法制化後，重新探索在政黨政治的結構下，行政與立法機關在本草案的互動現象，及宗教團體對行政或立法機關的黨政領袖如何進行施壓的過程。這些都是非常值得探討的議題，但是在本文當中，暫且擱置不論。

　　至於第二項問題，我國對宗教團體宣稱，〈宗教團體法草案〉有利於宗教團體的「特殊利益」保障。此法案只是將現有的宗教團體「自由權利」法制化，理當得到宗教團體的高度支持。然而，部分宗教團體對國家在本草案的作為並不領情，形成國家與宗教團體的立場南轅北轍的爭議。這些爭議點的原因為何？也是筆者進一步探索本研究的背景。

　　上述的五項研究動機，是筆者發動本研究的內在動力。筆者如果沒有碩士論文的學習接觸政教關係相關理論，就可能不會探索政教互動下〈宗教團體法草案〉形成的相關問題。而在學習政治科學相關理論時，接觸新國家主義、壓力團體與公共政策決策等理論與模型，才會思考運用新國家主義與壓力團體理論，對〈宗教團體法草案〉形成做深入的討論。在觀察民主化之後台灣的〈宗教團體法草案〉，國家與宗教團體對此草案內容的爭議，則直接激發筆者進一步閱讀比較憲法中的宗教自由與宗教自治權限的衝突。在這些理論與實務的研究想像，促使筆者研究本議題。

貳、研究目的

　　筆者在本研究中，希望達到下列幾項研究目的：
　　一、〈宗教團體法草案〉的具體內容有那些。

二、〈宗教團體法草案〉的內容中有那些爭議，國家與諸多宗教團體各自有什麼「意向」。

三、國家宗教主管官署、宗教團體領袖及宗教學者，對〈宗教團體法草案〉的看法為何。代表國家的關鍵決策者像「宗教事務諮詢委員會」其影響力甚大，它的意向為何。

四、理解國家與宗教團體互動下，有那些因素對〈宗教團體法草案〉的內容具決定性的關鍵影響。

五、對國家展現在〈宗教團體法草案〉的意向，其內在的形成因素。

六、對宗教團體展現在〈宗教團體法草案〉的意向，其內在形成的因素。

七、除了影響國家與宗教團體意向的因素外，尚有那些因素影響〈宗教團體法草案〉的建立。

上述這七項研究目的，可以分為描述性的事實理解，以及理論性的解釋二類研究目的。第一、二、三項屬於宗教法制事實的理解；第四、五、六、七項屬於政教關係理論的重構與詮釋。

第二節　研究方法、途徑與研究架構

壹、研究方法

一、文獻法

本研究運用「文獻法」廣泛蒐集過去有關「政教互動」、「新國家主義」、「多元主義」等理論資料，以及〈宗教團體法草案〉等事實資料。從這些資料中做分類、整理及歸納、演繹。

　　就文獻法的方法論而言，它是所有量化與質化研究的基礎，透過文獻中的理論資料收集，讓我們可以熟悉當前研究主題的發展樣貌[5]。為了積累既有知識，我們勢必投入政治科學、公共行政管理學及法學對「宗教政策」的討論。其中，本研究以「演繹式」（deductive method）思考[6]，用既有理論當作研究出發點，將重點放在政治科學與宗教政策出現的理論建構。筆者假想政治科學中的「政教關係」、「新國家主義」、「多元主義」等理論概念，可能與宗教政策出現產生相關。因此，必需對上述理論做文獻收集與分析。

---

5 文獻分析法具有多方面的功能，當研究者閱讀相關文獻後，可以帶來：1.免除不必要重覆的研究；2.參考別人的研究得到自己新研究的啟發；3.參考別人的文獻了解他們如何使用研究的技術和工具；4.避免行不通的研究方法；5.獲得研究啟示，增加直覺和洞察的研究能力；6.文獻本身即是有用的材料，如人口資料、國民生產力等，皆可當作研究的佐證等效果。（席汝楫，1997：35-36）因此，無論是自然科學、社會科學與人文學科的研究，研究者皆以文獻的掌握當作基礎研究。其中，自然科學的文獻掌握大多數以最近的科學發展理論為基礎；社會科學的文獻掌握，除了最近研究的理論建構趨勢的理解外，尚得涵蓋過去該學科的重要理論；至於人文學科的文獻掌握，就得花費較長的歷史脈絡，與該研究有關的歷史相關文獻都得涉獵。

6 根據社會科學研究設計的思維，可以分為「歸納式思考」（inductive method）與「演繹式思考」兩種思維。（黃光國，2003；易君博，2003）前者從眾多個案中歸納出法則；後者則以既有的法則出發當作假設，尋找合理的個案，測試（test）法則，藉此檢證（verify）法則的合理性；可能可以經由個案證實（verification）、修正（modification）或否證（falsification）此法則。其中，否證論的研究設計被當代的卡爾巴伯（Popper）（朱浤源，1982）、拉卡托斯（Lakatos）（葉筱凡，2007）、孔恩（Thomas Kuhn）（傅大為、程樹德等譯，1985；Thomas S. Kuhn，1996）、法伊阿本德（Feyerabend）、勞登（Larry Laudan）等科學哲學家所推崇，形成當代自然與社會科學研究的重要研究思維「典範」（paradigm）。（張家麟，2000.6：279-304）

對〈宗教團體法草案〉的出現有那些國家因素,可以透過文獻收集宗教主管官署,及其附屬的「宗教事務諮詢委員會」的意向,藉此理解國家意志(state will)在此議題上的展現。在此問題意識指引下,運用文獻分析法,廣泛收集下列議題的資料:

(一)〈宗教團體法草案〉的內容是根據「國家的意向」制訂的嗎?國家意向的主要內容為何?

(二)「國家的意向」產生目前的〈宗教團體法草案〉,代表國家推動「國家意向」的宗教主管官署是誰?

(三)國家的意向可能來自行政院內政部民政司「宗教事務諮詢委員會」的決議,國家採取產、官、學三類菁英組成「宗教事務諮詢委員會」,他們如何凝聚共識?

(四)「宗教事務諮詢委員會」的決策模式為何?影響他們決策的主要變因為何?

(五)「宗教事務諮詢委員會」決策後的建議,對宗教主管官署的影響力為何?

(六)行政體系提出的〈宗教團體法草案〉送交到立法體系,兩者之間如何互動?立法體系如何影響行政體系的〈宗教團體法草案〉?影響行政與立法對〈宗教團體法草案〉互動的主要因素為何?

(七)當前「國家的意向」在〈宗教團體法草案〉的展現,是「管理」導向或是「放任」導向?為什麼?國家認為本草案是維護與承認現有宗教團體的宗教自由,宛如對宗教團體給予特殊利益保護?

將文獻收集回來的次級資料再與深度訪談的原級資料做比對,藉此理解國家與宗教團體領袖在此議題主張的差異。

二、深度訪談法及進行

本研究將運用社會科學中的深度訪談法[7]（deep interview method），根據〈宗教團體法草案〉的內容，設計深度訪談題綱與問題。為了使深度訪談題綱具有理論基礎，除了理解〈宗教團體法草案〉的現象外，也要理解宗教團體領袖對形成〈宗教團體法草案〉內容的意向及其背後的因素進行解讀。

（一）當前〈宗教團體法草案〉內容引起主要爭議點？

1. 您同意國家要求宗教團體的組織領導使用民主選舉的方式產生嗎？為什麼？
2. 您同意國家可要求宗教團體財務透明嗎？使用會計制度審核宗教團體的財務嗎？為什麼？
3. 您同意國家可對宗教團體服務信徒收費的商業行為課稅嗎？為什麼？
4. 您同意國家可管理宗教團體設立的宗教教義研修機構，訂定其設立基本要求嗎？為什麼？
5. 您同意國家可訂定辦法管理宗教團體的納骨塔或墓園嗎？為什麼？
6. 您同意國家可讓宗教團體設立都市道場嗎？為什麼？

---

[7]「深度訪談法」是社會科學中人類學家、社會學家、歷史學家與政治學家常用的研究法。人類學家比較善長參與觀察與深度訪談結合，到了研究田野場域，人類學家運用「無結構式」的深度訪談，進行田野記錄。社會學家與政治學家則比較喜歡採用「結構式」或「半結構式」的深度訪談，訪問與研究議題有關的人物。歷史學家則常用「口述歷史法」，對當代歷史人物進行深度訪談。訪談的問題面向，可以分為「認知」、「態度」與「情感偏好」三個層面，也可以將此三層面與時間交叉，分為過去、現在與未來的「認知」、「態度」與「情感偏好」的九類問題訪問。（徐子婷、梁書寧、朱玉譯，Gary Gortz 著，2010；潘明宏、陳志瑋譯，C.Frankfort-Nachmias，David Nachmias 著，2003）

（二）當前〈宗教團體法草案〉形成的政教「意向」？

　　1. 宗教團體對〈宗教團體法草案〉的意向為何？他們對〈宗教團體法草案〉的支持度為何？

　　2. 宗教團體領袖如何進入宗教主管官署中的「宗教事務諮詢委員會」，對〈宗教團體法草案〉產生影響？

　　3. 未能進入「宗教事務諮詢委員會」的宗教團體領袖，如何對國家機關發揮遊說的效果？進而影響〈宗教團體法草案〉的內容？

　　4. 有那些宗教團體杯葛國家機關提出的〈宗教團體法草案〉？如何杯葛？杯葛的主要訴求內容為何？

　　5. 您認為當前國家〈宗教團體法草案〉形成的因素中，除了來自「國家的意向」及「宗教團體意向」的因素外，還有那些非宗教的因素影響〈宗教團體法草案〉？

　　本研究從 2011 年 12 月起至 2012 年 3 月止，在 4 個月當中，做了 12 場密集式的一對一深度訪談，先後訪問 12 名宗教團體領袖。（表 1-1）訪談對象包括，民間信仰、道教、伊斯蘭教、佛教、基督教及新興宗教等 12 名宗教團體領袖。他們對國家提出的〈宗教團體法草案〉都有相當的認識與理解，是深度訪談合理的對象，也是「主要消息來源者」（key persons）。

　　為了使研究資料相對周嚴，本研究除了根據題綱進行訪問外，尚透過「半結構式」[8]的深度訪談法補充訪談問題。於訪談過程中，如果碰及有意義的回應，將針對此回應加問其相關問題，使本研究的資料收集更為豐富，希望能夠深入了解，受訪者對於當前〈宗教團體法草案〉的看法。

---

8 深度訪談問題分為「全結構」、「無結構」及「半結構」三類。「全結構」問題

　　基於研究的倫理、個資法與對受訪者的尊重，本研究在論文中展現時，不會出現真實姓名，避免受訪者回應問題時敏感的政治性談話，曝露其隱私，以及牽涉到他人利害關係的回應，而造成受訪者的困擾，甚至洩露受訪者的個人相關資料。（附錄 3-2）

是指研究者事先設計好問題，再由受訪者根據問題逐一回答，回答的內容完全在原有的設計題目範圍之內；「無結構」問題比較接近人類學式的田野調查，由研究者想什麼問題，就問什麼；看到什麼，也可以問什麼，類似「閒聊式」的訪問；「半結構」問題是指研究者為了瞭解研究的問題，必需事先閱讀相關文件，或參與觀察及研究相關主題的活動，由此為根據才能設計研究的主軸問題。為了使研究豐富且深刻，更加接近「真相」，研究者隨時根據受訪者的回答內容加問不明之處，原則上還是有一個研究的主軸，加問的問題是此主軸衍生出來的支脈，使訪談回來的材料更為周嚴。（Patton, Michael Quinn, 1995:234）

表 1-1 成功深度訪談名單

訪談編碼	訪談時間	訪談地點	宗教領袖屬性
004	2011/12/12（一）10:00-12:00	新北市	民間宗教
005	2011/12/11（日）9:00 至 12:00	台中市	
011	2012/1/12（四）15:30 至 17:00	台北市	
008	2011/12/23（五）14:00 至 16:00	宜蘭縣	道教
002	2011/12/16（五）14:00 至 16:00	台北市	
001	2011/12/29（四）14:00 至 16:00	台北市	佛教
003	2012/1/4（三）14:00 至 16:00	台北市	基督教
009	2011/12/18（日）10:00 至 12:00	南投縣	新興宗教
007	2011/12/19（一）10:00 至 12:00	台北市	
010	2011/12/26（一）10:00 至 12:00	新北市	
006	2012/2/20（一）10:30 至 12:00	台北市	
012	2012/3/13（二）10:30 至 12:00	新竹縣	

資料來源：本研究整理

　　透過深度訪問，筆者獲得宗教團體領袖對〈宗教團體法草案〉的偏好，並追問對〈宗教團體法草案〉的主要爭議點為何？根據這些訪談素材，設計本研究問卷的理論架構，問卷問題如（附錄2）。

三、問卷調查法及施測

(一)調查對象與問卷設計

本研究的調查對象屬於「少數菁英」[9]，因為一般大眾無法對宗教政策有感受，只有少數與宗教政策有關連的菁英，才有辦法回應相關議題。所以，本研究乃篩選與〈宗教團體法草案〉有關連的宗教主管官員、宗教團體領袖及幹部、宗教學者及研究生等菁英，當作主要的調查對象。針對台灣地區既有的佛教、道教、民間信仰、伊斯蘭教與新興宗教等主要宗教的領袖幹部；中央與地方宗教主管官署的官員，以及全國各大學、研究機構的宗教學者，進行問卷調查。

另外一項企圖是，以社會科學中的問卷調查法，設計具有效度、信度的問卷。再運用統計分析解讀問卷資料，理解這三類菁英對當前〈宗教團體法草案〉的看法，藉此分析這些人是否存在差異。

因此，研究初期做完深度訪談後，再歸納深度訪談資料及文獻資料，設計符合研究架構假想的問卷。為了避免問卷題目的「效度」出現偏差，本研究將問卷題目初稿完成後，邀請宗教學者林端、張家麟及黃運喜等教授，於 2012 年 4 月 12 日假台灣大學校園進行「專家效度」檢證會議；另外，也用書面郵

---

9 問卷調查對象可以分為：「菁英」（elites）與「普羅」（proletariats）兩種類型的對象。前者稱為菁英研究途徑；後者稱為普羅研究途徑。（呂亞力，1979）前者適合用於國家體制的選擇、多元菁英意向及公共政策形成的意見收集；後者則適合選舉估計、民意傾向及公共政策執行後的意見回應。端看研究者對研究問題設計的取向而決定調查對象。菁英調查除了以問卷調查對菁英施測以外，尚可用「德費調查法」（Delphi method）對菁英施測。（管倖生，2010）大部分的德費調查法，需要有強有力的經費資源，由於本研究屬於博士論文的學習，沒有豐沛的經費資源，因此選擇比較節約的問卷調查法，進行資料收集。

寄問卷初稿,給本研究指導教授進行審核。將諸位專家學者的效度[10]檢證意見,(附錄1)當作重新調整問卷問題的參考,形成具相對完整效度的問卷題目。

　　問卷題目以〈宗教團體法草案〉中的爭議點為主軸,兼論影響〈宗教團體法草案〉等變因的「概念面向」。其中〈宗教團體法草案〉的爭議點,又可分為「宗教組織模式」、「宗教團體擁有都市道場」、「宗教團體經營納骨塔」、「宗教團體財務透明」、「宗教團體成立宗教教義研修機構」、「宗教團體經營宗教與非宗教性服務免稅範圍」等「次級概念」[11]。除了基本資料外,將每一項次級概念「操作化」為具體的問卷問題,分別設計有14個構面,每一個構面少則3題,多則約14題,整份問卷合計共有93題。(附錄2)

---

10 問卷題目的「效度」是指針對研究對象所設計的主要問題,分為幾個概念,這些概念再用具體可觀察的陳述,當作問卷題目。這些題目可以精準反應研究的現象,歸納幾個現象,反應出調查的主要概念,再歸納幾個「概念群」,可以反應研究者的主要研究問題。簡言之,一份良好效度的問卷,是指問卷內容形成「一套」有效的「量表」(scale),此量表是由問卷題目所構成,藉此量表可以精準測量出研究主題的主要內容。(楊國樞‧文崇一‧吳聰賢‧李亦園,2012)

11 研究的主要目的是理論建構,與將理論和真實世界產生連結。而理論是由概念群所構成,為了建構理論,必需從真實世界中的現象抽離出「概念」。抽離的概念又可以依抽象層次的高低之分,抽象層次較高的可以稱之為「理論概念」;在理論概念下,可以操作為幾項「指涉概念」,它的抽象層次低於理論概念;部分指涉概念可以再操作化為幾項「具體概念」,它是抽象層次最低的概念。當具體概念出現後,就可以和真實世界的現象產生連結。在研究過程中,就是將理論概念轉化為指涉概念,再由指涉概念轉化為具體概念,最後具體概念與真實世界的現象相吻合,而可以代表真實世界的現象。研究者可以運用演繹法將抽象的理論世界,層層轉化到真實世界的現象中;又可以用歸納法從真實世界的現象,逐步歸納出概念,建構假設,最後形成理論。理論與現象間的來回穿梭,形成理論解讀真實世界現象(phenomena);反之,又可真實世界的現象中,歸納出理論法則。(易君博,2003;張家麟譯,Kenneth Hoover 等著,2001)

（二）問卷施測

　　本研究於 2012 年 5 月 16 日起至 7 月 27 日止，在 2 個月
期間內，對中央、地方國家宗教主管官員、宗教學界的教授與
研究生、宗教團體領袖及幹部等人發放問卷，對他們進行問卷
施測。發放與施測的對象，包括宗教主管官署的官員有中央政
府行政院內政部民政司、台北市政府民政局的官員；宗教學界
的教授涵蓋台灣地區的台大、政大、輔大、玄奘、慈濟、佛光、
長榮、真理大學及中央研究院等的宗教學者；宗教團體則有佛
教、道教、民間信仰、基督教等宗教團體領袖及幹部。

　　為了使問卷回收量增加，本研究對上述領域的菁英親自登
門拜訪。其中，對宗教團體及宗教主管官署的問卷施測，在取
得對方同意後，每個單位發放 5 份問卷，要求只有宗教領袖、
幹部或宗教主管官員等「菁英」才可以填答。至於宗教學者的
施測，則利用台灣宗教學會在台灣大學社會科學院於 2012 年
5 月 18、19 日兩天召開年會期間，對各大學、研究機構的宗
教學領域學者進行「普查」。（附錄 3 與附錄 3-1）在問卷調查
期間，共計發放 268 份，回收 203 份，整個問卷調查的回收率
為 75.7%。（表 1-2）

表 1-2 問卷調查施測對象與發放、回收率

對象 問卷	宗教主管官署	宗教團體領袖	宗教學者	合計
發放問卷	19	151	98	268
有效問卷	14	118	71	203
有效問卷 回收率	73.7%	78.1%	72.4%	75.7%

資料來源：本研究整理

（三）問卷問題信度分析

　　為使問卷「可相信」，在統計分析前先將對問卷問題進行信度分析，運用 SPSS 統計軟體技術，（吳明隆、涂金堂，2009）將所有問題給予測量，剔除信度值 0.3 以下的問題，保留信度指數較高的問題作分析。

（四）統計分析

1.平均數分析

　　對本問卷的所有問題，本研究希望能夠反應當前〈宗教團體法草案〉構面，該構面包含「宗教組織模式」、「宗教團體擁有都市道場」、「宗教團體經營納骨塔」、「宗教團體財務透明」、「宗教團體成立宗教教義研修機構」、「宗教團體經營宗教與非宗教性服務免稅範圍」等次級概念。每一項構面所表現出來的問卷問題，都以李克氏量表的方式展現，讓受試者針對每一項問題的五個程度進行勾選，每一個程度之間的級距相等，回收的資料可以形成「級距」（interval）資料[12]。

　　因此，本研究可以對這些級距資料做兩種類型的平均數分析。第一種類型為「整體」平均數分析，藉此了解每個構面或每項問題的平均數，而得以理解受試者在此項構面或問題的強度。第二種類型將受試者分類，理解每一「分類」受試者對每個構面或每項問題的平均數，並理解每一分類對這些議題的差

---

12 根據問卷設計的答案填寫，可以回收「名目」（nominal）、「次序」（ordinal）、「級距」（interval）及「比率」（ratio）資料，其中級距與比率資料，可以進行平均數分析。本研究的問卷問題，以級距資料為主，受試者的背景資料問題以名目或次序資料為主，可以將此兩類資料進行交叉分析。（謝邦昌、張家麟、李國隆，2008：20）

異。當每一分類的測量出現重大差異時，就需用交叉分析相互比對，筆者將揣測每一類對受試議題差異的原因。

2.交叉分析

　　本研究將宗教學者、宗教主管官員、宗教團體領袖等三類受試者當作「獨立變項」，對當前〈宗教團體法草案〉的每項構面，以及問題當作「依賴變項」，理解每一類受試者在每個構面，或每項問題的平均數進行交叉分析。

　　〈宗教團體法草案〉的次級概念包括，「宗教組織模式」、「宗教團體擁有都市道場」、「宗教團體經營納骨塔」、「宗教團體財務透明」、「宗教團體成立宗教教義研修機構」、「宗教團體經營宗教與非宗教性服務免稅範圍」等。每一項次級概念的構面，皆由問卷問題加以代表，本研究將對每個構面，及每個構面下的問卷問題測量，藉此測量理解上述受試者對這些概念、問題是否具有差異，如果存在差異，將結合平均數分析解讀其差異的程度。

貳、研究途徑

　　為了便利本研究的操作，筆者想運用政治科學中既有的決策理論相關概念，當作本研究的途徑。根據影響決策的可能變因，包括多元主義、新多元主義、菁英主義、馬克思主義、統合主義、新制度主義及新國家主義等因素，這些主義的特色是指介入決策過程中的「行動者」，就政治科學的行為研究來說，他們都是可觀察的「政治行為」，也是「經驗研究」的主要對象和內容。

　　然而，並非每個理論都適合本研究，因此，筆者認為只需要從中挑選多元主義與新國家主義兩項理論概念，當作研究途

徑，切入本研究主題。主要的原因在於，〈宗教團體法草案〉的決策過程，並非「新多元主義」中的「資本家」；反而，是與「多元主義」中的「壓力團體」有關，尤其牽涉到的是與宗教利益緊密關連的宗教團體及其領袖,他們會關注且企圖影響國家在〈宗教團體法草案〉的決策過程與草案內容。

　　除此之外，筆者認為國家並非完全是客觀中立的「風向雞」，根據多元主義的論述，國家像是提供「競技場」給各壓力團體自由競爭的裁判者，端看那些團體影響力大，國家的決策就朝該團體的主張與方向，此時國家就好像是風向雞。然而，筆者以為宗教主管官署代表國家，並非放任〈宗教團體法草案〉的決策過程，讓各宗教團體自由競逐對本草案的利益；相反地，宗教主管官署經常擁有相當強烈的「自主性」。在此研究想像下，筆者乃思考將新國家主義中的「自主性」概念，當作本研究的切入點。由於新國家主義包含「自主性」與「能力」兩個主要概念，筆者在此暫時擱置國家能力的討論，最主要的原因在於，〈宗教團體法草案〉至今仍未完成立法院三讀通過的法定程序。因此，當本草案完成通過後，或許可以考量新國家主義中的國家能力，分析代表國家的行政、立法等機關體制下的成員彼此之間的互動，甚至於與國家機關緊密連結的執政黨在立法院各派系間的協調能力，或是立法院與行政院之間的折衝能力，甚至在立法院不同政黨的衝突妥協能力，其大眾傳播媒體的社會輿論與各政黨、各宗教團體的利益連結，造成對國家宗教主管官署的壓力；上述這些機關團體中的個人、派系、政黨與組織,彼此間的互動都值得投入後續觀察與研究。

　　由於本研究只討論〈宗教團體法草案〉的形成，因此將上述的研究思維暫且放下，而集中焦點投入代表國家的「政」，

它形同新國家主義中的關鍵行動者；與代表宗教團體的「教」，它形同多元主義中的壓力團體，筆者欲將此兩個概念連結，形成「政教互動」的概念，並思考其對〈宗教團體法草案〉形成的可能影響，甚至進一步往上探索，建構影響政與教自主性形成的相關變因。筆者將在第二章列專文進一步分析。

參、研究架構

根據上述問題的提出與研究方法的採行，本研究歸納出下列幾項研究變項：首先，為了理解〈宗教團體法草案〉的內容與意義，設計「『宗教團體法草案』內容」及「『宗教團體法草案』可能影響」當作主要「依賴變項」，除了用文獻法及詮釋法理解草案的內容、背景與意義外，也要將之視為一整體，思考其如何產生；其次，將「國家意向」與「宗教團體意向」當作「中介變數」，兩者分別對〈宗教團體法草案〉產生影響，兩者之間的交互作用，也可能對該法案產生影響。最後，本研究進一步探索，形成國家意向與宗教團體意向的背後因素，將這些可能變因當作「獨立變項」。將這三類的變項勾連在一起，形成本研究的主軸。

以「『宗教團體法草案』內容」為依賴變項時，本研究再將之操作化，變成「宗教團體類型與法人登記」、「宗教團體成為法人的特殊利益」及「國家對宗教團體的管理」。其中，宗教團體法人的特殊利益又可以操作化為「租稅優惠」、「宗教建築物的特殊利益」、「宗教教義研修機構設立的特殊利益」及「都市道場的特殊利益」等項目。國家對宗教團體的管理又可操作化為「宗教法人設立的條件」、「宗教法人財產的監督」、「宗教法人違反法律時的處分」、「宗教附屬殯葬設施的規範及未立案

宗教團體的輔導」等項目。「『宗教團體法草案』的影響」，本研究將之操作化為「尊重宗教的表現」與「對未來宗教團體發展」等兩個變項。

就中介變項的內容而言，「國家意向」可操作化為宗教主管官署與「宗教事務諮詢委員會」的意向；「宗教團體意向」可操作化為宗教團體領袖對〈宗教團體法草案〉的意向。就獨立變項的內容來看，影響國家意向的可能變因，可能包含「宗教自由政策」、「國家管理宗教團體的傳統」與「國家性質轉變」等變項；影響宗教團體意向的可能變因，可能包含「宗教團體領袖的理念」與「宗教團體的傳統」等變項。

當然，上述這些研究變項除了依賴變項內容較為確定外，其它的中介變項與獨立變項，尚待本研究收集相關主題資料後進行歸納與整理，非常可能在研究完成後，重新建構「新變項」。這也是質化研究與量化研究最大的差異；量化研究可以在既有的理論設計研究架構，確認獨立變項、中介變項與依賴變項的內容與關係，只要根據這些變項，就可以搜尋與變項相關的資料，將之證實是否存在變項間關連，即可能完成研究。但是，質化研究不一定可以如期清楚界定變項間關連，尤其在探索影響依賴變項的各項變因時，自己主觀的「直覺」[13]（intuition）只能當作研究思維的參考架構，藉此指引研究進行與資料的收集。當資料出現「溢出」直覺的變項時，研究者只好調整既有的變項，重新建構獨立變項與中介變項的內涵，串連起這兩個變項與依賴變項的關連。

---

[13] 直覺是研究者的天賦，無論是研究問題的判定、研究方法的選擇、研究變項的操作，以及對研究議題相關連的因素解讀，都需要運用直覺。（張家麟譯，Kenneth Hoover 等著，2001）

　　本研究的另外一項企圖是探索當前宗教團體領袖、宗教主管官署與宗教學者，對〈宗教團體法草案〉內容的「好惡」程度。因此，在質化研究告一段落後，將運用量化研究法，對〈宗教團體法草案〉的內容當作「測量工具」，讓上述三類人對此進行測量。

　　在上述的思維下，本研究建構出下列的研究架構圖：（圖1-1）

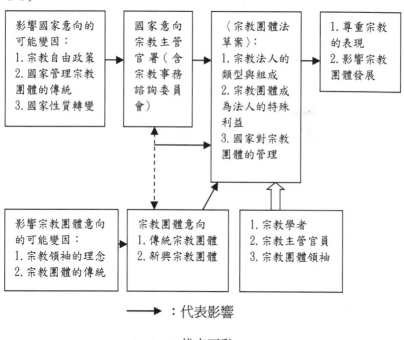

圖 1-1 本研究架構圖
資料來源：本研究自訂

肆、研究假設[14]

根據上述研究架構，本研究建立下列幾項研究假設：

一、當前〈宗教團體法草案〉的形成，深受國家意向影響。

二、當前〈宗教團體法草案〉的形成，深受宗教團體意向影響。

三、國家意向與宗教團體意向的互動，影響當前〈宗教團體法草案〉的形成。

四、影響國家意向在當前〈宗教團體法草案〉的表現有：「國家宗教自由政策」、「國家管理宗教團體傳統」以及「國家性質轉變」等三項變因。

五、影響宗教團體意向在當前〈宗教團體法草案〉的表現有：「宗教團體領袖理念」及「宗教團體傳統」等兩項變因。

六、宗教團體領袖、宗教主管官署與宗教學者，對當前〈宗教團體法草案〉內容存在差異。

七、〈宗教團體法草案〉通過，將有助於宗教團體未來的發展及國家尊重宗教的表現。

本研究以上述七項陳述為研究假設，據此收集資料，證實這些假設存在的合理性。當研究成果證實這些假設後，形同重

---

14 研究假設（hypothesis）是研究者對研究問題（questions）敏銳直覺的產物，研究者經常把研究議題當作依賴變數、獨立變數或中介變數來思考，企圖勾連與研究議題有關的「變數」（variables）。當研究者有辦法勾連出有意義的變數與問題的關連，就可建構出研究假設。而由此假設當作研究的範圍與指引研究資料的收集方向，確定研究的主軸合理性，而且可經由資料來證實假設的存在，最後形成理論。（張家麟譯，Kenneth Hoover 等著，2001）

新建構並豐富既有的政教關係理論，它也對〈宗教團體法草案〉形成做出理論解釋。其中，在本研究的第四項與第五項假設，將可深入理解影響「政」與「教」兩項意向的內在變因，能豐富也開展既有的政教關係理論。第六項假設可以讓我們清楚當，當前產、官、學三類菁英對〈宗教團體法草案〉的最新意向為何；據此，當作未來「宗教團體法制」立法的參考方向。

第三節　研究流程與進度

壹、研究流程

本研究以「政教互動與宗教團體自由權限─『宗教團體法草案』個案研究（1997-2012）」當作主題，企圖理解國家與宗教團體互動之後，宗教團體自由的權限為何，將研究焦點放在從過去到現在，國家對宗教團體管理的相關法律與命令所構成的〈宗教團體法草案〉。為了使研究範圍更清楚且具體，筆者暫以下列六個「研究問題」為討論核心。

為了使本研究順利推動，筆者根據方法論中的研究流程，分下列九項步驟進行，依序為：1.研究疑難點；2.文獻資料收集、閱讀與現象觀察；3.研究問題形成；4.研究變項選定及操作化；5.深度訪談問題設計；6.問卷設計與樣本選定；7.原級資料收集、資料整理與編碼；8.資料分析；9.論文撰寫與完稿。（圖 1-2）

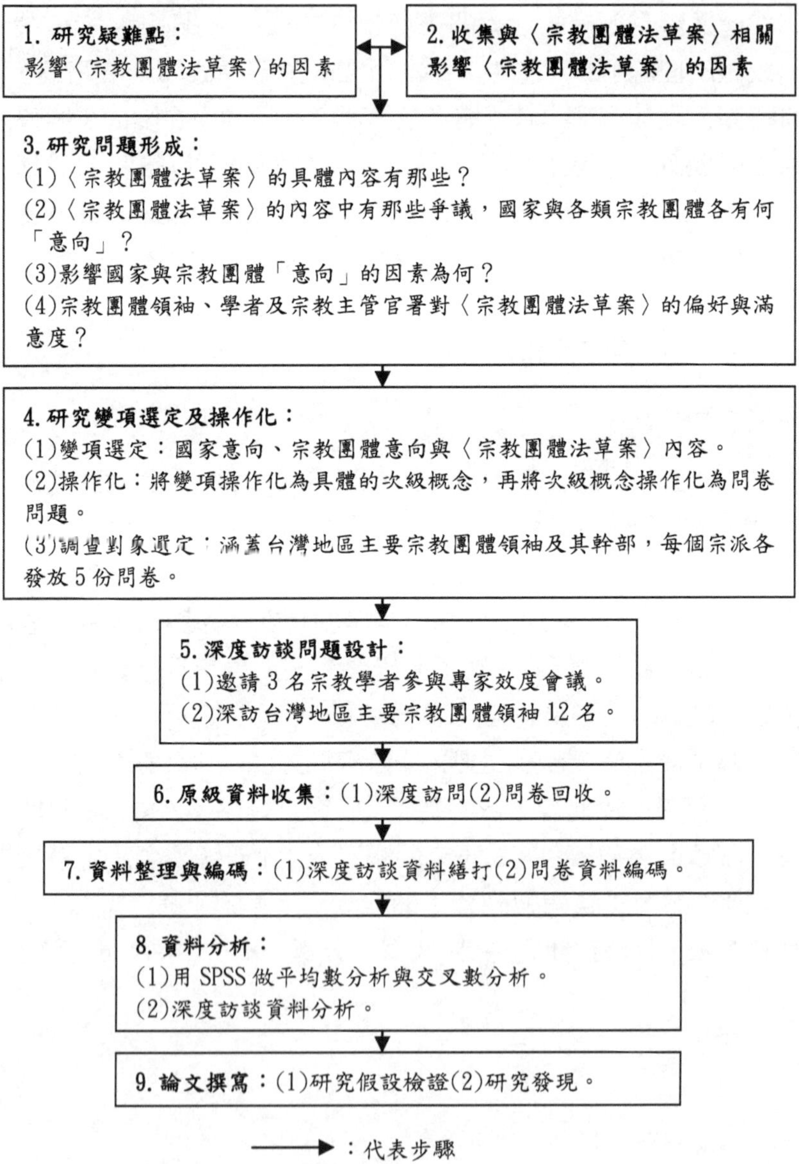

1. 研究疑難點：
影響〈宗教團體法草案〉的因素

2. 收集與〈宗教團體法草案〉相關
影響〈宗教團體法草案〉的因素

3. 研究問題形成：
(1)〈宗教團體法草案〉的具體內容有那些？
(2)〈宗教團體法草案〉的內容中有那些爭議，國家與各類宗教團體各有何
「意向」？
(3)影響國家與宗教團體「意向」的因素為何？
(4)宗教團體領袖、學者及宗教主管官署對〈宗教團體法草案〉的偏好與滿
意度？

4. 研究變項選定及操作化：
(1)變項選定：國家意向、宗教團體意向與〈宗教團體法草案〉內容。
(2)操作化：將變項操作化為具體的次級概念，再將次級概念操作化為問卷
問題。
(3)調查對象選定：涵蓋台灣地區主要宗教團體領袖及其幹部，每個宗派各
發放 5 份問卷。

5. 深度訪談問題設計：
(1)邀請 3 名宗教學者參與專家效度會議。
(2)深訪台灣地區主要宗教團體領袖 12 名。

6. 原級資料收集：(1)深度訪問(2)問卷回收。

7. 資料整理與編碼：(1)深度訪談資料繕打(2)問卷資料編碼。

8. 資料分析：
(1)用 SPSS 做平均數分析與交叉數分析。
(2)深度訪談資料分析。

9. 論文撰寫：(1)研究假設檢證(2)研究發現。

──────▶：代表步驟
圖 1-2 本研究進行步驟圖
資料來源：本研究自訂

貳、研究進度

本研究配合筆者博士班學習的時程，預計在一年半以內完成。筆者在博士班四年級時，於 2011 年 9 月將研究企劃送審及定案，確認研究主題與方向後，開始進行文獻資料的收集；從 2011 年 10 月至 2012 年 5 月，根據研究計畫主題與變項，收集相關文獻。

為了豐富本研究的原級資料，分為深度訪談與問卷調查兩種方式收集。從 2011 年 12 月起至 2012 年 3 月為止進行深度訪談。訪談之後設計問卷，在 2012 年 4 月邀請專家學者做問卷效度檢證的「專家會議」。至於問卷調查則從 2012 年 4 月起持續至 8 月為止，針對本研究設定的台灣主要宗教團體領袖、宗教主管官署、宗教學者，這三類人進行問卷調查與問卷回收的工作。

原級與次級資料的分析，從 2011 年 10 月起開始進行文獻資料分析。於 2012 年 4 月起，在深度訪談結束後，立即對深度訪談的資料做逐字謄打與分析。2012 年 8 月回收問卷後，開始對問卷資料進行編碼登錄與 SPSS 分析。這些資料分析工作，長達 10 個月至 2012 年 8 月底為止。

資料分析告一段落，筆者即進行論文撰寫，將分析的資料和原來的題綱做比對，用原級與次級資料回應並調整既有的題綱與問題。於 2012 年 8 月至 9 月撰寫第一章至第三章；10 月撰寫第四、五章；11 月撰寫第六、七章及；12 月撰寫第八、九章及論文初稿，並將論文初稿送交所上審核。預計於 2012 年 12 月到 2013 年元月修改論文初稿，並申請博士論文口試。（表 1-3）

表 1-3 本研究執行進度表[15]

項目 ＼ 年月	2011.9	10-12	2012.1-3	4-5	6-7	8	9	10	11	12	2013.1
企劃送審	★										
企劃定案	★										
文獻收集	★	★	★	★							
深度訪談		★	★								
問卷設計			★								
專家效度				★							
問卷調查				★	★	★					
資料分析			★	★	★	★	★				
論文第 1-3 章						★	★				
論文第 4-5 章								★			
論文第 6-7 章									★		
論文第 8-9 章										★	
論文初稿										★	
論文修正稿										★	
論文口試											★
論文完稿											★

資料來源：本研究自訂

---

15 本研究的執行進度表與傳統的甘特圖意義雷同，只是表現方式不同。甘特圖又稱為條狀圖（Bar chart）。是在 1917 年由亨利・甘特開發的，其內在思想簡單，基本是一條線條圖，橫軸表示時間，縱軸表示活動（項目），線條表示在整個期間上計劃和實際的活動完成情況。它直觀地表明任務計劃在什麼時候進行，及實際進展與計劃要求的對比。（詹兩芝，2009）本研究也把時間流程當作橫軸，縱軸是指本研究進行的各項內容，兩者交叉宛如甘特圖的呈現。

第四節　研究範圍

壹、章節安排

　　本研究在研究問題與架構確定之後，筆者將根據研究架構中的相關變項，當作收集材料的參考架構。因此，本研究依據現在的研究問題與架構，依此設計章節，將兩者緊密扣住安排研究章節如下：

第一章　緒論

　　　第一節　研究動機與目的
　　　第二節　研究方法與架構
　　　第三節　研究流程與進度
　　　第四節　研究範圍

第二章　文獻回顧與理論基礎

　　　第一節　從法學論述〈宗教團體法草案〉
　　　第二節　從意識型態論述〈宗教團體法草案〉
　　　第三節　從社會科學論述〈宗教團體法草案〉
　　　第四節　選擇政治科學為研究途徑

第三章　〈宗教團體法草案〉的背景、內容與意涵

　　　第一節　國家訂定〈宗教團體法草案〉的背景
　　　第二節　〈宗教團體法草案〉的範圍
　　　第三節　〈宗教團體法草案〉的意涵
　　　第四節　小結

第八章　國家通過〈宗教團體法草案〉後的可能影響

第一節　國家尊重宗教的表現
第二節　宗教團體的發展
第三節　國家宗教主管官署管理與發展
第四節　小結

第九章　結論

第一節　研究發現
第二節　研究意義
第三節　研究限制與發展

　　整篇論文研究可以分兩個角度說明：

貳、研究時間範圍

　　本研究討論的資料，從〈宗教團體法草案〉於 1997 年提出後到 2012 年為止的相關論述。其中，針對 1997 年至 2009 年國家主管官署前後五次提出〈宗教團體法草案〉，產、官、學三類菁英為此議題相互角力。本研究用政教互動的角度，論述此角力過程。而在 2012 年再次針對本草案內容對國家宗教主管官署、宗教團體領袖與宗教學者三類菁英做民意測驗，測量其對本議題的最新意向。因此，研究時間範圍長達 15 年。

參、研究內容

　　本研究共計撰寫九章篇幅，除了緒論與結論兩章外，在第二章做過去與本研究相關的論文檢討與討論，並說明選擇政治科學當作研究途徑的理由；其餘六章為本研究的主要內容。

　　第三章論辯〈宗教團體法草案〉的背景、內容與意涵；第四章從政教互動的角度，詮釋〈宗教團體法草案〉在 1997 年到 2009 年之間的產、官、學三類菁英對此議題的角力過程；第五章與第六章則從新國家主義與多元主義既有的理論基礎向上發展，思考影響國家意向與宗教體意向形成的因素，此為本論文的理論貢獻；第七章則運用民意調查方法，在 2012 年針對產、官、學菁英為施測對象，調查其對〈宗教團體法草案〉的新意向，此為本論文的另外一項事實發現；第八章則估計未來國家通過〈宗教團體法草案〉可能帶來的影響，此論述為本論文的另一項重要估計。

　　從研究主題內容來看，本研究運用了文獻分析、深度訪談與問卷調查等質量並陳研究法。在研究內容已經約略可以看出，對〈宗教團體法草案〉的理論建構、事實發現與未來估計分別做出深入討論，茲在下列章節分別呈現。

第二章　文獻回顧與理論選擇

　　本研究進行前，理當對〈宗教團體法草案〉的相關文獻及研究成果做「文獻回顧」。過去學界對〈宗教團體法草案〉的研究，從法學、意識型態學、社會科學等多元學科領域（plural disciplines）進行研究，已經累積相當豐富的研究成果。研究人員包含產、官、學等三類菁英，皆發表對本議題的見解。提出的論述，分為對〈宗教團體法草案〉「鉅觀」的整體法案結構精神討論；或「微觀」的法案內容的細項原則分析。

　　從學科領域與研究人員兩個類型來看，法學者對本議題的討論最多；其次，宗教團體領袖或宗教學者，用「意識型態」（ideology）[16]論述〈宗教團體法草案〉的「應然」（ought to be），判定那些主張是理所當然，那些主張應該捨棄；最後，以社會

---

16 意識型態是指流行的思想、信念，大部分為政治領袖、宗教領袖、社會運動領袖或革命家提出，他們針對時代的困境，提出化解困境的方法與主張，而被民眾、信眾或跟隨者所接受，化為社會重要的行動力量。（陳坤森等譯，Leon P. Baradat 著，2004）

科學領域的學者或宗教主管官署,對〈宗教團體法草案〉提出討論。其中以社會學者論述最多,其次為公共政策領域學者或宗教主管官署,也有少數人類學者或政治學者對此提出說明。為了回顧這些論述,本章將依法學、意識型態學及社會科學的順序討論如下。除此之外,本章最後一節將說明,本研究採用政治科學的學科當作切入本議題的理由,再從政治科學領域中,挑選「政教關係」、「新國家主義」及「多元主義」等理論,當作「研究途徑」(research approach)[17],用之切入本研究主題〈宗教團體法草案〉。茲分別說明如下:

第一節　從法學論述〈宗教團體法草案〉

　　憲法學者對〈宗教團體法草案〉的討論,大部分從「比較憲法」的角度作分析,最常引用的是德國「憲法精神」、「憲法條文」、「相關法律」,或美國的「憲法修正案」、「聯邦最高法院判例」、「國會法案」[18]或日本「宗教法人法」[19],甚至從馬

---

17 研究途徑有兩個概念:第一個概念是指研究問題時,用某一學科領域當作接近此議題的方法,運用學科領域中的理論與方法,從事該問題的研究;例如:從事宗教研究可以運用神學、哲學、史學、人類學、社會學、心理學、法學、政治學等學科,從事宗教議題的研究。第二個概念是指研究問題時,將該問題當作依賴變項(dependent variable)或獨立變項(independent variable),選擇合適的理論與該問題產生連結,成為研究假設(hypothesis),構成一完整且合理的陳述,用此研究途徑組成的相關變項,當作收集資料的方向,證實此研究假設能否成立。在本文有關研究途徑的討論與設計,就是指第二個概念。(呂亞力,1985;黃寶瑛,2008)

18 楊日旭從美國憲法論美國的宗教自由權利,認為美國宗教自由的歷史、背景與發展,可以綜整如下:1.美國移民來自英國,受不了英國國教的迫害才逃到新大陸,因此,當年的移民反對政治干涉宗教,強調政教分離;2.美國在英國殖民地時期也有宗教迫害,各州政府皆有迫害宗教的事實,才會在聯邦憲法第1

來西亞、北美、東歐及西歐國家的宗教法制狀況[20]，理解全球主要國家對宗教立法的原理原則，或是國家對宗教自由介入的具體作為，當作我國〈宗教團體法草案〉立法的借鏡。

至於與〈宗教團體法草案〉直接相關的憲法學研究，可以分為鉅視分析與微視分析兩個類型。其中，鉅視分析的憲法學者，常引用德國憲法中的宗教人權原理原則，學者據此為理型

條修正案，修訂宗教自由條款；3.美國憲法修正憲第 1 條到第 10 條都是人權條款，其中第 1 條修正案的宗教自由的實現情形來看，處於雙重標準。4.憲法修正案第 1 條宗教自由條款，1931 年才被聯邦政府最高法院肯定為全國宗教自由化的開始。5.美國憲法得靠聯邦法院的法官詮釋，才有辦法豐富憲法的時代需求。6.討論美國憲法的宗教自由，目的在於其內容，而非批判其利弊得失。運用美國既有的聯邦法院 27 項判例，說明美國不得建立國教，再運用 48 項判例說明美國政府應該尊重宗教自由。(楊日旭，1991.3：1-19)楊教授是台灣地區早年投入美國聯邦法院對宗教自由與政教分離判例的學者，開啟了後續傳統政治學中，運用「法制主義」的途徑，研究美國憲法的宗教人權發展。(張民杰，1993；嚴震生，1997.6：107-160；江芳盛、鄭淑娥，2004：119-140；陳文政，2007：12-24)

19 對日本宗教法人法的研究，以吳英毅與吳景欽為代表，他們介紹日本宗教法人法的背景、原則、特殊地位與內容等，用描述性的方法，說明日本宗教法人法的規範。(吳英毅，1998：11-23；吳景欽，2007：81-87；釋淨心，2007：49-74)

20 內政部為了理解各國宗教法制的發展現況，於 2007 年邀請專家學者撰述西歐、東歐、北美、馬來西亞、日本等國家地區的宗教法制。其中，對西歐宗教現況做簡單介紹的學者以陳志榮為代表(陳志榮，2007：191-230)，但他幾乎甚少涉略宗教法制的議題。對東歐主要國家做宗教法制介紹的為趙竹成，他以俄羅斯的宗教官僚組成宗教團體，及相關憲法授權東政教正東政教教會的活動，做了前所未有的介紹。(趙竹成，2007：141-190)對北美及歐洲的宗教法制介紹，姚玉霜以〈北美與歐洲地區的宗教立法新趨勢〉為題，然而，通篇文章無法理解這兩個地區的宗教立法趨勢。(姚玉霜，2007：125-140)至於馬來西亞宗教法制，學者則從該國伊斯蘭法的法理與歷史來探討，分殖民時期及獨立時期至今兩個階段，分析英國殖民統治者、馬來西亞獨立後的執政當局，及現在馬國的反對勢力對伊斯蘭法的接受程度。(蔡源林，2007：99-122)本篇論文分析脈絡尚可，頗具參考價值。

（ideal type）[21]，分析我國〈宗教團體法草案〉的利弊得失。微視分析的憲法學者，也是從德國經驗觀察台灣〈宗教團體法草案〉中的內容，再分析之後提出對草案的立法建議。現將這兩類論述，分析說明如下：

壹、〈宗教團體法草案〉的鉅視分析

憲法學者在解嚴後，開始關注我國宗教立法的議題，他們從整體的憲法學理論，分析〈宗教團體法草案〉的立法合宜與否？如果可以宗教立法，應該何去何從？如果不能立法，其憲法學的論述為何？

一、管制理論

最早關注宗教立法議題的憲法學者，從法律的本質來看，具有「管制體制」的內涵，用此角度分析宗教行為的性質、宗教立法、國家管制宗教的目的與手段。

從比較憲法的角度分析宗教自由權的內容，根據中華民國「憲法」第 13 條，人民信仰宗教自由，與德國基本法第 4 條第 1 項，信仰自由、良心自由及宗教與世界觀的認同自由不可侵犯，及第 2 項不受干擾的宗教活動應予保障。說明了宗教自由的內容及國家對宗教的中立與保護的規範。然而作者認為，法律的本質在於管制，因此用法律當作管制理論成為正義的表

---

[21] 理型當作研究的判準最早是由韋伯(Max Weber)提出，他認為從真實世界中可以抽離出抽象的概念，當作理想的準標建構，用此理想建構來觀察真實世界的現象，衡量真實與理想之間的差距，分析此差距形成的因素。(吳庚，1993)後行為學派的政治學者，經常採用理型所建構出理想化的指標，對真實世界的現象提出批判與建議。(華力進，1997)本研究發現，不少憲法學者對宗教團體法草案提出憲法學的批判，隱含韋伯的理型及後行為主義者的概念。

現。如果用此角度看宗教現象，宗教行為是一種生產勞務與商品進行交易的經濟活動，所以可以把台灣的宗教活動當作下列幾個層次觀察：1.宗教行為是一種經濟活動；2.宗教團體是生產組織，也是一種服務業；3.宗教市場是一種激烈競爭的狀態；4.在這種情境下也造成了宗教立法的呼籲[22]。

宗教立法是指國家對宗教團體進行管制，但是，其宗教信仰內容是超出經驗與知識理解範圍，屬於宗教絕對自由的核心部分，國家不得干預。只有宗教活動對他人產生影響時，是國家對宗教團體進行宗教管制的主要對象與目的。

國家對宗教團體的管制可以有幾種手段：1.證照管制：宗教的設立需要國家許可證照，國家沒有必要承擔此責任。2.組織管制：宗教團體的組織方式，透過國家法律做統一規定，此屬於宗教自由核心部分，不應該加以侵犯[23]。3.財務管制：國家對公益性質團體的財務運用具有某種監督權，主張輔導鼓勵宗教團體，採用公益信託的方式。4.專業人員管制：宗教團體的負責人、牧師、道士、喇嘛、乩童是否取得國家認可，國家不能認證宗教專業人士。5.服務品質管制：宗教團體銷售的宗教活動，國家不必浪費心力多做管理。6.宗教詐欺管制：國家不能用客觀標準衡量宗教人士的作為是否構成詐欺。7.外部性管制：宗教活動所伴隨的噪音、污染、妨害交通、住宅管理、按門鈴傳教，已經影響到一般人的生活，國家可以介入管制。

---

[22] 江燦騰(1996.10.17)，〈法規不健全如何進行宗教掃黑〉，載：《中國時報》，第11版。

[23] 陳銘祥認為，宗教信仰為內心思維，法律無法規範，現行法律即可對宗教活動涉及非法者做事後追懲，政府要求宗教登記分辨正教與邪教，違反政教分離原則。宗教立法技術上不可行，因為無法設定宗教定義、設立標準等。(陳銘祥，1997.5：29-32)。

至於新興宗教的潛在危險，造成對青少年迷惑的效果，國家只能透過民間及學術單位作資訊的收集與分析，也不能做過多的管制。8.資訊管制：國家應該建立資訊收集的機制，協助社會進行管理，建構類似「財團法人宗教研究中心」收集建立台灣社會宗教資訊檔案，才能有效防範各種宗教帶來的社會衝擊[24]。（顏厥安，1997.5：34-43）

從上述的討論可以發現，憲法學者儘管法的本質在於建構「管制體制」，「憲法」既然規範了信仰自由，本質上仍然可以國家介入宗教信仰活動。但是，國家介入的範疇卻相當有限。在宗教信仰核心部分，國家完全不得干預；只有宗教活動對他人產生影響時，國家才可以對宗教活動進行管制。因此，憲法學者就判定了宗教團體的證照、宗教團體的組織、宗教團體中的負責人牧師、道士、喇嘛、乩童，宗教團體從事的宗教銷售活動，及宗教人士的作為對信徒是否構成詐欺，這些活動國家都不必浪費心力多做管理。

國家可以介入宗教活動的範圍，包含宗教慶典活動伴隨而來的噪音、污染、交通妨害、住宅管理；或是新興宗教對青少年的迷惑，國家應該謹慎與學界合作，理解問題的重要性，但不能過度的管制。國家也應該未雨繆謀，建構宗教資訊的機制，理解宗教團體及其活動的各項資訊，避免宗教對社會的衝擊，此時國家可以建構「宗教資訊管制」的機制。

---

24 鍾秉正同意顏厥安的論述，認為宗教立法應符合下列幾項原則：1.國家處於宗教超然地位，對宗教持中立立場。2.宗教包含內在部分，也包含外在宗教活動或宗教組織。3.宗教行為受法律保障，但某些信仰內容或活動會和法律衝突。4.宗教團體擁有自律的「內部宗教法」，國家則對宗教團體的外顯活動可以介入，訂定「外部的宗教法」。(鍾秉正，2005.6：293-358)

　　由此來看，宗教立法的合憲性，只要採取法的本質，是指國家介入個人或團體的活動，就沒有絕對的「宗教自由」，而只有相對的宗教自由。根據「憲法」第 23 條的限制，可以演繹出宗教團體的活動，只要顯現出影響他人的活動，國家都可以合法的介入；反之，宗教團體的內在活動，或團體的自治活動，在不妨礙他人的前提下，國家則應該尊重。

二、宗教自治論（Autonomie der Religion）

　　憲法學中固然有「可限制性」的概念，認為國家可以介入人民的各項自由，當然也可以對宗教自由加以限制。然而，宗教自由在德國憲法學者 Peter Haberle 的意見認為，法律涉及人權事項有必要塑造一個具體的體系與權利義務的空間。立法者的目的在於界定人權的形式內容，與執行人權的可能性而非限制人權。因此「憲法」最高的原則下，立法者不能代替「憲法」成為宗教人權的超越者，而形成了「太上教主」。立法者不能以任何公益的理由對宗教立法限制，而應該尊重宗教自治原則。宗教自由為「憲法」中的人權之一，需遵照「憲法」對宗教自由條款的保障限制，不得任意侵犯，形成「對限制人權的限制」（Schranken-schranken）。宗教自由在「憲法」人權直接保障的法條限制下，任何法律都不得立法限制，宗教自由等同宗教自治（Autonomie der Religion），國家如果用法律干涉宗教內部事務運作就有違憲之餘。

　　以全球民主國家對宗教團體的立法規範方式來看，有兩個類型：第一類型，一般法律規範即可，如美國[25]、德國都沒有

---

25 部分憲法學者認為，宗教自由沒有必要特別立法，因為它是「憲法」直接保障，隱含個人信仰自由、崇拜自由及政教分離這三個原則。信仰自由原則是發自內

制定宗教專法，只有散見於各法律的宗教管理法規；反觀我國剛好相反，我們有「監督寺廟條例」及「人民團體法」，都可以規範宗教法規。第二個類型，專門為宗教團體的立法，日本的「宗教法人法」是其中的代表。國家對宗教團體規範的事項應該謹慎為之，沒有必要另訂專法，可運用「人民團體法」規範宗教團體的設立登記，「刑法」規範宗教團體的強制撤銷，「財稅刑法」增訂宗教團體的條文，就可以處理目前宗教團體的活動。

　　在憲法學者看來，既然宗教自由是人權不可或缺的項目，主要民主國家也都沒有為宗教立特別法，因此，國家應該尊重人民在宗教團體中的自治項目，如果宗教團體及其個人違法，運用一般「民法」、「刑法」或其它相關法規就可以處理，根本無需為宗教團體立法。仔細觀察〈宗教團體法草案〉的內容，早已偏離成熟法制國家維護宗教自由的基本方向。(陳新民，2006：1-13)

　　筆者以為上述所言，是把宗教人權當作「憲法」人權中的「絕對主義」保護原則。因此，國家就不得訂定任何法律傷害宗教團體的宗教自治事項。國家立法只能建構人民擁有宗教自

心而形諸於外部的行為表現，因此，應該如言論自由、思想自由一般，得到絕對的保障。崇拜自由會涉及到外部行為，可能可以學習美國聯邦法官的判例，確認崇拜自由的範圍，也可以從判例中確定，政教分離的原則。因此，不需要訂定〈宗教團體法草案〉，國家對宗教團體要求向其登記，就形同宗教管制，管理宗教就會使國家陷入正教或邪教的判定，檢視那種信仰才是合格的宗教，這些作為都違反政教分離，宗教中立的原則。(陳銘祥，1997.5：29-34)採用美國的聯邦法官的判例，充實「憲法」的宗教自由條款，是宗教自由的憲政成長方法之一，事實上美國也有訂定「公平進用法」的國會立法，處理人民在學校的宗教自由活動。因此，從美國的聯邦法官對「憲法」解釋，與國會立法這兩條脈絡，對宗教自由做詮釋，並沒有違反宗教人權的發展。

由體系的空間，而非立法傷害宗教人權，立法者形同各宗教的「太上教主」。在此邏輯下，演繹出國家不可為宗教人士及其團體立法，限制其宗教自治事項。這種論述和上述管制理論有些差異，管制理論中明確指出，依據「憲法」的本質為「管制」，國家就可以訂定相關法律，對人民的宗教活動進行管制，儘管宗教是人民的重要人權項目，在妨礙他人、影響社會及國家充分了解宗教資訊的前提之下，國家可以介入某種程度的管制。在不同的立論基礎下，看待宗教人權在〈宗教團體法草案〉中的實踐，就可能做出不同的判準，將宗教人權當作國家「管制」各項人權的對象之一，就可以立法限制宗教人權。如果將宗教人權視為不可侵犯的人權項目之一，國家的立法者就不能訂定任何法律侵犯宗教自治，此時宗教人權是絕對的自由。

三、保護領域論（Schutzbereich）

　　憲法學者對宗教自由的解釋，引用憲法學的「保護領域」（Schutzbereich）的概念，認為宗教自由當作基本權而被國家保護。此保護涵蓋幾個範圍：個人宗教的生活領域；其次，個人或團體的宗教生活免受國家侵犯；第三，個人或團體的宗教生活及活動，要求國家幫助或保護。在此概念下，無論是內在或外在信仰的宗教自由；積極或消極的信仰自由；個人與集體的信仰自由都要被國家保護。從保護領域的概念來看，國家對宗教自由保護的界限，直接來自「憲法」最高的完全保障，或是「憲法」直接給予國家限制，亦或是「憲法」間接給予國家限制，避免國家傷害人民宗教自由等三個類型。只有在公益的目的及比例的原則下，國家才可對人民的宗教自由進行必要的

干預[26]。(周敬凡，2002；許育典、周敬凡，2006.2：55-86)

在上述「憲法」保護領域的思維下，論述宗教自由的內容[27]與國家介入宗教自由的原則。用這些原則討論〈宗教團體法草案〉中的「宗教自治」，應該得到國家保護。至於宗教自治的內容，包括宗教新成員的補充、新成員的社會化、宗教團體對成員的需求滿足、維持宗教團體的秩序與宗教團體保持成員的認同等事項，國家都不應介入。而且國家對宗教應採取「宗教中立」原則：不得判定宗教為正信或迷信宗教；不得以科學教育為名，否定宗教的信仰內容，不得介入宗教間的各項論爭；也不得立法規範與干涉宗教團體的運作，人民宗教信仰的生活領域；及國家不得以宗教信仰的有無或派別，當作判定人民享有權利義務的根據。(許育典、周敬凡，2006.2：86-107)

在這些「憲法」原則為「理型」，對〈宗教團體法草案〉作整體評估與建議，發現〈宗教團體法草案〉有四項作為，違反「憲法」中的「宗教自治」與「宗教中立」原則，草案中認定：1.台灣地區所有宗教團體都應該登記為宗教法人；2.所有宗教團體都是公益法人；3.所有宗教團體財產狀況都受國家監督；4.國家可以對宗教團體的宗教行為、宗教自治加以限制。

---

26 根據「憲法」第13條人民信仰自由得到國家保障意指，宗教團體的成員來源、宗教團體的教育與對團體成員的心理滿足、宗教團體秩序的維持及宗教團體經濟自主等都是屬於宗教自治權限，國家不得介入。此外，國家不得介入宗教團體的活動，還有不得強求所有宗教團體加入成為法人；不得強求所有宗教團體成為公益團體；不得要求所有宗教團體財產受監督；不得要求所有宗教團體的行為受限制；國家對這些宗教團體活動都應該謹慎節制。(許育典，2005b：195-248)

27 宗教自由包含內在信仰自由、表達信仰自由及從事宗教活動自由等三個面向。國家對人民的宗教自由則應該扮演客觀仲裁者，維持宗教中立、宗教寬容及政教分離的原則，讓人民的宗教自由或宗教團體可以自治。(許育典，2005：90-137)

上述四項立場，皆違反了「憲法」對宗教人權的「絕對」保障，自然就對人民的宗教自由造成傷害。

　　為了避免〈宗教團體法草案〉違反「憲法」保護領域概念所建構的宗教自治與宗教中立原則，國家應該理解：1.無論登記與否的宗教團體，皆有宗教自由、宗教自治，國家都應該平等對待；2.宗教不一定是公益團體，國家不能強求宗教團體從事公益、慈善、教育、文化事業。3.宗教團體達到相當規模的條件時，宗教團體的財務才需受國家監督；4.宗教團體的宗教自由、宗教自治只有在正當目的，符合法律保留、授權明確及比例原則下，國家才可以限制或介入；5.未來「宗教團體法制」應該可以包含所有宗教團體，而非只適用部分的宗教團體；6.宗教團體的自治事項由該團體自行決定，國家只有在不同需求下，才可做出不同程度或方式的限制；7.宗教團體只有從事公益、慈善、教育、文化的實質活動，才有理由享有各項國家對宗教團體的優惠；8.國家應維持宗教中立原則，平等對待信仰者與非信仰者，宗教法人與非宗教法人。（許育典、周敬凡，2006.4：97-103）

　　筆者以為，從憲法學的保護領域思維來看，我國〈宗教團體法草案〉顯得格格不入，因為保護領域所建構的宗教自治、宗教中立原則[28]充分演繹的結果，就容易全盤否定〈宗教團體

---

28 國家的宗教中立性原則是指不介入與公平對待各宗教團體。國家不介入宗教的態度體現在下列幾項：1.做出正確或迷信的宗教信仰；2.不得以科學為名，否定宗教信仰內容；3.不得介入宗教間的論證；4.不得干涉宗教團體的運作；5.不得頒定法律來限制宗教信仰生活方式及宗教自由；6.宗教信仰不得做為人民享有權利負擔義務的差別根據等。許育典根據國家宗教中立的原則，來判定〈宗教團體法草案〉第 1 條、第 2 條、第 3 條、第 5 條、第 7 條、第 8 條、第 9 條、第 13 條、第 14 條、第 17 條、第 18 條及第 19 條等條文，都違反上述原則。(許

法草案〉中的基本立場，認為〈宗教團體法草案〉似乎隱含國家要求所有宗教團體登記為宗教法人、成為公益法人、也要受國家監督其財產及諸多宗教行為。

事實上，〈宗教團體法草案〉是否強求台灣地區所有宗教團體都向國家登記為法人，這項要求並非法案的本意，國家尊重宗教團體向國家機關登記，也同意宗教團體可以不向國家機關登記，完全尊重宗教團體的「自治」意願。至於宗教團體是否成為公益法人，在法案中也未強求。宗教團體的財產或活動，在過去國家施政的邏輯下，都會給予某種條件的限制。持平而論，此保護領域理論的憲法學者，似乎過度詮釋國家所規劃的〈宗教團體法草案〉的意涵。

縱觀整篇本文可以得知，作者站在「憲法」第 13 條的立場，推論出宗教團體自治權限國家不得介入，與宗教中立原則是指國家介入宗教生活及國家平等對待所有宗教，這兩項指標。作者採取近乎百分之百的自由主義思考，站在人民宗教自由絕對的立場，分析了〈宗教團體法草案〉第 36 條，幾乎每一條都違反了宗教團體自治權限的自由，或違反了國家平等對待各宗教、國家不應介入特定宗教的立場。從此立論可以得知，作者「極端自由主義」的立場，會影響他對「憲法」第 13 條的詮釋，進而用之推論宗教團體的自治權限範圍擴張，與國家對宗教團體管理的最小限度的主張。

四、宗教立法務實論

也有少數憲法學者與上述憲法學者持不同的立場，不再用

育典，2006：185-242) 縱觀許育典從「憲法」第 13 條的立場，推論出宗教團體自治權限為「憲法」人權，國家應維持宗教中立原則。

「憲法」的理想原則來看「宗教團體法制」，而使用務實的角度理解我國既有的「宗教團體法制」中，檢討與宗教有關的憲法條文、大法官會議解釋文、宗教行政法規及相關的法律等法制缺失，再從中根據憲法原則提出建議，同意訂定「宗教法人法」或「宗教團體法」對宗教團體的世俗活動加以限制。

根據陳惠馨的論述，她提出「宗教團體法」未來修法或立法，應先理解〈宗教團體法草案〉有那些優缺點，而且應該要討論台灣地區宗教團體的特質，根據這些宗教團體的特質制定合適的法規。因此，應該對現行的行政院內政部的「函令」、「民法」、「人民團體法」、「宗教財團法人」、「社團法人」、「寺廟的組成規定」、「租稅法規」及「輔導神壇的行政命令」，針對其內容提出分析與檢討。（陳惠馨，1998：30-31）

根據〈宗教團體法草案〉或現行「宗教法規」，對當前台灣地區出現的宗教團體包括宗教基金會、宗教社團法人、宗教非法人團體、寺廟及神壇等類型，並非平等對待。因為部分團體合法得到國家的保護，部分團體如宗教非法人團體或神壇，就無法得到國家相關法規的保護。

再從憲法學的宗教自由與宗教平等的原則檢討可以發現，「監督寺廟條例」、「寺廟登記規則」、「寺廟登記」等相關行政函令，既有法規應該整合或修訂，有下列幾項原則可以當作未來「宗教團體法制」立法的參考：

1.應該重新定義宗教團體，滿足台灣多樣性與多樣化的宗教團體；2.經由宗教立法實踐人民宗教自由與平等；3.訂定法律讓宗教團體取得公益法人地位；4.宗教團體法人取得的事務執行與產生方式；5.宗教團體對事務執行的限制；6.尊重宗教團體自主性；7.平等對待宗教團體的法人地位取得；8.宗教團

體應以公益性法人為本質等事項。

　　另外，國家也應該對人民的宗教自由有所限制，不能任意介入宗教團體活動，例如：國家不應該立法介入宗教團體與信徒的關係、宗教團體的人數、宗教團體傳教人員的條件，宗教團體附屬納骨塔及宗教教義研修機構的設立。國家也不應該理會宗教團體進行宗教活動，而產生妨礙社會安寧秩序、涉及醫療、詐欺的相關法規。因為現行法規已經足以規範這些宗教團體的世俗活動，國家根本不需要另立新法規範宗教團體。在上述對〈宗教團體法草案〉的立法建議，國家應該節制權力的行使，不任意介入宗教團體各種活動，及運用現行法律處理宗教團體世俗違法事件，國家只要對宗教團體立法提出「小規模」修法原則，整合所有的法規命令，建構新的「宗教組織法」、「宗教法人法」改善當前的宗教法制。[29]（陳惠馨，1998：29-53）

---

29 陳惠馨在另外一篇論文中建議，宗教團體法立法應該思考：1.人民信仰自由，包括信仰或不信仰；參與或不參與宗教活動；2.國家要平等對待各宗教，包括不得對特定宗教獎勵或禁止，不得對人民特定信仰優待或懲罰；3.人民的宗教信念而成立的宗教社團其組織、結構、人事、財政管理，應有自主權限，政府如果要對之管理，要用最小限度，才符合「憲法」保障人民信仰自由的規範；4.「憲法」的宗教信仰自由是維護人民精神領域的自我發展、自我實現及社會多元文化充實的表現，國家應該嚴守中立、寬容的原則。在這幾項原則下，有8 點建議：1.給予不同性質的宗教團體取得法人地位的可能，才符合平等對待各宗教的原則；2.〈宗教團體法草案〉應改名為〈宗教法人法草案〉，因為法人可以取代宗教組織或宗教團體名詞，及法人可以包含宗教組織中的財產管理、建築物與活動；3.〈宗教團體法草案〉要給宗教組織更大的自主發展空間，不要給予太多人數上的限制，或財務核備限制、財產處分限制；4.〈宗教團體法草案〉要對宗教組織的勸募活動規範；5.在草案中應該要求宗教組織在章程中規範，組織和信徒間的關係，理清信徒與組織之間的權利與義務之間的關係，避免組織利用信徒對它的信賴感做出侵犯信徒的權益事項；6.宗教教義研修機構的規定，已在私校法裡規範可以取消；7.有關宗教組織外顯行為違法部

　　綜觀陳惠馨的研究可以發現,她採取比較務實的態度,從台灣的宗教團體現況與既有的宗教法制的缺失,結合「憲法」的宗教人權原則,重新考量現有的宗教法制。和前述憲法學者最大的差異在於,她提出了法學家的理想面與務實面見解,在尊重既有宗教法制的前提下,採取小範圍的修改既有法制,也同意尊重「宗教團體法制」的存在,透過綜整與修改「宗教團體法制」實踐「憲法」對人民宗教信仰自由的人權。

貳、〈宗教團體法草案〉的微視分析

　　憲法學者除了從憲法學的觀點來看整體的〈宗教團體法草案〉外,也有從〈宗教團體法草案〉的細項討論,國家是否可以對宗教團體進行管制。其中論述最多的是,宗教團體成為法人後是否可以得到國家的租稅優惠。

　　從租稅優惠理論、租稅優惠的權利與義務的均衡,及信眾對宗教團體財務的諮詢權利等三個論點,討論〈宗教團體法草案〉的租稅優惠規定的合理性。租稅優惠理論包含「憲法」與法律中的「租稅法律主義」,認為人民為國家的主人,享有權利及義務,其中納稅為人民的義務。另外一個租稅理論為「量能課稅原則」,它是指租稅課徵在「憲法」原則下,應依納稅義務人負擔稅賦的能力,繳納相關的稅金。(張永明,2006:96-98)

　　「租稅優惠」是上述租稅法律主義與量能課稅原則的例

分,不需要特別規定,由相關法規處罰即可;8.宗教團體附設納骨塔也不用規範,因為已有「殯葬管理條例」。最後宗教審議委員會的設置也應該謹慎,它只能當作收集意見的諮詢機構,而不能作為解散、打壓宗教教派的幫手。(陳惠馨,2006:243-280)

外。國家利用減徵或免徵稅金的租稅優惠當作誘因,管制或鼓
勵人民從事特定的作為或不作為,達到國家設定的政策目標。
對國家而言,租稅優惠是減少稅收,形同給予優惠對象金錢補
助,因為被優惠者不需負擔稅金。要享有租稅優惠者,則必需
付出選擇職業的自由代價,只能從事國家認可的免稅行業,像
「德國基本法」第 6 條規範,婚姻及家庭是國家保護的對象,
因此結婚共組家庭者享有租稅優惠;反之,未婚沒有家庭者,
則承擔較高的稅賦。(張永明,2006:98-99)

　　國家再從租稅惠達到 6 個政策目標[30]為依據,討論宗教團
體的租稅優惠原則,希望給予宗教團體租稅優惠而促進:1.
宗教團體從事公益慈善事業;2.宗教自由的基本權利維護;3.
宗教團體健全發展等三項目的。(張永明,2006:100-103)

　　宗教團體的租稅優惠相關法制甚多,包括宗教團體的所得
免納所得稅,是指收入用之於所訂章程的目的比例 70%得以
免稅;捐贈者綜合所得稅可以扣除,不得超過總所得的 20%,
可以扣除個人綜合所得;捐贈者的營利事業所得稅,也可以扣
除在所得的 10%為限。在土地稅方面,宗教團體免納地價稅、
土地增值稅及房屋稅。在娛樂稅方面,宗教團體從事教育文
化、公益慈善活動所舉辦的各項娛樂,得以免納。在遺產稅方
面,登記為財產法人的宗教團體,可以免納遺產稅,登記為寺
廟者不在此限。在贈與稅方面,宗教團體的財產不計入贈與稅
的總額。在營業稅方面,宗教團體從事慈善救濟事業,免納營
業稅,免用發票,免開發票。在印花稅方面,宗教團體免納印

---

30 國家運用租稅政策達到:1.完成國家社會改革;2.促進國家經濟發展;3.促進教
育科學文化之發展;4.達成國防軍事之強大壯盛;5.達到人口適當成長;6.達
到城鄉均衡發展。(張永明,2006:100)

花稅。在牌照稅方面，宗教團體從事教育文化、社會福利使用的車輛，每一團體以三輛為限，免徵牌照稅。（張永明，2006：104-110）

　　宗教團體目前的租稅優惠，形同國家以減免租稅的方式補貼宗教團體，當然宗教團體也必需在國家的法規下成為合法團體，才可以享有各項優惠稅賦。不只如此，宗教團體必需從事國家特定的活動，如教育文化、公益慈善或社會福利事業，才得享有國家給予的免稅。當然宗教團體得到國家的租稅優惠也導致負面的評價，包含國家藉此操縱宗教團體，抵觸宗教中立的原則；再者，助長宗教信仰自由、迷信的風氣；最後，國家沒有依照宗教團體公益奉獻程度，給予不同的租稅優惠。（張永明，2006：110-112）

　　目前國家〈宗教團體法草案〉內容的租稅減免規定包含第23條所得稅、第24條土地增值稅、第25條遺產及贈與稅，至於其它的租稅減免隻字未提。最後作者建議，宗教團體的租稅優惠未來立法方向應該考量分層級，用積效為導向，辦理國家對宗教團體的租稅優惠；國家給宗教團體租稅優惠，也可以對不特定的大眾財務公開；並引入會計師簽證制度；確保宗教團體的租稅優惠是否具有正當性。（張永明，2006：117-120）

參、小結

　　從上述的討論可以得知，憲法學者深受德國憲政思想的影響，以鉅視觀點來看我國〈宗教團體法草案〉的管制理論、宗教自治論、保護領域論、宗教立法務實論及微視觀點的租稅優惠理論、責任與權利對等理論，這些學者引經據典德國的憲法學原理原則、宗教法律與判例。他們皆肯定宗教人權為「憲法」

中相當重要的人權條目之一，也同意宗教人權是宗教自治權限，在國家與宗教互動的原則上，接受宗教中立與宗教平等的原則。

　　然而，對於宗教人權範疇與界限，兩類的學者卻出現了重大的歧異。這些歧異的出現無法從「憲法」的原理原則作解釋，而是應該從憲法學者的內心思維，對「憲法」原理原則的再詮釋而出現了分殊。我們可以說，鉅視學者看〈宗教團體法草案〉，他們的「自由主義」理想色彩甚高，經常建構德國憲政原理的「理型」，藉此評估台灣〈宗教團體法草案〉，自然可以看出理想與現實出現重大的差距，而做出否定草案不應立法的結論。

　　相反地，微視學者看〈宗教團體法草案〉，他們自由主義的理想色彩稍淡，他們期待國家發揮公權力，展現社會的公理正義，站在國家的高度，維護「憲法」中的宗教人權。此派學者將宗教人權切割為「宗教團體人權」與「信徒人權」兩個部分，國家應該介入宗教團體人權部分，而不得傷害信徒的宗教人權。如果將信徒人權與宗教團體人權做比較，宗教團體是處於強勢，信徒則位於弱勢地位。為了避免宗教團體對信徒傷害，或強化宗教團體取之於大眾的公共資源，應該用之於大眾，甚至國家對於宗教團體給予租稅、土地、房屋使用、都市道場、設立宗教教義研修機構等特殊利益，此時國家理應代表信徒大眾，對宗教團體的世俗活動進行管理與監督。

　　其中，微視論者從比較憲法租稅優惠理論的觀點，認為國家可介入宗教團體的財務活動，到租稅優惠理論的論述，變成國家介入宗教財務，引入會計師簽證，要求宗教團體財務透明

化，才符合國家租稅優惠的獎勵措施[31]。不像鉅視論者，他們也是從比較憲法的角度看宗教人權，認為上述的宗教團體活動，都是屬於宗教自治權限範疇，國家尊重宗教團體而不得任意介入。

　　憲法學者會出現這種差異，應該可以從學者的自由主義意識型態程度的高低解讀。微視學者應屬於「相對自由主義」的宗教自治思維[32]；鉅視學者則屬於「絕對自由主義」的宗教自

---

[31] 宗教團體的自治權不是完全放任自由，而是「憲法」保障下的有限度承認的自由權，因此，宗教團體的財產國家應該給予監督，宗教團體也要承擔社會義務，宗教團體如果要財產自治，要以自律為前提，國家站在人民立場，給予合理的最低限度的監督為國家公共利益維護的責任。(張永明，2005：71-80)此種論述和許育典將宗教團體自治權限當作憲法直接保障的核心概念大不相同，根據許的論述，當宗教團體受到「憲法」保障時，國家就不得任意介入宗教團體各項自治活動，他乃推論〈宗教團體法草案〉中，國家介入宗教團體各種活動的法律規範是不當的舉措。(許育典，2002.9：289)

[32] 張永明擁有「相對自由主義」的憲法思維，在他看來宗教團體為社會大眾供應資源的管理者，國家賦予其宗教寺廟、宗教社團法人及財團法人，都擁有國家給予的法人地位，擁有國家給予的「特殊利益」，相對的就得向國家與社會承擔責任，包括向主管官署登記財產、年度財務呈報核備的義務，宗教團體處分不動產時，則受到國家的許可才能處理，不能自己任意處分。(張永明，2010：2-31) 儘管我國尚未設立宗教捐獻相關法令，但是應該注重捐獻者(信眾)與受贈者(宗教團體)的權利，與負擔均衡原則，讓宗教團體得到信徒捐贈時，宗教行政主管機關對他們的宗教捐獻做合理的監督。(張永明，2010：58)國家在極端自由主義的社會中，要扮演人權維護的角色，不只自己不能傷害人權，也不能放縱社會強凌弱的現象。國家在此思想下，應該要對宗教性的商品或服務給予消費者權益保護，避免宗教團體的強勢銷售，傷害弱勢的信徒購買或承接宗教性商品的不平等關係。換言之，作者認為信徒應該跟消費者一樣，得到國家的消費者權益保護。宗教團體就像廠商一樣受到國家相關商品銷售法規的規範。(張永明，2010：93-96)宗教研修機構如果要授予國家學位，則應該要受到國家監督。在作者看來，宗教團體的自治權限，不應該包含頒授國家承認的學位。(張永明，2010：165)上述這種思維，都是相對自由主義的表現，也就是說「憲法」所授予的人民信仰自由並非無限上綱，而是在憲政民主國家體制下，

治思維。簡言之，兩類的憲法學者都認同憲政中的人權，國家應該保護人民的各項自由，當然宗教人權也受憲政最高保護。只不過，鉅視學者對宗教人權持比較寬廣的態度，反對國家過度介入。

再仔細評估鉅視學者對四個類型的宗教人權看法又可以發現，他們彼此之間也出現了差異。宗教自治論與保護領域論，對宗教人權持最高程度的保障；認為國家要貫徹「憲法」的宗教人權，根本無需訂定「宗教團體法」，反對國家介入宗教團體自治活動，宗教自治權限皆屬不可侵犯的「憲法」直接保障人權條目。管制理論對宗教人權的程度次高保障，他認為國家可以介入宗教人權中的慶典世俗活動與宗教資訊的收集。宗教立法務實論者對宗教人權保障的程度位於第三，他認為在既有的宗教行政法規中，重新檢討、綜整出一套符合台灣地區宗教現況的法制，實踐「憲法」的宗教人權。

至於微視論者對宗教人權的「憲法」保障，採取「權利與責任平衡」的價值觀。認為宗教團體擁有諸多社會大眾的資源及國家授與的特殊利益，在享受這些權利的前提下，宗教團體就得承擔對國家、社會與大眾的社會責任。它必需接受國家要求，財務透明化，財產不得任意處置；設立宗教教義研修機構，頒發國家核可學位，就得接受國家教育法規的規範。

由此可知，憲法學者對政治意識型態信仰的差異，會導致對宗教人權詮釋的不同，無論是「絕對自由主義」或「相對自由主義」的學者，他們都會同意宗教自治、政教分離、國家對

國家是「憲法」既不得傷害人民的人權，也是「憲法」的維護者，它代表全體人民與社會，對宗教團體各項世俗活動，做合理的管理與介入，保護弱勢的信徒大眾。

各宗教中立、宗教平等等原則。但是，對這些原則的詮釋，卻因為所抱持的自由主義程度高低不同，而做出宗教人權範疇的寬廣與狹隘。

其中，兩類學者最主要的差異在於，「絕對自由主義」學者認為，宗教人權就是宗教自治，享受國家「憲法」直接保障，宗教自治國家不得介入或少介入；而「相對自由主義」的學者則認為，宗教人權的宗教自治並非神聖不可侵犯，當國家既給宗教享有法人特殊利益，也就可以相當程度的介入宗教財務、財產處理、設立宗教教義研修機構等。「絕對自由主義」的學者認為，不必要宗教立法；而「相對自由主義」的學者則同意為宗教團體立法。這兩類憲法學者的意識型態，都是屬於尊重宗教人權的憲政思維。但是，對國家是否介入宗教團體的活動，卻因信仰自由主義的程度不同，造成「憲法」解釋的歧異，而做出對〈宗教團體法草案〉的分殊解釋。

第二節　從意識型態論述〈宗教團體法草案〉

以意識型態的觀念或價值偏好（value judgement），臧否〈宗教團體法草案〉的內涵，展現作者強烈的主觀好惡傾向。意識型態則是社會家、宗教家、政治家、革命家的「理念」（ideas），他們運用這些理念解決所處時代的困境與問題，號召跟隨者接受這些理念，形成共同的流行「思維」（myth），是社會重大變革的內在力量。

此學門表現出來的價值偏好相當強烈，如果是由宗教團體領袖提出對〈宗教團體法草案〉的意見，往往可以看出他們企

圖運用自己的主觀好惡，轉化為對〈宗教團體法草案〉的期待，希望訂定的法律對自己的教派有利。和上一節憲法學者用憲法學的原理原則討論〈宗教團體法草案〉，有部分相似；也有部分差異之處。憲法學者也會根據自己的憲法學理推論，對〈宗教團體法草案〉提出主觀期待與批判，主觀期待與批判的部分和此領域的學者雷同。而提出主觀期待與批判論述的根據，意識型態領域的學者則和法學者大異其趣，他們運用對自己有利的立論點當作出發點，演繹出對〈宗教團體法草案〉的「不平之鳴」。

　　此立論點可能來自於宗教神學、宗教史學出現過的現象；也有可能是由作者觀察到當前宗教法制的現象或問題；或是將宗教神學、史學與當前法制對話；而從中發展出自己的思維邏輯。在本節的討論，將焦點集中於宗教界的領袖的論文，筆者將用分析（analysis）與綜整（synthesis）[33]的研究法，討論他們對〈宗教團體法草案〉提出的論點與批評。

壹、佛教團體領袖對〈宗教團體法草案〉的價值判斷

一、民國以來國家運用宗教法制，介入宗教管理、侵奪廟產

　　早在 1979 年戒嚴時期，佛教團體領袖及其刊物就對 1929 年「監督寺廟條例」提出批評，認為整個民國的政教發展史，

---

[33] 分析與綜整是方法學上二個重要不同的概念，這兩者的研究方法都需要以描述事實(facts)為基礎。分析強調的是將某一個現象、事件、行為當作整體，再從中分類或切割成幾個細部，切割完成後再對每一個細部「切片式」的逐項討論。綜整則是將鬆散的諸多現象，根據研究者的直覺相似的現象加以歸納，而做出有體系的分類，再從「整體式」的角度，詮釋整個現象的意涵。(Hoover, Kenneth R.,1992)

都可以看出國家經常運用宗教管理法制傷害佛教的寺廟,阻礙佛教的發展。最具代表性的人物為釋東初、釋太虛兩位和尚。

釋東初和尚從民國以來的政教關係史的發展[34],對「監督寺廟條例」提出批判。他認為國民政府成立以來,諸多作為傷害佛教甚巨,至目前為止,這些作為並未停止。例如軍閥學棍利用「監督寺廟條例」掠奪寺廟財產,國家要求寺廟財產用來辦學,打倒寺廟中的神佛,及要求寺廟團體興辦慈善公益事業[35]。(釋東初,1979.7:5-26)

另一佛教界大老釋太虛和尚,也對「監督寺廟條例」提出反省,認為這是國家運用法律消滅佛教寺廟,法律的本質隱含佛教為迷信的宗教,應該加以排斥。佛教界面對國家的壓力只能自救,自救的方法有四:1.建立嚴密組織的全國、省、縣、

---

[34] 早在 1919 年 6 月,佛教界大老太虛大師就到北京向政府請願,希望取消管理寺廟條例。(釋印順,1980:105)佛教界對當年政府訂定的寺廟管理條例,始終持反對的態度,到了民國 10 年北洋政府修訂管理寺廟條例頒佈時,全國佛教界向當時眾議院陳請,希望政府取消寺廟管理條例。(釋東初,1974:189)

[35] 從 1913 年到 1929 年,政府在廟產興學運動的風潮下,曾經 5 次制訂、修正寺廟管理法令。分別為 1913 年袁世凱政府公佈「寺院管理暫行規則」7 條、1915 年袁世凱根據傳統帝王對佛道兩教的控制,訂定「管理寺廟條例」、1921 年徐世昌總統乃對管理寺廟條例加以修正,成為「修正管理寺廟條例」24 條、1929 年政府統一全國結束軍政時期,乃發佈「寺廟管理條例」21 條、國民政府乃於 1929 年 12 月 7 日公佈「監督寺廟條例」13 條及 1936 年政府為掌握並管理寺廟財產,又公佈「寺廟登記規則」14 條。這些條例都屬於行政命令,而且在宗教界的角度看來,這些條例是政府形同政治力量侵入到宗教團體當中財產的管理處分。是行政機構以傳統官僚威權性格規範、限制寺廟的依據,屬於一項專制及不合理的辦法。(黃運喜,2006:317-357;瞿海源,1997:446;黃慶生,2005:187-188),他們對民國以來,中央政府頒發 5 次宗教行政法令的批評,具有封建思想濃厚、政府希望從寺廟中獲利、政府對聖物直接介入、政教不分立、高密度管制的宗教法制等現象。有黨政不分情況、政府從寺廟獲取利益的心態、政治介入聖務的現象,及寺廟財產保管方式的多元思考等現象。

佛教會；2.各縣佛教會要盡速調查僧、徒、寺廟財產；3.寺廟的住持條件應由佛教會訂定；4.全國、省、縣的佛教會應該辦理佛教學院，培養優秀的寺院住持。(釋太虛，1979.7：3-4)

　　在佛教界領袖看來，「監督寺廟條例」只是國家用來管理佛教的工具，甚至運用此法制傷害佛教團體的發展。因此民國以來，政治傷害佛教的歷史經驗，深深烙印在佛教界大老的心上。當國家重提「監督寺廟條例」的修訂時，就觸動了當年他們受傷的心靈。所以太虛和尚才會提出呼籲，希望佛教界要團結，成立龐大中央教會的組織管理體系，維護佛教財產，培養優質的佛教法師，為佛教在台灣的傳承留下法脈。唯有佛教界建構組織與優質人才，才能避免國家「宗教團體法制」的傷害。

二、違反宗教平等，反對「監督寺廟條例」

　　1979 年國家預計重新草擬宗教管理法規，佛教《海潮音》社論對此表示歡迎，提出〈為新的「寺廟教堂條例」催生〉，希望國家不要只針對中國傳統佛、道兩教的寺廟進行管理，而應該平等對待台灣地區各宗教團體的宗教場所。因為「監督寺廟條例」只管理佛教與道教兩教，而不管其它宗教，違反「憲法」中的「宗教平等」的原則，也就違反了「憲法」規範的人民信仰宗教自由。

　　該社論指出，「監督寺廟條例」是 1929 年訓政時期的產物，既違反宗教平等原則，也違反「憲法」的宗教自由。[36]不

---

36 海潮音雜誌為了反對「監督寺廟條例」，呼籲政府新修的「寺廟教堂條例」草案，邀請當時台大憲法學李鴻禧教授到社演講。根據李鴻禧的看法，1929 年公布的「監督寺廟條例」，用簡單的條文處理龐雜的宗教問題，可以說相當簡潔有力。但是，就現在的情境來看，此條例已經是落伍的惡法，就應該淘汰廢止。目前政府推動了「寺廟教堂條例」，第一條是要保障信仰宗教之自由，維

只如此，省府訂定條例取締新建寺廟，而不取締新建教堂。又
頒訂辦法要求寺廟 10% 的收入做公益慈善之用，只要求寺廟
團體而不必急於外來宗教。財政部也訂規定要求寺廟空地要課
稅，迫使寺廟賣地繳稅求生存。這些國家施政的作為，都傷害
了佛教生存與發展，而與共匪在大陸的作為相互呼應。（海潮
音，1979.7：26-28）

　　海潮音社論認為，國家的宗教主管部門內政部要頒訂「寺
廟教堂條例」取代「監督寺廟條例」，除了對佛、道兩教管理
外，也擴及其它的基督、天主、回教、大同教、天理教等外來
宗教。對這項政策改變，海潮音欣然同意。不過新的「寺廟教
堂條例」，被外交部反對而擱置，海潮音不以為然。海潮音認
為外交部主張，國家對外來宗教管理與登記是落伍的措施，而
且會影響到我國與邦交國的友誼，是國家過度重視外交，忽略
了宗教平等原則。外交部這項論述，形同台灣的反共是靠一小
撮外來宗教支撐，而蔑視了海內外自視仁人的愛國情操。猶如
外來神職人員騎在全國國人頭上。（海潮音，1979.7：26-28）

　　從海潮音的社論可以理解，當時台灣佛教界非常不滿意國
家的宗教不平等舉措，形同只是針對佛、道兩教的寺廟進行管
理，而放任外來宗教。他們期待國家新訂的「宗教寺廟教會管
理條例」，國家對宗教的管理能夠涵蓋台灣地區的所有宗教，
才符合「憲法」的宗教平等原則。

護寺廟教堂權利，既然如此，就不要再訂任何宗教法規，不然會把各宗教活動
納入政府監督管理之下，而傷害信教自由的本意。至於宗教人士騙財騙色的問
題，可以用既有的民、刑法規處理即可。(楊惠南，1979.11：14-17)從李鴻禧的
論述可以得知，他站在憲法對宗教自由絕對保護的立場，認為政府不需要再訂
定任何宗教管理法規來管理宗教。只需要以現行的法律，就可以對宗教進行管
理。

　　這種論述有幾分道理，然而也有幾分脫離事實。在威權時代，國家對宗教的管理相當嚴峻，佛教相對於其它非法宗教，尚擁有部分的宗教自由。此時期，未向國家機關登記的宗教，全部被國家視為「非法」宗教。當時國家只同意傳統的佛教、道教、回教、基督教、天主教及藏傳佛教等六個傳統宗教，外加從中國大陸隨政府來台，支持兩蔣政權的理教、軒轅教、天帝教，同意它們向國家登記。為了外交理由，而讓美國的耶穌基督後期聖徒教會及日本天理教向國家登記，可以來台傳教，合計只有 11 個宗教為合法宗教[37]。（張家麟，2011：133）在 1971 年以前，這是國家同意的合法宗教。國家並非同意所有宗教，而是對宗教進行有限度的尊重與自治空間，佛教在當時的情況，固然受到國家的壓制，其它宗教何嘗不是如此。

　　海潮音社論的另外一個意見是，對未來「寺廟教堂條例」的高度期待，從過去「監督寺廟條例」處處管制宗教團體，轉化為尊重宗教團體的自治權限。因此，海潮音強力支持國家未來修訂的「寺廟教堂條例」。

　　海潮音指出，國家宗教主管官署未來的「寺廟教堂條例」要善意對待寺廟教堂的財務自主權利，不需要向主管機關「核

---

37 新興宗教和傳統宗教在中華民國威權體制下得以存在，純粹是統治者對宗教持恩侍主義(patron-clientism)與威權主義(authoritarianism)的思維。統治者認為支持或效忠國家的宗教，給予憲法部分的宗教自由，宣揚中華民國為自由中國。統治者和宗教之間的關連形同恩主和侍從的關係，在宗教看來，統治者形同他們的恩主，因為統治者給予他們生存發展的空間。在統治者看來，宗教形同他們的侍從，只要對統治者效忠或支持的宗教團體，統治者皆給予支持其合法存在。從這種政教互動的角度來看，統治者始終是高高在上傳統的「家父長」；聽話的宗教團體像是個孩子，家長給予孩子庇護，孩子得到家長的疼愛而成長。統治者不完全否定宗教的存在，也帶給統治者對外宣傳的利益，及對內統治取得合法性的基礎。(張家麟，2011：140-143)

備」，每年結算收支，由各宗教團體自行督促與管理。不再要求各宗教團體「舉辦社會公益事業」，由各宗教團體自行決定辦理即可。另外，海潮音也對佛教大老提出呼應，期待國家將宗教教義研修機構，納入正規教育，以培訓各宗教傳教人才，並建構人才培訓標準、研修學院規模設備及師資條件。（海潮音，1979.11：3-4）

　　佛教團體始終認為，國家的「宗教管理法制」對他們產生重大的傷害，因此代表佛教界的海潮音才會社論為文，強烈反對 1929 年的「監督寺廟條例」，而期待內政部新修訂的「寺廟教堂條例」。盼望國家給予比較寬廣的宗教自治權限，甚至提出宗教教義研修機構的法制化，納入國家教育機制。運用國家教育機制，為佛教界培養優質的法師。

三、審慎支持國家的宗教管理法制

（一）強力支持國家宗教立法

　　佛教界領袖並非全盤否定國家的「宗教團體法制」，其中釋淨心就對 1929 年「監督寺廟條例」持正向的看法。認為該條例是一部良法，根本不需要重新修訂任何法律取代「監督寺廟條例」。

　　在釋淨心看來，「監督寺廟條例」是一套良好的宗教行政法制，只是國民政府來台後，內政部或省政府陸續頒佈許多違反寺廟條例，過度干涉寺廟事務的行政命令，乃阻礙正統佛教的發展。如果國家堅持宗教立法，他建議應該考量 1998 年內政部民政司紀司長代表國家提案修訂的〈宗教團體法草案〉

[38]，（釋淨心，2004：92-93）或是有條件的支持 2000 年新版的〈宗教團體法草案〉，鼓勵佛教界人士不要為反對而反對。（釋淨心，2010：9）

對 2000 年內政部委託「宗教事務諮詢委員會」的六位代表，修訂的新版〈宗教團體法草案〉，則持保留態度。尤其是在國家要求寺廟附屬納骨塔、火化設施應設落日條款，（釋淨心，2006：171-172）廢除「宗教事務諮詢委員會」對正教、邪教的判定，宗教主管官員曲解宗教建築物的外表形式為獨立「宗教型建築物」等法條，表達不滿意見。（釋淨心，2004：97-110）對〈宗教團體法草案〉沒有為宗教界建構「中央教會」的規定而不滿；甚至期待宗教團體的發起人或負責人，應該都要擁有「宗教師」身份，而非放任各宗教團體的發起人或負責人，由非宗教人士擔任。（釋淨心，2006：180-182）

然而，儘管對新版〈宗教團體法草案〉部分條文持不滿態度，釋淨心對整部宗教法制原則上願意接受。在他看來，由於國家對新版〈宗教團體法草案〉疏於政策辯護與解釋，導致立委或部分佛教團體起來反對宗教立法，致使〈宗教團體法草案〉未能通過。[39]不僅如此，他認為〈宗教團體法草案〉具有宗教

---

38 在釋淨心和尚看來，紀俊臣所提的〈宗教團體法草案〉版本，是 1989 年中山大學吳寧遠教授等人從日本宗教法人法的學習之後的濃縮版，是一部非常好的宗教法制。(釋淨心，2007：72-73)

39 在釋淨心看來，〈宗教團體法草案〉同意內政部設置「宗教事務諮詢委員會」遭立委堅絕反對，把它視為行政院的黑機關；事實上，他認為這個機關可以扮演政府與宗教界的橋樑，擔任溝通與解決宗教的議題，也具有判定正教、邪教的功能。此外，草案中要求宗教團體中的社會團體法人，宗教基金會都要設置帳簿，讓部分佛教界人士擴張解釋，認為寺廟、宮廟也都要採用「商業會計法」記帳，造成出家眾的恐慌，乃附和反對宗教立法。還有另外一件被曲解的事情是，宗教團體法人的宗教活動犯法，主管機關可以令其改善或處分，也讓部分

優惠的功能，讓宗教團體可以運用宗教優惠從事弘法工作。而且宗教團體在新版的〈宗教團體法草案〉可以完成「宗教法人」的登記，而成為法律上被保護的特殊型團體。（釋淨心，2006：174-180）

　　在佛教界的釋淨心基本立場為，支持國家介入宗教團體的管理，無論是 1929 年的「監督寺廟條例」，或是 1989 年胎死腹中的〈宗教團體法草案〉，亦或是 2000 年新版的〈宗教團體法草案〉，他都持肯定的態度。只不過隨著時代環境的變遷，威權體制時他全力支持「監督寺廟條例」；在解嚴後，他開始反思新版〈宗教團體法草案〉的利弊得失。整體而言，他對國家訂定〈宗教團體法草案〉當作管理宗教的「依法行政」準則，異於過去佛教界釋東初及釋太虛是站在支持國家的立場。

（二）呼籲國家宗教立法

1、釋星雲支持國家宗教立法

　　佛教界人士對於宗教立法的主張，還有釋星雲與林蓉芝兩位。釋星雲最早於 2004 年接受內政部的邀請撰寫〈宗教立法之芻議〉，再於 2006 年寫出〈有關宗教法答問〉兩篇文章。歸結這兩篇文章的論述，可以理解釋星雲反對 1929 年的「監督寺廟條例」及 1936 年的「寺廟登記規則」，再加上政府遷台後，由內政部及台灣省政府頒發的一百多項宗教行政命令。因為這些法令只管理佛、道兩教，而不管理其它宗教，明顯違反宗教平等的原則。既然如此，他呼籲國家應該參考世界各國宗教立法，儘早為我國宗教立法。至於立法的內容，他建議國家應該

佛教界人士曲解，認為「徒弟犯法，師父有罪」，而引起部分佛教界出家眾的恐慌。（釋淨心，2006：168-170）

將宗教當作專業，所以要有宗教士執照；其次，宗教財產應該由宗教人士管理，而非由世俗的人負責；第三，宗教人士犯罪由教規處理，而非世俗法令；最後，在宗教團體附屬納骨塔、宗教服務免稅、宗教學院設立等議題，都應該重新考量對宗教團體有利的立法。[40] （釋星雲，2004：1-72）

筆者以為，釋星雲站在佛教界的立場，以他長期理解國家管理佛教界的現象，帶給佛教界的困境，提出對當前〈宗教團體法草案〉的意見。他原則上肯定本草案，但是也站在佛教界的立場及其觀察，對國家的高度期待。期待國家宗教立法應該處理當前寺廟出現管理人與住持兩個領導、廟產由俗家弟子繼承、宗教士的資格自由認定、都市道場、宗教免稅、宗教學院設立、宗教教育納入國民必修課程、宗教淨化人心的功能等議題，應該都要在〈宗教團體法草案〉展現。

他也期待國家承認佛學院，認可寺廟領袖由專職人員、專職宗教人士擔任；宗教財產由出家眾繼承；納骨塔收入不必繳稅；宗教人士違法由教團懲處；宗教團體財務自主；宗教團體領袖產生尊重各教派傳統；宗教建築物認定可有明確的法規及免稅的權利；宗教人士才具備管理宗教團體能力；宗教社團可以跨宗教成立；處罰不法的邪教；同意設立宗教教義研修機構；訂定宗教教義研修機構的師資、學生資格；學位可以授予；宗教教義研修機構可以相互轉學，學生可以緩召；宗教教義研

---

40 釋星雲對我國宗教立法提出 15 項的建議，對宗教研修機構也有 11 項的意見。(釋星雲，2004：62-69)類似的意見，釋星雲又於 2006 年歸納提出 20 項宗教法答問，用一問一答的方式處理他對宗教法的看法。(釋星雲，2006：61-92)由於這些建議與意見，牽涉到的細節頗多，形同台灣地區佛教界對國家的宗教立法的一股壓力，因此，本研究將在第四章處理這些政教糾葛的拉扯現象，在此暫時擱置不論。

修機構的建築面積要法制化；宗教課程要正規化等。

　　然而，國家對釋星雲的看法多所保留，例如宗教士資格、寺廟財產繼承及住持繼承的規範，都是屬於教派間的「自治權利」，而非國家可以涉入的世俗活動。釋星雲卻非常擔憂這些問題沒有處理，將造成寺廟的發展容易出現爭端，因為人沒有處理好，就沒有辦法處理好佛教的寺廟，也就遑論佛教發展。

　　釋星雲為一宗教家，站在維護佛教利益的角度，期待佛教未來發展順利而不要陷入困境，乃對國家的宗教立法多所期待。但是，國家得處理的對象包括各個宗教，無法專為佛教訂定宗教人士的資格，寺廟住持的資格、寺廟住持繼承人的資格，寺廟財產的繼承等法規。因此，釋星雲的期待可能會在國家訂定的「宗教團體法制」中落空。

2、　林蓉芝代表佛教團體參與宗教立法[41]

　　另一佛教界團體領袖為中華佛寺協會秘書長林蓉芝，她於2000 年被內政部「宗教事務諮詢委員會」推派參與六人小組，共同草擬〈宗教團體法草案〉，並提交行政院院會討論。

　　在她看來，1929 年的「監督寺廟條例」被宗教主管機關執行的結果，形成諸多缺失。再加上宗教行政人員素養不足，偏差執法，造成對台灣地區的寺廟重大傷害，而法令延伸的困難，國家推給寺廟自行解決，讓寺廟出現諸多糾紛，這是國家宗教主管未善盡責任所導致的結果。例如寺廟財產的傳承、宗

---

41 早在 2002 年林蓉芝就對「寺廟登記規則」提出建議，她期待政府 10 年一次的總登記工作，應該重視實質不要流於形式，不能只登記寺廟的人口、財產、法物三項，而是應該全面清查寺廟的相關事務與活動。但是，礙於國家宗教主管官署人員短缺，她建議讓全國宗教系所學生投入寺廟登記工作。(林蓉芝，2002：113-115)

教建築形式的認定、寺廟占有國家土地後申請變更遭遇官僚機制的阻礙等議題，皆無法得到合理解決。（林蓉芝，2004：115-141）

在參與草擬〈宗教團體法草案〉之後，她也站在佛教界的立場，重新思考草擬中的規定是否對佛教有利，而做出幾項的建議，如宗教團體是否可以擁有墓園、骨骸存放設施，宗教團體的帳目是否公開，宗教團體登記為法人的條件是否合理，宗教團體是否可以自行處分自己的財產、是否應將自己的年度收支決算表、會計帳簿向國家核備、免稅、都市道場設立、「宗教事務諮詢委員會」的權限與國家對宗教團體犯罪行為的懲罰等。她進一步期待，儘管〈宗教團體法草案〉仍存在諸多的爭議，但是在行政院內政部「宗教事務諮詢委員會」推派的六人小組，經歷數十次的修訂本草案，已經儘可能包容各方意見。雖然對本草案不是百分百滿意，但是仍然可以接受本草案。現已完成草擬法案的初階工作，接下來就期待行政院與立法院的協商討論，促使本法通過協助宗教團體及行政主管官署有依法行政的依據。[42]（林蓉芝，2006：33-49）

在筆者看來，中華佛寺協會秘書長林蓉芝已經為佛教界付出心力。她除了批評過去訓政時期的「監督寺廟條例」不符合現階段的宗教行政管理需求外，也長期投入全省各寺廟內、寺廟與國家之間的衝突糾紛經驗，代表佛教界參與〈宗教團體法草案〉的草擬。由於她深刻了解佛教團體現存的諸多問題，並

---

42 林蓉芝於 2011 年再次為文指出，現有的教會、寺廟、董事會或信徒大會的管理組織來運作管理宗教團體，都嚴重違反佛教的宗教倫理。因為讓信徒大會來操作寺廟管理權，取代了佛教僧團或執事會，造成寺廟為信徒所掌握的缺失。（林蓉芝，2011.3：56-59）

認識到現有法規對佛教團體不利之處，這些實務經驗，讓她能夠為佛教團體的納骨塔、火化設施、都市道場、租稅減免及財產處分等問題表達佛教界的利益。

貳、基督教團體領袖反對「宗教團法制」

　　基督教團體領袖除了參與草擬〈宗教團體法草案〉的代表天主教台中教區主教王愈榮外，其餘的領袖幾乎很少認同國家訂定「宗教團體法制」，認為在既有的法制下，傷害了基督教會的傳統，也在此法制下，基督教會有因應對策「作假」應付其要求。

　　王愈榮認為〈宗教團體法草案〉中，對宗教租稅優惠、宗教建築物寬鬆認定、宗教教義研修機構的設立與學位頒予，都是良好的政策。只有對宗教團體成立的規範、人員組成條件，他從天主教教內的行政管理當作出發點，認為可能會對天主教的行政管理產生衝突[43]。

　　其它的基督教會代表像台北市教會長老莊謙本、新竹市召會長老董傳義、台北市召會訓練中心教師翟兆平，及基督教會牧師曾紀鴻等人，皆表達反對國家宗教立法的態度。

　　以莊謙本為例，他從先進國家的宗教管理原則，建議應該在現行法律架構中，處理宗教團體的問題，而非另訂〈宗教團體法草案〉。而且〈宗教團體法草案〉可能圖利大型宗教團體，

---

[43] 王愈榮為內政部「宗教事務諮詢委員會」推派的六人小組之一，代表天主教會參與〈宗教團體法草案〉的草擬，原則上他支持〈宗教團法草案〉。至於他對草案中的細節，他仍然持保留的態度，尤其是在天主教的組織、教會組成人員條件等議題，為了理解這些天主教傳統和國家宗教法制間的衝突，本研究將在第四章討論，在此暫時擱置不論。(王愈榮，2004：147-156)

法案中規範全國型或地方型兩類的宗教法人規定,也會傷害現有的宗教團體只是根據信仰內容,而在全國成立各地區教會,但是,教會之間彼此沒有隸屬的關係,只有信仰上的維繫,此時登記為全國型的宗教團體,將傷害各地方教會的利益,破壞地方教會的結構。(莊謙本,2010:161-177)

　　再以董傳義為例,他建議宗教立法應該尊重信仰自由及宗教自治兩項原則。從這兩項原則就可以理解,現行宗教管理法制中的「監督寺廟條例」及其後續的相關宗教行政管理法律[44],都顯得格格不入。(董傳義,2010:181-187)

　　另外,翟兆平從基督教史看政教關係的發展,認為西方已經建構宗教分離的原則,因此宗教立法得違反此原則。在他看來,西方基督教史的演變,最早由羅馬帝國干涉基督教到第四世紀時短暫宗教自由與平等,再到羅馬皇帝插手宗教事務,而宗教力量也深入了帝國行政。再到中世紀歐洲,羅馬教皇建立權威主導教內與國家行政,跨到16世紀出現宗教改革,重新定位政教權限,建構有限度的宗教平等自由。最後到18世紀以後,宗教自由擴大,政教逐漸分離。

　　如果從西方政教發展史已經建構的政教分離原則,評估我國〈宗教團體法草案〉,認為該草案明顯違反政教中立,干涉宗教自由,違反宗教平等。評估該草案在國內5%基督徒的信仰人口中,我國的〈宗教團體法草案〉不會贏得台灣基督徒的支持與認同。(翟兆平,2010:91)

　　最後,基督教會牧師曾紀鴻從實務的觀點提出批評,認為

---

44 根據史慶璞的研究,中華民國政府遷台後,先後完成各項宗教管理的草案,計有「宗教法」、「教會及寺廟監護條例」、「教會教堂記法」、「保護宗教條例」、「寺廟教堂條例」及「宗教保護法」等草案。(史慶璞,1999:159-182)

在既有的宗教行政法規下，許多教會都配合國家成立財團法人，建構董事會。但是，基督教會有自己的內規，董事會只是「空殼子」，真正決策者是教會中的「年議會」，所有的董事都要經過年議會的決議。基督教會配合「宗教團體法制」，幾乎所有教會都作假，這種法制當然要值得檢討。（曾紀鴻，2010：200-201）

　　從上述的基督教會中的牧師、長老或教師，他們從實務、基督教史、教徒身份的立場，對〈宗教團體法草案〉都持保留的態度，甚至認為國家過去的「宗教團體法制」根本扭曲了教會要求信徒「坦誠」的道德律。在既有的「宗教團體法制」下，教會成立相當多的「財團法人」宗教團體，就得配合國家法規成立董事會。但是，教會管理階層的組織運作卻不是董事會，而是教會規劃的全球一致的組織「年議會」為最後的決策者，這種表裡不一的現象，既存在於基督教會，也可能存在於天主教會。

參、民間宗教與道教團體領袖支持「宗教團體法制」

　　在「宗教團體法制」的意見表達，佛教與基督教團體領袖的聲音較大，民間宗教與道教領袖幾乎很少發言。只有台北大龍峒保安宮董事長廖武治及台灣道教總廟宜蘭三清宮董事長陳進富於 2002 年，接受真理大學宗教學系的邀請，針對〈寺廟總登記之檢討與建議〉提出對「宗教團體法制」的立法建議，原則上他們支持國家的「宗教團體法制」。

　　廖武治認為，寺廟必需接受國家宗教主管官署對其組織、財務及會計的監督。寺廟領導人無論信徒或董監事如何產生，領導人必須具有一定被信任度與能力的人士擔任，有效推動各

項事業。（廖武治，2002：116-118）

　　陳進富則對當前的宗教管理出現的問題提出質疑，例如道教宮廟登記時，宗教建築物一定需要有外表上的「飛檐翹脊」，才可被宗教主管機關認定為合法建築物。另外，如寺廟登記名稱往往被國家強求登記為某某縣，某某村，某某宮，而非尊重該寺廟的宗教自主權。再者，社會各界對寺廟的捐款，認為國家應該要求該寺廟為募建，而非私人擁有。最後，寺廟財產用神明的名義登記，目前國家不願意協助解決而造成寺廟財產不可解的難題。針對上述四個問題，陳進富認為寺廟外觀條件並不重要，而是在於寺廟的內涵，是否有神祇、僧道的住持；寺廟的名稱應該尊重該寺廟；寺廟如為募建，享有租稅優惠，如為私產，則不應優惠；國家應該讓過去的神明會財產歸寺廟所有，而非任憑神明會資產曠日廢時，不予協助解決。（陳進富，2002：109-112）

　　從上述宗教團體領袖對〈宗教團體法草案〉看法可以認識到，佛教最關注本草案，其次是基督教，而道教、民間宗教則較少發聲。從中國大陸跟隨國府來台的佛教團體，幾位佛教團體領袖，深受民國以來軍閥運用宗教管理法制，破壞佛教寺產的負面歷史經驗，乃極力反對「監督寺廟條例」，和期待比較公平的「寺廟教堂條例」。至於在台成長與發展的佛教界領袖，則持審慎支持國家的宗教管理法制，與前述的佛教界領袖持不一樣的意見。

　　而基督教領袖以天主教會的代表，被國家納入草擬〈宗教團體法草案〉的成員，也就比較支持國家的「宗教團體法制」。基督新教的牧師或長老，則從實務與基督教史的立場，認為「宗教團體法制」違反了基督教歷史經驗，包括基督教的政教分離

原則的建構及基督教、天主教內部的組織發展，並無法用社團法人、財團法人等法制，強加於傳統組織上面，因此對國家的「宗教團體法制」強力反對。而在民間宗教或道教團體的領袖，在過去的文獻中可以看出，對此議題顯得較為無力，他們無心於國家的「宗教團體法制」的存廢，對此議題興趣不高，所以只有發出微弱的聲音。

第三節　從社會科學論述〈宗教團體法草案〉

除了從法學、意識型態討論〈宗教團體法草案〉外，尚有從社會科學各學門來理解本議題。在本節將對社會科學中的公共政策學、社會學、人類學與政治科學等學門，與〈宗教團體法草案〉關係的文獻，作整體回顧。

壹、公共政策學與〈宗教團體法草案〉

一、組織改造與效能提升

從公共政策領域思考「宗教團體法制」的立法，包含國家官員與公共政策領域的學者。不少宗教主管行政官員，為了充分理解我國「宗教團體法制」，也投入學界再次充電，因此他們往往擁有國家頒發的碩士學位，變成兼具學、官的兩種身份。

最早的發動者來自於身兼學、官兩樓的前內政部民政司司長紀俊臣。當他位於宗教主管官署的職位時，檢討過去的宗教行政管理相關的法律與命令，希望為中華民國建立立法層次的「宗教團體法制」。他提出立法的三項理由：1.透過「宗教團體法制」維護宗教信仰自由；2.透過「宗教團體法制」輔導宗

教事業發展；3.建全當前「宗教行政法制」，強化既有宗教行政官僚體系擴張編制成為「宗教司」。在上述三個理由下，規劃「宗教團體法制」的內涵，包括賦予宗教團體法人地位，規範宗教團體經營事業時的稅捐優惠，明定宗教建築特別法制，讓宗教組織得以自治等四項內容。最後作者也提出，未來〈宗教團體法草案〉應該要思考，宗教團體的名稱、法人權益、土地法排除、殯葬設施管理、租稅減免及宗教組織自治管理的問題，建全「宗教團體法制」（紀俊臣，1998：60-68）

筆者認為，身為中央政府宗教主管官員民政司司長的紀俊臣教授，運用公共政策中的組織再造的學術思維，及親身參與宗教行政事務發現諸多的法令規章與實務的困境後，乃綜合理論與實務，對「宗教團體法制」提出的立法構思，及建議中央政府擴編宗教主管官署的編制。

他形同代表國家，為〈宗教團體法草案〉催生的發動者；鑑於過去 1929 年「監督寺廟條例」的簡略與對其他宗教的差別待遇，乃有為「宗教團體法制」催生的理念。在他的構想下，宗教行政法制需要配合中央主管官署的組織改造，建立專業的宗教行政組織官僚體系，擴張現有的宗教輔導科為宗教司，進而發揮組織效能，維護人民宗教信仰自由及輔導宗教團體的宗教事業發展兩項目的。儘管在紀俊臣離職後，他的構想無法實踐，[45]但是他規劃的「宗教團體法制」版本，在政黨輪替後，

---

45 紀俊臣於 1997 年發動〈宗教團體法草案〉，但是台灣境內若干宗教團體意見分歧，加上行政首長決心不足，及宗教主管人事更迭快速，使該草案無法通過，讓他非常沮喪，認為未來我國宗教法制的建構，將遙遙無期。所以他只好退而求其次，從修訂民法來解決宗教團體法人資格的取得。他建議修改「民法」第 30 條的規定，「法人非經向主管機關登記不得成立」。在該法條後面加註「宗教團體的法人登記，由主管機關併同辦理」等陳述，即可使宗教團體成為法人。

變成內政部「宗教事務諮詢委員會」六人小組討論新版「宗教團體法制」時的主要版本。

二、公共行政管理實務

　　與「宗教團體法制」間接相關而碰及寺廟管理實務的官員，如范國廣、黃慶生等人。他們也對「寺廟行政管理實務」所遭遇的問題，提出說明與政策建議。

　　前者，從國家的宗教法規為基礎，討論主題涵蓋的範圍包括寺廟如何建造、如何登記、寺廟管理人如何產生、寺廟的財產如何處分、寺廟如何記帳、寺廟財團法人如何建構組成、神壇的管理及新興宗教設立、宗教教義研修機構設立、監督寺廟條例修訂、放寬補辦寺廟登記、土地登記、稅捐法規修訂等議題[46]。（范國廣，1985）本文的角度是從國家管理寺廟的依法行政立場，將省府官員熟悉的對各縣市寺廟管理法規、表格，綜整成為一本公務人員及寺廟領袖的參考書。

　　後者，對寺廟登記法規與實務，及宗教行政業務的人力資源、專業能力等問題提出檢討。認為「監督寺廟條例」與「寺廟登記規則」，都是屬於行政命令的性質，已不符合「法治」（rule of law）國家的需求。而且「監督寺廟條例」在實務運作下，出現下列幾個問題：1.名稱使用「監督」具威權管制思維，激化佛、道兩教認為其對宗教不平等。2.與新興本土宗教傳統組織型態不合，法律適用困難。3.規範密度高，有違「憲法」保障宗教自由。4.寺廟和宗教團體法律地位不清。5.寺廟

（紀俊臣，2000：10）

[46] 范國廣曾接受真理大學邀請，對宗教寺廟社團法人、財團法人的財務提出說明，協助宗教團體向政府核備各項會計帳簿、年度預算及結算書。（范國廣，2000：50-55）

定義過度窄化,對宗教建築物認定困難。6.「監督寺廟條例」與「寺廟登記規則」在規定上的扞格,造成宗教行政人員處理寺廟登記的困難。應該重新檢討修訂[47]。(黃慶生,2002:96-100)在中央主管宗教的宗教行政業務問題方面,以現有的官僚機制編制員額極少,而且管理的宗教活動業務相當龐雜,法令多如牛毛,造成主管官員無所適從。承擔過重壓力,流動率高[48],而業務斷層。官員引用宗教法規對宗教團體的派系糾紛做行政仲裁,成為被民間宗教團體起訴的高風險行業,而紛紛離去的困境。(黃慶生,2004a:319-335)

筆者以為,作者身為宗教主管官員,以數十年的經驗,提出當前我國宗教行政主管業務的龐雜、組織人員的不足、宗教行政法規的紊亂,造成宗教行政業務推動人力流動率高、宗教官員能力不足、宗教官員面臨被起訴的困境等問題。就宗教行政管理實務而言,以有限的官僚組織人力與能力資源,要承擔過重的宗教行政業務,當然會出現諸多官員流失與斷層的問題。作者點出了宗教官員流失的結構性因素,可惜的是,作者只是將這個現象點出,無法對各縣市官員流失的現象提出解決的方案,也沒有分析宗教行政官員的內心,對宗教行政業務過重所形成困境的諸多原因,至今此問題仍未解決。

---

47 黃慶生也對當前神壇行政管理提出實務討論,他從神壇的定義、形成原因、管理問題及未來處理趨勢四個面向,理解台灣地區的宗教主管對神壇管理的議題。在他看來,神壇約有九千餘座,流動性高,隱身於都市住宅區中,因此不易認定。國家在戒嚴時期,都同意神壇的存在,只有在妨礙社會公共秩序善良風俗,才可取締。目前,國家管理神壇的法規相當龐雜,只有主管官署實際訪察神壇,才可以列冊輔導管理。(黃慶生,2004:419-429)

48 宗教主管官員的流動率甚高,平均任官時間約 1.85 年,主要原因在於業務龐雜、法令過多及專業能力有限。(張家麟,2002:7-21)

三、政教分離、宗教人權與公共政策的形成

現任民政司司長黃麗馨在她的研究中指出，她希望建構政治、宗教與宗教行政公共政策三者之間的互動關係理論。在她看來，宗教行政是屬於公共政策的一環，宗教行政的政策與法制的出現，除了深受依法行政及法律原則的影響外；政治統治者也必需考量政教分離，及天賦人權中的宗教信仰自由原則，將之轉化為宗教行政的公共政策與法制。（黃麗馨，2008：18）

雖然她運用專家訪談法，收集一手資料，也比對文獻，進行各國宗教政策與法制的比較分析。可惜的是，上述的宗教、政策與公共政策形成的三角關係，她並沒有用「行為學派」的經驗研究觀點分析。導致整篇研究，朝向偏重法學論文式的論述，將「憲法」層次的宗教自由原則、政教分離原則及法律層次的比率、公益、明確性及平等原則當作「理型」，用它論述當前台灣的宗教團體設立與監督管理、宗教派別認定、宗教團體相關事業的監督管理、宗教教義的管理輔導及國家對宗教團體的獎勵輔導政策等五項宗教政策。因此，通篇論文與她所期待的宗教、政治、公共政策，三角關係的互動關連解釋的建構，相距甚遠。

四、公共政策執行效果的評估

公共政策領域的學者關注本主題的研究尚包含，翁寶桂、黃慶生、鍾則良、賴俊達、黃淑冠及許茂新等人。他們的研究著重於對現行的「宗教團體法制」做「評估」，討論既有的法制，並在討論之後，從自己的主觀觀點從事分析，再提出對「宗教團體法制」的「主觀建議」。

翁寶桂的研究討論「宗教團體法制」中的問題並提出相關建議。他認為「宗教團體法制」的問題包含，對於「宗教事務

諮詢委員會」成立的合法基礎？納骨塔是否應就地合法化？納骨塔收入應否課稅？宗教學歷的承認問題？宗教寺廟不動產的處分是否應報經主管機關核備？分析這些問題後，他提出了下列幾個建議：1.宗教團體應採登記制，強調課責性並強化社會責任。2.同時考慮平衡原則與公共利益。3.強化非營利組織的功能性並促進社會回饋機制的建立。4.以理性對話來降低政治力的影響。5.徒善不足以為政、徒法不足以自行，擬訂相關配套措施，使宗教團體的立法更完備。6.促使第四權與社會輿論發揮監督的功能。7.嚴守政教分離原則，嚴禁政治獻金。8.應建立適當的罰責機制。（翁寶桂，2005：465-485）

　　筆者以為，上述這些討論，從該文的陳述無法得知作者是否運用其訪談的專家與學者收集的資料做分析。形同作者未分析專家意見，就冒然做出這8項建議，不太符合社會科學中的政治學、公共政策學「專家會議」資料收集與分析論文撰寫基本要求。

　　黃慶生在其碩士論文《我國宗教團體法制之研究》對「宗教團體法制」的爭議條文列出：1.設置「宗教事務諮詢委員會」處理宗教事務的不被認同。2.宗教法人財產管制規定質疑。3.宗教團體對會計制度之排斥。4.宗教團體稅捐優惠高度期待期許。5.「寺院、宮廟、教會」附設納骨塔、火化設施合法化問題。並對此爭議提出建議：1.法制名稱仍應以宗教團體法名稱較妥。2.宗教聯合團體納入相關規範措施。3.宗教教義研修機構承認的問題，中央主管機關應就宗教教育之設立承認及學位授予制度一套完整的法制規範。4.成立宗教法人資格審議委員

會可行性。5.成立宗教司。[49]（黃慶生，2003）

　　筆者以為，黃慶生身兼中央政府內政部民政司宗教主管科長，轉化為研究生的身份後，依然將其公部門的經驗，影響其宗教法制的研究，仍然處於一種過去經驗的直覺與累積，而主觀的提出「宗教團體法制」的相關問題與建議。

　　鍾則良具有台北市政府民政局局長宗教主管的身份，在其《台北市宗教團體管理之探討—以行天宮為核心》碩士論文的研究指出，選擇「台北市行天宮」做個案研究，運用公共政策學的理論討論，解讀行天宮的組織、宗教作為及國家對行天宮運作的管理困境、法制困境、財務監督困境、司法正義困境及面臨困境後的政策建議，最後作者從行天宮的管理個案缺失，反省國家當前的管理制度，認為行天宮質變由公廟變為私產，國家卻愛莫能助，任憑其發展。儘管國家用行政輔導作為，甚至將行天宮的弊案移送檢調，也力猶未逮。這是國家的法規體系矛盾，行天管理多頭馬車，各自為政，法令不夠周嚴等缺失

---

[49] 類似的論文也出現在黃慶生對宗教財團法人組織與運作的討論，宗教財團法人可以根據「民法」設立，又分三種類型：1.依主管部會管轄分，如內政部、教育部、行政院新聞局、行政院文化建設委員會、行政院體育委員會。2.依目的事業推動來分。3.依不動產或基金的設立條件分，如以不動產的寺廟教會的硬體設立宗教財團法人，或是以捐助一定數額基金設立的宗教財團法人。把宗教財團法的成立，得依不動產或以基金成立等兩個條件而定。(黃慶生，2005a：261-287)黃慶生(2005)的《寺廟經營與管理》著作，從宗教行政實務經驗出發，結合政府宗教行政管理法規，而突顯出當前的宗教行政管理面臨的各項實務問題，是一本對官員與寺廟主管具實務參考價值的指導手冊。另一宗教主管官員兼空大講師為賴俊達，雖然他稱從公共政策的觀點論當前宗教問題與對策，(賴俊達，2004：287-316)然而，也是用宗教行政管理實務在看諸多宗教行政管理問題，幾乎和公共政策理論的檢討、對話或建構關係不大。類似的研究尚包括許茂新(1999)對台中縣 21 鄉鎮的宗教管理政策分析，也是以公共行政的政策分析理解台中縣境內的 745 座廟宇，最後做出宗教管理體系再造的主觀建議。

所導致。（鍾則良，2007）

　　然而，作者相當熟悉我國「宗教團體法制」的缺失，台北市官僚體系組織運作功能的限度，及行天宮可能的「違法」缺失，他也只能提出「政策建議」。沒有辦法運用此個案與公共政策管理的「政策形成與環境互動」、「政策困境與解決」、「政策決策與決策者角色」、「政策產出與執行政策評估」、「政策執行與環境效果衝擊」、「政策執行與民意引導」諸多理論對話。

　　比較具公共政策理論觀點來看「宗教團體法制」中的「財務查核簽證專案」的問題，是林冠伶的作品。在她《台北市政府民政局「宗教團體財務查核簽證專案」執行之研究-標的團體順服的觀點》，運用標的團體順服理論當作研究基本架構，用之理解台北市宗教主管機關與轄內的宗教團體之間的互動，解讀為何宗教團體會順服國家對它們做財務查核簽證的原因，及少部分宗教團體不順服的原因。歸納出宗教團體順服國家對其查核財務政策的變因，包括宗教團體本身的動機、規模、資源、對政策認知、宗教團體的行為調整幅度等五個變項。（林冠伶，2006）

　　從上述作者的討論可以得知，國家宗教主管官署在執行公共政策時，相當在意執行的績效，而且要理解執行績效佳或不佳的變因。她找到合適的公共政策執行力的模式當作研究基礎，但最可惜的是，她沒有把影響執行績效的各項變因作深入討論。

　　另外一篇處理與「宗教團體法制」中的內容有些相關的論文是黃淑冠的《台灣宗教財團法人監督制度之變革與發展》。她選擇台灣地區的「宗教財團法人」為研究對象，主軸擺在國家對財團法人監督制度的變革與發展。她嘗試運用政治科學中

的「新制度主義」(neo-institutionalism)當作研究途徑，理解宗教財團法人的制度，再輔以專家、學者與官員的深度訪問收集一手資料，配合文獻分析法，探討國家管理並輔導宗教財團法人的制度法規。理解宗教財團法人雙頭馬車監督問題，建議開放宗教財團法人的組織型態依各宗教設計，國家對宗教財團法人的人事資格鬆綁，尊重其人事自治權，國家對宗教財團法人的財產監督應符合必要性原則，主管官員應有宗教財團法人管理的專職人員，未來〈宗教團體法草案〉要納入宗教財團法人類型，而且給予法人資格，甚至讓補辦寺廟登記轉化為宗教法人。(黃淑冠，2008)

筆者以為，公共政策的產出，採取政治科學的「新制度主義」研究途徑是非常好的策略。然而運用此途徑時，應該謹慎從事研究設計，必需把「制度」當作獨立變項或依賴變項。當把制度視為獨立變項時，除了陳述制度的內涵、意義、本質、組織之外，也要看制度是否帶來組織效能、組織變遷、組織中的當事人的行為及組織與情境間的互動，這些議題都是新制度主義學者所關注。而把制度當作依賴變項時，就得思考此制度的出現，受那些「結構性」的法制、政策所影響。這是兩個截然不同的研究思維，採取其中之一當作研究途徑，即可對當前「宗教團體法制」做出不錯的研究成果。

貳、社會學、人類學與〈宗教團體法草案〉

從社會學、人類學討論〈宗教團體法草案〉，比較具代表性的學者分別為社會學者瞿海源、林本炫、林端及人類學者宋光宇、游謙等人。

瞿海源長期關注台灣宗教政策的發展，也接受行政院內政

部的委託,投入台灣宗教政策變遷的研究,對國家是否訂定〈宗教團體法草案〉提出八個方案:1.廢除「監督寺廟條例」,整編所有相關的法令,及制訂「宗教法人法」。2.廢除「監督寺廟條例」,整編所有有關的法令,及不制訂任何與宗教有關的法律。3.廢除「監督寺廟條例」,整編所有有關的法令,及制訂「宗教法」。4.廢除「監督寺廟條例」,進行制訂「宗教法人法」。5.廢除「監督寺廟條例」,進行制訂「宗教法」。6.廢除「監督寺廟條例」。7.不廢除「監督寺廟條例」,整編所有有關的法令,亦不訂定任何新的宗教法規。8.不廢除「監督寺廟條例」,不整編所有有關的法令,亦不訂定任何新的宗教法規。(瞿海源,1996;1997a:440-508)[50]

　　瞿海源傾向第 1、第 2、第 3 或第 4 等方案中擇一處理,其中,共同點是期待國家廢除「監督寺廟條例」,而將相關宗教法律整編。透過相關宗教法律的整編,可以傳承過去的宗教行政管理實務經驗。在這兩項前提滿足後,再考慮重新擬定「宗

---

[50] 瞿海源於 1989 年完成內政部委託的宗教立法研究,但是對 1989 年以來,持續有提出宗教立法的呼籲,他將當年的研究提出建議:1.廢除監督寺廟條例;2.整編所有相關宗教法令;3.擬定宗教法人法;4.不制訂任何與宗教有關的法律。作者認為不制訂任何與宗教法有關的法令應該是可行的辦法,但是如果要堅持主張宗教立法,則必需以務實的方法整理修訂既有的宗教法令,在不違反宗教自由的原則下,政府應該協助宗教團體解決問題。(瞿海源,1996.11:2-3)瞿海源把他對宗教行政管理法制、宗教自由及宗教、社會變遷關連研究綜整成冊,寫成《台灣宗教變遷的社會政治分析》,其中與宗教團體法制間接相關的論文包括:〈宗教信仰自由的憲法基礎〉(1997)、〈宗教教育的國際比較研究〉(1997)、〈宗教與法制及法律觀念〉(1997)、〈政教關係的思考〉(1997)、〈查禁與解禁一貫道的政治過程〉(1997)。從這些文章可以理解,社會學家在處理宗教團體法制時的理路,經常站在市民大眾的角度,追求憲法授予的宗教自由,展現社會學家的「責任感」。也運用社會調查技術在理解國家與宗教團體之間的互動,從中分析國家機制對宗教團體所建構的市民社會的壓制。

教法人法」或「宗教法」，也可以不需要另定新的宗教法規。他在 1996 年向國家提出這些建議，然而國家宗教主管官署並未全然接受，因為沒有另訂新法前，國家得持續採用「監督寺廟條例」管理台灣地區的寺廟團體。直到 2004 年大法官會議 573 號解釋，宣告其違憲後，國家主管官署才終止「監督寺廟條例」的引用。

　　另一社會學者林本炫對〈宗教團體法草案〉發表數篇論文，其中與〈宗教團體法草案〉直接相關的論文[51]，他從社會學中的社會既存現象之脈絡，理解台灣「宗教團體法制」的各項問題，並分析討論日本既有的「宗教法人法」，是否值得台

---

51 林本炫對宗教團體法制的討論作品頗多，其中部分論文與宗教團體法制間接相關，例如：〈宗教法的國際比較研究〉(1997：511-576)從宗教團體法制的日本經驗，來理解日本宗教團體向政府自由申請登記為宗教法人，及「宗教事務諮詢委員會」的設置及其功能。日本宗教團體只要具備三個條件，就可成為宗教法人。第一個條件是申請者提供資料給政府認證；第二個條件是在宗教團體中成立具有法律責任的委員會；第三個條件是在宗教團體建構的組織或組織上的各項計劃的變動，必需在一個月前公告。台灣是否可能將之引入，作者認為值得參考。〈寺廟總登記之法制分析〉(2002：67-69)主要在闡述政府宗教主管機關對寺廟總登記的法制分析。他統計現行法律與登記有關的包含 305 種，主要分為三類：1.權利和義務的發生；2.公務機關內部的管理事項；3.純粹政府基於民間提供服務所需之統計。寺廟登記規則並非法律，只是行政命令，將寺廟登記指向執照的發給及權利主體的產生。光看寺廟登記規則的內容，對「寺廟登記證」這張「執照」的發給，傾向於「登記制」，只要(不論公建、募建或私建)寺廟準備財產和法物資料，向主管機關辦理登記，就可得到「寺廟登記證」。實際政府執行此法令的結果，寺廟向政府登記，形同為取得法人資格的「許可制」。〈台灣高等教育的另一側面：基督書院〉(2004.9：93-128)則在討論，當前「關渡基督書院」、「基督復臨安息日會三育基督學院」以及「聖德基督學院」三所學校不被教育當局認可頒發國家核可學位的問題。因為這些學校不符合私立學校法規定，其中擁有培養神職人員為主的神學系，基本上乃屬於「教會大學」的性質。這些問題的出現，應和民國初年「收回教育權」運動的背景有關，此一運動對我國的私立學校政策影響甚深。

灣宗教立法時借鏡。

他在〈關於宗教行政的幾個關鍵概念的討論〉（1998：78-93）論文中提出，宗教主管官署對宗教行政內涵的定義；宗教主管機關的職權可以包括四項：1.宗教法人訂立組織章程或變更章程及合併、任意解散的認證，以及設立或合併認證的取消。2.受理宗教法人登記或崇拜用建物，及建地登記的申請。3.違反宗教法人設立目的公益事業以外之事業的停止命令。4.認為宗教法人有違反法令或嚴重妨礙公共福祉時，請求法院裁定其解散。

在〈試論「宗教法人」的屬性和定位〉（2000：13-22）的論文指出，國家對寺廟宗教團體是為宗教法人的問題，出現矛盾的行政命令解釋。根據「民法」第 25 條，宗教法人只有宗教財團與宗教社團兩類，至於「監督寺廟條例」及「寺廟登記規則」下的寺廟乃屬「非法人」。然而，在宗教行政實務上認為，只要向民政單位完成登記的寺廟即屬於法人，這是司法院 1986 年 11 月 10 日（75）廳民一字第 1677 號函的解釋。另外，將寺廟認定為非法人的見解同樣也來自官署的（76）法檢字第 13907 號函。這兩種見解同時存在於宗教主管官署當中，儘管持否定寺廟為法人的官署，仍然肯定登記完成寺廟登記的寺廟，就可以享有減稅或免稅優惠。作者從日本「宗教法人法」的角度，重新思考台灣未來宗教法人的類型，他認為寺廟、宮觀、教堂、佈教所應該可以構成法人的要件。其次，宗教財團法人的不動產所有，或捐助基金的方式，也可以成為宗教法人。第三，沒有專業神職人員的民間宗教的寺廟或社團，他們自己成立宗教組織，形成人的集合體，也可以成為宗教法人。

在〈我國當前宗教立法的分析〉（2004：213-260）的論文

指出，當前我國宗教立法的官方立場及各宗教團體的批判與問題。討論重點包括〈宗教團體法草案〉的沿革在於承認既有三類型的宗教團體，基督教教派對〈宗教團體法草案〉的批評，內政部再提〈宗教團體法草案〉分析其背景，「宗教事務諮詢委員會」推派六人小組，訂定新版〈宗教團體法草案〉，宗教法人概念的確立，宗教納骨塔的衝突及宗教團體免辦理所得稅結算申報認定要點。

在〈宗教團體法的法人相互隸屬問題與教派認定問題〉（2007：1-18）論文指出，〈宗教團體法草案〉中的法人認定，及法人認定之後宗教團體的教派隸屬與認定問題。前者討論財團法人乃「財產的集合」，由於沒有社員，沒有最高權力機構，因此，由董事會為其意思表示與執行機關。現行各相關法規（例如：私立學校法第 22 條）裡，董事會的產生由上一任董事會選舉。雖說受到選舉出任董事者，乃受到委任，善盡管理責任，但是某種程度來說，是財團法人董事會的自我繁殖。後者宗教團體的「總本山」、「總會」和其所屬道場之間的關係。就法律上的地位，若一個宗教教派只能登記為一個宗教性財團法人或宗教法人，那麼該教派所有的龐大財產登記，或平常的會計、捐款收據等，全部彙整到總本山、總會所登記的法人處理，造成不便及組織運作的困擾。但是，如果總本山、總會及各所屬道場分別各自登記為宗教性財團法人或宗教法人，勢必影響總本山、總會和各所屬道場間，在宗教上的隸屬關係及教派的整體作。以日本「宗教法人法」為例，讓各個單一道場可以登記為宗教法人（單立法人、被包括法人），又可讓此法人隸屬其總本山的法人（包括法人）。此設計就是為了兼顧宗教團體的特性和運作，拋開個別法人必需擁有絕對的法人格的制度設

計，讓一個法人可以隸屬另一個法人，平時又可以一個獨立法人的方式運作。

　　從上述的討論可以得知，林本炫參與國家〈宗教團體法草案〉的草擬，站在市民社會的務實觀點，解讀宗教團體的既存現象。這些現象可能是在既有「宗教團體法制」下發現，也受此法制限制而傷害到人民的宗教人權。因此，他對現有諸多宗教行政命令所構成的「宗教行政管理法制」，法條之間出現的違反人權，甚至彼此矛盾的現象，提出檢討分析。他也站在國家機關應該協助並發展宗教團體的立場，急切的呼籲各宗教團體應該認清楚國家的「宗教團體法制」將有利於該團體，站出來支持此宗教團體立法，而非批判國家的「宗教團體法制」。（林本炫，2010：108-113）

　　另一社會學家林端，他從法律社會學的角度看「憲法」與宗教之間的互動關係[52]，以及台灣的宗教活動認為，台灣在現有的國家法令之下，不少宗教團體不容易形成宗教法人，而成為「事實的宗教」，而非「法律的宗教」。這種國家立法未認清自己所屬的社會和文化特性，將造成「紙上立法」。事實上，台灣社會可能聚集成千上萬個宗教團體，而國家卻只有登錄27 個宗教，頂多有部分宗教團體用其他人民團體的名義在運作，而非國家要求的財團法人或社團法人的宗教團體在運作。（林端，2010：25-26）

---

[52] 林端在「宗教與憲法」一文中，提出宗教與「憲法」之間的討論，主軸在於宗教或「憲法」，誰為自變項？或誰為依變項？應該從歷史發展的角度理清，有時宗教的神聖法規，規範了世俗法；有時世俗法規，規範了宗教的神聖活動。這兩者之間，不可一概而論。因此，在整個人類歷史發展過程中，「憲法」不必然優先於宗教法規。（林端，2006：667-702）

　　如果不認清台灣漢人社會所建構的民間信仰常常是佛、道不分，儒、釋、道三教合一，甚至五教一同的本質，它屬於宗教的「綜攝主義」（syncretism），比較接近「擴散式的宗教」（diffused religion）。與西方社會的宗教，有獨立的教義、儀式與組織，具有「制度性的宗教」（institutional religion）的本質大不相同。我們的國家法令就必須注意這種「綜攝主義」與「擴散式的宗教」特徵，使法律吻合既存的宗教文化特性。（林端，2010：25-27）

　　在林端看來，法律與社會既有的文化結構相吻合，此時法律容易推動與執行；反之，「徒法不足行」。用法律將既存的民間信仰的團體排除在外，視為非法，然後，國家官僚機制再費諸多國家資源給予輔導或管理，是不符合有效管理的原則，況且宗教主管官署的人力資源、組織結構與預算，皆無法承擔此項工作[53]。因此，國家訂定各種宗教法律將宗教團體分類，而無法涵蓋台灣地區的所有宗教團體，形同傷害了無法納入國家法律下的宗教團體被國家歧視，而非「憲法」保障的宗教平等原則。

　　宗教人類學者對〈宗教團體法草案〉的討論，並未直接涉略。其中，宋光宇（1995）用高雄市神壇調查資料提出「神壇的形成」的分析；游謙則對我國嘗試將「宗教研修學院立案」

---

[53] 林端曾在主持真理大學舉辦的「第二屆宗教與行政學術研討會」上指出，我國目前既有中央主管的宗教官員人數不足的現象，應加以改善。並有必要提升內政部宗教輔導科組織改造，提升為宗教司。各縣市及鄉鎮的主管官員是否應該增加人員，及定期講習訓律，都應該給予考量。(林端，2000：23)提出類似呼籲的尚包括前內政部宗教輔導科科長黃慶生，他認為以既有的中央主管宗教官員只有 5 個人的情況下，要去執行沉重的宗教行政管理業務，是無法有效的進行督導與管理。(黃慶生，2004a：321-335)

提出分析。(游謙，2004.9：45-68)這兩個問題只是〈宗教團體法草案〉中相關議題，因此與宗教社會學者相比較，宗教人類學者對國家的〈宗教團體法草案〉形成，並沒有發揮較高程度的影響力。

參、政治學與〈宗教團體法草案〉

政治學者涉入〈宗教團體法草案〉的研究，從政治學中的「憲法判例」、「政教分立」及「政教關係」等幾個學科概念切入，企圖對〈宗教團體法草案〉做整體或個案分析。

一、憲法判例

陳文政在〈神聖與世俗之間：美國宗教自由重要憲法判決之研究〉中，以美國憲法及聯邦法院的判例為探討對象。雖然不是討論本國的「宗教團體法制」，而是論述美國宗教自由的範圍，及國家如何判定神聖與世俗活動之間的界限做分析。指出美國憲法第 6 條為宗教自由的基礎，「宗教永遠不得作為美國政府晉用官職或公共職務的資格限制」，及憲法修正案第 1 條，「國會不得訂定設立宗教及禁止信教自由的法律」，建立政教分離之牆的規範。

作者運用三十幾項判例，說明美國人民的宗教自由。其中，1971 年建構了雷蒙三基準（Lemon tri-prong test），豐富政府分離的條款：1.法律的建立，必需以世俗的立法為目的；2.法律主要效果，不能對宗教促進或抑制的作用；3.法律不能使國家和宗教間過度糾葛。此一基準變成聯邦憲法的主要解釋原則。1984 年建構背書基準（the Endorsement test），再次豐富政教分離的原則。1989 年建構強制基準（the Coercion test），

要求國家不得要求人民接受宗教[54]。

　　美國聯邦法院法官的解釋，對憲法成長實質產生影響，他們的解釋文有時因為時代變遷而做出相反的解釋。例如 1940 年「要求信徒向國旗敬禮案」是合憲；到 1943 年同樣地現象卻變成違憲；1942 年「徵收販賣書刊特許費案」；到 1943 年則變成違憲。1948 年「在校內實施課外活動的宗教教育案」違憲；到 1952 年「到校外實施課外活動的宗教教育案」變成合憲。同樣的現象也包括「基督教社團在校內活動案」違憲，但是在後來 1993 年的判例，變成「各宗教社團含基督教社團都可以借用學校設施案」合憲。（陳文政，2007：12-24）

　　本研究以為，這篇論文提供憲法學中，宗教自由內涵與範圍，可以運用憲政判例建構政教關係的原則。雖然作者只是提供論文綱要，引用美國聯邦憲法、聯邦法官判例，研究政教分離的變遷與原則的建構，他的初步研究成果，給予後續政治科學領域的研究者諸多啟發。可以思考對我國或其它國家與宗教自由相關的的憲政判例做研究，開啟政治學中政教關係的憲政發展的研究視野。

---

54 過去國內類似的研究，以嚴震生「由最高法院案例看美國憲法中的宗教自由的爭議：公立學校與禁止設置條款檢驗標準的適用」(嚴震生，1997.6：107-160)，及江芳盛、鄭淑娥的「美國公立中小學教育與宗教分離之釋憲判例研究及其對台灣的啟示」，可說已經關注到美國聯邦法院判例的議題。(江芳盛、鄭淑娥，2004：119-140)。及張家麟的〈當代美國宗教自由原則的建構與發展：以學校教育中的司法審核案例為焦點〉，補充美國憲政判例已經從雷蒙基準、背書基準、強制基準發展到公平進用法，而且聯邦法院法官的判例，經常會配合時代的需求而做調整。時空背景不同而相似的兩個判例，如學生在學校的宗教結社、使用學校設施、爭取學校補助，在 1977 的判例是違憲，到 1993 年、1995 年及 2001 年的判例，都變成符合宗教自由原則。(張家麟，2011：240-270)

二、政教分立

　　郭承天對社會學者及大法官所提出的「政教分離」保障宗教自由的概念並不滿意。這兩類人認為，政教分離有兩項原則：第一，國家和宗教組織完全分離，互不干涉。第二，國家不得建立某一個宗教或某一個教派為國教。在他看來，政教關係不是處於「政教分離」，而是比較接近「政教分立」。其中，政教分立的概念隱含「政教制衡」，比較符合真實社會的情形。他將政教制衡比擬成三權分立的制衡觀念，就像民主國家立法、行政、司法三權分立，彼此之間有互動也有分離。同樣地情形，「政教制衡」是指政治組織和宗教組織分開，但是也保持適度的互動，在此適度的互動是指「不過份連結」和「非歧視性」兩個標準。「不過份連結」是指政府和宗教團體無論做正面或負面的互動，不能完全禁止，但是也不能完全合一。「非歧視性」是指政府和宗教團體互動時，政府應該用相同的標準，鼓勵或禁止所有宗教團體。

　　政教關係有兩種類型：第一類型包括「神論」、「儀式」、「倫理」三項指標。「神論」由分離的高牆為判準；「儀式」則為稍矮分立牆；「倫理」則不需要有牆。就第一項「神論」而言，國家沒有專業能力和權力干預宗教的思想和教育，或宗教是否正統，因此國家要高度尊重各宗教的神論。對「儀式」而言與神論相比，已經有具體的慶典、儀節、遊行、飲食或附神等媒界。因此，國家與宗教之間也要維持一道牆，但是這道牆可以稍微比神論的牆低一些。只要國家對宗教儀式中不涉及過份連結及不歧視的原則，都可以贊助宗教活動。至於倫理的部分，和社會存在的基本價值高度重疊，所以這一道牆就可以拆除。

　　第二類型在神論和儀式部分與第一類型雷同。而在倫理部

分，和第一類型產生差異。倫理部分又分為「民主內在」、「民主深化」及「個人倫理」等三個次類型。民主內在倫理是指公民基本人權，包括生命權、言論自由權、集會權、新聞自由權、宗教自由權、行動自由權、程序正道、普遍投票權、參選公職權和公平選舉權。在一個國家中，這些民主內在倫理，已經內化成社會團體的內在價值體系，就可以稱為完全民主。這種完全民主形成「反省思考的均衡」，而達成與其他宗教的「交疊共識」。換言之，民主倫理與宗教倫理具有共識。

其次，民主深化的倫理是指社會、經濟、性別及文化平等的倫理。他們強化民主政體的運作，形同對最弱勢團體的補償原則，符合多數宗教提倡的行善教義，所以展現出來的政教關係是部分宗教團體提倡幫助弱勢，而可以深化民主倫理。不過，部分宗教團體不見得願意主張民主深化的倫理，例如：保守教派不同意性別平等，但是，透過公共討論與內部的辯論及跨宗教之間的協商，也慢慢同意重新思考經典中的女性價值，改善女性的社會經濟地位。因此，就民主深化倫理來看，政教關係處於政治家提倡得到部分宗教家的認同，也得到少數保守宗教家的妥協。

「個人倫理」是指個體的良善、教養、正直、勇敢、公義、毅力、慈悲和盼望等特質。這些倫理特質不一定和民主運作有關。但是，卻對民主政體在個人層次上的運行有幫助，由於民主是建立在法制上，法律制定而執行常存有自由心證的空間，個人倫理就在此空間中維護並提升公義和民主的品質。在宗教中經常宣揚個人倫理價值，但是，個人倫理價值也可能在教內或宗教間引起爭議。例如宗教團體要求信徒不投票給外遇的、黑道的或是同性戀的候選人，宗教團體也可以因為候選人致力

於慈善事業，而刻意忽略這個人的操守私德。司法系統很少定義個人倫理，而是由宗教團體或個人定義個人倫理是否符合其宗教信仰。就政教關係來看，個人倫理在國家部分會加以提倡，但是各宗教團體不一定都會滿足國家的需求，而與國家的倫理妥協。（郭承天，2007：21-43）

　　雖然郭承天用「政教分立」取代「政教分離」，認為用政教分立界定政教間的關係，比較符合真實社會的現象。然而，筆者以為真實社會中的政教關係，是存在類似三權分立的「制衡關係」嗎？從歷史的事實來看，民族國家與民主國家雙重發展與建構，已經從傳統的「政教合一」或「教凌駕於政」的神權體系退縮。代表「政」的國家世俗體系力量提升，政與教不再是「制衡關係」，而是處在憲政規則下的動態關係。

　　根據美國聯邦最高法院的諸多判例解釋，建構出許多政教分離之牆的解釋原則，例如雷蒙基準、背書基準、強制基準及公平進用法等，都說明了國家在某種情況下，「不得」或「得」介入宗教活動。

　　或許原則上可以依照郭承天所論述的神論、儀式及倫理三個指標，看政教分離之牆的高與低，但是，真實社會中不只存在於這三個指標，尚仍包括行為層次，當宗教團體的活動，無論是儀式活動或是非儀式的宗教活動，國家都可能翻越分離之牆，介入宗教團體活動。另外，在倫理層次的解釋應該與「神論」雷同，國家得尊重宗教團體的各項倫理主張，以目前全球憲政民主國家的常態經驗，國家必需築起政教分離的高牆，而非「不需要有牆」。這種見解可能比較符合憲政人權中的宗教自由規範。

三、政教關係

從政教關係的角度理解宗教自由或宗教法制，包括葉永文（2001.9）的〈論國家與宗教自由〉、李文政（2002）的〈政教關係之研究〉、張家麟（2011.3）的〈政教關係與宗教法制：論台灣「宗教團體法草案」的形成與影響〉等論文。

在葉永文的著作中，從孫中山思想著手，先界定「自由」的概念，再進入憲法層次，討論自由權及宗教自由的意涵。並在相關的宗教政策中，理解我國宗教自由的歷史發展，及其不同於西方宗教自由的特殊意義。在孫中山看來，國家自由遠比個人自由重要，因此「憲法」中的自由規範黨員、軍員、官吏、學生等人民，是沒有一般人民的自由。甚至「憲法」第 23 條也規範，對個人自由要加以限制。在此概念下，可以理解 1929 年頒訂的「監督寺廟條例」是國家對宗教自由採取「監督」的特殊意涵，而非完全放任寺廟的自由。他再從政教關係論述宗教自由，解嚴前的宗教自由明顯受國家體制的限制；解嚴後雖然宗教自由程度提升，但是，國家對宗教的管理仍然維持傳統態度，像是取締宋七力、太極門、清海無上師或做宗教掃黑，都可以看出國家對宗教的管理作為。最後，國家必需以監理人的態度保護宗教，而宗教自由也必需符合國家自由，而非個人的絕對自由。（葉永文，2001.9：145-172）

儘管葉永文從中山思想論述台灣的宗教自由，然而，筆者以為台灣的宗教自由發展，是否受中山思想的影響？從大法官會議解釋文對諸多宗教自由的解釋判例，似乎採取西方的宗教自由觀，反而與中山思想無關。況且台灣的宗教自由變遷，應該隱含國家體制的改變；官僚機制對國家體制改變重新界定宗教自由內容；宗教領袖對宗教自由的認識，進而要求與施壓國

家體制接受其想法；或是官僚機制的傳統管理宗教團體習性；
政治領袖對宗教自由的再認識；官僚機制與學界的合作，重新
確認國家介入宗教團體活動的範圍等因素；也非我國立國精神
採取中山思想的單一變因。

　　李文政研究西方政教關係，再把此政教關係的原則當作我
國「憲法」政教分離的基礎。他企圖釐清西方的教會與政府演
變過程中的政教關係意涵、政教關係歷史演變、政教關係發展
的模式、政教分離的原則、類型、重要性及與宗教自由的關係
等幾個議題。在政教關係的解釋，作者採用宗教與政治、宗教
與政府、教會與政治、教會與政府四種關係。在西方政教關係
史的理解，作者從中古歐洲西元 4 世紀到 19 世紀，長達 1500
年的政教關係史，建構國家與教會之間的關係，由教會支配政
治，逐漸轉型為政治支配宗教的類型。然而，民族國家建立後
的政權，儘管可以管理教會，也要嚴守政教分離原則，保護人
民宗教自由。（李文政，2002：1-21）

　　筆者以為，這篇論文是處理西方長達 1500 年的政教關係
史，容易窄化與淺化西方複雜政教關係的轉化，尤其在辯證西
方政治思想家洛克、孟德斯鳩與傑佛遜時，將三者化約為雷同
的自由主張，事實上遠離政治思想家的原旨。

　　另外一篇政教關係與「宗教團體法制」的論文，是從政治
學的「政教互動」的角度，切入國家意志與宗教團體的意志，
對〈宗教團體法草案〉的角力。該文發現國家機構設立「宗教
事務諮詢委員會」，當作草案提出的智囊團體，國家根據此機
構提出的草案芻型與宗教團體互動，宗教領袖提出諸多主張，
都在「宗教事務諮詢委員會」的平台中被擱置。例如：國家擱
置宗教領袖呼籲建構全國宗教團體組織、建立宗教法的升官制

度、「宗教法人法」的制度或介入宗教神聖活動。國家拒絕宗教領袖提出審核宗教人士的資格的條件、正教與邪教的判定。反而回過頭來要求宗教團體的財務要透明，而且對宗教團體人士的違法行為要求嚴格處罰。國家也有條件的接受宗教團體的主張，例如：宗教團體附設納骨塔、火化設施、宗教團體侵占國有地就地合法、宗教團體設立宗教教義研修機構、宗教團體設立都市道場。最後該文評估〈宗教團體法草案〉如果通過，將可能帶來的影響包括：1.國家自由登記制度，無論登記與否的宗教團體，都有擁有高度的宗教自由；2.國家低度介入宗教活動，讓人民維持高度的宗教自由；3.國家協助宗教團體就地合法，有利宗教團體的發展；4.宗教團體附設納骨塔，將構成民營與宗教團體二元殯葬系統。（張家麟，2011.3：35-58）

　　本研究以為，這篇論文是從政治科學的政教關係角度，切入〈宗教團體法草案〉的形成，比較符合行為科學經驗研究的「動態研究」（dynamic research）。在政治學研究的領域中，本來就在探索「政策」如何形成？過去的政治學理論，已經出現過壓力團體理論（pressure groups theory）、多元主義（pluralism）、新多元主義（neo-pluralism）、統合主義（corporatism）、菁英主義（elitism）、馬克思主義（Marxism）[55]、新國家主義（neo-statism）及新制度主義（neo-institutionalism）等理論觀點，解讀全世界不同類型的政治體制，影響政策形成的主要變因。由於〈宗教團體法草案〉牽涉到的團體包括「國家」、「學者」、「宗教團體」等勢力，因

---

[55] 公共政策的出現與國家體制及影響決策的主要政黨、團體有關，可參閱羅慎平翻譯 Dunlcavy,Patrick.,&O'Lear,Brendan(1994)，《國家論－自由民主政治學》一書。

此，在處理國家意向與能力時，採用「新國家主義」當作理論
觀點。處理宗教團體意向與能力時，採用多元主義當作理論觀
點。讓這兩個理論處理的對象產生互動，從中分析「政治」與
「宗教」等勢力在〈宗教團體法草案〉的角力過程，並且分析
政治與宗教的動能，如果可以發現政教互動背後的「變因」，
或許對政治科學中的政教關係理論有新的理論突破。

第四節　選擇政治科學為研究途徑

　　從上述的文獻回顧，可以理解當前我國〈宗教團體法草案〉
的研究，累積最多篇幅的為法學研究；其次，為意識型態研究；
第三，為社會科學研究。而在社會科學研究中，又以社會學比
例較高，政治學比例相對較低。筆者忝為政治研究所的研究人
員，在涉略本議題的文獻後，深感過去的研究，充滿法學家的
主觀理想色彩，與宗教學家的主觀期待，和社會學家的高度社
會責任感，卻比較少政治科學家的經驗研究。因此，筆者願意
傳承前輩政治科學家的少數篇幅的研究成果，運用政治科學的
「政教關係」、「新國家主義」、「多元主義」等理論視野，當作
本研究的基礎。茲分別說明這幾個概念如下：

壹、政教關係定義、類型與理論

一、定義

　　政教關係中的「政」、「教」所指涉的內涵不一，所以，政
教關係可以更具體的區分為：「政」可以操作化為「政府的組
織或官僚體系」、「國家機器中具關鍵戰略位置的政治領袖」、

「政權的統治方式」、「政治意識型態」、「政治制度與政策」等五種概念；相對於「政」，「教」也可以操作化為「宗教團體的組織」、「宗教團體領袖」、「宗教組織權力行使方式」、「宗教信仰及教義實踐」、「宗教團體制度與團體方針」等五個對應觀念。[56]

　　本研究的政教關係中的「政」比較傾向「國家宗教主管官署」與「國家機器中具關鍵戰略位置的政治領袖」這兩項概念；「教」則比較傾向「宗教團體的組織」與「宗教團體領袖」這兩項概念。筆者將運用這些概念，觀察政教互動之後，有那些政教領袖、宗教團體領袖、國家宗教主管官署及宗教團體對〈宗教團體法草案〉起了關鍵性的作用？他們彼此之間如何互動？互動的方式為何？有那些引起他們互動的原因？這些問題都有待筆者深入的收集資料後回答。

二、類型

　　另外，從宗教和政治的依賴及控制的角度來看，可將政教關係分成四種模式。這四種模式由宗教完全控制政治，到政治完全控制宗教的光譜排列，從右到左依序為：

　　（一）神治模式（theocracy）：宗教團體領袖為上帝的代言人，他以上帝之名或依上帝的意願，統治整個社會國家。此

---

56 邢福增在他的《當代中國政教關係》著作中，最早提出政教關係包含「宗教與政治」、「宗教與政府」、「政府與政治」及「教會與政府」這四種關係。(邢福增，1999：2)筆者以為，邢福增的說法太過抽象，其中「政治」、「宗教」都是「理論概念」，未操作化為「觀察概念」時，不適合用來當作政教關係互動的類型。事實上，政與教的關係，除了上述四個範圍外，尚包含「政教領袖與宗教領袖」、「國家組織與宗教組織」、「國家統治意識型態與教會教義」及「國家官僚機制與教會組織層級」的互動關係。

種統治是宗教凌駕於政治之上，宗教家形同政治統治者，在歷史中是政教合一的統治類型。

（二）修正式的神治模式（modified theocracy）：國家的世俗事務隸屬宗教機構及其領導者。國家被當作是宗教的強制性代理機構，國家依賴宗教而取得其權威，但是仍然是一個獨立的實體，亦可稱為「君權神授」模式。世俗國王的合法統治權力來源，在於宗教團體領袖的加冕，沒有宗教團體領袖的授權，世俗國王無法統治國家。

（三）政教分離模式：宗教與政治活動的領域分開而互不隸屬。宗教事務由宗教團體領袖依傳統或職權管理，世俗國王的統治權力不得介入；相反地，世俗國王依法律統治人民非宗教活動的社會事務，宗教團體領袖也無權置喙。在歷史發展中，民族國家脫離羅馬教皇的過程中，就是在追求政教分離的統治模式。至今西方許多民主國家的憲法，儘量以此模式為立憲的原則。

（四）極端制度模式：國家控制宗教，宗教在國家法令下，依法得以存在，或是完全被宣布為非法的宗教。在現實的統治現象來看，極權統治下宗教完全依附在政權，宗教沒有任何自主的能力，政治完全掌握宗教，相較於「神治模式」，它是在另外一個極端。（尹今黎、張蕾，1991：162）

在本研究討論當前的〈宗教團體法草案〉，時間點放置在2000 年第一次政黨輪替後，中央宗教主管官署提出本草案到立法院討論。在 2008 年馬政府上台，再接再厲將原草案提立法院審議，一讀通過後，遭擱置至今。因此，我國的政教關係已經從「威權統治」時期的類似「極端制度模式」，發展到「民主統治」時期的「政教分離模式」。前者是指，宗教組織得依

附在政治統治之下，沒有政治領袖的同意，宗教團體動輒得咎。後者是指台灣地區的宗教團體，已經獲得前所未有的「信仰自由」及「宣教自由」。然而，無論是威權時代或是民主化時代，宗教主管官署從未放棄監督與管理台灣地區的宗教團體。

就宗教團體的「自治權限」來看，國家給予的範圍非常有限，公權力隨時可以加諸在宗教團體社會活動上，儘管已經民主化，距離「政教分離」的理想，始終有相當的距離。筆者非常好奇，是否國家依法行政的傳統，不願意讓宗教團體的自治權限放寬。國家依法管理宗教團體的社會活動，在「憲法」第23 條具強而有力的法律依據；相較於民主國家如德國，其國家對宗教團體的自治權限比我國寬鬆許多。就宗教自由的內涵來看，我國宗教團體的「內在形式的宗教自由」相當充分，「外在形式的宗教自由」則容易受到國家法令的限制。對這種現象的客觀呈現及解讀，是本研究的重要目的之一。

三、理論

過去只有少數政教關係的研究具有理論意涵。曾經有學者將之歸納綜整出政教關係的理論建構，從兩個面向理解政教關係理論：第一個面向思考影響政教關係的「政治因素」與「宗教因素」；第二個面向思考政教關係影響「社會、公共政策」、「民主化」及「世界和平」等理論類型。（黃寶瑛，2008）

筆者認為「政教關係」既可以當作獨立的變項思考，也可以當作依賴變項作為研究的設計。前者，用來研究公共政策應該是可行的研究途徑；後者，則可深化政教關係的內在變因。

像中國在改革開放後的宗教政策發展，用政教關係解釋，

就可看出其政治與宗教為大小夥伴的支配「恩侍關係」
（patron-clientism）。（邢福增，1999：61-132）或是用政教關
係解釋台灣過去到目前為止的國家宗教政策變遷。（瞿海源，
2011：262-263）又如台灣在威權體制與民主轉型過程中的宗
教政策，國家對待新興宗教的作為，及新興宗教團體領袖對國
家政策的回應，兩者的政教互動，在不同時期展現出不同的類
型。威權時期國家支配宗教團體甚強；民主時期國家則與宗教
團體形成互賴的關係。（張家麟，2010：77-98）

　　也有將政教關係當作憲政發展的個案研究，用此理解美
國、台灣憲政發展中的宗教自由權限。對美國聯邦最高法院法
官的政教衝突判例，做出憲政傳統中宗教自由範疇的類型（郭
承天，2007：26-27）；也有對美國聯邦法院法官在教育體制中
的政教衝突判例做出分析，企圖理解美國憲政發展過程中的宗
教自由趨勢。（張家麟，2011：78-98）

　　另外，宗教信仰者的神學「出世」與「入世」觀點，會影
響他們是否介入政治活動。Lipset（1964：102）認為神學對個
人會趨向自由主義或保守主義的政治意識型態，扮演著重要角
色。Johnson（1964：359-366）在美國所做的實證研究亦指出，
在神學上保守的牧師要比神學上自由，或新正統的牧師喜好共
和黨，而此神學與政黨喜好的關係，是受其所從出的教派所影
響。宗教神學理論在社會發展過程中，出現的民主政治改革，
如同宗教因素影響了政治的轉化，帶來教會與國家之間的衝
突。（Akoko&Oben,2006：24-48）非洲喀麥隆（Cameroon）境
內出現教會帶來該國民主化的現象與問題，該國教會以解放神
學為宣教依據，教會鼓勵信徒推動民主改革，要求信徒對政治
議題提出看法，教會的立場經常與國家有差異，教會與國家因

為教會的神學入世理念產生政教衝突。此例證是將教會的神學理念當作獨立變項,解釋喀麥隆國家境內的政教衝突議題。

此外,用政教關係當作獨立變項解釋公共政策的出現,是本研究設計中的核心架構。也有學者指出,台灣「憲法」中規定宗教自由非常簡明扼要,但是在實際層面的呈現卻非常複雜,「惟有宗教團體不以任何方式挑戰國家的權力或權威,以及不糾正對國家意向與其政治道德上的訓諭,則宗教團體方能夠自由的存在。」(Rubinstein,1987:364)這種說法是將政教互動當作公共政策出現的主要因素。類似的說法也出現在台灣在威權時期國家對宗教的壓抑,國家的自主性強過宗教團體的意志,國家為了自己的利益,經常以國家安全理由,限制新興宗教自由。(張家麟,2008:203-252)這是從新國家主義的途徑理解台灣威權體制的宗教政策,在此階段,國家支配各宗教,宗教團體只有在服膺國家利益的導引下,宗教團體才有自由可言。

筆者認為,上述這些政教關係當作獨立變項的理論思維,足以當作本研究的「研究架構」(research framework)。然而,筆者亦認為這只是基本架構,為了發展本研究,應該對既有政教關係影響公共政策的理論思維增加深度。筆者乃思考從政教關係中的「政」將它抽離出來用「國家意向」代表;同樣地,政教關係中的「教」也抽離出來用「宗教團體意向」代表。當這兩個概念彼此互動時,筆者進一步思考,尋找影響這兩個概念的「前置」解釋變項。希望建立影響國家意向與宗教團體意向的「可能變項」,用此深化與豐富既有的政教關係及公共政策的關連性理論。因此,筆者思考建構政教關係及公共政策的研究問題時,設計前面章節所提的研究架構與假設,據此按步

就班搜尋相關的深度訪談與問卷調查產官學三類人的原級資料，將之比對既有的文獻次級資料，藉此建構影響〈宗教團體法草案〉的政教關係的理論。

貳、「新國家主義」研究途徑

　　除了政教關係理論的理解外，為了掌握國家在〈宗教團體法草案〉的影響力，本研究採取「新國家主義」當作另一主要研究途徑。這是政治科學中的「國家中心」的研究取向，主張把「國家重新帶回來」，企圖建構「新國家理論」，把國家研究當作一個研究途徑（research approach）。

　　本研究在觀察〈宗教團體法草案〉的出現與各界對該草案的角力，發現威權統治時的台灣，國家機器中的政治領袖主導公共政策決策的勢力仍然相當強大。因此，想藉此途徑當作本研究的另一切入點。在研究公共政策的決策模型發現，台灣過去的「國家」力量強大，經常是公共政策的主要決策來源（張家麟，2000：276-277），在討論過去的〈宗教團體法草案〉決策過程，理應不可忽略「國家」因素。於是乃思考運用「新國家主義」的研究途徑，切入本研究的問題，將新國家主義中「國家為公共政策的發動者」的研究思維帶入本研究。

　　「新國家主義」淵源於傳統政治學的國家研究，傳統政治學的範疇包括政治哲學、比較政府制度及「憲法」的研究，皆專注於國家主權、「憲法」和政府體制等問題的探討，簡稱為「國家學」。Garner 更直接把「國家」當作是政治學研究的對象，他說：「政治學從頭到尾就是研究國家的科學」。（林昌恆譯，Garner, James Wilfor 著，1976：17）傳統政治學或系統途徑的國家研究，都將國家視為一個依賴變數，影響國家的是各

種社會的需求或社會利益的變動。而二次戰後西方學界盛行
「行為主義」研究，他們不只在研究方法上異於傳統政治學，
在研究題材的選擇上，亦強調以「可觀察的」政治行為對象，
其中以系統論、結構功能理論較具影響力。

受行為科學的影響，「新國家主義」研究者將「國家」視
為獨立變項，將之操作化為掌握國家機器具關鍵戰略位置的一
小撮政治菁英，觀察他們的意向與能力，此意向與能力構成了
國家性質（statehood），國家性質形同這些政治菁英的性質轉
化而來，國家不是客觀中立的第三者[57]，而是有思想觀念與決
策能力的獨立「行動者」（actors）。

「新國家主義」的研究是希望國家能成為現代社會科學的
中心，以及成為影響其他社會團體或行為的獨立變數[58]，分析
在國家體制下的社會活動，國家對此活動的影響。這種「國家
中心」的研究途徑，在 1980 年代逐漸受重視並引起 Peter Evans
（1985）、S. Kranser（1984）、Eric Nordlinger（1981；1987）、
Mann （1984）、Skocpol（1985）與 Migdal（1994）等學者的
回應。這些學者被視為新國家主義者（neo-statist），然而，新
國家主義也引起 Easton 及 Almond 等政治學者的批評。形成行

---

57 與「新國家主義」相對應的為「多元主義」，以美國的社會為例，他相當符合
「多元主義」（pluralism）的現象與哲學思維。這種把國家視為「中性」的「風
向雞」，任由各種團體在國家的「競技場」中競爭，我們可以稱為「社會中心」
（Society-Centered Approach）的研究取向。

58 基本上，新國家主義者並不是完全排斥其他的研究典範，而認為國家必然是獨
立變數。不過，他們在標舉出有別於「多元主義」和「馬克思主義」兩大典範
的研究途徑時，特別強調國家自主性和國家能力的概念，國家通常被視為宣稱
控制人民即領土的組織，而不只是在單純地反應社會團體、社會階級、社會的
要求或利益等等，此即所謂的國家自主性。（Nordlinger, 1981:1；Skocpol, 1985:9）

為學派中政治系統論者對新國家主義的角力，造成 20 世紀末政治學為了「典範位移」的一場革命的論戰。（高永光、郭中玲，2000：59-100；高永光，1998：11-22；高永光，1995）

不過，與過去新國家主義研究有些微差異，本研究將焦點放置在代表國家的「宗教主管官員」與接受國家委託的「宗教事務諮詢委員會」，這兩類人所建構的「國家意向」，宛如新國家主義中的「國家自主性」。

由於台灣已經轉型到民主統治類型，國家統治型態轉變，公共政策的主要決策來源也隨之趨向「多元因素」，國家只是其中一項變數，國家之外可能尚存在許多影響決策的團體因素。

為了避免被「新國家主義」理論架構限制本研究的資料搜尋，筆者乃擴大理論視野，再藉用「多元主義」的決策模型進入本研究，假想民主化之後的〈宗教團體法草案〉遲遲無法在立法院同意通過的主要原因，可能在於「國家」影響公共政策的力量降低，來自「宗教團體」的民間社會力增強，這兩種力量互動的結果，可能影響當前〈宗教團體法草案〉的建構。

參、「多元主義」研究途徑

「多元主義」是民主國家的公共政策決策模型之一，最早政治學者將之用於解釋美國的公共政策決策。其中，在美國社會裡各個團體宛如「利益團體」，為了自己利益會對國家機關施加壓力，故又稱為「壓力團體」。國家是客觀中立的第三者，沒有任何的「意向」和「能力」，只是接受各方的壓力，再將各方壓力整合為公共政策。此種研究途徑完全不同於「新國家主義」，壓力團體對國家的影響力遠超過國家對壓力團體，壓

力團體是公共政策的主要來源。

　　在現代民主政治研究中稱為「團體途徑」（group approach），此研究途徑經常關注「利益團體」、「派系」、「政黨」與「國家官僚體系」、「國家政治菁英」的互動關係。據筆者初步觀察，台灣的宗教團體在民主化之後，有點類似「利益團體」，他們為了自己利益，影響立委、行政主管官署，反對通過新的〈宗教團體法草案〉。（張家麟，2008：59-89）

　　為了進一步理解宗教團體和宗教主管官署互動的情形，有必要將宗教團體當作「研究對象」。筆者將宗教團體操作為「宗教團體意向」，將此概念與「國家意向」相對應，認為這兩者都可能影響當前〈宗教團體法草案〉。因此，多元主義研究途徑在本研究中，不只理解宗教團體為壓力團體的概念，而要進一步理解宗教團體的意向表現，甚至影響宗教團體意向的根源，探索這些影響變項。

肆、當前〈宗教團體法草案〉的主要論辯

　　目前台灣〈宗教團體法草案〉的主要依據為「憲法」第13條和第23條，只有對「人民信仰宗教自由」的簡單規範外，國家沒有根據「憲法」訂定宗教團體「法律」，只有以大法官會議解釋、行政命令管理和規範宗教團體。

　　這些行政命令散佈在各項法規當中，國家試圖將這些法規綜整成一套新的〈宗教團體法草案〉，然而卻面臨諸多阻力（鄭志明，2006：359-383），包含來自宗教團體領袖、宗教學術界、立法委員等的多重聲音，反對國家〈宗教團體法草案〉在立法院的審議。現在國家的行政機關已達成共識，然而民間社會的反應，卻不同意國家草擬的〈宗教團體法草案〉，主要的爭議

點有下列幾項：

(一) 國家要求宗教團體的組織領導以民主選舉的方式產生嗎？（陳新民，2006：281-314；釋星雲，2006：61-92）

(二) 國家有權力要求宗教團體財務透明嗎？使用會計制度審核宗教團體的財務嗎？（張永明，2006：93-122）

(三) 國家有權力對宗教團體服務信徒收費的商業行為課稅嗎？宗教法人享有國家給予的免稅權利？（釋星雲，2006：61-92；釋淨心，2006：163-184；林蓉芝，2006：33-60）

(四) 國家有權力管理宗教團體設立的宗教教義研修機構，訂定宗教教義研修機構的設立基本要求嗎？（許育典，2006：185-242）

(五) 國家公權力訂定辦法來管理宗教團體的租稅優惠嗎？對宗教團體的不動產應有必要程序輔導或管理？（張永明，2006：93-122；許育典，2006：185-242）

(六) 國家以承認現狀的方式將宗教團體分為基金會、社團法人及寺廟、教會堂等三類法人嗎？其組成條件為何？（許育典，2006：185-242；陳新民，2006：281-314）

　　上述六項主要爭議點，可能會出現在產、官、學三類人的不同意見，筆者想經由本研究對這些複雜的爭議點釐清頭緒。既要理解國家主管宗教機關對〈宗教團體法草案〉的意向，也要理解國家主管宗教機關如何運用宗教界與學界的力量，轉化成為〈宗教團體法草案〉的政策內容。當〈宗教團體法草案〉提出後，國家主管宗教機關在不同政黨主政時期，仍然持續送立法院審議，雖然遭立法院擱置，但是，國家主管宗教機關從未放棄此草案的提出。本文將對此現象提出解讀，而且也要對

最新的民意做調查，了解產、官、學三類人對上述六個爭議點的意向，最後將分析這些民意的強弱，及其對未來〈宗教團體法草案〉內容的變革。

第三章 〈宗教團體法草案〉的背景、範圍與意涵

第一節 國家訂定〈宗教團體法草案〉的背景

壹、國家憲政體制由威權政體轉型民主國家

　　中華民國建國以來，在 1929 年 12 月 7 日通過「監督寺廟條例」，是民國時期實施時間最久的宗教管理條例。雖然屬於行政命令低位階的法律層次，歷經司法院在行憲前多次的解釋，使條文豐富化。因此，「監督寺廟條例」形成管理華人主流宗教中的佛、道與民間宗教的主要法律依據。[59]直至 2004

---

59 行憲前司法院對於「監督寺廟管理條例」幾乎都逐條作成解釋，如院字第 228、336、357、423、673、702、724、810、817、867、973、1228、2528，其中 817 號於民國 21 年 11 月 11 日作成，幾乎涵蓋監督寺廟條例全部 13 條條文內容。（黃慶生，2003：40）

年 2 月 27 日出現大法官釋字 573 號解釋文，宣告其違憲，國家宗教主管官署才思考，終止此命令部分條文的執行。

行憲以來，根據「憲法」第 7 條、第 13 條的宗教平等與信仰宗教之自由[60]，是最高法律層次的宗教保障。但是，1948 年 12 月 31 日頒布戒嚴法，1949 年開始實施戒嚴體制。1948 年 5 月 10 日頒布且實行動員勘亂臨時條款，全面凍結「憲法」，宗教平等與信仰自由的憲法人權也大部分被擱置。

然而，對宗教平等或信仰自由的社會需求並未停止。由兩蔣領導的威權型的「黨國體制」[61]，相當熟悉政治對宗教的操作。儘管擱置「憲法」賦予人民的宗教平等與信仰自由，蔣介石政權在政治上仍然給予人民部分的宗教自由。他以「自由中國」為號召，對抗大陸的「奴役中國」。其中，蔣政權給予人民宗教自由的象徵，除了號召全國佛教、道教、基督教、天主教、藏傳佛教、回教等各大宗教領袖，跟隨國家播遷來台外，也對新興宗教作政治上的操控或鬆綁。

蔣政權具其一套有利黨國發展的新宗教政策，只要對黨國友好或有利於黨國的本土及外來新興宗教，而且該宗教被蔣政權所熟悉的，國民黨威權體制就容許它們的存在；相反地，如

---

60 「憲法」第 7 條指出：「中華民國人民，無分男女，宗教，種族，階級，黨派，在法律上一律平等」。其中揭櫫人民有「宗教平等」的法律地位。第 13 條指出：「人民有信仰宗教之自由」。這兩條憲法規範是對中華民國境內的百姓、團體的宗教人權保障。儘管未提出「宗教自由」的辭彙，那是制憲代表認為，人民擁有信仰宗教自由的需求，反而忽略信仰自由的範圍遠小於宗教自由的範圍。當然，可以透過大法官會議解釋豐富宗教平等與人民信仰宗教的自由內容。

61 中國國民黨在台灣地區早期的統治，經歷蔣介石與蔣經國兩位政治強人，他倆皆有能力撐起黨國體制的大「傘」，運用國民黨的黨、政一體的組織系統，握有國家資源，而兩位政治領袖就是撐起這把傘，掌握傘炳，控制黨，再用黨控制國家與國家的關鍵角色。（胡佛，1991，36-40）

果新興宗教未與黨國連結示好，處於秘密宣教的型態，國民黨政權經常會對這些教派打壓[62]。因此，部分本土的新興宗教，像是理教[63]、軒轅教、天帝教即可合法存在。也有從本土宗教分裂出來，像是慈惠堂系統、鸞堂系統，它們也在黨國體制認可的道教協助下，獲得合法生存的空間。另外，少數外來新興宗教，如耶穌基督後期聖徒教、日本天理教，由於符合國民黨政權擴展外交的國家利益，它們也能夠在台灣成立宗教組織及宣教。（張家麟，2011：132-143）

　　黨國體制除了在政治上滿足人民部分的宗教平等與信仰自由需求外，在宗教法制上也由司法院大法官會議作出第 65 號、第 200 號、第 460 號、第 490 號、第 573 號等解釋文，逐漸充實「憲法」對人民宗教平等與信仰自由的需求。（附錄 4）

　　雖然大法官會議解釋文豐富了「憲法」的宗教平等與信仰自由內涵，但是，主管宗教的中央與地方政府在第 573 號解釋文出現後，不得再過度引用「監督寺廟條例」管理宗教團體，而且只能將散見於各法律的宗教管理相關條文，由內政部民政司歸納綜整成為一部《宗教法令彙編》[64]，其涵蓋法律與各類

---

[62] 被黨國體制的官僚及情治系統打壓的新興宗教，包括一貫道、統一教、基督教愛的家庭、日本日蓮正宗（創價學會）、錫安教派等。（張家麟，2011：135-136）

[63] 中華民國國家曾經給予宗教聚會所讓理教當作聚會膜拜的空間，也曾經為跟隨國家來台的回教人士，興建台北清真寺。這是蔣介石時代運用政治力與經濟力，協助宗教發展的具體事實。因為這些宗教領袖，長期跟隨蔣介石，支持其宗教政策，蔣介石也給予宗教利益的回饋。

[64] 行政院內政部民政司每隔一段時間，就得彙編「宗教法令」，這本宗教法令是中華民國的「宗教法制」，分為主要法命、相關法令、解釋函令三個部分的法律、命令。主要法令直接與宗教相關，相關法令則包括基本法令、法人登記、宗教用地、宗教建築、宗教財稅、兩岸交流及其它法規等規範。解釋函令包括寺廟函釋與財團法人函釋兩類。（內政部，2008）

行政命令，當作國家依法行政的根據。形同國家進入民主體制後，恢復「憲法」人民的宗教人權，也有諸多的宗教直接相關的行政命令，卻缺乏位於「憲法」與行政命令之間的法律位階的宗教團體法規。在此情境下，國家宗教主管官署乃需要建構一套〈宗教團體法草案〉，當作補充「憲法」、大法官會議解釋的宗教人權法規，也可以依此法規重新規範相關的施行細則，用此保障人民的宗教平等與信仰宗教之自由。

貳、大法官會議宣告「監督寺廟條例」違憲

2004年大法官釋字第573號解釋明確指出[65]，長期以來內

65　大法官會議第573號解釋文．「……本案系爭之監督寺廟條例，雖依前法規制定標準法所制定，但特由立法院逐條討論通過，由國民國家於18年12月7日公布施行，嗣依36年1月1日公布之憲法實施之準備程序，亦未加以修改或廢止，而仍持續沿用，並經行憲後立法院認其為有效之法律，且迭經本院作為審查對象在案，應認其為現行有效規範人民權利義務之法律。

人民之宗教信仰自由及財產權，均受憲法之保障，憲法第13條與第15條定有明文。宗教團體管理、處分其財產，國家固非不得以法律加以規範，惟應符合憲法第23條規定之比例原則及法律明確性原則。「監督寺廟管理條例」第8條就同條例第3條各款所列以外之寺廟處分或變更其不動產及法物，規定須經所屬教會之決議，並呈請該管官署許可，未顧及宗教組織之自主性、內部管理機制之差異性，以及為宗教傳布目的所為財產經營之需要，對該等寺廟之宗教組織自主權及財產處分權加以限制，妨礙宗教活動自由已逾越必要之程度；且其規定應呈請該管官署許可部分，就申請之程序及許可之要件，均付諸闕如，已違反法律明確性原則，遑論採取官署事前許可之管制手段是否確有其必要性，與上開憲法規定及保障人民自由權利之意旨，均有所牴觸；又依同條例第1條及第2條第1項規定，第8條規範之對象，僅適用於部分宗教，亦與憲法上國家對宗教應謹守中立之原則及宗教平等原則相悖。該條例第8條及第2條第1項規定應自本解釋公布日起，至遲於屆滿2年時，失其效力。」

http://www.judicial.gov.tw/constitutionalcourt/p03_01.asp?expno=573/瀏覽日期：2012/8/8

政部民政司宗教輔導科執行的「監督寺廟條例」第 8 條、第 2 條第 1 項違憲，違反法律中應該有的「法律明確性原則」、「比例原則」、「宗教自由原則」及「平等原則」。

　　所謂「法律明確性原則」，是指大法官認為該條文規定，應呈請該主管官署許可部分，其申請程序及許可要件均付諸闕如，已違反「法律明確性原則」。其次，「比例原則」是指大法官認為該條文之規定，對宗教活動自由之妨害已逾越必要之程度。第三項「宗教自由原則」，是指大法官認為該條文對於寺廟之宗教組織的自主權、財產處分權加以限制，已妨害了宗教自由；另一方面，該條例僅適用於部分宗教，亦與「憲法」第 13 條之國家對於宗教應謹守中立之原則相悖。最後一項為「平等原則」是指，該號解釋亦指出該條例排除由國家機關、地方公共團體管理以及私人建立管理之寺廟，而僅適用信徒募資成立之寺廟（即募建寺廟），這種差別待遇考量規範對象而為合理之差別待遇，與「憲法」第 7 條之實質平等要求有違；再者，該條例僅是用於佛教、道教等部分宗教，對其他宗教未為相同限制，亦與「憲法」第 7 條所規定之宗教平等原則有違。（黃麗馨，2008：42-43）

　　主管宗教的行政官僚體系，最主要根據「監督寺廟條例」及「寺廟登記規則」這兩項行政命令，管理或輔導台灣地區的宗教團體，如今被司法院大法官會議宣告第一項條例違憲，將造成宗教主管機關無法可管的窘境。大法官不但宣告此條例違憲，而且要求行政機關在兩年內停止使用此條例。因此，宗教主管官署面臨修法的急迫性，它必需修訂新的「法制」取代原有的「監督寺廟條例」，這是〈宗教團體法草案〉再度被提出的主要因素之一。

參、化解國家多頭馬車管理宗教團體的窘境

除了大法官宣告行政機關的「監督寺廟條例」違憲外，行政機關也對過去長久以來由不同機關管理宗教團體，形成「多頭馬車」紛歧主管宗教機關的現象。例如以宗教建築為主要形式的「寺院、宮廟、教會」類型，然而，宗教類型中的寺院、宮廟成立管理人、管理委員會或財團法人，都由內政部民政司管理。此類型的「教會」成立慈善公益基金會時，就不一定由民政司管理；反而可以到內政部社會司登記並由它主管。最具代表性的宗教團體為佛教慈善功德會，它向內政部社會司登記，而不向民政司登記。[66]

另外，以基金為主軸的「宗教基金會」，也可以用「財團法人」的型態，向國家機關申請登記合法。此類型的宗教法人，根據自己的設立宗旨，自我主張到中央國家或地方國家登錄，如果是以「教育」、「文化」為設立宗旨，該宗教團體可以到教育部登錄，而不一定被內政部管理。以「財團法人『某』基金會」為例，它以佛教教義為本質，弘揚佛法為目的，是百分之百的宗教團體。但是，主管機關卻是為教育部，當該基金會攻擊某佛教教派時，教育部就得出面處理與其主管業務完全不相干的「宗教衝突」事件。[67]

---

66 財團法人慈濟功德會為全台灣最大的宗教慈善團體之一，然而，內政部主管宗教的民政司並沒有它任何資料；反而，在社會司可以找到它登錄的慈善型社會團體的資料。2005 年內政部統計處調查全國各宗教團體，曾經有委員提出，是否將慈善列入宗教團體調查，也有委員認為，它只是社會慈善團體，而不應列入調查範圍。經由多數委員意見，認為慈濟功德會向內政部社會司登記為慈善團體，但是其作為是以宗教理念、組織、儀式、領袖來號召信徒，具有完整宗教教派的現象，乃將其列為調查對象。

67 財團法人「某」基金會在台北市圓山捷運站附近的看板，廣告攻擊「喇嘛非法

　　本來由內政部民政司宗教輔導科管理各類型宗教團體，是合理的宗教官僚體系規劃。但是，隨著宗教團體向國家申請設立的單位不同，造成宗教團體被不同國家單位管轄。無論是原有的內政部民政司可以管理宗教團體，或是同一部門的社會司也可讓宗教團體立案，而對其管理與輔導。甚至與宗教完全無諭的教育部，也因為宗教團體向其申請登錄為財團法人教育基金會，「不小心」成為宗教主管官署。

　　這種政出多門，多頭馬車管理宗教團體的現象，是國家官僚體系未整合宗教法制造成的「窘境」。也出現由非宗教主管官署管理宗教，「外行」管理「內行」的「荒謬舉措」。

　　主管宗教團體的內政部民政司早見到此困境，乃思考用一套完整的〈宗教團體法草案〉，規劃將現有的「寺院、宮廟、教會」、「宗教社會團體」與「宗教基金會」三類型的宗教團體，納入由內政部民政司為主管官署。將法制明白規定宗教行政主管官署為內政部民政司，收回內政部社會司、教育部管理宗教團體的職權；統一事權後，就可以避免政出多門與外行領導內行的困境。[68]

師」、「喇嘛搞雙修」、「喇嘛非佛教」等標語，也大量在台北街頭散發類似的廣告文宣，甚至出版小冊子到各機關團體學術單位，大肆批評「佛教某教派」。導致在台地區藏傳佛教團體的反擊，藏傳佛教團體不走法律訴訟途徑，而向行政機關、監察機關申訴。台北市國家接受申訴後，為此召開「宗教諮詢委員會」；（附錄 5：台北市國家民政局，2011.7.1 第 1 屆第 4 次宗教諮詢會議記錄）及行政院教育部在監察院來函關切下，也召開類似的諮詢會議。從此可以看出，中央層級的國家部門，可能由非主管宗教的教育部來處理宗教衝擊案例。內政部民政司被教育部邀請列席表示意見，也站在非主管的權限提出建議，因為財團法人「某」基金會的管轄權為教育部而非內政部。（附錄 6：教育部，2012.2.10 開會通知及議程）

68 行政院提出〈宗教團體法草案總說明〉指出，宗教團體類型分歧，主管官署多

肆、綜整並補充既有的宗教團體管理法規成「宗教團體法」

　　行政院內政部民政司運用眾多宗教法規，長期監督、管理、輔導宗教團體，深知既有法規相當龐雜，甚至部分法規只針對少數宗教團體管理而忽略其它宗教團體，造成同一主管官署運用法規時，差別對待不同宗教團體的歧視現象，明顯違反政教分立中的國家，應該平等對待各宗教的憲政主義下的宗教人權。

　　〈宗教團體法草案〉提出的另一重要背景是，制定於 1929 年之「監督寺廟條例」，僅以佛、道等宗教為適用對象。[69]無法涵蓋台灣境內佛、道之外的其他宗教的管理與輔導。因此，就國家對宗教團體平等對待的角度來看，此條例早已不符合民主發展下的憲政需求。不只如此，散見於各類法律的「宗教法律」、「宗教命令」、「宗教解釋函」等，早已不適用於當今社會的需求。內政部針對此現象認為，有大幅檢討修正必要，1953 年起即廣泛蒐集國內外相關法令，先後研擬宗教相關法律草案多種，希望能夠實踐「憲法」對人民的信仰宗教之自由及國家平等對待各宗教，各宗教在國家法律之前，宗教得以平等。

元，為該草案提出的主要原因。

　　（http://www.moi.gov.tw/files/Act_file/Act_file_23.doc/瀏覽日期：2012/8/9）

[69] 登錄在中華民國國家官方文書與網站上的合法宗教計有 27 個之多，佛、道兩教是傳統漢人主要宗教，也在這 27 個宗教當中。

　　（http://www.moi.gov.tw/dca/02faith_001.aspx/瀏覽日期：2012/8/9）然而，台灣地區主要廟宇供奉的主神與配祀神、宗教科儀、經典教義等往往涵蓋「儒、釋、道」三教，學者將這類信仰歸為「華人民間信仰」或「華人民間宗教」。（瞿海源，2002）

　　儘管宗教主管官署有此構想，希望能夠制訂「宗教法」或「宗教團體法」[70]，實踐宗教人權。然而各教派領袖或信徒，對官方長久以來立法規範宗教相關組織與活動，是否干預宗教信仰自由存在高度質疑與爭議，而且不同的宗教領袖對宗教立法的意見及立場並不一致，導致主管官署的宗教團體立法工作難以突破。

　　解嚴之後，台灣地區各宗教蓬勃發展，宗教團體與社會、國家、信徒之間的互動非常緊密。其中，部分宗教團體引發衝突與爭議事件，引起部分社會團體及宗教界要求為宗教團體立法的呼聲。宗教主管官署為避免管理、輔導、監督宗教團體引起不必要的爭議，乃決議推動「宗教團體法」的立法工作，對當前散見於各類法律的宗教法規與命令，將之整合。（http://www.moi.gov.tw/files/Act_file/Act_file_23.doc/瀏覽日期：2012/8/10）

　　由行政院內政部民政司向立法院提出〈宗教團體法草案〉總說明的立場可以得知，宗教主管官署認為，此法案的推動相當困難，最主要來自於各教派領袖、信徒、立法委員的立場不一，影響了宗教立法的推動。儘管如此，民政司仍然高度期待將既存於各類法律、命令的宗教管理法規，整合成一套完整法律位階層次的〈宗教團體法草案〉，解決解嚴後台灣地區蓬勃發展的宗教現象及宗教衝突事件。

---

[70] 宗教法的範疇涵蓋面遠寬於宗教團體法，民政司期待為「宗教團體」立法，而非為「宗教」立法，主管官署認為，可以管理、監督或輔導宗教團體的世俗活動，而無法涉入宗教的神聖活動，這是這兩個法案本質最大的差異。

伍、「殯葬管理條例」下宗教團體的壓力

〈宗教團體法草案〉的提出，另外一項原因在於 2002 年 7 月 19 日施行「殯葬管理條例」，造成擁有納骨塔、墓園、骨骸存放設施的佛教、民間宗教與基督教團體的不滿，及民政司對擁有這些設施的宗教團體，對其管理造成的法律困境與矛盾。

根據「殯葬管理條例」第 72 條規定：

「本條例公布施行前，寺廟或非營利法人設立 5 年以上之公私立公墓、骨灰（骸）存放設施得繼續使用。但應於 2 年內符合本條例之規定。」

及第 102 條規定：

「本條例公布施行前募建之寺院、宮廟及宗教團體所屬之公墓、骨灰（骸）存放設施及火化設施得繼續使用，其有損壞者，得於原地修建，並不得增加高度及擴大面積。本條例公布施行前私建之寺院、宮廟，變更登記為募建者，準用前項規定。」

依據 72 條規定，形同全台灣各宗教團體附設納骨塔、墓園、骨骸存放設施，在 2002 年 7 月 19 日往前推算 5 年，才能合法存在。即 1997 年 7 月 19 日以前附屬於佛教、民間宗教、基督教、天主教等宗教團體的殯葬設施，國家給予認可其合法存在。1997 年 7 月 19 日之後的宗教團體殯葬設施，形同違法、違建。此外，再根據第 102 條的規定，宗教團體既有的殯葬設施如有損壞，只能在原地、原面積修建，不得擴張既有的規模。

這兩條法律與先前國家鼓勵宗教團體設立殯葬設施的行政命令相衝突。過去國家為了推廣火化、節約墓地，曾經發函給各宗教團體，鼓勵他們用宗教傳統力量，設立殯葬設施；然而，現在殯葬條例推動執行，形同否定過去的政策，導致宗教

團體領袖高度的不滿。（釋星雲，2006：76-78）中華佛寺協會認為此項法令，將對擁有納骨塔設施的佛教團體造成重大衝擊，因此，引起佛教團體對〈宗教團體法草案〉實施立法的重視。（林蓉芝，2006：35）該協會乃聯合各佛教團體對立法委員及行政部門表達意見，認為應該在〈宗教團體法草案〉重新審視這項議題，讓既有的佛教團體納骨塔設施可以繼續合法使用[71]。

　　基於上述五項理由，可以得知民主轉型之後的中華民國國家，宗教主管官署再也不能採用「訓政」時期通過的「監督寺廟條例」管理宗教團體。也不能用黨國體制的情治系統打壓對黨國不利或不友好的宗教。或是持續凍結「憲法」第 7 條、第13 條人民應享有的宗教人權。尤其當大法官會議釋字第 573 號解釋通過後，明白宣告「監督寺廟條例」違憲，宗教主管官署頓時失去管理台灣主流佛、道及民間宗教的法律依據。

　　儘管國家威權時代容許人民部分宗教自由，也壓制部分宗教或團體的出現，但是人民對宗教信仰的渴望並沒有因為國家的壓制而消滅，違法宗教及其活動持續在社會醞釀與發展。當解除戒嚴後，過去違法的宗教得以合法化、公開化從事各項宗教活動，這種蓬勃發展多元宗教現象，在宗教團體層面來看，發展出由不同機關管理的「寺院、宮廟、教會」、「宗教社團法人」及「宗教基金會」三個類型宗教團體。這種政出多門，多

---

[71] 事實上，台灣地區除了佛教團體擁有納骨塔外，其他宗教團體如○○○勸化堂、基督教長老會也有類似骨骸存放或墓園的殯葬設施。只是這些宗教團體對此議題，未像佛教團體反應激烈。最主要的原因在於當年國家發函鼓勵宗教團體設立火化設施，佛教團體最為支持，因此，他們感覺國家政策反覆，讓佛教團體無法接受。

頭馬車的宗教行政管理是時代的產物，也是宗教主管機關期待解決的困境。

　　既有的宗教法規已不足使用，現行的宗教管理法制也出現問題。因此，行政院內政部民政司在過去的基礎下，持續綜整國內外各項法規，邀請專家學者於 2000 年成立「宗教事務諮詢委員會」[72]，為未來的「宗教團體法制」擘劃。期待綜整出一套完整且合理的《宗教團體法》，實踐憲政主義中的宗教平等與宗教自由人權。

　　國家主管宗教的行政部門分別於 2001 年 9 月 21 日、2002年 3 月 22 日、2005 年 3 月 7 日及 2008 年 2 月 22 日，鍥而不捨地由行政院送〈宗教團體法草案〉交立法院四次審核。第一次審核被退回，第二次審核通過一讀程序後，因二度協商後沒有共識而被擱置，第三次審核再次於立法院被擱置。第四次審核時，值 2008 年政黨輪替而停止。當國民黨重新執政，擁有行政與立法的執政優勢，國民黨承續民進黨對〈宗教團體法草案〉立法的堅持。在 2009 年 3 月 25 日第五次送審，由國民黨立委吳育昇擔任內政委員會主席，召開立法院第七屆第三會期內政委員會〈宗教團體法草案〉公聽會，而在同年 4 月 6 日於內政委員會一讀通過行政院版本的修正條文。初步實踐了2000 年民進黨陳水扁國家提出的「宗教政策白皮書」，內政部「宗教事務諮詢委員會」所規劃的〈宗教團體法草案〉藍圖。

---

72 內政部民政司邀請前基督教長老教會總幹事羅榮光牧師、中華道教團體聯合會理事長吳龍雄、前天主教台灣地區主教團秘書長吳終源神父、前國策顧問楊四海律師、中華佛寺協會秘書長林蓉芝及真理大學宗教系助理教授林本炫等人擔任宗教諮詢委員，組成〈宗教團體法草案〉專案小組。由這六位委員先行諮商討論草案內容，再送請內政部「宗教事務諮詢委員會」通過，最後由內政部送交行政院院會通過該草案。

可惜至 2012 年底為止，立法院並沒有在既定會期內完成三讀，導致〈宗教團體法草案〉目前仍然擱置在立法院中。不過，國民黨國家在 2012 年行政院對立法院的施政報告書中，仍然將〈宗教團體法草案〉當作國家重要的施政方針持續推動；[73]〈宗教團體法草案〉依舊是國家目前期待將宗教管理法規整合的重大法案。

第二節　〈宗教團體法草案〉的範圍

中華民國國家由威權體制轉型為民主國家後，以規劃〈宗教團體法草案〉作為行政機關管理與尊重宗教團體的信仰自由及發展。從法律條文的表象理解，〈宗教團體法草案〉的內容，全文分為 37 條，分為計有七章。第 1 條到第 5 條為第一章，討論國家對宗教團體成為法人的「原理與原則」；第 7 條到第 8 條為第二章，規劃既有的「寺院、宮廟、教會」；第 9 條到第 13 條為第三章，規範「宗教社會團體」；第 14 條到第 17 條為第四章，規範「宗教基金會」；第 18 條到第 26 條為第五章，討論上述三種團體的「財產」；第 27 條到 28 條為第六章，討論「宗教建築物」；第 29 條到 37 條為第七章，討論三類宗教團體法人有關的「附則」規範。

從「宗教團體法制」的內容來看，國家對宗教團體成為法人的規範、管理、輔導與特殊利益，可以歸納為「宗教團體類型與法人登記」、「宗教團體成為法人的特殊利益」及「國家對宗教團體的管理」三項議題[74]。茲逐項分析如下：

---

73 http://www2.ey.gov.tw/public/Data/2221630471.pdf/瀏覽日期：2012/8/10
74 宗教主管官員曾經把〈宗教團體法草案〉的內容歸納為賦予宗教法人地位、宗

壹、宗教團體的類型與法人登記

一、承認既有宗教團體的類型

根據〈宗教團體法草案〉第 4 條及第二章、第三章與第四章的章名得知，國家決定將台灣地區既有的「寺院、宮廟、教會」、「宗教社會團體」及「宗教基金會」等三類宗教團體承認其存在的事實。第一類宗教團體是指，宗教建築物內有住持、神職人員或其他管理人主持，為了宣教的目的，取得國家合法的土地、建築物所有權、或使用同意書的宗教團體組織。早在國家成立以前，這些建築物及建築物中的神職人員就存在於社會，從事各類型的宗教活動，「監督寺廟條例」規範的就是這類型的宗教團體。只不過，過去管理的對象為佛、道與民間宗教的寺廟，現在可以擴及基督教、天主教、伊斯蘭教及新興宗教的建築物中的人員組織與活動。

二、賦予宗教團體法人地位

根據〈宗教團體法草案〉第 3 條，經由該法許可而設立的宗教團體，可以成為「宗教法人」。無論是「人在建築物中的集合體」成立寺院、宮廟、教會的組織，或是「人的集合體」成立宗教社會團體，亦或是「財產的集合體」及「人的集合體」所組成的宗教基金會，皆在宗教團體法中得到「法人」的地位。

教法人分類、宗教法人設立之規範、財產監督、稅捐優惠及主管機關之處分權等 6 項。（黃淑冠，2009：155-158）上述歸納遺漏了宗教團體侵占國有地違建合法化的特殊利益、都市道場合法化的特殊利益、宗教教義研修機構設立的特殊利益、宗教團體設立殯葬設施的限制及未立案宗教團體的輔導、管理等項目的討論。

　　這種承認台灣地區宗教團體現狀的合法地位，將使得既有的宗教團體只要它們願意向國家申請許可登記，將可以得到國家法制上的保護，透過本制度的規劃設計，解決台灣地區宗教團體長期以來法律地位不明的困境[75]。甚至宗教團體成為宗教法人後，將可擁有法制帶給它們的「特殊」宗教人權待遇。

貳、宗教團體成為法人的特殊利益

　　當宗教團體向國家申請登記為宗教法人後，國家就給予宗教團體諸多「特殊利益」。可以分為「租稅優惠」、「宗教建築物的特殊利益」、「宗教教義研修機構設立的特殊利益」及「都市道場的特殊利益」等項目。其中，像租稅優惠的特殊利益早已存在，只是散見於各項宗教、慈善、教育、文化的相關法規中，現在將之綜整在〈宗教團體法草案〉中。至於宗教建築物的特殊利益、宗教教義研修機構設立的特殊利益，及都市道場的特殊利益，是〈宗教團體法草案〉給予宗教團體「新的」特殊利益。

一、租稅優惠

　　根據〈宗教團體法草案〉第 23 條第 1 項及第 3 項、第 24

---

[75] 林本炫認為，〈宗教團體法草案〉賦予台灣地區既有三類宗教團體的法人地位，既能滿足宗教團體運作的特性，也解決了長期以來宗教團體法律地位不明的困境。（林本炫，2001：76-79）這項說法中指出了台灣地區宗教團體三個類型的存在事實，但是既有存在的宗教團體，如果向國家登記為合法團體，如合法的「寺院、宮廟、教會」、「宗教社團法人」或「宗教財團法人」，也都擁有法律地位；並沒有所謂宗教團體法律地位不明的問題。反而這三類型中的「寺院、宮廟、教會」及「宗教社團法人」，未向國家行政機關登記，向法院申請「法人」，完成此兩項程序，就無法取得法人資格的法律地位。

條、第 25 條、第 27 條第 3 項等規定，宗教法人及捐贈給宗教法人的私人、團體享有國家給予各項減稅、免稅的租稅優惠。

就宗教法人的免稅優惠而言，其收入可免納所得稅，可分二層次說明。第一，宗教法人除了銷售貨物、勞務收入或附屬作業組織收入，都可依法辦理免納所得稅。其次，宗教法人接受捐贈的所得及孳息，得依「所得稅法」相關規定，免納所得稅。不僅如此，宗教法人所使用的建築物，也享有國家免納房屋稅、土地稅的優惠。甚至宗教法人出租的土地，也享有類似的土地稅、房屋稅減免優惠。從此可以理解，國家對宗教法人的所得、宗教建築物的土地與房屋使用，皆給予免稅特殊利益。

至於私人或團體捐贈宗教法人時，也得享有國家租稅優惠。例如：個人或團體捐贈宗教法人從事宗教、教育、醫療、公益、慈善事業或其它社會福利事業等，直接使用的土地，得由受贈人申請不課徵土地增值稅。私人捐贈宗教法人的財產，專供宗教、教育、醫療、公益、慈善或其他社會福利事業使用者，得依遺產及贈與稅法規定，不計入遺產總額或贈與總額。由此可知，國家也給予個人或團體捐贈宗教法人免徵土地增值稅、減免遺產稅與贈與稅[76]。

---

76 〈宗教團體法草案〉沒有提及個人捐贈宗教團體從事教育、文化、公益、慈善機構的金額，可以申請抵免所得免稅。根據「所得稅法」第 17 條第 1 項第 2 款第 2 目的列舉扣除額規定，「對於教育、文化、公益、慈善機構或團體之捐贈總額最高不超過綜合所得總額百分之二十為限」。(張永明，2010a：46-47) 此意涵是指國家用法制來鼓勵個人，將自己的所得部分捐給宗教、社會公益團體，從事宗教與社會公益活動，個人享有減繳所得稅的優惠，但是，個人捐款額度的免稅額，國家只優惠個人總所得的 20%。

二、宗教建築物的特殊利益

根據〈宗教團體法草案〉第 20 條:

「宗教法人於本法施行前已繼續使用公有非公用土地從事宗教活動滿五年者,得檢具相關證明文件,報經主管機關核轉土地管理機關,依公產管理法規辦理讓售。前項供宗教目的使用之土地,得優先辦理都市計畫或使用地變更編定。」

部分宗教團體的「寺院、宮廟、教會」長期占有國有地,是不爭的事實。根據台灣地區登記有案的寺廟約 11,000 餘座;完成寺廟合法登記只有 6,000 座左右,補辦登記約 5,000 座。補辦登記的原因,大部分是寺廟所在的土地、興建的建築物違規使用,無法取得建築執照或使用執照。其中,2/3 的寺廟建築位於縣市開發區域,只有 1/3 位於可開發區域。(黃運喜,2010:1-2)

這些未登記的寺廟、教會除了有「宗教違建」性質外,另外一種可能是「長期占有國家土地」。儘管國家中央訂定各種法規,鼓勵宗教團體可以申請將其違法建築物或侵占國有地的建築合法化。但是,各宗教團體負責人不見得理解各項優惠措施,而造成違建在前,無法合法化在後的困境。

國家為了使宗教團體占有國有地,及在都市計劃中違反使用土地規範,在〈宗教團體法草案〉乃規劃讓這兩種現象合法化,使既有違法存在的宗教違建、違規使用的宗教建築物及侵占國有地的宗教建築物解套。形同國家給宗教團體成為法人後,擁有超出一般百姓的宗教建築物特殊利益。

三、宗教教義研修機構設立的特殊利益

從台灣地區宗教團體辦理宗教教義研修機構的發展史來

看，部分宗教團體為了培育宣教人才，以教派理念與利益為宗旨，辦理宗教教義研修機構早已是存在的事實。例如：台灣長老教會分為南、北兩宗，蘇格蘭宣教師湯瑪斯·巴克禮（Thomas Barclay，1849-1935）於 1875 年來台宣教，創立南長老教會，1876 年到台南，1880 年成立「台南神學院」的前身—府城大學；北長老教會則為喬治·萊斯里·馬偕（George Leslie Mackay，1844－1901）所創，1871 年馬偕來台，1882 年在淡水創立「牛津學堂」，培養長老會的本土牧師。釋星雲師父來台宣教，為了培養僧伽人才，也在 1965 南台灣佛光山設立「壽山佛學院」。1986 年由性廣法師設立「弘誓佛學院」。

各宗教團體為了培養宣教人才，設立宗教教義研修機構的事實，早在〈宗教團體法草案〉之前，為了教派發展的需求就已經逐漸開展。國家主管教育與宗教的官署，為了使宗教團體的宗教教義研修機構得到國家的認可，且讓他們培育的神職人員頒發的學位得到國家的認可，於 2008 年修改「私立學校教育法」，讓宗教教義研修機構有了合法的基礎。

國家介入宗教團體辦理宗教教義研修機構，是否合乎「政教分立」原則，是值得討論的議題。（張永明，2010a：165）然而，對宗教團體而言，國家未介入前，他們已經可以自由設立宗教教義研修機構，培育教派神職人員；而當國家願意介入宗教團體辦理宗教教義研修機構，國家設立的條件遠比設立一般大學條件寬鬆，形同國家給予宗教團體辦理宗教教義研修機構的特殊利益。這些特殊利益包括校地面積、設校基金、教師聘用、課程規劃等，宗教團體領袖皆擁有高度的自主性。不僅如此，獲得國家核可的宗教教義研修機構，培育的畢業生可以獲得國家正式的學位認可。因此，台灣地區對辦理宗教教義研

修機構規模較大的宗教團體，幾乎都願意將其宗教教義研修機構向國家提出申請，納入國家教育體制當中。規模較小者的宗教團體所設立的宗教教義研修機構，因為其經濟條件未能滿足國家的需求，將在國家體制外，持續傳承其宗教人才的培育工作。

　　未來台灣將可能出現宗教團體辦理宗教教義研修機構的兩種類型：第一為傳統不接受國家管理的宗教教義研修機構；第二為符合私校法與〈宗教團體法草案〉的規定，向國家提出申請立案，接受國家管理教育、宗教主管官署管理，納入教育體制範疇中的宗教教義研修機構。這兩類型的宗教教義研修機構，同時併存於台灣社會，呈現宗教團體辦理此機構的自由發展與國家介入管理的兩種樣貌。

四、都市場道的特殊利益

　　根據〈宗教團體法草案〉第 28 條：

　　「宗教法人於不妨礙公共安全、環境安寧及不違反建築或土地使用或公寓大廈管理法令之範圍內，經主管機關之許可，得以區分所有建築物為宗教建築物。」

　　此法的根本精神在於開放早已存在於都市中的各宗教「都市道場」，儘管其不符合「宗教建築物」的外觀形式，在過去被國家視為非法宗教建築。有了此法之後，隱身於都市叢林中的佛教、道教、一貫道、民間宗教的道場與基督教的教會皆可合法化。[77]

---

77 根據內政部對立法院提出的〈宗教團體法草案〉「說明」，指出第 28 條都市道場的設立，是因應宗教團體在都市土地價格高昂，取得不易，而設立的都市道場教會的傳教需要，乃立法開放讓其合法存在。

　　根據「監督寺廟條例」，排除基督教、天主教教會及回教聚會所合法登記，至於佛、道兩教，固然在「監督寺廟條例」的範疇所管轄，但是都市中的寺廟根據「寺廟登記規則」及「辦理寺廟登記須知」，國家每隔 10 年辦理一次「寺廟總登記」；每年辦理「變動登記」。辦理登記的合法要件包括，寺廟建築經主管機關核准，寺廟建築外觀具宗教建築特色，及寺廟殿堂提供神佛供人膜拜等宗教事實。寺廟負責人必需提供房屋使用執照、建築改良物登記謄本、土地登記謄本，及寺廟建築物外觀照片，由縣市國家主管機關判定該寺廟是否符合登記條件。[78]

　　其中，真正關鍵者為「辦理寺廟登記須知」第 2 條的規定，寺廟建築物外觀必需符合該宗教的寺廟建築樣式，才有機會向國家提出申請核可。未能符合寺廟建築物外觀者，往往無法取得國家合法登記的資格。

　　現在的〈宗教團體法草案〉則放寬此項規定，讓過去具有「寺廟外觀形式」，才能登記為合法寺廟的條件解禁。形同對

（http://www.moi.gov.tw/files/Act_file/Act_file_23.doc 瀏覽日期：2012/8/9）

78 根據 1936 年頒發的「寺廟登記規則」，所有僧、道、住持、居住的壇廟寺院庵觀，皆需要辦理登記。每隔 10 年辦理總登記，國家主管機關設計各種概況表、人口登記表、財產登記表、法物登記表、寺廟登記證、寺廟變動登記表及變動登記執照等，詳細掌握轄區內的寺廟狀況。而這些登記對象，不包括天主、耶、回及喇嘛的寺廟。（內政部，2008：3-5）再根據 2005 年頒發的「辦理寺廟登記須知」，第 2 條及第 3 條規定，所謂的寺廟，是指 1.經建築主管機關核准的寺廟建造，建造完成後，取得建物使用執照；2.建物外觀具所屬宗教建築特色，或經所屬教會證明，具該宗教建築特色；3.有供奉神像供人膜拜等條件。國家為了理解寺廟的樣式，要求寺廟登記申請者，要檢具房屋使用執照、建築改良物登記謄本、土地登記謄本及寺廟建築外觀照片。藉此判定，該寺廟是否可以辦理寺廟登記。（內政部，2008：6）

已經存在於都市的各教派不具寺廟外觀形式的「神壇」、「教會」、「修行場域」、「佛堂」、「聚會所」等，給予合法登記的機會。簡言之，各宗教存在於都市的「道場」皆有條件的合法。

　　這些條件包括不得違法「公共安全」、「環境安寧」、「建築或土地使用」，及在「公寓大廈管理法令」範圍內，得到主管機關許可將存在於都市的道場視為「宗教建築物」。當都市道場成為法律上的「宗教建築物」，則它將擁有宗教建築物所享有土地稅、房屋稅及出租所得收入免稅的特殊利益。

參、國家對宗教團體的管理

　　國家對〈宗教團體法草案〉除了給宗教團體法人地位，並賦予宗教法人特殊權利外，也對宗教法人給予管理。管理的範疇包括「宗教法人設立的條件」、「宗教法人財產的監督」、「宗教法人違反法律時的處分」、「宗教附屬殯葬設施的規範及未立案宗教團體的輔導」。從〈宗教團體法草案〉的內容來看，國家介入宗教團體活動層面相當寬廣，並非完全放任宗教團體與社會互動的作為。尤其當宗教團體擁有國家給予的特殊利益地位，國家相對的要求宗教團體承擔責任。國家將這些宗教團體必需承擔的責任「法制化」，形同國家介入了宗教團體「自治」的權限。

一、宗教團體組織設立條件的管理

　　宗教團體成為宗教法人無論是「寺院、宮廟、教會」，或是「宗教社會團體」，其發起人或代表人都得檢具申請書、章程及其它應具備的文件，像在直轄市或縣市主管機關辦理登記為地方型宗教法人；也可根據自己團體組織成員，跨 13 個以

上的直轄市，向國家申請登錄為全國型宗教團體。至於「宗教基金會」也可登錄為全國、直轄市及縣市兩類，基金的數額由主管機關訂定。

〈宗教團體法草案〉對於地方型或全國型宗教團體的成立要件、規範相當詳細。例如第 7 條第 2 項規定，「寺院、宮廟、教會」具有隸屬關係 13 所以上，且分佈於 13 個直轄市或縣、市行政區域者，向中央主管機關辦理登記為全國型宗教法人。又如宗教社會團體的發起，根據第 9 條指出，至少 10 個團體；個人發起至少 30 人，可向直轄市或縣、市機關申請為「宗教社會團體法人」。至於要申請成為全國型宗教社會團體法人，發起的團體至少 30 個人，且分佈於 13 個直轄市或縣、市行政區域；由個人發起至少 100 人，戶籍分佈 13 個以上直轄市或縣、市行政區。

除了發起人的人數、團體數目規定外，根據第 10 條、第 11 條及第 12 條，發起人也必需根據國家設計好的申請書、章程、發起人名冊及相關表件，向主管機關申請許可。當獲得許可後，宗教社會團體法人必需根據法規籌備及召開成立大會，開完成立大會後，30 日內該社會團體必需檢具相關表件，向主管機關許可申請設立。同樣的申請條件，也出現在宗教基金會，根據第 14 條、15 條，宗教基金會發起人需填寫與基金會有關的「籌設、捐助人、申請、章程及相關應備表件」，再向主管機關申請許可。

從這些規定看來，國家對宗教法人設立的外在形式條件相當周嚴，欲成為宗教法人的「寺院、宮廟、教會」、「宗教社會團體」及「宗教基金會」，必需滿足國家要求的條件。此外，國家也採取「申請、許可制」，未向國家申請且獲得許可者，

沒有機會成為宗教法人。相反地,台灣地區的宗教團體,如果不向國家申請許可依然可以合法存在,只是國家不給予法人資格,也就沒有因為法人資格的取得享有宗教特殊利益。

二、宗教團體會計、財產的管理

國家介入宗教團體的層面,尚包括宗教團體的會計帳戶核備及財產處分。根據〈宗教團體法草案〉第 21 條「寺院、宮廟、教會」設置現金收付帳簿,記錄有關會計事項。根據第 22 條,宗教社會團體及宗教基金會應於年度開始前三個月,檢具年度計畫書及業務計畫書,報主管機關備查。宗教法人應於年度結束後六個月內,檢具年度決算書,報主管機關備查。

第 18 條、第 19 條,宗教法人需要將其不動產清冊,送經主管機關備查。宗教法人的財產及基金管理受主管機關監督;宗教法人的不動產,未經主管機關許可不得任意處分、變更或設定負擔。宗教法人對特定團體或個人的獎助或捐贈,超過產財總額一定比例者,應經主管機關許可。

從這些法條看來,國家對不同類型的宗教團體採取不同的會計審核制度,傳統設立的「寺院、宮廟、教會」採用「現金收付制」的會計帳簿,該團體可用流水帳的方式記錄收入與支出。至於「宗教社會團體」及「宗教基金會」則採用「權責發生制」的會計帳簿,必需向主管機關呈報核備年度預算表及決算支出表。

三、宗教團體特殊利益的剝奪

國家不同意宗教團體成為法人之後永享宗教特殊利益,根據〈宗教團體法草案〉第 30 條,當宗教法人的宗教活動涉嫌違反「刑法」、「民法」的詐欺、恐嚇、賭博、暴力、妨害風化

或性自主等犯罪行為時，國家宗教主管機關可依法律規定處罰，或解除法人代表職務，甚至廢止法人的登記、設立許可。國家為了慎重其事，在做這些處分前，可徵詢「宗教事務諮詢委員會」的意見，超過 2/3 成員的出席，及出席成員 2/3 的同意，國家宗教主管官署即可進行處分。

另外，國家為了要求宗教法人向其核備及許可該團體的財產處分、會計帳簿等資料，根據第 31 條規定，宗教主管機關可對違法的宗教法人，要求其限期改善，屆期仍不改善者，按情節輕重，取消宗教團體的免繳所得稅，去除私人捐贈宗教團體遺產稅、贈與稅的抵免權利，及停止宗教團體建築物享有房屋稅、土地稅的免稅特殊利益。

形同國家為了落實〈宗教團體法草案〉中對宗教法人的要求，運用法制要求宗教法人的領導階層擁有較高的「道德性」。當宗教法人領袖違反「民法」、「刑法」規中破壞社會善良風俗者，國家可為社會大眾要求取消宗教法人的登記與許可。不僅如此，國家也用取消免稅的特殊利益，要求宗教法人謹慎處理其財產與會計帳簿，為社會大眾把關。

四、宗教團體設立殯葬設施的限制

根據〈宗教團體法草案〉第 33 條：

「寺院、宮廟、教會」附設的納骨、火化設施，滿 10 年者，得視為宗教建築物的一部分。宗教建築物的納骨火化設施，由損壞者，得於原地、原規模修建。」

這項規定形同國家介入並管理宗教團體附屬殯葬設施，要求其超過 10 年以上者，可以擁有傳統的免稅特殊利益。在本法通過後，形同宗教團體設立的殯葬設施完全依照「民間業

者」，依法向國家申請設立及繳稅，與民間業者立於平等的競爭地位。

　　本條文是配合 2002 年通過的「殯葬管理條例」而設計，根據該法第 72 條規定：

　　「本條例公布施行前，寺廟或非營利法人設立 5 年以上之公私立公墓、骨灰（骸）存放設施得繼續使用。但應於 2 年內符合本條例之規定。」（內政部，2008：768）

　　「殯葬管理條例」實行至今，經歷 2007 年、2011 年二次的修訂，第 72 條條文並未變更，以最新的條文來看，宗教團體在 1997 年前設立的殯葬設施者，得以合法存在並享有國家免稅權利。1997 年 7 月 17 日之後的殯葬設施，完全依殯葬管理條例辦理。〈宗教團體法草案〉第 33 條，只是強化此法律條文，並沒有給予宗教團體過多的殯葬設施免稅權利。

五、未立案宗教團體的管理

　　根據〈宗教團體法草案〉第 34 條：

　　「本法施行前，已依其他法律登記之宗教團體，經依本法規定修正章程並報主管機關備查後，視為依本法登記或設立之宗教法人，發給宗教法人登記證書及圖記。」

　　國家為了使宗教行政管理具有延續性，對過去已經立案的宗教團體得依此法條成為合法的宗教法人。至於未登記的宗教團體，國家則有責任清查並將之列冊輔導、管理。根據第 36 條規定：

　　「非依本法設立或登記為宗教法人之個人或團體，而有經常性藉宗教信仰名義，對外從事宗教活動之事實者，直轄市或縣（市）主管機關應予清查，列冊輔導、管理。前項輔導、管

理，由直轄市、縣（市）制定或訂定自治法規辦理之。」

　　台灣地區目前約有 5 千座的補辦登記寺廟，他們是國家為解決既存寺廟產權登記的政策，暫時依行政命令立案，並未取得任何合法的寺廟、社會團體或宗教基金會的法人資格；因此它們屬於「未立案」的宗教團體。未來〈宗教團體法草案〉通過，將可能使這些團體有機會在國家的輔導管理政策下，發展成為合法的宗教法人。

肆、小結

　　由〈宗教團體法草案〉的內容得以理解，國家對宗教團體採取既尊重其宗教自由發展，又給予成為宗教法人的宗教團體特殊利益，及相當程度介入宗教團體管理的多元政策。國家站在宗教行政管理政策延續性的立場，承認過去台灣地區各宗教團體發展的歷史脈絡及現況，將宗教團體分為「寺院、宮廟、教會」、「宗教社會團體」及「宗教基金會」等三類，鼓勵這些既存的宗教團體向國家申請登記，獲得許可後，國家賦予他們宗教法人的地位。

　　當宗教團體成為宗教法人後，國家賦予宗教法人異於一般人的特殊權利，諸如宗教團體或捐贈財產給宗教團體者，可以得到國家租稅減免優惠，宗教團體建築物侵占國有地或違反都市計畫法，則可以申請合法占用或變更都市計畫法的使用規範，遠超出一般團體或個人違反國家土地國有地的占有，及都市計畫法的使用規範。

　　宗教法人的優惠不僅於此，尚包括 2008 年發展出的宗教教義研修機構設立的寬鬆條件。讓宗教團體辦理宗教教義研修機構時，可以自由選擇根據傳統自行辦理宗教教義研修機構，

或納入國家教育體制，依法設立宗教教義研修機構，接受國家管理，而給予研修機構畢業生頒發國家正式學位。至於長久以來存在於都市的寺廟、教會、佛堂等「違法」都市道場，也在〈宗教團體法草案〉中有條件的解禁。只要符合國家相關法規就可以登錄為「宗教建築物」，不再局限於寺廟、教堂、聚會所的傳統宗教建築外觀，在寸土寸金的都市中，可以合法生存於大樓或公寓中。

國家一方面給予宗教團體法人地位及特殊利益，另一方面採取對宗教團體的管理作為，形同一手給胡蘿蔔；另一手給棒子。當宗教團體接受國家的要求時，就享有胡蘿蔔的特殊利益；當宗教團體違反國家的要求時，國家就用棒子伺候宗教團體。國家將管理宗教團體的法制化，要求宗教團體領袖道德優於一般人，不得恣意觸犯「民法」與「刑法」中「妨害社會善良風俗」的法規。負責人違反這些法律，可能承擔法律責任外，尚被剝奪在宗教團體的職位，甚至宗教法人被國家「連坐處分」，廢止其法人登記或設立許可。

國家也要求宗教團體承擔財務透明的責任，包含向國家機關核備會計帳簿及處分不動產時，必需得到主管機關的許可。國家形同對宗教團體「不完全」信任，它站在全民公益的立場施出「殺手鐧」，當宗教團體未向國家核備帳目資料及自行處分財產時，國家可以取消宗教團體的各項租稅優惠。

從上述的討論可以得知，〈宗教團體法草案〉主要內容是國家在承認既有的宗教發展現況前提下，一方面尊重台灣地區人民信仰宗教的自由，給予宗教團體特殊利益，讓他們可以「健全發展」；另一方面，國家仍然抱持戒慎恐懼的心理，對宗教團體施實各項管理措施，避免宗教團體假宗教、公益之名，做

出傷害信徒權益及社會整體利益的行為。換言之，國家在此法
案中展現出，對「憲法」人民信仰宗教自由的尊重，也抱著「介
入」宗教團體自治權限的心態與作為。

第三節　〈宗教團體法草案〉的意涵

從上一節的討論可以理解，當前〈宗教團體法草案〉內容
指涉的範圍，國家除了尊重人民的「神聖」活動，完全給予其
宗教自由外，並非完全放任宗教團體的「世俗」活動。如果再
從這37條法條的內容理解其意涵，可以發現國家涉入宗教團
體世俗活動的層面相當廣泛，也引起部分主張宗教自由的學者
批判（陳新民，2010：77-81；林江亮，2010：146-147；張永
明，2010：147-149；許育典，2006：187-198）。

在本節將繼續深入〈宗教團體法草案〉，把它視為一個整
體，而理解它所呈現的「意義」（mean）[79]。本研究以為，「宗
教團體法制」具有「宗教自由的實踐」、「宗教團體合法化與宗
教發展」、「國家介入管理宗教團體組織要件與財產處分」、「宗
教團體法制與相關法律的融合」、「宗教團體租稅特殊利益及其
責任」等意涵。茲分析如下：

---

[79] 從詮釋學（hermeneutics）的角度理解「概念」（concepts），經常從「界定」（define）
該概念做起，最簡單的界定為「字」與「辭」（term）的意涵；其次，理解字
辭在整個文本中的各種意義，此時，字辭可能已經賦予原始意義之外的新意
涵；第三，可以再將字辭在文本中的發展，放置在時代脈絡中去理解，觀察時
代脈絡的情境下，所出現的字辭意涵；最後，可以讓前輩學人對此字辭所做的
研究，賦予的意涵將之與我們的研究做對話，讓我們的研究所界定的字辭意
涵，出現再一次的詮釋。（潘德榮，1999）

壹、憲政主義中宗教自由的實踐

　　國家為了實踐「憲政主義」（constitutionalism），必需將「憲法」第 6 條宗教平等、第 11 條人民信仰宗教自由給予實踐。就宗教平等而言，政府代表國家，嚴守「政教分立」[80]的原則，（Thomas Berg,2005：302-311；張家麟，2011：235-277）才能讓人民擁有宗教信仰或發展的自由。

　　「憲法」第 11 條強調的是「人民信仰自由」。事實上，就宗教的內涵來看，信仰自由只是「宗教自由」的一部分[81]，因此在〈宗教團體法草案〉第一條條文中，強調的是國家必需「維

---

[80] 政教分立的概念出現於美國憲法修正案第一條，其原義為國家應該不得跨越「政治與宗教分立之牆」（A wall of separation between church and State），是指國家的作為「不應該過分連結」（non-excessive entanglement）宗教活動及國家「不應該歧視」（non-discrimination）宗教團體。（郭承天，2007：26-27）然而，美國宗教與政治分立的憲政發展，已經出現了「雷蒙基準（Lemon tri-prong test）」、「背書基準（the Endorsement test）」、「強制基準（the Coercion test）」及「公平進用法」等四個原則。「雷蒙基準」認為，聯邦或州國家只能訂定社會「世俗活動」的法律規範，不得涉入宗教神聖活動；國家也不得訂定促進或抑制宗教發展的法律，及國家的法律不能使國家和宗教之間發生過度的糾葛。「背書基準」認為，國家的法律不應該讓某一個宗教成為局內人或局外人，國家是中立或理性的旁觀者；國家更不能訂法律為某一宗教背書，或讓其他宗教被疏離或被侵犯的感覺；國家也不能只接納主流宗教，形同對它做背書。（嚴震生，1997：155-156）「強制基準」認為，國家的法令不得強迫個人支持或參與某宗教活動。（江芳盛、鄭湖娥，2004：123）「公平進用法」則是肯定美國境內基督教社團與基督教在學校活動的空間，所有宗教性的學生社團，都可以「公平」存在於學校中。（江芳盛、鄭湖娥，2004：134）

[81] 宗教自由的內容包括：1.人民信仰宗教教義、儀式、領袖的自由；2.宣教師佈教傳道的自由；3.新宗教團體設立的自由；4.宗教團體辦理宗教教育的自由；5.宗教團體從事宗教儀式的自由；6.信徒參與宗教集會及宗教團體生活的自由；7.宗教團體設置宗教設施的自由；8.國家平等對待各宗教等項目。（釋淨心，2004：81-84；張家麟，2008：64；瞿海源，1997）

護人民『信仰宗教自由』，並『協助宗教團體健全發展』，特制定本法」。

　　就國家中央內政部民政司主管宗教的官方立場而言，國家對人民的「宗教自由」幾乎高度尊重，只有在人民組成的「宗教團體」在社會中的活動，才給予適度的規範。宗教團體在社會中舉辦的活動，牽涉到宗教信仰、思想、教義、經典、歷史、傳承等，人民擁有完整的宗教自由；至於宗教團體在社會中牽涉到與他人生活發生關連者，國家可能給予適度的規範。例如：宗教團體的營利、組成、財產處分、研修機構設立、學位頒予、納骨塔等活動，則用法律加以規範，人民的宗教自由受到限制。

　　國家非常清楚要管理的是宗教團體的「世俗」活動，她不想介入宗教團體的「神聖」活動。因此在〈宗教團體法草案〉中，國家幾乎完全不提宗教神聖活動的規範，只對宗教團體的組成與社會相關連的活動規範。

　　國家對人民神聖活動的認知範圍，包括信仰宗教教義、儀式、領袖的自由；宣教師佈教傳道的自由；新宗教團體設立的自由；從事宗教儀式的自由；信徒參與宗教集會、宗教團體生活的自由及設置宗教設施的自由等項目。因此在〈宗教團體法草案〉中，國家完全尊重人民從事這些宗教活動，未給予任何的限制。根據法律原則，未規範者人民可以自由活動，當〈宗教團體法草案〉沒有作任何規範，形同人民可以從事這些宗教活動。國家非常清楚要管理宗教團體的「世俗」活動，不想介入宗教團體的「神聖」活動。因此在〈宗教團體法草案〉中，國家幾乎完全不提宗教神聖活動的規範，只對宗教團體的組成與社會相關連的活動規範。甚至宗教團體是否向國家登記宗教

法人，國家也持尊重的態度，放任宗教團體在「不登記」的情況下，於台灣地區自由宣教。不像戒嚴時期，未向國家機關登記的宗教團體就可能是「非法」宗教團體。

貳、宗教團體合法化與宗教發展

根據〈宗教團體法草案〉第 1 條，國家為協助「宗教團體健全發展」，特別訂定〈宗教團體法草案〉。雖然此條文引起學者的質疑，認為國家違反政教分立原則，宗教團體的興衰應該由其在宗教自由競爭市場的法則中決定，國家應該完全尊重此法則。（林江亮，2010：186-187；許育典，2010：56-59）

然而〈宗教團體法草案〉在立法的宗旨中，強調協助境內的宗教團體健全發展，再結合第 20 條、第 28 條、第 29 條及第 32 條等條文，讓過去違法的宗教團體，在國家「力猶未逮」介入管理的情況下得到解套，可以繼續在台灣得到合理的發展空間；或是引導宗教團體走向國家期待的方向辦理社會福利事業；及開放宗教團體辦理研修機構。這些作為讓宗教團體就地合法化之餘，也促進該團體的宗教發展。

一、宗教團體成立都市道場的發展

〈宗教團體法草案〉第 28 條陳述，宗教團體在都市地區的公寓、大廈得以成立「都市道場、聚所會」，讓宗教團體配合都市化的社會變遷，進入都市中服務民眾的信仰需求。跳脫象徵宗教形式的建築物為合法的宗教場所，轉化為沒有宗教象徵外觀的聚會所，也可以當作「宗教建築物」。

簡言之，國家不再對宗教建築物外觀型態用嚴格法規限制，尊重長期存在的佛教道場、基督教教會、一貫道的佛堂及

新興宗教的聚會所，存在地窄人稠的公寓大廈的事實。當國家對宗教建築物的鬆綁，形同給予宗教團體開一扇「方便巧門」，擁有寬廣的弘法空間，進入都市叢林設立宗教道場，對都市人進行宣教。

二、宗教團體辦理福利事業的發展

根據〈宗教團體法草案〉第 29 條陳述，宗教團體依法興辦教育、醫療、公益、慈善事業或其它社會福利事業。此條文也引起部分爭議，認為宗教團體可以單純從事宣教，或宣教之外兼辦非宗教的福利事業。國家如果只獎勵兼辦福利事業的宗教，形同歧視純粹宣教的宗教團體。（許育典、周敬凡，2006.4：98）然而，在國家看來，純粹辦理宣教的宗教團體，依照〈宗教團體法草案〉國家也給予「法人地位」，而擁有法人地位的宗教團體，就擁有了「免稅」的特殊利益。因此，國家並未歧視純粹宣教的宗教團體，只是進一步鼓勵宗教團體，從事相關福利事業，既帶給宗教團體發展的可能，也促進社會穩定。

三、宗教團體設立研修機構的發展

宗教團體如果要在台灣境內生存發展，人才的培育是重要關鍵條件。根據〈宗教團體法草案〉第 32 條陳述，「宗教法人經主管機關許可，得設立宗教教義研修機構」。過去國家放任宗教團體成立宗教教義研修機構，當宗教團體培養的神職人員，為宗教團體所用完全與國家無關。現在國家根據宗教團體的需求，訂定宗教研修學院設置及教育部認定的學位，儘管國家在此議題上已經鬆綁，但是仍然引起諸多的批評[82]。

---

82 學者認為神學院向教育部立案後，將被要求不同信仰的人入學，妨礙神學院的

根據 2008 年 1 月 16 日修正「私立學校法」第 8 條：

「I.學校法人為培養神職人員及宗教人才，並授予宗教學位，得向教育部申請許可設立宗教研修學院；其他經宗教主管機關許可設立之法人，亦同。II.前項之申請程序、許可條件、宗教學位授予之要件及其他事項之辦法，由教育部會同中央宗教主管機關定之。」

國家已經認可宗教團體設立宗教教義研修學院（機構），〈宗教團體法草案〉在此特別強化。

從此之後，無論〈宗教團體法草案〉是否通過，中華民國地區已經對宗教法人或學校法人開放神職人員的培養，像法鼓山設立法鼓佛教學院、基督教設立信義神學院、一貫道已得到國家審核通過設立崇華學院，這些作為將有助於該宗教團體人才的養育，甚至得到國家正式學位的授予，也可以讓這些神職人員與外國同性質的學院的高階學習接軌。

四、宗教團體使用土地的發展

根據〈宗教團體法草案〉第 20 條：

「宗教法人於本法施行前已繼續使用公有非公用土地從

講學和言論自由；或正允許同性戀者、主張墮胎合法化者進入神學院，侵犯神學院辦學的理念；或是聘用在家眾為教授，違反對出家法師的尊重，傷害佛教倫理；培養非原住民的神職人員，違反原住民神學院的設立宗旨等。（游謙，2012.5.15 下載，〈宗教研修學院立案的討論〉，http://yuchien.wordpress.com/%E5%AE%97%E6%95%99%E7%A0%94%E4%BF%AE%E5%AD%B8%E9%99%A2%E7%AB%8B%E6%A1%88%E7%9A%84%E8%A8%8E%E8%AB%96/）事實上，學者的憂心是多餘的，宗教團體成立研修學院對入學的學生及講課的教授，都可以在符合國家的法規之下，設計一套甄選的標準，選出合適的學生或教授，在學院中上課或講座，而滿足自己宗教的教義與法規，符合原本宗教神學中的倫理精神。

事宗教活動滿五年者，得檢具相關證明文件，報經主管機關核轉土地管理機關，依公產管理法規辦理讓售。前項供宗教目的使用之土地，得優先辦理都市計畫或使用地變更編定。各級國家擬定或變更都市計畫時，應以維護既有合法宗教用地及建築之完整為原則。」

宗教團體擁有相當寬廣的土地使用「特殊利益」，當他們占用公有非公用土地（國有地）超過五年，可以根據「國有財產法」第 51 條及「國有財產法施行細則」第 55 條：「非公用財產的不動產，為社會、文化、教育、慈善、救濟團體舉辦公共福利事業，或慈善救濟事業所必需，得予讓售。而所稱的社會慈善團體是指已成立的財團法人為限。」[83]宗教主管機關認為，國家在不影響國土保育及違反其它法律的前提下，可將公有非公用土地讓售，化解長期公有土地被宗教團體占用的困境，及充分發揮土地的效用。（黃麗馨，2008；2010：100）

〈宗教團體法草案〉既想維護宗教團體的自由，又想讓宗教團體在國家的協助下順利發展，因此，在法案的設立宗旨、鼓勵宗教團體從事社會福利、認可宗教研修機構、讓既存的都市道場合法化及侵占國有土地的宗教團體合法占有國家土地。這四個法條的意涵，充分顯示國家站在輔導宗教團體合法化的過程，給予宗教團體諸多的「特殊利益」，或是對宗教團體辦理宗教教育的鬆綁。當宗教團體朝向國家指引的方向從事各項作為時，既得到國家的協助，又可以使自己團體在政治體

---

83 事實上，國家對宗教團體辦理社會福利事業，給予國有土地的讓售空間甚大，除此外，國家也可以根據「國有財產法」第 60 條，贈與寺廟、教會所使用的不動產。這是一般百姓侵占國有土地會被提起控訴，所無法想像的宗教團體特殊利益。

制的架構下，獲得法律的養分，而擁有成長茁壯的機會。

參、宗教主管官署介入管理宗教團體組織要件與財產處分

　　國家對宗教團體儘管抱持宗教神聖活動高度尊重，仍然對宗教團體的世俗活動相當程度的涉入。其中，對宗教團體的組織建構與宗教團體財產處分採取監督與輔導的政策[84]。

一、宗教團體組織建構的管理

　　根據〈宗教團體法草案〉第 4 條，宗教團體可分為：「寺院、宮廟、教會」、「宗教社會團體」、「宗教基金會」等三個類型。他們得依法完全登記設立為宗教法人（第 3 條）；得向主管機關申請登記為全國型或地方型宗教法人（第 7 條、第 9 條、第 14 條）。其中，「寺院、宮廟、教會」是「宗教建築物」為基礎，結合在此建築物中的相關人事的組織，而構成的團體。「宗教社會團體」是指以「人」為主軸的集合體，這些人根據對宗教的共同理想而結成社團。「宗教基金會」是指「錢」的組成，再結合捐款者成立董事會，乃管理與運用宗教基金所構成的團體。

　　這三類型的宗教團體，早在威權時代就逐漸開展，到民主轉型之後的台灣，這些宗教團體更快速發展。威權體制下，宗教主管官署過去對這三類型團體進行嚴格的「管制」政策；民

---

84 國家對宗教團體的管理，可分為廣義與狹義兩類：廣義的國家對宗教團體管理，涵蓋整個宗教團體草案相關條文；狹義的國家對宗教團體管理，只局限在國家對三類宗教團體法人的規範及其財產處理方式。在本節的討論，只處理狹義的宗教團體管理。

主國家依然延續威權國家的傳統，宗教主管官署已經對這三類型團體採取寬鬆的「管理」政策。

如「寺院、宮廟、教會」得具有隸屬關係 13 所以上，分佈於 13 個以上的直轄市或縣、市；宗教社會團體如果以團體申請，發起團體數 30 個以上，分佈 13 個以上的直轄市或縣、市，或是以個人申請，發起人數在 100 人以上，戶籍分佈於 13 個直轄市或縣、市，得申請為全國型宗教團體。反之，低於上述條件者的「寺院、宮廟、教會」與「宗教社團法人」，則可申請為地方型的宗教團體。至於宗教基金會為特定金額的基金當作基礎，由中央主管機關訂定基金數額，決定全國型或地方型宗教基金會成立的條件。

全國型宗教團體的主管機關為內政部，直轄市或縣、市的宗教團體主管機關為該直轄市或縣、市政府。無論是全國型或地方型宗教團體，都得接受主管機關的監督與輔導。從這個角度理解，國家對宗教團體的宗教自由並非「完全放任」；相反地，國家在宗教團體申請成立為法人時，要求該團體「甚嚴」[85]，要求其明白列舉團體的組成條件、團體名稱、宗旨、派別、管理組織、管理方法、法人代表名額、法人職權、法人產生與解任方式、財產種類、保管運用方法、經費編列、會計方式、不動產處分程序、章程修訂及法人的代表低於 1/3 的姻親關係等規範。

---

[85] 根據宗教主管官署行政院內政部民政司司長黃麗馨的研究，我國在威權時代，對宗教管制甚嚴，是屬於宗教自由度比較低的年代；1987 年解除戒嚴，我國國家對宗教的管理趨向於放任，國家對宗教管理變成自由放任的角色；1990 年代之後，國家對宗教管理政策的趨向，由自由放任轉向積極輔導的角色。(黃麗馨，2008：80)

　　學者對國家涉入宗教團體內部組成的相關要件提出質疑，認為〈宗教團體法草案〉中的理監事組成名額與「人民團體法」相似，已經侵犯宗教團體的內部自治權限。甚至涉入宗教團體內部組織的自我決定，形同破壞宗教團體的組織自由。（陳新民，2002）也有學者認為，國家要求宗教團體登記為宗教法人，被國家的監督輔導，而得到相對的宗教特殊利益，形同傷害未登記的宗教團體，造成登記者與未登記者的宗教不平等地位，如同國家歧視未登記者的宗教權利。（許育典，2006：208-209）

　　不過在宗教主管機關看來，欲成為宗教團體的法人資格，國家給予保障，就得接受國家相對的要求。未登記為法人的宗教團體，國家也沒有限制其相關的宗教自由，只是不接受國家規範者，國家相對給予「懲罰」，不給任何的宗教特殊利益。從這個角度看國家與宗教團體的關係，國家似乎採取宗教管理與宗教放任兩種政策，接受管理者得到國家的賞賜，在國家法規之外自由宣教者，國家不給任何好處。

二、宗教團體財產處分

　　國家對宗教團體財產的處分，採取積極介入的立場。此介入包含：要求宗教團體造清冊「備查」、「審查」及「許可」，才能處分不動產或捐贈其它團體的作為。換言之，國家站在社會公益的立場，不願放任宗教團體自行處分其財產。

　　根據〈宗教團體法草案〉第五章第 18 條、第 19 條的規定，宗教團體以出資、徵募購置或受贈等方式獲得不動產，皆需向國家列清冊備查。而且不動產登記名義人是宗教團體法人，而非自然人。此外，宗教法人的財產及基金的管理，國家也要加

以「監督」。此監督是指宗教法人處理不動產，必需得到主管機關審查與許可，不得任意處分、變更或設定負擔。亦或是宗教法人辦理獎助或捐贈，必需符合該團體宗旨才能進行；捐贈的金額，只能占該團體總財產的一定比率；這些作為皆需獲得主管機關許可。

宗教團體領袖曾經對國家涉入宗教團體的財產，表達高度的不滿。認為國家侵犯到「憲法」的財產權。佛光山領袖星雲法師提出，國家已經把宗教財產視為國有財產，介入高層度的管理，使宗教團體財務自主權利喪失。（釋星雲，2006：80）宗教學者則認為，國家的作為侵犯到宗教團體財產自治，尤其國家許可的裁量標準模糊不清，傷害了宗教團體在「憲法」應該擁有的財產保障權利。（許育典，2006：219-220）

儘管宗教領袖與學界對國家提出侵犯宗教團體財產自治的質疑，國家並不苟同宗教團體取之於社會十方大眾的財產，能夠自行處分。國家站在「家長」的角色，替十方大眾監督宗教團體。在國家看來，宗教團體的財產是屬於公共財，宗教團體只是暫時擁有與保管，如果宗教團體要進一步處分，國家依法得以干涉。宗教團體擁有的財產，不是憲法所保障的「私人財產」，而是「公共財產」，既是公共財產，宗教團體就不能任意處分。

三、未登記宗教團體的輔導

國家不但對宗教立案團體涉入管理其組織建構及財產處分，也對未立案的宗教團體從事輔導。根據〈宗教團體法草案〉第 36 條：

「非依本法設立或登記為宗教法人之個人或團

體，……直轄市或縣（市）主管機關應予清查，列冊輔導、管理。……」

前文已經說明國家對境內宗教團體採取引導登記為宗教法人，及放任宗教團體自由選擇不登記為宗教法人的兩軌政策。未登記的宗教團體，國家中央授權給地方宗教主管機關給予清查。像過去國家常態型辦理「寺廟總登記」，形同民間宗教、佛教、道教的宗教普查。另一種宗教普查由內政部統計處主導，大約每隔十年做「台灣地區宗教團體普查」，調查的範圍涵蓋合法的 27 個宗教。[86]這些宗教調查成果，有助於國家理解有多少宗教團的未向國家登記為「合法團體」。[87]國家可運用具體的事實資料列冊輔導，使他們團體合法化。[88]

不過，學者認為國家這項作為違反政教分立原則，因為國家如何管理、輔導未立案的宗教團體；其輔導管理內容為何，皆值得思考。此外，國家以宗教輔導法制涉入人民的宗教生活，形同未立案的宗教團體成員，被國家強制從事國家期待的宗教團體活動方向，明顯違反未立案宗教團體的自治權與平等權利。（許育典，2006：238；陳惠馨，2010：87-88）

---

86 內政部統計處於 2005 年，做最近一次的宗教普查，礙於經費短絀，過去皆採用「普查」，而此次採用「抽樣調查」。調查內容包括各宗教、寺廟、神壇、教堂數、分佈區域、成立時間、支出規模、建築（含土地）面積、神職人員（含工作人員）、組織型態（含登記、未登記者）、信仰派別、正殿主神、宗教捐獻、宗教儀式活動、公益慈善活動等項目。（內政部，2006）

87 未登記的宗教團體，在中華民國境內仍然得以自由宣教，擁有高度的宗教自由。只是在國家管理的角度看來，他們是無法獲得「宗教特殊利益」的宗教團體。

88 根據內政部統計處的調查，截至 2010 年為止，全國尚有 5,420 個宗教團體未登錄。（內政部全國宗教資訊系統，http://religion.moi.gov.tw/web/09.aspx 瀏覽日期：2012/8/7）

　　然而在國家看來，未登記的宗教團體大多屬於小型的神壇、道場、教會或廟宇，他們仍然有相當高度的發展空間。以現實的法律規範，他們擁有寬廣的宗教自由。持續的從事宗教活動，可能使該團體成長茁壯；相反地，也可能萎縮。在國家家長式管理宗教團體的傳統立場，除了透過宗教調查理解境內未登記宗教團體的實況，可以掌握其發展樣貌外；如能進一步輔導其向國家合法登記，更有利於國家對宗教團體的理解，促進社會穩定。

　　台灣經歷威權體制到民主政治，國家由管制宗教團體，轉化為管理宗教團體，其中，國家以家長的角色帶領宗教團體的本質並未改變。只是過去國家的管制政策，壓抑了宗教團體的發展，民主轉型之後，管制政策取消，宗教團體的數量無論是寺廟建築型態、宗教社會團體或宗教基金會，皆如雨後春筍般的大量成長。國家為了維持社會穩定，乃要求宗教團體的組成，更在意宗教團體對其財產的處分，也不放棄未立案宗教團體的追蹤、輔導。國家這種家長型的領導方式，在民主轉型之後的宗教政策，仍然扮演吃重的角色。

肆、「宗教團體法制」與相關法律的融合

　　〈宗教團體法草案〉並非單獨特殊存在，而是與既有的相關法規緊密融合，像整個法案的條文，融入了既有的「人民團體法」、「土地稅法」、「所得稅法」、「土地法」、「國有財產法」、「教育文化公益慈善機關或團體免納所得稅適用標準法」、「殯葬管理條例」及「私立學校法」等法規。

　　就三個類型中的「宗教型社會團體」與「寺院、宮廟、教會」這兩類團體的組成，就和「人民團體法」中的社會團體組

成相關規定緊密連結。第三個類的宗教團體「宗教基金會」的組成規定，則與「民法」有關。

　　宗教團體的會計基礎，「寺院、宮廟、教會」採用「現金收付制」，「宗教型社會團體」及「宗教基金會」採用「權責發生制」，則與「準用商業會計法規」連結。宗教團體的免稅權利則和房屋稅條例、「地稅法」、「遺產及贈與稅法」、「所得稅法」密切關連。宗教團體合法取得國家土地，則與「國有財產法」及其實行細則有關。宗教建築物違反都市計畫時，得申請合法變更都市計劃用地，則與「都市計劃法」有關。個人捐贈給宗教團體的財物，則可申請所得稅抵免與「所得稅法」融合。宗教團體附屬的納骨塔與火化設施，得符合既有的「殯葬管理條例」要求。而宗教團體辦理宗教教義研修機構，最主要的法源為私立學校法第 8 條相關規定。

　　從上面分析可以得知，〈宗教團體法草案〉中的規範，是綜整相關法規與命令，讓主管宗教的行政部門有此法案當作「依法行政」的依據。雖然宗教團體在法案中擁有諸多特殊利益，然而〈宗教團體法草案〉實施前，這些宗教團體的特殊利益早已存在。只要登錄在國家機關成為合法的「寺院、宮廟、教會」、「宗教社團法人」或「宗教基金會」，皆可享有國家法制給予的特殊利益。只是過去這些法規散見於不同領域的法律或命令當中，國家宗教主管當局企圖將此法規綜整成一部《宗教團體法制》。

　　國家這種企圖，也引起學界與法律實務界菁英的批評，他們認為國家的作為形同「多此一舉」，認為既有法規已經給予宗教團體作合理規範，就沒有必要另立「宗教團體法制」。（許育典，2010：64-66；陳新民，2010：80；李永然，2010：192-197）

　　然而，國家宗教主管官署站在宗教管理實務的經驗，認為應該綜整自各種法律中的宗教規範，有利於宗教行政管理的法制依據，及主管機關權限的精確化。避免過去多頭馬車管理宗教團體，造成權責不分的困境。在此立場下，國家才會推出〈宗教團體法草案〉的立法。

伍、宗教團體租稅特殊利益及其責任

　　國家對〈宗教團體法草案〉的期待，站在國家公益的立場，一方面給予登記為宗教法人的宗教團體「特殊利益」；另一方面，也要求宗教團體承擔相對的「責任」。

　　根據〈宗教團體法草案〉中的內涵，國家給予宗教團體優於其他職業團體、政治團體及「非公益型」社會團體[89]的各項特殊利益。（林本炫，2010：108-113）這些特殊利益包括宗教團體收入、宗教建築物免納相關稅務，與捐贈宗教團體個人與團體的減稅等租稅優惠。然而，國家也對宗教團體提出相對的要求，認為宗教團體既然資源取自於社會大眾，而得以在社會生存與發展，其中最關鍵的要素是宗教團體領袖的素質，及宗教團體財產的處分與財務的公開透明化。

　　根據〈宗教團體法草案〉第 23 條、24 條、25 條與 27 條，這 4 個條文規範，都與國家對宗教團體免稅特殊利益有關。像

---

89 根據《人民團體法》第 4 條規範，人民團體分為職業團體、社會團體及政治團體三類。而宗教團體是社會團體中的一個次領域團體。依「人民團體法」第39 條，「社會團體係以推展文化、學術、醫療、衛生、宗教、慈善、體育、聯誼、社會服務或其它以公益為目的，由個人或團體組成之團體。」從此條文得知，社會團體可以分為公益型或非公益型的社會團體。例如：慈善、學術、醫療、社會服務為公益型團體；體育、聯誼、衛生等為非公益型團體。

是宗教團體的銷售貨物、勞務收入或附屬作業組織的收入之外，依「所得稅法」規定，免辦理年度結算申報，此意涵顯現出，國家給予宗教團體從事宗教相關的活動，服務信徒而有收入時，得「免納」所得稅。此外，當私人或團體捐贈宗教法人作為宗教、教育、醫療、公益、慈善事業或其它福利事業時所使用的土地，則可由受贈人申請「免徵」[90]土地增值稅。同樣地情形，如私人捐贈宗教法人財產，供類似的宗教福利事業的使用，捐贈者也可以依遺產稅、贈與稅的規定，不計入遺產總額或贈與總額，形同「減納」遺產稅與贈與稅。宗教團體所使用的建築物，作為宗教活動場所，依「建築法規」取得執照後，國家同意宗教團體依「房屋稅條例」，及「土地稅條例」「免徵」房屋稅與地價稅。甚至宗教團體的宗教建築物提供出租使用，當租金所得作為宗教目的時，同樣也可以「免徵」房屋稅與地價稅。

換言之，國家給予宗教團體從事宗教服務免稅的特殊利益，也鼓勵個人或團體捐贈土地或財產給宗教團體從事社會慈善公益事業，國家給予捐贈者減稅的優惠。形同國家運用稅法讓宗教團體與個人從事宗教團體的捐贈獲得「特殊利益」。讓宗教團體或捐贈者願意投入宗教活動，國家用減、免稅的作為，當作引導宗教團體發展的助力；並形成個人或團體從事捐贈宗教團體時的誘因與實質的獎助。

既然宗教團體享有減、免稅的特殊利益，國家就有責任要求宗教團體承擔相對的義務，最主要的義務是要求宗教團體財

---

[90] 若日後變更為非上述目的使用時，必需追繳原來免徵之土地增值稅。

務公開與透明化;其次為宗教法人從事宗教活動得承擔社會責任。

　　根據〈宗教團體法草案〉第 21 條與第 22 條的規定,宗教團體的「寺院、宮廟、教會」類型,要以「現金收付制」作為會計記帳的基礎,該團體必需設立帳簿記錄會計事項。至於宗教社會團體及宗教基金會的類型,必需以「權責發生制」作為會計基礎,設置帳簿記錄會計事項。這些帳簿及憑證要符合「準用商業會計法」保存 5 年或 10 年。其中,宗教社會團體與宗教基金會都要在年度開始前 3 個月,檢具預算書及業務計畫書,向主管機關備查。

　　再根據〈宗教團體法草案〉第 31 條,國家可以要求宗教團體從事帳務核備,與預算、決算呈報備查的責任。未改善的宗教團體,國家可以視情節輕重,取消免稅、減稅的特殊利益。

　　形同宗教團體不得只享權利而不盡義務,當他們享有租稅優惠特殊利益時,就必需承擔比一般納稅義務人更多的義務,否則不具租稅優惠的正當性。(張永明,2010:148-149)甚至有些學者認為,宗教團體的帳簿、預算、決算等財務報表,不只需要向國家核備,且應該要向信徒大眾告知,才算善盡取之社會,用之社會的責任。(張家麟,2011a:188-190)在宗教主管官署看來,當國家要求宗教團體核備各項帳務資料,是吻合大法官第 573 號解釋。儘管大法官要求宗教團體管理處務其財產,國家不得以法律規範;但是,國家也可以在符合「憲法」第 23 條規定的比例原則及法律明確性的原則下,對宗教團體做法律規範[91]。(黃淑冠,2010:154、179-180)因此,國家站

---

[91] 宗教主管官員對宗教團體免稅的特殊利益,也有另外一種看法,就是國家減免宗教團體土地增值稅、遺產稅、贈與稅、所得稅等租稅優惠,是希望宗教團體

在「維持社會秩序與增進公共利益」的立場，符合「憲法」第23條的精神，乃要求宗教團體向國家機關核備相關帳冊與預算、決算書。

第四節 小結

綜觀〈宗教團體法草案〉的整體精神，國家是將既有散見於不同類型與層次的法律、命令，綜整成一套完整的《宗教團體法》。國家主管機關期待，此法案既要尊重宗教團體神聖活動的宗教自由，也要對宗教團體的世俗行為給予規範。因此，它是一部宗教自由與宗教管理並重的法制。

在此法制下，國家承認台灣境內既有的「寺院、宮廟、教會」、宗教社團法人與宗教基金會的宗教團體類型。這些團體只要向國家登記為宗教法人，就可以擁有國家給予的「宗教免稅特殊利益」，當然國家也不是完全放任宗教團體的活動，站在國家與社會公益的立場，要求宗教團體承擔相對的責任，應

可以集中力量，從事宣教、傳法、公益慈善與社會教化事業。（黃麗馨，2010：100）這種論述是站在促進宗教團體發展的角度，國家才給予宗教團體租稅優惠。意指國家肯定宗教團體對社會的「正功能」，期待宗教團體的作為，完全符合「社會公益」；事實上，宗教團體也可能出現影響社會的「負功能」或與社會公益無關，只對自己有利的「功能」。例如：宗教團體運用宗教組織、宗教領袖魅力對信徒騙財騙色，宣揚不利於社會正向發展的各種思想，此時宗教團體既享有國家特殊利益，但也做出傷害社會、信徒大眾的負面作為。又如宗教團體只針對自己教派的利益宣教，不從事社會公益慈善事業，形同宗教團體發揮對自己有利的功能，但也得到國家諸多的租稅優惠。況且，國家代表國家平等對待各宗教，尊重各宗教的自由發展，應該嚴守「政教分立」的原則，國家不應用政策引導宗教團體的發展，造成政教過度糾葛的現象，違反了宗教自由。

該帳目向國家主管機關核備，宗教團體處分其財產，必需得到國家機關的許可才能進行。

國家也站在宗教團體實務面的角度，當他無法管理宗教團體活動時，只好退而求其次，承認都市道場、宗教教義研修機構與宗教違建的事實，讓宗教團體從事相關作為，而得以合法化後能在台灣社會繼續生存與發展。從〈宗教團體法草案〉的整體精神來看，我們得以理解國家的作為是採取「尊重宗教團體自由」、「宗教團體擁有特殊利益」與「國家介入宗教團體管理」的多元宗教政策。

第四章　政教互動與〈宗教團體法草案〉的形成（1997-2009）

　　新國家主義論者認為，國家擁有「自主性」（state autonomy），像有機個體一樣，足以展現國家意志（will）。（Skocpol，1985：3-37）我國從威權體制[92]轉型到民主體制，國家性質（statehood）隨之轉變，（張家麟，2008：227）民主政體下的政治領袖，代表國家發動國家意志，也會改變過去威權政體下政治領袖對人民的作為；將壓抑人民的「憲法」人權解放出來，逐漸恢復人民在「憲法」的人權實踐。人民的宗教信仰自由也在此新的憲政結構下逐漸開展，國家亦重新思考如何根據「憲法」合理的管理或輔導宗教團體，尊重人民「憲法」

---

[92] 威權政體的研究，相較於極權政體，皆對人民採取控制與動員的統治方式，只不過威權政體尚保留人民部分的自由，做有限度的動員；而極權政體對人民的控制達到極限，人民幾乎無法擁有憲法的各項自由，也被政府高度動員。（趙建民，1994）

的信仰宗教自由。

在此背景下，本章將處理 1997 年到 2009 年 4 月這段期間，國家與市民社會（civil society）中的宗教團體及宗教學者的意向，他們分別在宗教政策的展現、政教互動的結果所提出來的〈宗教團體法草案〉。國家在民主體制建構後，市民社會逐漸形成，代表國家意志的官僚機制，及代表市民社會的宗教團體領袖、宗教學者都會對〈宗教團體法草案〉表示關心或發表意見，形同「政」與「教」的相互角力。本章節將對此角力過程的焦點集中在：1.國家如何發動〈宗教團體法草案〉；2.論述國家、宗教團體及宗教學者如何在〈宗教團體法草案〉的互動過程中展現其意志；3.國家接納或擱置宗教團體領袖及學界代表意見的現象。茲分別說明如下：

第一節　國家發動〈宗教團體法草案〉的規劃

國家在訂定〈宗教團體法草案〉的過程中，廣泛且長期諮詢台灣地區的宗教團體領袖與專家學者，歷經一連串的討論，與會的領袖提出相當多的建言。然而，國家宗教主管官署為了貫徹憲政主義中的宗教自由，並非全盤接受；相反地，往往大幅度的擱置宗教領袖或專家學者的意見。從〈宗教團體法草案〉的成形，就可看出強烈的國家自主性（state autonomy），而此自主性表現如同國家意志的展現，使得台灣成為具有宗教自由的「國家性質」（statehood）。（Nordlinger，1981：7；高永光，1995：75）

壹、國家建構「宗教事務諮詢委員會」，推動〈宗教團體法草案〉

　　政黨輪替後，陳水扁政府執政，為了實踐其 2000 年元月推出的「宗教政策白皮書」，其中要求「整理現有不健全、不合理的宗教法令……，進一步則考慮廢除顯已違憲的『監督寺廟條例』，研擬其它新的法律替代。同時，排除、修訂既有妨礙宗教平等發展之其他各種相關法令，促成符合宗教平等精神，但又尊重宗教團體自治的宗教法制」。（陳水扁，2000：17）

　　國家宗教主管官署配合新政府的要求，訂定「宗教事務諮詢委員會設置要點」（附錄 7），新設此委員會的主要任務在於輔導宗教團體健全發展，維護宗教信仰自由及宗教平等，提供宗教事務通盤性諮詢意見，協助解決宗教團體面臨的問題。內政部宗教主管官署乃於 2000 年 9 月 15 日邀請 37 位菁英，廣納台灣地區各宗教的領袖與專家學者，組成「宗教事務諮詢委員會」討論宗教相關法律的議案，共同為未來的台灣宗教法制研商。此委員會來自市民社會的菁英代表組成，形同為內政部宗教主管官僚的「智庫」（thinking tank），他們首要任務即是推動〈宗教團體法草案〉。

貳、「六人小組」草擬〈宗教團體法草案〉

　　「宗教事務諮詢委員會」第一次會議做出兩項初步的建議：第一，成立小組，針對民政司宗教輔導科現行的行政命令與函示，做因應社會環境的需要而鬆綁或修正。第二，推薦六位諮詢委員組成六人小組，針對宗教立法的必要性和具體內容進行研究。

　　六人小組成員分別來自台灣基督長老教會總會總幹事羅榮光牧師、中華民國道教團體聯合會理事長吳龍雄、天主教台灣地區主教團秘書長吳終源神父、中華佛寺協會秘書長林蓉芝、國策顧問楊四

海律師、真理大學宗教學系助理教授林本炫[93]。他們負責草擬〈宗教團體法草案〉。仔細看這六人小組成員可以發現，他們是產、學兩類菁英份子，包括台灣地區的天主教、道教、基督教、佛教等主流宗教的四名領袖，及法律專家與宗教學者。形同具代表國家的宗教主管官署結合並運用產、學菁英，廣泛收集民間社會的資訊，當作國家訂法的主要參考。既擴張了國家原有視野，也讓市民社會參與國家「宗教團體法制」的草擬，猶如國家的宗教政策，不是由國家官僚機制片面決策，也具有相對厚實的市民社會民意基礎。

參、國家官僚機制傳承既有〈宗教團體法草案〉

「宗教事務諮詢委員會」的六人小組，分別於 9 月 28 日、10 月 11 日及 10 月 24 日召開三次會議，決定對既有國家管理宗教的問題，透過行政鬆綁解決。但是，有部分的土地增值稅、都市道場、納骨塔等問題，則需要用特別法的宗教法制給予解決。此時，面臨是否在既有內政部官方版本的〈宗教團體法草案〉修訂，或另起爐灶重新立法做一選擇。六人小組乃決定以民政司宗教輔導科，在之前已經草擬的〈宗教團體法草案〉為藍本[94]，逐字逐條修正。

六人小組召開三次會議後，將修訂的版本提交「宗教事務諮詢委員會」討論，該委員會則在 11 月 20 日召開第二次會議；12 月 12 日加開臨時會議，邀請相關部會營建署及財政部賦稅署首長，用二次會議修訂六人小組初步提交的〈宗教團體法草案〉，形成內政部在政黨輪替後的宗教立法初步草案。（林本炫，2004：223-225）最後，

---

93 林本炫參與六人小組時，為真理大學宗教學系的助理教授，現在已經轉到聯合大學經濟與社會研究所任教。

94 六人小組為了快速修訂〈宗教團體法草案〉，選擇國民黨執政時的內政部民政司於 1999 年 6 月 21 日修訂的〈宗教團體法草案〉第五稿為版本，將之修訂。

將此版本送到行政院院會審議，經過行政院主管業務政務委員，及各相關部會代表和行政院幕僚開會審查後，成為國家行政院版的〈宗教團體法草案〉。（林本炫，2004：250）此版本在 2000 年到 2008 年民進黨執政時，四次送交立法院審議，2008 年國民黨執政，第五次再由國民黨送交立法院審議。

　　由上述〈宗教團體法草案〉出爐的過程，可以看出幾點意義：

一、成立「宗教事務諮詢委員會」，廣納宗教團體與學界意見

　　政黨輪替後，宗教主管官署修訂內政部「宗教事務諮詢委員會」，涵蓋宗教界與學界的代表，國家徵詢其對〈宗教團體法草案〉的立法意見，擴大立法決策參與，換取國家合法統治基礎。

二、成立六人小組，集中且快速討論〈宗教團體法草案〉

　　為了有效率的討論〈宗教團體法草案〉的內容，分三階段處理：第一階段，由「宗教事務諮詢委員會」選出六人小組，經由密集式的討論，代表委員會修訂〈宗教團體法草案〉；第二階段，六人小組快速的將討論成果，送交委員會再做修訂；第三階段，由「宗教事務諮詢委員會」審議確認，再送往行政院院會討論通過。因此，前後大約只花費 3 個月的時間，「行政院版」的〈宗教團體法草案〉即快速出爐。

三、延續宗教主管官署既有的法規傳統，小幅度改革〈宗教團體法草案〉

　　六人小組以政黨輪替前國民黨統治時期「紀俊臣版」的〈宗教團體法草案〉為藍圖，做小幅度的改革。國家宗教主管官署並未因民進黨執政，而全盤推翻國民黨時期的〈宗教團體法草案〉政策，

象徵法案具有超越黨派利益的重要意義。

四、產、官、學合作，提昇「官僚國家」決策能力

　　由行政院內政部民政司主導〈宗教團體法草案〉的規劃，具有「官僚國家」決策的性質。本來由國家官僚科層系統的決策模式，擴張到產、官、學三類人的合作，設立產、官、學三類菁英代表的平台；產、學領袖的「宗教事務諮詢委員會」變成宗教主管官署的諮詢智庫，共同參與國家決策，既擴大民意基礎，也提昇了國家決策能力。

　　從「宗教事務諮詢委員會」的建構來看，這是國家訂定法案常有的作為，國家為了使法案更為周嚴，往往從各界代表中，篩選與法案有關的菁英，形成國家諮詢的委員會，此委員會變成國家的智庫，為國家提供各種不同的意見，讓法案變得比較可行。在全民健康保險法的形成過程，也看到國家與菁英聯手的模式，共同為法案的制定做出貢獻。（張家麟，2000：271-274）

　　國家宗教主管官署與宗教領袖、宗教學者等菁英的結合，共同為草案再次把脈，發揮效率草擬法案，這是國家行政系統常有的作業模式。既可避免法案的重大疏失，又具有與法案管轄下宗教團體的民意基礎，也發揮宗教學者相對客觀的學術影響力及涵養，落實到〈宗教團體法草案〉中。因此，由此角度來看「宗教事務諮詢委員會」的建構，形同國家行政系統與宗教團體菁英互動的良好平台，在此平台上決定了〈宗教團體法草案〉的雛型。而此版本剛開始是由國家宗教主管官署主導，再由「宗教事務諮詢委員會」的立法小組小幅度修訂。最後，由「宗教事務諮詢委員會」徵詢相關部會主管意見後裁決，再交由國家主管官署送交立法院討論。2009 年再由國民黨政府主導，行政院將此法案送交立法院審議，立法院內政委

員會版本，就是以當年「宗教事務諮詢委員會」裁決的版本為藍圖，再作微幅調整與修訂。

第二節　國家擱置宗教領袖與學者的主張

宗教領袖對國家在「宗教團體法制」的建構要求，遠超過〈宗教團體法草案〉的內容，國家面對不同領袖提出的各項要求，並非全盤的接受。在此法案形成過程中，可以看到國家強烈的自主性，像佛教、道教、基督教與天主教領袖，他們都曾經對國家設計的宗教法制提出質疑，有些全盤否定本法；有些則要求國家擴張公權力，維護既有「制度性」宗教的利益。然而，當國家從 1987 年由威權體制轉型為民主體制後，宗教自由的程度升高，在民主憲政的結構下，國家必需實踐憲法中人民的宗教自由，因此不太可能完全被宗教團體領袖所主導。

壹、國家堅持宗教團體立法，拒絕部分法學者停止立法的呼籲

一、國家堅持宗教團體立法的「父母官」立場

〈宗教團體法草案〉於 2000 年出爐後，法學界始終出現相當大的反對聲音。以陳新民（2002.2：53-99）、許育典（2005a）、顏厥安（1997.5：34-43）、許育典、周敬凡（2006.2：55-107；2006.4：69-118）、陳英淙（2007：269-298）等法學者，都對國家訂定本法案持保留的態度，認為違反憲法宗教人權。

然而，宗教主管官署對宗教立法始終持正向的態度，認為

唯有經由宗教立法，才可以解決當前宗教行政管理的缺失，或是協助宗教團體走向正軌。以扁政府時代的宗教主管官署，行政院內政部部長張博雅對宗教政策的看法：

「秉持憲法中宗教自由與宗教平等的原則，尊重各宗教團體自治，在不違反公序良俗的前提下，輔導各宗教團體參與社會活動。隨著台灣社會民主化……，新興宗教團體紛紛成立，引發不少與公眾領域衝突的事件……，各宗教團體自治發展的過程中，也累積許多寶貴行政管理經驗。本部為協助宗教界營造正常發展的良好環境，充分發揮宗教應有的功能……」（張博雅，2004：1-2）

宗教主管官員的立場相當清楚，宗教立法既要符合「憲法」的宗教自由與宗教平等原則，但是也要求宗教團體不違反公序良俗，甚至國家可以「輔導」宗教團體，「化解」宗教團體在公共社會領域中諸多的衝突。國家已經累積許多寶貴的行政經驗，要「協助」宗教團體發揮對國家、社會與人民的正功能。

從〈宗教團體法草案〉第1條的立法宗旨，開章明義說明了國家「協助」宗教團體的基本立場：

「本法設立宗旨：為維護信仰宗教自由，『協助』宗教團體健全發展，特制定本法；本法未規定者，適用其他法令之規定。」

國家秉持「父母官」的角色，認定宗教團體像個「孩子」，需要國家「協助」，國家也期待宗教團體長大成人發展順利。這種國家立場，在法學者看來認為是多餘的。

二、部分法學者呼籲國家停止宗教立法

法學者從憲法學中的「可限制性」的學理，分析宗教人權

國家不得加以限制，如果國家透過立法機制代替「憲法」，訂定超越憲法宗教人權的宗教立法，則立法者就變成了「憲法」之上的「太上教主」。立法者不得以任何公益的理由，對宗教人權限制，而應該尊重人民的宗教自治原則，宗教自由等同「宗教自治」（Autonomie der Religion）[95]，國家不得訂定法律干涉宗教團體內部事務運作。因此，他建議國家根本沒有必要另訂專法規範宗教團體的活動，一般「刑法」、「民法」就可以處理宗教團體各項事宜。（陳新民，2006：1-13）

　　不只陳新民反對宗教立法的立場，許育典、周敬凡、陳英淙等人，也都持反對的態度。

　　許育典及周敬凡引用憲法學的「保護領域」（Schutzbereich）的概念，認為宗教自由當作基本權而被保護，個人某一層面的生活領域，避免受國家侵犯，或是要求國家幫助或保護，在此概念下宗教自由的內在或外在信仰自由；積極或消極的信仰自由；個人與集體的信仰自由都要被保護。從這些原則評估〈宗教團體法草案〉，形同國家高度的介入人民的宗教自治，也就是國家公權力已經侵犯了「憲法」對人民基本權利的「保護領域」。（許育典、周敬凡，2006.2：55-107）

　　尤其是國家在本草案當中做出了：1.所有宗教團體都應該登記為宗教法人；2.所有宗教團體都是公益法人；3.所有宗教團體財產狀況都受國家監督；4.國家可以對宗教團體的宗教行

---

[95] 另一法學者認為，宗教團體的自主權是「憲法」所保障，國家不應隨意介入，自主權的範圍包括宗教團體自我管理、自我行政、內部事務，憲法的宗教自由保證宗教團體自主權不容侵犯，而宗教自主權的開展也帶動了人民的宗教自由。從這個角度看〈宗教團體法草案〉，就顯示出該草案侵犯了宗教團體自主權的核心價值，而不宜立法。（陳英淙，2007：286-298）

為、宗教自治加以限制等四個基本立場。此皆違反「憲法」中對人民的宗教自治及國家應維持宗教中立原則，形同對宗教自由造成傷害。因此，建議國家最好不要宗教立法。（許育典、周敬凡，2006.4：69-118）

　　另一法學者顏厥安則使用法律的本質在於建構「管制體制」的概念解讀〈宗教團體法草案〉。他否定了國家可以對宗教團體從事證照管制、組織管制、財務管制、服務品質管制、宗教詐欺管制等作為，認為這些都違反了宗教人權，因為宗教信仰內容是超出經驗和知識理解的範圍，這是屬於宗教絕對自由的核心部分，國家不得干預。他只同意國家可以對宗教團體世俗行為，以及建立資訊做管制。前者，例如宗教團體活動產生噪音、污染、交通妨害或破壞住宅安全時，國家可以對之管制；後者，則是指國家為了收集宗教團體相關資訊，有效預防宗教帶來社會的重大衝擊。至於新興宗教造成青少年的迷惑，國家頂多可以對此發出警告，但是也不能對之加以管制。（顏厥安，1997.5：34-43）

　　法學者對憲法理論的理解做出了「憲法」中，宗教人權不可被國家侵犯的詮釋，進而批判了我國〈宗教團體法草案〉，認為該草案充滿了國家管制宗教團體的立場，傷害了人民宗教基本人權。這是法學者的「絕對自由主義」意識型態的思維，對憲法理論的「可限制性」、「保護領域」及「管制體制」等概念再詮釋後，做出的充滿理想且高程度宗教自由的推論，即傾向要求國家應該停止宗教立法的立場。

三、國家尋求其他學者或領袖為宗教立法背書

　　國家面臨法學者相當強有力的批評〈宗教團體法草案〉，

認為它是違反宗教人權的「惡法」，不應持續由行政部門列為國家施政政策送交立法院審議。然而，這些說法並沒有扭轉或改變國家宗教主管官署為宗教立法的決心。反而在理解法學者負面意見後，國家期待其他不同意見的學者，為國家宗教立法政策辯護。

　　國家為了宗教立法，採取的策略是結合學界與宗教界的代表成立「宗教事務諮詢委員會」，當作宗教立法的智庫與平台。由該委員會選出「六人小組」草擬的〈宗教團體法草案〉，再送交委員會討論，討論之後送交行政院院會討論出行政院版的〈宗教團體法草案〉，這種作為形同產、官、學三類菁英的合作，讓他們參與了國家立法的決策，無形中化解了部分宗教團體與學界對國家宗教立法的疑慮。六人小組中涵蓋佛教、道教、天主教及基督教等主要宗教代表，他們皆草擬及參與〈宗教團體法草案〉的決策，因此從反對立場轉向支持國家的立場。（王愈榮，2004：143-158）

　　除此之外，國家運用「專題研究補助」及《宗教論述專輯》年刊，尋求學界對宗教立法專文論述，對國家宗教立法表態。也根據「內政部輔導宗教團體發展及促進宗教融合補助作業要點」，撥款補助學校、宗教團體或宗教學術團體，舉辦宗教立法的相關座談會、學術研討會，廣泛收集學界及宗教團體領袖的意見。

　　內政部曾委託吳寧遠（1991）及瞿海源（1997a）兩位學者規劃〈宗教團體法草案〉的專題研究。內政部將〈宗教團體法草案〉與組織管理當作重要的議題，在本階段分別於 2001年發行《宗教論述專輯第三輯─宗教法制與行政管理篇》，2005年發行《宗教論述專輯第七輯─宗教組織與管理篇》，2006 年

發行《宗教論述專輯第八輯—宗教法制建立與發展篇》，2007年發行《宗教論述專輯第九輯—各國宗教發展與法制篇》，在每年刊行《宗教論述專輯》。此外，也委託真理大學分別於1998年辦理《第一屆「宗教與行政」學術研討會》；2000年辦理《第二屆宗教與行政學術研討會》；2002年辦理《第三屆宗教與行政學術研討會》。運用這些學者專題研究、發行專刊及委託大學做宗教與行政專題研討會，廣泛收集宗教領袖及宗教學者對本議題的意見，當作規劃〈宗教團體法草案〉的參考。

　　吳寧遠等人的研究是從日本「宗教法人法」理解，從中截取符合我國所需要的〈宗教團體法草案〉內容，最後，形成內政部前民政司司長紀俊臣所提出的內政部版本。（吳寧遠，1991；釋淨心，2007：72-73；臨濟宗淨覺山光德寺，2012）瞿海源接受國家專題研究補助後，根據「憲法」及集會遊行法當作衡量指標，對宗教立法做出下列幾點建議：1.廢除「監督寺廟條例」；2.整編相關宗教法令；3.擬定「宗教法人法」；4.擬定「宗教法」；5.不訂任何與宗教有關的法令等五項建議。其中，他比較傾向同意前三項建議，不期待國家接受後二項建議。最後在該研究中，他建議國家應該優先廢除「監督寺廟條例」，整編所有相關的法令，以及制訂「宗教法人法」。（瞿海源，1997a：495-506）

　　從瞿海源的論述可以得知，他反對1929年所訂定的「監督寺廟條例」，但他也支持國家重新整編與宗教有關的行政命令，將之整合成一套合理的〈宗教團體法草案〉。

　　林本炫則接受國家委託擔任「宗教事務諮詢委員會」委員，他從「日本宗教法人法」的角度，重新思考台灣〈宗教團體法草案〉的可行性。從宗教團體既存的事實來看，認為未來

的宗教團體法人主體，應該包括三個類型：1.「寺廟、宮觀、教堂、佈教所」；2.「宗教基金會」的法人可以用不動產或捐助基金的方式，成為宗教法人；3.「宗教社團法人」沒有專業神職人員的民間信仰的寺廟或社團，他們自己成立「宗教社團」，形成人的集合體，也可以成為宗教法人。（林本炫，2005：52）

　　這種從實務角度理解〈宗教團體法草案〉立法的必要性與可行性，幾乎和法學者的理想色彩「南轅北轍」。不只社會學者具有務實的色彩，少數法學者也不見得認同前面所述的「絕對自由主義」意識型態，對憲法宗教人權的論述。

　　張永明就認為宗教團體的自治權不是完全放任自由，而是「憲法」保障下的有限度承認的自由權。因此，國家應該給予宗教團體的財產監督，宗教團體也要承擔社會義務。宗教團體如果要財產自治，要以自律為前提。國家站在人民立場，給予宗教團體合理的、最低限度的監督，此乃國家維護公共利益的責任與角色[96]。（張永明，2005：55-88）

　　從上述國家邀請專家與學者的立場可以得知，他們的見解

---

[96] 另一法學者陳惠馨也持有限度的宗教自由的立場，國家可以對人民的宗教自由用法律加以限制，因此，宗教立法只要符合「憲法」的原理原則，如尊重人民信仰自由，包括信仰或不信仰；參與或不參與宗教活動；國家都要平等對待各宗教，包含不得對特定宗教獎勵或禁止，不得對人民特定信仰優待或懲罰；人民的宗教信念而成立的宗教社團組織、結構、人事、財政管理，應有自主權限，國家如果要對之管理，要用最小限度，才符合「憲法」保障人民信仰自由的規範；「憲法」的宗教信仰自由是維護人民精神領域的自我發展、自我實現及社會多元文化充實的表現，國家應該嚴守中立、寬容的原則，及宗教立法應該考量「憲法」第23條，防止妨礙他人自由、避免緊急危難、維持社會秩序、增進公共利益的因素，訂出符合法律「比例原則」、「明確性原則」與「平等原則」的宗教立法。（陳惠馨，2006：263-266）

和前述法學者反對宗教立法的意識型態、對宗教人權保障、理論基礎的論述都有很大的差異。支持的專家學者大部分採取「務實主義」的意識型態；而反對的專家學者，則大部分採取「理想主義」的意識型態。在這兩類截然不同的意識型態下，發展出對宗教人權有不一樣的見解。前者認為，宗教人權是有限度的權利，在國家或人民集體公眾利益下可以對之加以限制；後者則認為，宗教人權是憲法直接保障的人權，因此，國家不得用任何理由立法限制宗教人權。為了對自己的立場做辯護，兩派人馬也嘗試從不一樣的學說找基礎，支持國家宗教立法的專家學者，從現實已經存在的管理機制做小幅度的變化與改進，比較接近公共政策學的「小幅度改革理論」（Lindblom & Braybroook,1970）。反對宗教立法的法學者，引用憲法學的宗教自治國家不得侵犯的「宗教自治論」；宗教人權為「憲法」直接保護領域的範疇，不得訂定法律限制的「保護領域論」；及宗教活動的管理，國家應該謹慎為之的「管制體制理論」。（表4-1）

　　專家學者與宗教領袖儘管不見得完全認同國家在〈宗教團體法草案〉中的內容，但是，原則上他們都認為國家立法介入宗教團體活動的管理，是屬於務實且合理的作為，並不會因之而破壞人民或宗教團體在「憲法」的宗教人權。

　　從國家有計劃的邀請專家學者投入並參與〈宗教團體法草案〉的草擬與決策，委託專家學者研究或敦請專家學者發表意見都可以看出，國家在為〈宗教團體法草案〉準備工作細膩的心思與縝密的具體作為。

　　儘管有反對國家宗教立法的聲音，但是，國家也讓支持宗教立法的聲音儘可能顯現，形成產、官、學三類人對宗教立法

的正向氣氛，也使得反對宗教立法的學者立場，變成國家在推動宗教立法過程中的參考意見。由國家宗教主管官署對宗教立法的意志展現，從中可以窺知一二。

表 4-1 產、學菁英對〈宗教團體法草案〉立法的意識型態及理論基礎

意識型態與理論 ＼ 菁英 ＼ 立場	支持立法		反對立法
宗教領袖、學者	學者	宗教領袖	學者
	吳寧遠、瞿海源林本炫、張永明	林蓉芝、羅榮光、吳龍雄、吳終源	陳新民、許育典周敬凡、顏厥安
意識型態	務實主義	務實主義	理想主義
宗教人權	相對保障	相對保障	絕對保障
理論基礎	公共政策學的小幅度改革理論	情感認同	憲法學的宗教自治、保護領域、管制體制理論

資料來源：本研究整理

貳、國家堅持宗教團體法人類型，拒絕部分法學者反對的聲浪

一、國家將已存在的宗教團體規劃為宗教法人

　　根據〈宗教團體法草案〉的規劃，國家宗教主管官署傳承過去對宗教團體的法制管理，認為宗教團體可以分為「寺院、宮廟、教會」、「宗教社會團體」與「宗教基金會」等三種類型。

　　「寺院、宮廟、教會」是指宗教團體聚會的場所，是「宗教建築物」與「人」的集合體，它擁有宗教建築物的資產，而且在建築物當中成立信徒大會，再由它選出管理委員會。此委

員會為該宗教建築物中團體的最高管理單位,對外負責與國家
對口,呈報相關資料給宗教主管官署;對內負責規劃該組織的
各項宗教與世俗活動。形同「寺院、宮廟、教會」擁有建築物
的資產,以及類似社團法人的組織管理宗教建築物。(林本炫,
2004:75)

　　「宗教社會團體」是指「人」的集合體,共同認同某一宗
教的信眾,可以根據「人民團體法」使用民主的投票方式選出
理事會,依照跨縣市的會眾規模大與小,組成全國型或地方型
的「宗教社會團體」;它可能也擁有少數的資金,但是,主要
以會眾組成的宗教團體。至於「宗教基金會」則是指以「錢」
成立基金,以及成立基金的董事會管理基金的使用方向,並向
法院登錄的宗教型組織。

　　這些團體具有「現實性」與「歷史性」的雙重性格。就現
實性而言,國家體制同意人民從事宗教活動,無論在解嚴前
後,它們是台灣地區宗教團體早已存在的型態。就歷史性而
言,國家在解嚴前早就同意部分的宗教團體依「民法」成立宗
教財團法人,或依據相關法律特許宗教社團法人的存在。國家
在解嚴後,無論是「寺院、宮廟、教會」、「宗教社會團體」或
「宗教基金會」的成立要件也隨之鬆綁。再加上人民宗教信仰
自由,及對某一宗教認同程度升高的前提下,願意出錢出力蓋
宗教建築物,或捐款成立宗教基金會的可能性也大幅度增加。
因此,在 1987 年之後,台灣地區這三類的宗教團體就明顯多
於戒嚴時期。

　　國家如何將這三類的宗教團體用同一法制加以規範,這是
宗教主管官署迫切的行政管理作為與需求。國家在〈宗教團體
法草案〉中,對宗教團體的類型規範,乃以既有的三類宗教團

體入法。將之建立宗教法人機制，不受現有管理財團法人，或社團法人的相關法制限制。使寺廟、教會堂過去只有「準法人」地位，而非「法人」地位的尷尬局面得以化解[97]，而擁有比較寬廣的自主空間。（黃慶生，2003：258）

不僅如此，國家採取「任意登記」制度，這三類型的宗教團體可以向國家宗教主管官署自由登記成為宗教法人。如果不登記者，也不妨礙宗教團體在中華民國境內自由宣教的空間。只不過登記為宗教法人後的宗教團體，則擁有宗教法制的各項「特殊利益保障」。

二、法學者對宗教法人類型的批評

法學者對國家介入宗教團體的管理，將宗教團體分為三個類型，而忽略了其它原有存在的「非法」宗教團體，將非法宗教團體視為「非」宗教團體，而用國家法制加以歧視，違反了宗教平等原則與宗教自治原則。

陳惠馨指出，台灣地區的宗教團體除了〈宗教團體法草案〉中的三個類型團體外，尚包括宗教非法人團體以及神壇等類型。在國家未來的宗教法制中，這兩類團體形同非宗教團體，無法享有國家對宗教團體的保障和優惠，國家運用法制獎勵登錄宗教法人的宗教團體，而在懲罰未登錄的宗教團體。（陳惠馨，1998：30-31）為了督促國家平等對待各宗教，她建議給予不同性質的宗教團體取得擁有法人地位的可能，如此才符合國家平等對待各宗教的原則。（陳惠馨，2006：263-266）

---

97 根據黃右昌、史尚寬兩位的見解，認為「監督寺廟條例」未具有法律位階，只有行政命令的效力，因此寺廟無法成為法人型態。（史尚寬，1954：99；黃右昌，1960：174）

　　至於另一法學者許育典，他則從宗教自治的理論來看國家
對宗教團體登錄為宗教法人的規範。他認為這種法制形同「強
迫」國家境內的宗教團體，都要到國家主管機關登記為宗教法
人。不給宗教團體自主的空間，彷彿未登錄的宗教團體就無法
獲得國家保障，而無法享有宗教自由。這是對宗教團體自治權
限的傷害，也是對宗教團體的宗教自由的侵犯。理論上，無論
登錄與否都應擁有國家的宗教自由，以及國家對宗教團體的平
等對待。因此，他建議國家應該尊重宗教團體自治決定是否依
法登錄，而其決定將不影響國家依「憲法」對宗教團體的宗教
自由保障。（許育典，2005a：248-249）

三、國家堅持宗教法人的理由

　　國家堅持將既有的三類宗教團體入法，讓它們有機會向國
家機關登錄成為宗教法人，不理會宗教法學者的批評聲音，最
主要的理由在於：

（一）承認並延續過去國家的宗教行政管理傳統，便於掌握宗教團體資訊

　　儘管國家已經轉型為民主體制，但是宗教主管官署仍然認
為，國家介入宗教團體的管理是合理的作為。國家不應放任台
灣地區宗教團體自由發展，而是在「宗教團體法制」結構下持
續前進。為了掌握宗教團體的資訊，讓宗教團體向國家機關登
錄為宗教法人，運用宗教特殊利益當作「誘餌」，將可吸引大
部分的宗教團體前來國家機關登錄，此時，國家就可以擁有境
內宗教團體的動態資料，也可以對之做合理的引導，發揮宗教
對社會或國家的正向功能。

（二）尊重宗教團體自由登錄，維護宗教團體的宗教自由或特殊利益

國家對宗教團體的登錄採行「自由登錄」制度具有雙重意涵。首先，尊重境內各宗教團體的選擇，要登錄者只要符合國家要求的條件，即可登錄為「寺院、宮廟、教會」法人，全國型或地方型的「宗教社會團體」法人或「宗教基金會」法人。反之，不想登錄者，國家並未用任何機制限制其存在或發展，它仍擁有在台從事宗教活動的各項宗教自由。其次，就宗教團體是否向國家登錄，國家已經不採取威權體制時代的作為，將未登錄者視為「違法宗教」，國家使用「登錄制度」對宗教團體進行全面的掌控。反而國家是鼓勵宗教團體前來登錄，給予宗教團體在「宗教法團體制」下擁有諸多的「特殊利益」。

（三）讓寺廟由準法人的地位，轉型為法人

過去寺廟始終未具「法人」的地位，無法處理寺廟因歷史遺留下來的諸多登記在神明或前輩先人名義下的廟產、土地等問題，造成寺廟發展的諸多困境。如果〈宗教團體法草案〉通過，成立寺廟由「準法人」的地位轉為「法人」身份，過去複雜而無法處理的問題，將可迎刃而解。既符合「圖利」寺廟的便民作為，讓它們得以發展；也帶給宗教主管官署化解諸多管理的困境。

基於這三項理由，國家乃堅持將既存在的「寺院、宮廟、教會」、「宗教社會團體」及「宗教基金會」三個類型的宗教團體入法，讓它們在國家的「宗教團體法制」中取得法人資格。對國家而言，有了一套管理宗教團體的機制；對宗教團體而

言，無論是否向國家機關登錄，皆擁有宣教自由，而登錄者也擁有國家給予的宗教特殊利益保障。

參、國家拒絕宗教領袖對「正教與邪教判定」的建議

　　佛教領袖釋星雲站在維持佛教正統的立場上，在 2006 年呼籲國家應該在宗教法中介入正教、邪教的判定。國家宗教主管官署則謹慎面對此議題，認為這是屬於宗教的「核心自由」範疇，不適合由國家介入，只適宜由不同宗教對自己宗教，或他教的傳統作說明，屬於宗教之間的「自由競爭市場」議題。

一、宗教領袖主張國家介入正、邪教的判定

　　在釋星雲看來，只有少數傳統宗教是「正教」，其餘宗教或新興教派都可能是「邪教」。為了避免邪教的宣教傷害世人，他希望國家未來的「宗教團體法制」中，應該要扼止邪教的違法行為。（釋星雲，2006：74-76；2004：64）他為了使全體國民認識傳統宗教，進一步要求國家在「宗教團體法制」中應該效法先進國家，將宗教教育列為國民必修課程之一，使國民認識正確的宗教，防止邪教興起[98]。

　　釋淨心則認為國家沒有能力區別宗教的正與邪，但是，可以在宗教法規中規範，由傳統宗教判定「正教」或「邪教」。例如：由中國佛教會判定與佛教有關的新興教派，或是由基督教教會判定新興的基督教教派，就可以防止邪教勢力的出現。（釋淨心，2004：104-105）

---

[98] 少數歐洲國家將宗教教育列入國民基本教育，像法國、德國、瑞士、瑞典、荷蘭、奧地利及英國等，公、私立學校都將宗教教育列為孩童必修課程。因此釋星雲主張，我國也應該效法。（釋星雲，2006：49-50）

　　然而，歐洲國家的宗教歷史具有其特殊性，大部分是單一基督宗教的信仰為主軸，因此，適合將基督教的教義納入國家基礎教育中，當作孩童的道德或生活教育的準則。儘管如此也有反例，例如以基督新教為主的美國，就反對將基督教的教義納入國家的教育體制中，在學校教育不得教授「神創論」；在學校公開儀式中，不得由神職人員帶領學生「禱告」；不得在教室中由老師帶領學生唸「祈禱文」。認為上述作為都違反「政教分離」原則，而被美國聯邦司法官宣告違憲。（張家麟，2011：237-274）除了單一宗教的美國拒絕將宗教教義當作學校教育的範疇外；多元宗教的日本也嚴守政教分離原則，國家教育不得將神道教的精神納入教育體制中。從這些比較論述來看，我國屬於多元宗教信仰的國家，釋星雲將歐洲國家單一宗教列為國家教育的經驗，是否適合全盤移植到台灣，值得商榷。

二、國家擱置宗教領袖的正、邪教判定主張

　　儘管佛教領袖希望國家介入正、邪教的判定，但是，未來台灣「宗教團體法制」對此議題完全擱置不論。主要理由如下：

（一）正統（orthodoxy）與異端（heterodox）是過去宗教衝突的根源

　　從歷史中的宗教競爭來看經常可發現，古老的既存宗教視自己為正統宗教；新興的教派如果從古老宗教中分裂而來，則經常被視為異端宗教。當政教合一的政權，掌權者容易介入正統與異端宗教的判定。中、外歷史上，宗教運用政治壓迫新興宗教，或政治為了取得宗教的支持，換得合法統治的效果，也容易聯手傳統宗教，壓制新興宗教。

　　過去許多被國家當局視為邪教的新教派，像是羅馬帝國曾

宣告基督教為非法邪教；天主教宗曾宣稱馬丁路德、喀爾文改革宗為邪教；中國過去的君主專制王朝曾經宣告佛教為邪教；日本幕府政府曾經宣告天理教為邪教；國民黨政府也曾經宣告一貫道為邪教；中國政權至今只承認五大宗教合法，其餘宗教為邪教。然而，歷史證明宗教的發展可能遠比政權來得久遠，當初宣告這些宗教為邪教的政權，許多已經結束他們的統治，而宗教仍然存在信仰者的心中。

美國從英國獨立出來的主要原因之一，在第一批移民搭乘的五月花號船上，對神的誓約（compact），他們就期待未來建立的共和國，是沒有宗教壓迫或沒有運用政治壓迫宗教的新國度。在制訂美國憲法時，就將這項理念轉化為憲法修正案第一條，建構「政教分離之牆」的原則。而美國憲法是全世界成文憲法國家的原型，政教分離之牆的理念也會影響全球，我國宗教主管官員或大法官會議解釋都認同這項原則。

（二）宗教教義的爭議屬於宗教核心自由範疇

民政司司長黃麗馨指出，宗教核心自由是屬於宗教團體完全的自由，國家不得介入，尊重各宗教團體的教義、思想、傳承、經典、歷史，尤其在宗教思想層面，各宗教對自己教義的解釋，國家基於法律上的宗教平等原則及明確性原則，與「憲法」上的宗教自由原則，給予高度尊重。（黃麗馨，2008：75-80）

在這些原則下，我國目前只有「新宗教申請案」的教派認定政策，在此政策執行下，國家對境內的各教派持平等尊重的態度，願意向國家申請登錄的新宗教，國家皆依行政作為給予核可或拒絕。至於，被拒絕的新教派也不會被認為是「邪教」，它仍可以在台灣自由傳教，只是其規模未達國家所認可的「宗

教標準」。因此，宗教主管官署也不會對各宗教判定誰為正統
或誰為異端宗教。

（三）宗教自由競爭市場

此外在憲政民主國家，「憲法」直接保障人民的創立新宗
教的自由。新宗教運動在 20 世紀初葉的美國、歐洲、日本以
及 1990 年後的台灣，它成為嶄新且活潑的宗教現象，與傳統
宗教的競爭相當激烈。

由於在「憲法」給予人民創立新宗教的「結構」保障，只
有在憲政民主國家，人民擁有此自由。因此，許多新宗教從傳
統宗教分裂而來；或從傳統宗教擷取養分，重新包裝成為新的
教派；或是出現「領袖獨魅」（charisma）的教主，而開創了
新的教派[99]。對傳統宗教而言，這些新宗教形成宗教的「亂
象」，然而從宗教自由而言，這些新宗教是可以合法存在於傳
統宗教自由競爭廣大的宗教市場。（張家麟，2009：1-66）

---

[99] 新宗教的起源，可以從下列幾個理論理解：1.社會變遷論：當傳統社會過度到
現代社會，容易產生偏差或失序，而新宗教的出現可以提供現代社會所需求的
價值，來取代傳統社會的宗教價值。（李亦園，1984）2.社會需求論：當現代
社會對傳統宗教提供的養份不能滿足時，可能會求助於新宗教的種種宗教活
動。（宋光宇，1998：68-70）3.合緣共振：教主、信徒及社會三者互動後，因
為教主擁有領袖獨魅，提供了信徒與社會的需求或心理滿足。（鄭志明，1999：
176-189）4.「宗教世俗化」（religion secularization）理論：當傳統宗教的權威
下降，教育影響力降低，信徒減少，捐獻萎縮，它無法站在指導人民的高度，
此時，新興宗教就有可能在此缺口中出現填補，提供新的理念給人民選擇。（董
芳苑，1983；吳寧遠，1996：259-265）5.宗教市場論：新宗教像是市場中的新
產品，在宗教自由市場中，它和傳統宗教相互競爭，它運用「嵌入社會」的方
式，積極滲入社會文化結構中，來從事宗教服務，進行有效的宗教行銷和組織
發展。（林本炫，1993：279）6.靈驗悸動論：新宗教能夠在現代社會開展，和
它的教義實踐、修行得到信徒身心靈的認同有密切關連，認為帶給信徒「靈
驗」、「悸動」的強烈感受。（瞿海源，1993：397）

　　當我國解除戒嚴後，同意新興宗教在台灣生存發展，可以和傳統宗教於台灣宗教市場中自由競爭。國家再也不判定正統宗教或異端宗教，台灣已經成為全世界或本土新興宗教宣教的「自由樂土」。在國家朝向憲政民主轉型的結構後，新興宗教的自由直接受憲政中的宗教自由保障，國家尊重境內的上千個事實存在的新宗教。因此「宗教事務諮詢委員會」的六人小組，對國家是否介入正教、邪教判定完全不提，原有內政部民政司的主管官署版本，也沒有任何法規規範「邪教」的內涵及懲處。

　　在「制度性宗教」的領袖看來，新興宗教的作為可能與傳統宗教大相逕庭。以傳統宗教評估新興宗教，就可能發出新興宗教會傷害社會的警語，而判定他們為邪教。但是，從宗教競爭與發展的角度來看，當前傳統宗教都是從過去的「新興宗教」逐漸發展而來，成為當今世界主要宗教。由此推論，經歷過歷史的淬鍊與淘汰後的部分新興宗教，在未來極可能成為世界主要宗教之一。國家宗教主管官署在理解宗教包容與競爭的歷史規則後，提供一套宗教自由的法制結構，讓新興宗教與傳統宗教都可在台灣社會競逐，讓台灣變成自由的宗教市場，讓台灣人民可以在多元宗教中自由選擇。

肆、國家擱置宗教領袖「恢復全國宗教團體組織」的呼籲

　　部分天主教、基督教、道教與佛教的宗教領袖認為，〈宗教團體法草案〉容許各宗教中的次級團體向國家申請登記為宗教法人，將促使該宗教無法管理其次級團體。甚至也有部分宗教領袖要求將「中央教會制度」入法，讓他們可以管理其次級團體。然而，國家卻持既定立場，讓各宗教中的各類團體都可

向國家提出申請。至於各宗教是否成為全國宗教組織，尊重各宗教的內部作為。

一、宗教領袖期待「中央教會」組織

天主教台中教區主教王愈榮認為，〈宗教團體法草案〉對天主教會將產生重大困難。根據法案內容，天主教會可以成立不同的宗教社會團體、宗教基金會或教堂，每一個天主教的教堂都可以單獨跟國家登記，將打亂天主教原有的階級系統，嚴重違反宗教自主政教分離的原則。（王愈榮，2004：153-155）

在全球天主教會的立場看來，它是最嚴謹的「制度性」宗教之一。（C.K. Yang, 1961：294-295）全世界各地區的天主教會皆隸屬於羅馬梵蒂岡，台灣地區的天主教自不例外。而且台灣地區的天主教只有一個系統，其最高領袖為中華民國樞機主教，在其下面有不少教區的主教，在教區下有不少的天主教會，每一教會由神父來負責。在此系統中層級（hierarchy）分明，由上層指揮中層，再由中層指揮下層，是一個標準的完整體系，也構成一個完整的團體。如果根據台灣的宗教團體登記辦法，將可能打亂天主教原有的系統，讓天主教會在台灣的法制結構下分崩離析。

與天主教會領袖的主張雷同的有基督教長老教會，以及道教領袖張檉、佛教領袖釋淨心。台灣基督長老教會聯合台灣地區 15 個基督宗教各教派，提出共同意見：「教會以總會為代表，不宜以地方教會單獨設立宗教法人」[100]。佛、道兩教的領

---

[100] 1999 年 2 月 26 日台灣基督教會合作協會召集天主教、台灣基督長老教會等，基督宗教教派發表「基督宗教各教派對〈宗教團體法〉之共同意見」，提出「將宗教團體名稱訂名為宗教法人，不宜以『財團法人』為名」、「教會以總會為

袖，也強烈建議國家應該在〈宗教團體法草案〉中規定「中央教會制度」，讓各宗教擁有中央教會，在各地區有地方教會，在地方教會下有小教會，形成一個完整的教會系統，避免打亂原有的中央教會，其對中下層教會的隸屬及領導關係。（釋淨心，2006：180）道教領袖張檉則接受台北市政府民政局的邀約，在宗教諮詢會議上主張，道教應該要有完整的中央教會制度，才不會出現多元且複雜的多個全國型的道教團體。（張檉，2011.7.15：5）

二、國家反對為宗教團體建立中央教會

對台灣的佛、道教團體而言，在威權時代他們皆在國家保護傘下，成立全國型階層組織的宗教團體作為。當時，國民黨政府要求台灣地區所有的具「儒、釋、道」三教融合（religious syncretism）本質的民間信仰廟宇[101]，必需選擇加入佛教或道教團體，便於黨國體制對宗教的管理。但是當國家體制轉型之後，許多寺廟團體脫離原有國民黨掌控的中華民國佛、道教

代表，不宜以地方教會單獨設立宗教法人」、「宗教法人的董、監事應尊重各宗教團體的體制與內部規定，得不適用由現任財團法人董事選任下任董事之規定」，其它尚包含神學院文教用地編定、教會財產轉移與稅捐減免等主張。（林本炫，2004：220-221）

101　台灣地區民間信仰的廟宇，信仰本質屬於「儒釋道」三教融合，不是純粹的佛教或道教，但是國民黨政府並不承認「民間信仰」，反而要求這些廟宇選擇加入佛教或道教團體。解除戒嚴後，國家也不承認民間信仰，它只是事實存在，而非法理存在的宗教。學界為了貼近真實，於「台灣社會變遷趨勢」調查中，用問卷調查詢問信徒，「信仰那些神祇？」、「念那些經典？」、「有沒有殺豬公？」等問題；而非只問信徒「自我認同那一宗教？」的問題，呈現出台灣地區約有 46.2%的信徒，是本地最重要的華人民間信仰主流宗教。（瞿海源，2002：43-47）

會，或是脫離台灣省佛、道教會，亦或是脫離各縣市佛、道教會，造成既有的中華民國佛教及道教團體組織的崩解。這些寺廟不再繳規費給上級教會，上級教會沒有任何的直屬寺廟時，形同上級組織空洞化，也就無法運作。過去中華民國佛、道教會是在國民黨政權下建構起來；國家民主化之後就把這項權利交還給各個寺廟，讓他們自由選擇加入或退出原有的佛教或道教組織。因此，過去具強有力中央教會性質的中華民國全國佛教、道教會組織，在國家體制轉型之後顯得相對贏弱。

　　佛、道教領袖目睹這樣的轉型，他們想藉由修訂〈宗教團體法草案〉，恢復過去的龐大組織，再次擁有豐沛的寺廟人力資源與財務基礎；然而，現在的民間信仰廟宇自主性格甚強，在「人民團體法」的法制結構下經常自由的結社，成立單一神祇聯誼會，或不同目的的宗教社團組織。以全國佛、道教為名的宗教組織，佛教財團法人基金會就有 25 個之多；道教財團法人則有 4 個。他們與傳統的中華民國佛、道教會相比較，是屬於具實際權力與信徒資源的組織，遠勝過威權時期政府所承認的傳統佛、道教組織。（附錄 8）

伍、國家拒絕宗教領袖「規範神職人員資格」的要求

　　部分佛教團體領袖期待國家對宗教管理範圍擴大，希望國家訂定嚴格的宗教法制，規範各宗教團體內部的神聖活動，包含各宗教領袖只能由宗教神職人員傳承，國家應規範神職人員及宗教士的資格。然而，國家站在宗教團體神聖活動為核心自由，宗教團體擁有高度的自主性，國家不能隨便跨越或涉入此界限，因而拒絕宗教團體領袖的要求。

一、宗教領袖主張神職人員資格法制化

在釋星雲看來，國家應該明訂寺廟、教會場所的領袖及信徒條件，只有神職人員與信徒的宗教人士的資格，才能在宗教團體中扮演主導的角色。其中，宗教領袖唯有神職人員有資格擔任。神職人員的條件應該具備宗教學校的畢業證書，或教會的證明文件，並且擔任寺廟、教會主管人的資格，應有宗教研修 3 年以上的學歷證明，或該宗教教會團體、或參與 30 年以上長老三人的認證。（釋星雲，2004：63-65）至於一般寺廟、教會的信徒，可稱為「宗教士」，國家也應該規範他們至少居住在寺廟、教堂 3 年以上，才能稱為「教徒」或「護法」。而只有宗教士才能參與該宗教信徒大會，以及成為寺廟、教會的合法信徒。（釋星雲，2004：63）

在釋星雲看來〈宗教團體法草案〉並未規定「神職人員」（寺院住持）及「宗教士」（信徒）的資格認定，導致台灣寺廟、教會領導人，由非專業的宗教人士在管理部分道場，由非出家眾自任住持自行創教的荒謬現象，社會也就充斥著諸多「邪教」。他從佛教傳統《百丈叢林清規證義記》及《禪苑清規》對住持的要求來看，寺廟叢林的住持皆有任期制度，而且由有德有聲望者擔任。國家放任非神職人員來主導宗教的結果，促使台灣地區的宗教團體無法正向發展。因此，他建議國家未來訂定宗教法時，納入神職人員及宗教士的資格認定，才可使宗教導向正途。當各行各業都有專業取向，宗教也應該專業化，只有讓具專業素養的宗教士管理寺廟、教堂及聚會所，扮演宣揚教義、傳佈真理、教化社會及引人向善的角色，宗教亂象才能稍微終止。（釋星雲，2006：69-72）

如果釋星雲的主張成為國家訂定「宗教團體法制」的主要

依據，將對台灣民間信仰的寺廟生態，造成重大衝擊。因為釋星雲的看法只適合基督教、天主教、佛教、道教等「制度性宗教」，不適合具「擴散型宗教」性質的台灣民間信仰的寺廟。當國家要求各宗教團體場所都需要有專業的「神職人員」駐在寺廟、教會，將使台灣地區華人民間信仰的寺廟成為擁有神職人員宗教的「禁臠」；或淪為「非法宗教」。

二、國家尊重各宗教神職人員的培育

國家站在平等對待各宗教的立場，立法應該考量兼顧制度性與擴散型宗教，不得訂定法律讓某一類的宗教陷入非法。長期以來，華人民間信仰就屬非制度性的宗教，沒有類型西方宗教的神學院、伊斯蘭學院制度，也沒有東方宗教佛學院、道學院培養神職人員的傳統。寺廟傳承與管理不一定依靠神職人員，而是自己擁有一套異於制度性宗教的寺廟管理制度。他們可能擁有非學院式的鸞手、乩童、法師、「先生嬤」等神職人員，駐廟為信徒服務，與此並行的是鄉紳階級、地方派系、地方領袖等人士，在廟中擔任管理階層。這兩類人都不是釋星雲所認定的神職人員。

倘若國家認定這些民間信仰的神職人員資格有問題，形同國家高度介入的民間信仰神職人員的傳承，變成國家機器運用「宗教團體法制」打擊既有的民間信仰傳統，而可能強迫他們聘請佛、道教的法師或道長駐廟，助長佛、道兩教的勢力，進而壓制既有的華人民間信仰。

由於國家涉入宗教人士資格的認定，可能違反「憲法」規範的「宗教平等原則」。因此〈宗教團體法草案〉草擬之際，內政部民政司「宗教事務諮詢委員會」的六人小組就認為，國

家不宜介入宗教神聖活動。在他們看來，這些神聖活動包含各宗教的神職人員養成，各宗教的領袖傳承，國家都應該尊重他們內部的自治權限，而不能跨越這條紅線。（林本炫，2005：46-49）

　　釋星雲希望國家介入宗教人士資格的另外一項理由是，我國政治規範宗教的歷史傳統。從歷代的宗教法令來看，隋唐以來，幾乎每個朝代都大幅度的介入宗教活動，包括訂定「僧官」、「僧尼犯法根據戒律來議處」、「試經剃度」制度等，國家利用公帑供養僧官，為僧官訂定不同的階級與俸祿，僧官的考核比照考試制度來篩選，僧尼犯法不用國家世俗法律，而採用宗教的戒律。（釋星雲，2004：11-36）

　　釋星雲這種主張並未得到國家的認同，主要原因在於當前中華民國管轄下的台灣，處於多元宗教的現象，不太可能回到過去君主專制王朝的傳統，由國家編列預算，提供俸祿給各宗教組織及組織中的宗教人士，明顯違反「政教分離」的原則[102]。這也造成國家運用「宗教團體法制」及經濟利益掌控各宗教團體的可能；國家可以運用提供俸祿掌握宗教組織中的人事權，進而從人士權中篩選配合國家政策的宗教人士擔任宗教領袖，使該宗教成為國家卵翼下的外圍團體。

　　此外，「宗教團體法制」將各宗教團體納入國家公務體系當中，宗教團體中神職人員變成國家公務人員。形同國家擴張

---

[102] 目前全世界各國，只有德國（張永明，2005：73-74）、中國（張家麟，2008：253-300）等少數國家，以國家名義聘任神職人員，在國家的宗教政策中，編列預算、訂定宗教神職人員職級，核撥薪水給宗教人士。大部分民主國家都採政教分離原則，宗教人士的收入，由信徒供養，或由宗教團體核撥，與國家預算無關。

權力到各宗教團體中，無論是宗教團體的內部組織、人事運作、宗教活動、宗教財務等自治權利，皆受國家某種程度的干涉。因此，儘管釋星雲為佛教界的重量級領袖，他對〈宗教團體法草案〉提出諸多建議；但是，國家在不干涉宗教神聖事務的原則下，完全擱置其主張。

陸、國家拒絕宗教領袖或學者「停止管理宗教團體財務」的要求

宗教界人士反對〈宗教團體法草案〉的另一項理由是，國家要求宗教團體呈報財務報表給主管機關核備或審核，造成寺廟中法師的恐慌，而對國家施壓抗議。然而，國家依照過去管理宗教團體的傳統，仍將此項規定入法，不理會佛教或基督教團體的抗議。

一、部分宗教團體領袖及宗教學者對「財務透明化」的反彈

對國家要求宗教團體財務透明化的主張，佛教與天主教的反彈聲浪較為顯著。其中，佛教團體認為〈宗教團體法草案〉中規定，寺廟必須採用「商業會計法報帳，而且還需要會計師簽證」。（林蓉芝，2006：42）另一佛教領袖發表聲明，認為這是部分佛教法師，故意錯誤解讀〈宗教團體法草案〉的規定，擴大詮釋原本要求寺廟的財務報表只用「流水帳」的簡單規定，變成繁複的「會計師簽證」，而得多付出一筆高額的會計師費用。（釋淨心，2006：169）中台禪寺的《靈泉月刊》指出，根據〈宗教團體法草案〉規定，宗教團體依會計制採現金收付制，應設置帳簿，記錄有關會計事項的要求，將原本高風亮節的社會精神導師，淪為銅臭味十足的「商業和尚」。（劉昌崙，

2001.8；林蓉芝，2003：5）

　　2009 年立法院召開〈宗教團體法草案〉公聽會，佛教與天主教代表皆表達對該草案中，要求宗教團體公開財務的反對聲音。中台禪寺代表認為，國家要求宗教團體財務透明化，將妨礙宗教團體自主權限，宗教團體的財務只對信眾負責，而無需對國家負責。天主教的代表則認為，天主教會的財務對梵蒂岡負責的歷史淵遠留長，而不需要對國家負責。（2009，立法院公聽會記錄）

　　除了公聽會上的反對聲浪，佛教團體也動員法師和信徒，向宗教主管官署內政部施壓。內政部民政司於 2009 年 12 月 18 日假台北縣板橋市「台北萬華龍山寺會館」，召開「宗教自由與宗教立法」論壇時，現場就有不少佛教法師與信徒舉牌抗議，認為國家宗教主管官署的〈宗教團體法草案〉干涉過多，侵犯佛教團體的財務自主權限。

　　除了宗教團體的反對聲音外，也有法學者站在「宗教自治權限」（Autonomie der Religion）的憲法理論，認為國家〈宗教團體法草案〉要求宗教團體財務透明化的主張，已經逾越了憲政保護人民宗教人權的原則。

　　法學者認為，「宗教自治」是指宗教信徒能夠在自由組成宗教團體後，不受國家干涉自行決定宗教內部一切事務。宗教團體依據自己的教義，決定團體的組織架構、人事、教務推動、資金與事業的經營。國家應該尊重宗教團體的自由決定。而這些作為都是屬於宗教團體內部行政的自治權利，比照地方自治團體或大學，擁有「自治行政權」（Eigene Verwaltung），國家如果用法律干涉宗教內部事務運作，就有違憲之虞。（陳新民，2006：293）

　　在此概念下，宗教團體的財務自主乃屬該團體內部自治行
政權的事務，國家理應尊重，而不應該介入宗教團體財務透明
化的要求。類似的看法，尚有來自其他法學者，認為「憲法」
中保障宗教團體的「自治行政權」，即是國家尊重宗教團體的
「自我決定權」（Selbstbestimmungsrecht）。此權限包括宗教團
體的「組織自治」、「人事自治」、「財政自治」、「規章自治」等
權限。其中，宗教團體的財政自治是指宗教團體對於自身財產
擁有處分收益的權限，可將信徒捐獻的財產，自主運用於宗教
事務上，不受國家干涉。也是國家憲政架構下的宗教人權，理
應得到國家保護。（許育典，2006b：192-194）

　　他進一步批判國家〈宗教團體法草案〉的基本立場違憲。
指涉國家監督境內所有宗教團體的財產狀況，違反了「憲法」
中的宗教自治與宗教中立原則，直接傷害人民宗教自由。在他
看來只有宗教團體擴張到「甚大的」規模，具備一定的條件前
提下，宗教團體的財務才需要受到國家的監督。（許育典、周
敬凡，2006.4：69-118）

　　另一法學者，從大法官第 573 號解釋文，宣告「監督寺廟
條例」違憲的角度，分析國家管制宗教團體的財務，可能違反
憲法宗教人權。臚列出國家介入宗教團體財務，違憲的三項理
由：

1. 未顧及宗教組織的自主性，內部管理機制的差異性及宗
   教傳佈目的所為財產經營的需要，國家對該等寺廟的宗
   教組織自主權、財產處分權的限制，妨礙「宗教自由」。
2. 對特定宗教組織財產處分採行事前許可管制，與「憲法」
   保障人民權利抵觸。
3. 該條例規範對象僅適用部分宗教，違反「憲法」國家對

宗教的「中立原則」與「平等原則」。（陳惠馨，2006：263-266）

這些法學者從憲法學的原理原則論述，國家不得介入宗教團體的財務自主權限。然而，也有不同的法學者持異議。認為宗教團體享有國家的特許權限，就應該對社會、信徒大眾負責，國家站在社會、信徒大眾的公益立場，乃有必要要求宗教團體財務透明化。

二、部分宗教學者及宗教團體領袖支持國家「財務透明化」

同樣論述「憲法」中的宗教人權認為，國家應該尊重宗教團體的自治權限，有陳新民、許育典、周敬凡與陳惠馨等人。他們主張自治權限應該得到完全保障；而張永明卻主張該權限並非完全放任自由。在他看來，宗教團體財產管理的自治權限，是否應該全盤抄襲德國威瑪憲法第 137 條第 3 項規定為教會內部事務，完全享有憲法自治權的保障。或是我國宗教團體財產來源的性質異於德國，不應迴避社會義務，其財產非「天賦人權」，而是取之於社會大眾，得承擔社會公益的責任[103]。因此，宗教團體對其財產的支配並非絕對自由，只是「憲法」保障下的有限度的自由權。國家應該給予宗教團體的財產監督，宗教團體也要承擔「宗教性負擔」的社會責任，對社會大眾有「回饋的義務」。宗教團體如果要財產自治，要以自律為前提，國家站在人民立場，為了維護公共利益，給予合理、最低限度的監督乃屬必要的責任。（張永明，2005：72-80）

儘管佛教、天主教團體領袖有法學者「宗教自治權」憲法

---

[103] 許慶雄（2001），《憲法入門》，頁 127；晏揚清（2011），《中華民國憲法》，頁 115；法治斌、董保城（2011），《憲法新論》，頁 256。

理論支持，但是，國家也引用部分法學者認為宗教團體財務具有台灣的特殊性與德國分殊，不應引用德國宗教自治權的理論，當作〈宗教團體法草案〉對寺廟、教堂聚會所、宗教社團法人與宗教財團財務規範。相反地，國家草擬的〈宗教團體法草案〉第 22 條、第 23 條，堅持「寺院、宮廟、教會」、「宗教社團法人」、「宗教基金會」都必須依本法向主管機關呈報財務報表。這種作為與過去無異，後兩者法人根據「人民團體法」、「民法」或「財團法人法」的法規規定，國家要求宗教團體依會計基礎採「權責發生制」（年度預算報表），呈報財務報表。「寺院、宮廟、教會」登記為國家認可的團體時，它們比照「監督寺廟條例」的規定，採「現金收付制」（現金流水帳記錄）向主管機關核備。

三、國家堅持「財務透明化」

國家對宗教團體的財務報表要求並不高，只是傳承過去對宗教團體財務管理的作為。但是，被部分佛教界人士以訛傳訛，誤以為國家要求甚多，讓他們的財務完全攤在陽光下，增加他們花時間製作財務報表。甚至誤以為必須請會計師作帳，耗費寺廟的開支。在上述這些不實的誤解與傳聞，乃群起反對此法，導致每當〈宗教團體法草案〉送交立法院討論、舉辦本法公聽會或學術座談會時，都有佛教界人士集體抗爭；對國家形成某種壓力。然而，國家基於權利與義務相對等的概念，堅持「寺院、宮廟、教會」、「宗教社團法人」與「宗教基金會」都應該依法呈報財務報表，未呈報者國家可以依法停止其宗教法人的特殊利益。

雖然有學者認為國家訂定〈宗教團體法草案〉，已經侵犯

到「憲法」對宗教團體的「自我決定權」
（Selbastbestimmungsrecht）的保障，此權利是指宗教團體可
以自主決定其內部事務及人事，不受國家與地方政的干涉。（陳
新民，2006：283）依此道理，國家理所當然不應該干涉宗教
團體的財務收入或支出項目，尊重其過去的財務自主的傳統。
但是國家並不接受此論述，而是依照過去台灣既有的相關法制
要求宗教社團法人與宗教基金會，依法製作及呈報財務報表；
如今「宗教團體法制」的建構，則增加在一定規模以上的「寺
院、宮廟、教會」也應該「簡單」呈報[104]。

內政部民政司「宗教事務諮詢委員會」的釋淨心長老及中
華佛寺協會林蓉芝秘書長，他們就支持國家的立場，認為國家
對宗教團體的「寺院、宮廟、教會」的財務申報制度要求並不
高，佛教界人士不應該再持反對立場。（釋淨心，2006：169；
林蓉之，2006：49）

筆者以為，國家未來的「宗教團體法制」立法過程，佛教
界人士可能持續抗爭；但是，此抗爭並無法引起過多的壓力，
因為〈宗教團體法草案〉只是傳承過去「人民團體法」及「財
團法人法」的規定，至於「寺院、宮廟、教會」依法呈報財務
報表，也符合享有國家給予的宗教特殊利益之後，應對國家社
會盡公開財務的責任。

---

104 根據張永明的建議：政府要求宗教團體財務公開及依法呈報宗教主管官署，是
符合宗教自由相對保障原則。因為宗教團體已經相享有租稅優惠與租稅減
免，因此，宗教團體就必須將其財務資訊向信眾公開，甚至得向國家機關繳
交相關財務報表資料。不僅如此，為確保宗教團體的財務資料正確性，應該
引進會計師的專業審查和簽證制度，才能保障國家給予宗教團體租稅優惠，
又相對要求宗教團體承擔公共責任的宗教中立原則。（張永明，2006：95-120）

柒、國家拒絕宗教領袖「宗教人士違法，依內規處理」的要求

宗教界人士對〈宗教團體法草案〉持異議的理由，包括宗教人士違法應接受國家法律制裁，他們認為這種作為違反宗教傳統。然而，國家規劃的〈宗教團體法草案〉並未同意這項立場；反而要求宗教人士違法，除了承擔法律上的責任外，還要負擔宗教法規所賦予的額外懲罰。

一、宗教團體領袖認為宗教人士違法，依內規處理

部分佛教界人士認為〈宗教團體法草案〉中，要求宗教團體神職人員違法，必須依法承擔處分，尚被連坐處分。以為「徒弟犯法，師父有罪」把〈宗教團體法草案〉視為「惡法」，極力反對。（釋淨心，2006：169-170）

另一佛教界大老釋星雲，他則從佛教、道教、天主教、基督教、回教等各大宗教要求信徒持守的法規戒條，提出各宗教人士犯罪應回歸宗教界的懲罰。佛教法師或信徒有過，也應遵守「僧事僧決」的傳統。他以中國傳統歷史為例，北魏文帝頒令僧尼犯法應根據戒律而非世俗法律；隋文帝也主張「僧事僧決」；唐太宗頒發〈僧尼令〉；僧人除了殺人放火、判國等嚴重的罪行外，才會送交國家世俗法令審判，不然一般的罪行，皆由佛門處理。（釋星雲，2004：12-17）

佛教界人士認為僧尼嚴守的戒律，遠比世俗法律森嚴。因為一般的法律只是要求「行為」符合常規；而戒律則要求出家的僧尼應該從「心」反省其罪行。因此，佛教為維護僧團的清淨，自有一套簡單又公正的佛門法規，就是〈羯磨法〉的「僧事僧決」。（釋星雲，2006：73-74）

　　佛教界人士以為「徒弟犯法，師父有罪」的看法，事實上是對〈宗教團體法草案〉的誤解，他們錯誤解讀該法的內容。依照現行中華民國的法律，不可能當事人犯罪而讓他人承擔；在〈宗教團體法草案〉的規範更不可能逾越此原則。至於釋星雲的主張，也不太符合法律之前人人平等的原則。國家基於此原則，當然會將僧尼與一般凡人平等看待。相反地，在〈宗教團體法草案〉中對宗教團體的違法行為，要求比一般非宗教人士高，因為他們管理的財產來自於社會大眾，就得承擔社會給予更高的道德標準。

二、國家調整宗教人士犯法處罰的規定

　　國家為了化解佛教界普遍認為「徒弟犯法，師父有罪」的疑慮，行政院版的〈宗教團體法草案〉送交立法院內政委員會審核時即稍作修訂。

　　原本行政院版的〈宗教團體法草案〉第 30 條：

　　「宗教法人之宗教活動，有涉及詐欺、恐嚇、賭博、暴力、妨害風化或性自主犯罪行為者，除依相關法律規定處罰外，主管機關得限期令其改善；屆期仍不改善者，按其情節輕重，為下列之處分：一、解除法人代表、董事、理事、監事或監察人之職務。二、廢止其登記或設立許可。主管機關為前項之處分，有遴選宗教界代表及學者、專家處理宗教事務者，應徵詢其意見。非有三分之二以上之成員出席及出席成員三分之二以上之同意時，主管機關不得為前項之處分。」

　　在送交立法院內政委員會一讀通過後，改為第 31 條：

　　「宗教法人之代表、管理組織或監察組織成員於辦理宗教活動，有涉及詐欺、恐嚇、賭博、暴力、妨害風化或妨害性自

主犯罪行為，經司法機關判刑確定者，得按其情節輕重，由主
管機關解除其職務。」

　　從這些改變可以看出幾項意涵：

1. 國家對宗教法人的違法行為，原本採取懲罰宗教團體的
　原則；現在則調整為懲罰團體「負責人」。
2. 國家堅決主張宗教團體人士犯法應該承擔責任，且負擔
　較高的道德責任。
3. 宗教人士犯法，依目前現行各種法律審判；而非依宗教
　的戒律審判。
4. 先前〈宗教團體法草案〉為「行政裁量」違法的宗教人
　士及團體；修正之後，改為「司法審判」後定罪的宗教
　人士，再交由宗教主管官署解除其在宗教團體中的職
　務。
5. 取消宗教主管官署對原有宗教法人廢止登記或設立許
　可的行政裁量權。

　　客觀而論，佛教界人士對此法的抗議完全背離法制原則，
他們不清楚現行法律的「罪行主義」法定原則，曲解宗教人士
犯法由其師父承擔，而進行不當的抗議。行政院的版本固然較
為冗長，但不失為權利與責任相對等的規範，只不過行政裁量
權稍重。立法院內政委員會修訂的版本，依然採取犯罪者必須
承擔處罰的原則，但是為了慎重其事，避免行政機關錯判，乃
修訂為司法審判後，行政機關才可解除宗教人士的職務，而未
採取懲罰「宗教團體」的作為，展現出犯罪者必需單獨承擔其
罪行，團體本身無罪。從此呈現國家對宗教人士犯法必需依法
審判的基本立場，停止國家對宗教團體中的領袖犯罪而懲罰其
團體。也未因佛教界人士提出「僧事僧決」的傳統，而退縮國

家原本的立場。

第三節　國家有條件或全部接受宗教領袖及學者的主張

　　國家與宗教團體對〈宗教團體法草案〉立法的角力過程，國家站在主導的角色，宗教團體則是被動回應的角色。然而，國家並未完全否定宗教團體的主張，它對宗教團體的呼籲，表達國家官僚機制的意向，有時會部分接納；也有可能全盤接納宗教界的建議。

　　例如台灣地區長久以來存在的「宗教團體附屬的納骨塔、火化設施」，「宗教團體侵占國有地」，「宗教團體設立宗教教義研修機構」及「宗教團體於都市大樓設立道場」等問題。在傳統法規標準下，宗教團體已經陷入違法的處境[105]。國家如果不透過政策或立法處理，以務實的態度提出解決的方案，將迫使宗教團體大量的違法存在事實。因此，宗教主管官署代表國家，乃思考將這些問題納入〈宗教團體法草案〉，一方面考量並尊重宗教團體在台灣社會的發展與需求；另一方面，則思考運用國家公權力，訂定法律協助宗教團體解套。

---

105 六人小組在第一次會議中就討論，宗教界面臨的問題可以透過行政措施的鬆綁而解決。然而，有些問題如土地增值稅、佛、道教都市道場、納骨塔等，則需要另外為宗教團體訂定具特別法效果的〈宗教團體法草案〉，賦予解決這類問題的法律依據。（林本炫，2002：224）事實上，除了六人小組提出的問題外，尚有宗教團體侵占國有地、宗教團體設立宗教教義研修機構等問題，都需要由主管官署另訂新法，協助宗教團體的解套。

壹、國家有條件接受「宗教團體附設納骨塔、火化設施」

一、國家停止宗教團體新設納骨塔、火化設施

宗教團體附設納骨塔、火化設施的議題具有時間的急迫性，需要國家立法解套。原來國家曾經推動火化政策，鼓勵百姓以火葬取代土葬，也鼓勵傳統宗教團體，設立納骨塔或火化設施，作為國家火化政策的配套措施。然而事過境遷，民間業者投入納骨塔與火化設施，形成新興的殯葬產業。[106]國家在此產業發展過程中，得維持殯葬管理秩序，乃於 2002 年 7 月 17 日發布「殯葬管理條例」，要求傳統宗教團體在未來與殯葬產業平等競爭，宗教團體的納骨塔與火化設施，再也不是國家特許的宗教團體附屬事業。

影響宗教團體附設納骨塔、火化設施最深的條款為「殯葬管理條例」第 72 條，該法條要求：

「在本條例施行前，寺廟或非營利法人設立 5 年以上的公、私立墓園、骨灰（骸）存放設施得繼續使用。但應於 2 年內符合本條例的規定」。

此法條形同將宗教團體在 5 年以內設立的納骨塔或火化設施視為違建。超過 5 年以上，才能合法存在。而且地方政府根據此法條，要求各宗教團體在 2004 年 7 月 18 日屆滿前，不得接受民眾存放骨灰（骸）。導致佛教團體跳腳，認為地方政府執行此法，形同逼迫佛教團體放棄既有的納骨塔、火化設

---

106 由於殯葬產業具龐大商機，根據估計，每年死亡人口約 38 萬人，每人喪葬費用約新台幣 36 萬元，年殯葬產業值約 1400 億元，吸引傳統殯葬業者轉型，投入現代化經營，也吸引資本家投資，成立殯葬產業集團。（陳歆怡，2011.9：86）

施。（林蓉芝，2006：50）

　　當此法通過後，對宗教團體傷害甚深，儘管有「落日條款」，過去既有的宗教團體附設納骨塔、火化設施超過 5 年以上者，國家皆承認其合法存在。但是，本法也要求宗教團體再也不能片面享有國家給予的特殊利益，它必需和殯葬產業集團「公平競爭」，本屬宗教性質的殯葬活動變成商業活動。

二、宗教團體、殯葬業者競逐殯葬利益

　　經營納骨塔、火化設施最多的宗教團體則屬佛教。佛教界人士對「殯葬管理條例」反彈甚深。認為國家政策朝令夕改，需要佛教界支持時，下公文委請佛教團體廣設納骨塔與火化設施；在殯葬產業形成後，國家接受殯葬業者的壓力，將納骨塔與火化設施視為「商品」，要求宗教團體不得再享有國家給予此項目的免稅特殊利益。

　　佛教界領袖認為，傳統佛教寺廟宗教建築物經常包含納骨塔，「寺、塔合一」是中國佛教淵遠留長的傳統。國家應該保障此傳統，讓佛教界持續服務信徒。國家不應該接受殯葬業者壓力，將非營利之宗教服務信徒的「送死」活動變成商品。國家回過頭運用「殯葬管理條例」壓迫佛教界，此項作為將違反宗教團體服務信徒的宗教自由。（釋星雲，2006：76-78）而殯葬業者則認為，國家如果給予宗教團體納骨塔、火化設施免稅，將影響他們和宗教團體公平競爭，形成宗教團體「與民爭利」的現象。（林本炫，2006：26）

　　國家面對宗教團體與殯葬業者的雙重壓力，「殯葬管理條例」的通過似乎可以說明，國家站在殯葬業者這一方[107]。但是，

---

107 宗教主管官署民政司司長認為，〈宗教團體法草案〉未通過前，主管官署得承

也維護宗教團體既有納骨塔、火化設施超過 5 年者的利益。至於宗教團體 5 年內或未來設立納骨塔或火化設施，都得依「殯葬管理條例」運作。非常明顯的是，國家運用此條例將宗教團體的養生送死事業框住，不再接受宗教團體的說法，也拒絕了宗教團體擁有此事業的特殊利益。

　　然而，佛教團體面對此困境並不鬆手，他們委託中華佛寺協會，對國家宗教主管官署及立法部門施壓，希望他們能夠重新正視宗教團體既有的傳統與利益。（林蓉芝，2006：35-36）

　　過去，國家尊重宗教團體經營納骨塔與火化設施，只要他們不訂定價錢服務信徒，就可得到國家的免稅特殊利益。現在佛教團體希望國家維持過去的做法，將宗教團體的送死事業視為宗教服務項目，持續給予免稅的特殊利益。並且放寬宗教團體附屬納骨塔與火化設施超過 5 年以上的規定，將 5 年以內的納骨塔及火化設施就地合法，甚至未來宗教團體可以持續設立這些相關設施，擁有國家給予的免稅優惠。然而，這項要求並未得到國家完全的同意。國家在 2009 年行政院版的〈宗教團體法草案〉只同意宗教團體已經設立納骨塔及火化設施者超過 10 年，可以視為宗教建築物的一部分。但是，不同意納骨塔及火化設施設立於「區分所有建築物中」[108]。而且國家對宗教團體希望納骨塔可以明訂價錢，給予免稅的建議則完全擱置。國家要求宗教團體未來從事此事業，完全比照民間殯葬業者，

　　擔殯葬業者的壓力，他們認為宗教團體從事殯葬服務，不符合法律公平正義原則，進而要求國家宗教主管官署依法處理宗教團體的殯葬活動。（黃麗馨，2008：36）

[108] 區分所有建築物是指，國家同意宗教團體建築物可以設立在都市大樓中，但是納骨塔、火化設施則不得存放於都市大樓裡。

國家可以從中獲得「稅收」。

由於〈宗教團體法草案〉未規範者，依相關法律辦理。因此，過去國家對宗教團體經營納骨塔的規定，只要宗教團體不明文訂定納骨塔費用，就視為其服務信徒的宗教行為，而不加以課稅；反之，如果宗教團體明文規定，向信徒收取納骨塔費用，就得依法課稅[109]。

在〈宗教團體法草案〉通過之後，台灣地區人民可以自由選擇民間殯葬業者或宗教團體的納骨塔、火化服務，國家完全尊重人民的意願選擇。如果人民選擇宗教團體擁有超過 10 年的納骨塔、火化設施為其服務，只要其不明訂價錢，國家就持續給予宗教團體免稅；反之，若宗教團體新設的火化設施、納骨塔，或殯葬業者為其服務，由於國家已經不給宗教團體特殊利益，宗教團體與殯葬業者此項服務變成「商品化」的活動，則國家可以對其課稅。

國家在〈宗教團體法草案〉的對宗教團體附屬納骨塔與火化設施的規定，形同立法同意 10 年以上的宗教團體附屬納骨塔、火化設施的特殊利益；但是，也否定了未來宗教團體新建納骨塔與火化設施的特殊利益，及為信徒從事養生送死的宗教傳統。宗教團體未來是否持續興建納骨塔、火化設施，端看宗教團體對傳統的堅持與維護，及國家未來取締違法的能力與意志的展現。

---

109 根據財政部於 1997 年頒布的「宗教團體免辦理所得稅結算申辦認定要點」，第三條之（一）「舉辦法會、進主、研習營、退休會及為信眾提供誦經、彌撒、婚禮、喪禮等服務之收入」及（二）「信眾隨喜佈施之香油錢」，認定為「非屬銷售貨物或勞務收入」，依法免課所得稅。

貳、國家有條件接納「宗教團體侵占國有地，就地合法」

台灣地區約有 45%的寺廟未合法的主要原因包括：未完成土地產權取得、違反使用區分、違章建築、寺廟管理糾紛、寺廟各類財產糾紛，及寺廟未完成登記等問題。其中，寺廟設施必需興建於法令所許可興建宗教建築的土地上，才屬合法的寺廟建築。依台灣土地管理政策的「區域計畫法」，將土地分為「都市土地」與「非都市土地」，許多無法登記的寺廟就是因為違反此土地使用管制，導致建築物無法申請與取得雜項執照、建造執照或使用執照等，形成違建問題。（黃運喜，2010：1-3）

上述寺廟違建的形成，除了違反法律規定的諸多原因，尚包含漢人重視「風水」的宗教信仰觀。傳統佛、道與民間宗教領袖，他們募款興建寺廟，喜歡到山上尋找「風水寶地」或清幽之地，採取先建寺廟，後再尋求國家法令認可的策略。漠視國家土地「區域計畫法」管理政策的結果，會侵占國有土地─即非建築寺廟地區興建寺廟，也導致無法成為合法寺廟的後果。

當寺廟違建出現，國家的公權力欲拆除這違建，形同必須拆除宗教信仰者的宗教情感與認同，而非只拆除一棟建築物，增加國家拆除的困難與壓力。因此，國家認為「宗教違建」的問題，比一般違建更為棘手，地方政府因為礙於宗教團體信仰者的選票壓力，和信徒內心的神聖情感的壓力，對宗教違建往往視而不見，放任宗教違建的存在。因此，宗教人士恣意於國有土地上興建寺廟，及國家漠視宗教團體違建的作為，變成台灣地區寺廟違建比例甚高，及國有地被寺廟領袖侵占的後果。

國家知道此現象的嚴重性，在「國有財產法」第 51 條規

定就開了一個「小門」，讓違法侵占國有土地者，可以向國家申請讓售國有土地。該法規定：

「非公用財產類之不動產為社會、文化、教育、慈善、救濟團體舉辦公共福利事業或慈善救濟事業所必需者，得予讓售」。

及「國有財產法施行細則」第 55 條規定：

「法第 51 條所稱社會、教育、慈善、救濟團體，此已依法設立之財團法人為限」。

然而，此「小門」只同意成立財團法人的寺廟可以向國家提出申請，讓其侵占國有土地的非法事實合法化。宗教主管官署接納「宗教事務諮詢委員會」六人小組的建議，在行政院版的〈宗教團體法草案〉第 20 條中將「小門」擴大，讓非財團法人的一般寺廟，也可以依法向國家申請讓售其侵占的國有土地，對佛、道、民間信仰既存的寺廟，違法侵占國有土地的事實解套。（林蓉芝，2006：41）

因為〈宗教團體法草案〉第 20 條的規範中，同意：

一、宗教法人於本法施行前已繼續使用公有非公用土地從事宗教活動滿 5 年者，得檢具相關證明文件，報經主管機關核轉土地管理機關，依公產管理法規辦理讓售。

二、前項供宗教目的使用之土地，得優先辦理都市計畫或使用地變更編定。

三、各級政府擬定或變更都市計畫時，應以維護既有合法宗教用地及建築之完整為原則」。

此條文形同寺廟只要從事宗教活動滿 5 年以上，不需要成為財團法人的要件，即可向國家申請侵占的國有土地合法讓

售。此外，此法條第 2 項加大擴張寺廟侵占國有土地的權利，包括寺廟興建時，違反國家「區域計畫法」的土地管理政策，得優先辦理都市計畫或使用地變更編定。該法第 3 項則保護了合法寺廟的權利，國家公權力不得以公共利益的理由，隨便拆遷既有寺廟。各級政府擬定或變更都市計畫時，必需尊重合法宗教用地及寺廟建築完整性，不能夠為了都市計劃變更，而輕易破壞寺廟建築格局及土地使用。

當國家同意行政院版的〈宗教團體法草案〉，送交立法院審議時，乃引起環保團體「地球公民」及佛教「中台禪寺」的反彈。

地球公民團體認為該法的第 21 條規範，形同國家大幅度的讓步於宗教團體，過去寺廟要合法取得國有土地，得先申請成為「財團法人」，及該財團法人從事「社會、文化、教育、慈善、救濟」的公益事實，才具備向國家申請國有土地的讓售資格。現在大幅度的放寬條件，一般寺廟也可向國家申請讓售國有土地，形同國家變相出售國有土地給過去違法侵占的宗教團體，此舉將造成國有土地的濫墾與環境嚴重的破壞。甚至演變成國家政策在鼓勵民眾違法佔用國有土地，只要違法侵占國有地，興建寺廟 5 年以上的事實，事後可尋求國家承認其合法化，國家明顯以出賣全民的公共財產及身家安全，來圖利宗教團體違法侵占國有土地，寺廟領袖也變成以蓋寺廟的理由，變相擁有國有土地的「特殊利益」。（地球公民，2009.4.15，http://met.ngo.org.tw/node/500。）

中台禪寺則認為，在國有土地上非法興建的寺廟就地合法，並給予租稅減免的優惠，形同國家罔顧程序正義原則，促使社會陷於上下交相爭利的危機。而且，宗教團體對不動產有

優先購買或承租權利，明顯鼓勵宗教人士竊占國土，也讓一般
社會大眾起而效法。（劉昌崙，2001.8；林蓉芝，2003：5）

　　然而，國家的立場並不同意環保團體及中台禪寺的控訴而
改變，國家不認為圖利宗教團體違法占有國有土地，國家辯稱
這種作為不是讓非法寺廟就地合法[110]。而是在不影響國土保育
及不違反其他法令的前提下，將可資利用的「公有非公用」土
地，讓售與宗教團體。對於具國土保育的「公有公用」土地，
仍然依法不得讓售。宗教主管官署訂定多項行政指導性原則的
法規命令，指導地方政府專案輔導宗教團體，變更土地使用分
區及使用編定，積極輔導宗教建築物合法化[111]。（黃麗馨，
2008：38）

　　對於宗教團體侵占國有地，而得以就地合法的法案規定，
是國家用「宗教團體法制」對宗教團體占有國有地的解禁措
施。但是國家並非無條件的解禁，而是用超過 5 年的年限，才
同意承認宗教團體既成的事實；未滿 5 年者，亦視為違法宗教
建築。

　　一旦〈宗教團體法草案〉三讀通過，對台灣地區宗教違建

---

110 另一佛教團體中華佛寺協會領袖認為，中台禪寺的論述，藐視民主法治精神，
　　輕估各宗教的自主意識及判斷能力，形同「危言聳聽」。因為寺廟在國有土地
　　上取得建照不容易，它同意〈宗教團體法草案〉，讓侵占國有土地的寺廟，依
　　法承租或承購，是解決當前的問題，而非鼓勵竊占國土。（林蓉芝，2003：5）
111 根據國有財產局張副局長的說法，行政院版的規定相當明確，只要宗教團體的
　　法人主體提出證明文件，符合主管機關規定，國產局將依照「國有財產法」
　　規定，配合讓售相關土地。況且很多宗教團體長期使用公有非公用土地，依
　　照「國有財產法」第 42 條：「1993 年 7 月 21 日前已實際使用者可先辦理租用，
　　租用後再辦理讓售」。此外，日據時代已經存在的寺廟，當初民眾捐給宗教團
　　體，而土地變成國有，若民眾能提出證明，國有財產局也會無條件更改登記。
　　（張璠，2009：299）

者為一大福音，佛、道、民間信仰或基督宗教團體，侵占國有地的寺廟、教會堂將是最大的獲益者，而這也是國家宗教主管機關接納六人小組的建議廣開「善門」的結果。從此法的政教互動來看，儘管環保團體及中台禪寺發出不平之鳴。但是，國家政治領袖不敢輕易拆除 45% 的宗教違建，討好佛、道、民間信仰及基督宗教團體換取其選票支持。因此就此法案來看，國家接納宗教團體的壓力，遠超過環保團體及中台禪寺甚多。

參、國家有條件同意「宗教團體設立宗教教義研修機構」

　　過去國家不承認宗教團體辦理神學院授與學位的學歷，直至 2004 年國家修訂「私立學校法」才扭轉此局面，國家有條件同意宗教團體設立宗教教義研修機構，而給予國家正式學位。

一、國家同意「宗教教義研修機構」設立

　　為了開放宗教團體設立宗教教義研修機構，國家宗教主管官署聯合教育主管官署，從「私立學校法」的修改著手。將此法的精神在〈宗教團體法草案〉相關條文展現，朝向國家同意宗教團體設立宗教教義研修機構，國家並承認依法設立的研修機構畢業生的正式學位。

　　根據「私立學校法」第 9 條修正案，已經突破威權時代宗教團體設立研修學院，國家不予承認其學位的禁忌，該條文規定：

　　　一、私立大學校院或宗教法人為培養神職人員及宗教人才，並授予宗教學位者，應依相關法規向教育部申請，經核准後，設立宗教研修學院。

二、私立學校不得強迫學生參加任何宗教儀式。但宗教
　　研修學院不在此限。

三、第一項宗教法人之設立及組織，應符合有關法律之
　　規定。

　　從此之後，才有佛教法鼓山教團、一貫道、基督教等宗教
團體，依此法律設立合法宗教研修機構。現在〈宗教團體法草
案〉第 33 條，再次重申宗教法人經主管機關許可，得設立宗
教教義研修機構；宗教教義研修機構授予教育部認可之學位，
依教育相關法律規定辦理。

　　對於國家解禁宗團體辦理宗教教義研修學院的作為，佛教
領袖認為來遲了。（釋星雲，2006：67）早在 2000 年時他就向
國家提出要求，希望能夠承認佛學院、神學院及基督學院，使
他們能正常發展培養宗教士，而使宗教發揮教化社會、淨化人
心的功能。宗教團體可自行頒授學位，擁有宗教學位頒授的自
主權，無需主管教育或宗教官員干預。（釋星雲，2004：45-46；
68）

二、宗教團體領袖再次放寬「宗教教義研修機構」的條件

　　在他看來，國家的作為仍然未能滿足宗教團體的需求，因
為宗教教義研修機構的學歷固然被國家承認，但是，其校地面
積至少兩公頃、設校基金至少 5 千萬，而學生只有 3、4 百人
左右，對宗教團體辦理宗教教義研修機構而言，條件仍屬嚴
苛，也造成宗教團體設立此機構的資源浪費。（釋星雲，2006：
67-68）

　　言下之意，佛教領袖認為國家應尊重宗教團體辦理神職教
育的自主權再次鬆綁，包含讓宗教團體得以自由招生，不受名

額限制，充分發揮宗教研修機構資源的效用。

在國家宗教主管官署看來，宗教教義研修機構培養的神職人員，如果需要國家認證，將因為各教派對神職人員養成的標準寬嚴不一。再加上國家解嚴後，新興宗教雨後春筍的出現，國家對各傳統與新興宗教神職人員的認證更為困難。宗教主管官署基於「聖俗分立」的原則，國家必需尊重各宗教團體的神職人員認定。（黃麗馨，2008：37）

各宗教團體除了擁有傳統宗教教義研修機構培養的神職人員的自由外，無需國家認可其學位。然而，它們更期待設立的研修機構培養出來的神職人員，可以得到國家的學歷認可。因此，「私立學校法」第 9 條修正案與〈宗教團體法草案〉第 33 條，乃是國家對宗教團體需求的滿足，變成國家有條件同意宗教團體培養神職人員得到國家認可其學歷的新作為。這種傳統與新修宗教教義研修機構的法制現象，使台灣地區宗教團體設立的研修機構，變成自行培養神職人員無需國家認可，及在國家法制規範下設立宗教教義研修機構，而得到國家認可其學歷，種類型宗教教義研修機構並存的「雙軌體制」。（附錄 11）

儘管部分法學者認為宗教法人要辦理宗教教義研修機構，對外招生推廣其信仰，皆屬於「宗教自治」事項，國家不應該干涉。如果宗教法人成立宗教研修機構，必須經主管機關的許可，則明顯違反宗教自由。法學者進一步主張，宗教研修機構得授予畢業生學位，並非本法的重點；相反地，應該要思考的是國家是否賦予宗教研修機構擁有授予學位的權利。這是屬於教育政策的問題，而非宗教政策所應管轄的範疇。（許育典，2006b：233-236）

三、宗教學者支持國家應有條件核可宗教教義研修機構

　　但是，也有法學者持異議認為，國家有條件同意宗教團體設立宗教教義研修機構，符合條件的宗教團體研修機構才能夠頒發國家認可的學位，不認同宗教團體的自治權無限上綱。不同意宗教團體依「自治權」理論，任意設立宗教教義研修機構或由國家認可其頒發學位。

　　宗教團體固然擁有自行設立宗教教義研修機構的權利，但是，其研修學院畢業生的學位認可，國家除了尊重外，不見得一定要承認其學位。當宗教團體設立研修教義機構培養的畢業生，獲得國家核可的學位，就應該接受國家規範，包含設校軟硬體條件符合國家需求後，國家才可能授權教育部主管官署，認可其畢業生的學位。（張永明，2005：85-86）

　　國家對法學者正、反兩派的論述，比較傾向有條件認可宗教團體研修機構畢業生的學位。只有符合國家相關法規設立的宗教教教義研修機構，才可能得到國家承認的學位。國家也尊重宗教團體自行設立研修教育機構，不需要符合國家條件，此時，國家尊重其辦理宗教研修機構、培育神職人員及頒發學位的自由；但是也不用承認其畢業生的學位。

　　因此，當佛教領袖呼籲國家對宗教團體辦理宗教研修學院再次放寬時，牽涉到研修學院的規模大與小的問題。國家擔心過於設立宗教教義研修機構寬鬆的規定，將出現大量的宗教教義研修機構，而此機構畢業生又得到教育部的學位認定，形同為現在已經過量的大學再開一扇窗，未來台灣將出現大量的擁有大學以上學位的宗教學院。

　　至於宗教團體辦理宗教教義研修機構，只要其不向主管機關申請，就沒有規模大與小的問題，國家也就不用頒授正式學

位。此時，宗教團體仍然擁有高度的自主權，他們可以自行辦理各種宗教教義研修機構，國家也不會妄加干涉。如果從學位頒予的角度來看，國家教育主管機關有責任監督與管理宗教團體辦理宗教教義研修機構，否則就可能出現濫發大學以上學位的弊端。

肆、國家有條件接受「宗教團體設立都市道場」

過去台灣宗教團體伴隨都市發展的結果，於都會區興建不少宗教團體的「都市道場」。然而，根據過去「台灣省政府民政廳甲字第 8400 號函」對「監督寺廟條例」的解釋，乃認定未具「宗教建築物」外觀形式的都市道場，皆屬違法的宗教建築。（林蓉芝，2004：117）台灣境內各都會區到處充斥著佛、道、民間信仰與基督教教會，皆因為不符合「宗教建築物」外觀形式，而形成違法都市道場。

一、國家修法讓「都市道場」合法

「宗教事務諮詢委員會」所推舉六人小組，也認識到此問題的嚴重性。他們認為唯有經由〈宗教團體法草案〉立法，或許可以一勞永逸解決此問題。（林本炫，2004：224）

國家為了化解這項困境，乃在〈宗教團體法草案〉中規劃第 28 條，企圖解決違法的都市道場問題。根據該條文規定：

「認為宗教建築物為社會發展之需要，經宗教建築物所在地之主管機關許可，並符合土地使用分區管制者，得為其他使用。及宗教法人與不妨礙公共安全、環境安寧及不違反建築，或土地使用，或公寓大廈管理法令之範圍內，經主管機關之許可，得以區分所有建築物為宗教建築物。」

此法條乃是對現有潛藏於都市中非法宗教道場鬆綁與解禁，然而卻被少數佛教團體與立法委員曾經誤解，認為這條例將傷害佛教團體既有的利益。甚至擴張解讀，認為此條例為國家徵收宗教建築物作為其他使用，要讓寺廟變成公產。（林蓉芝，2006：43）

二、都市道場合法的條件

事實上，仔細理解此法條就可得知，國家企圖運用〈宗教團體法草案〉鬆綁都市道場的設立。國家也理解宗教團體在都市地區設立道場，土地價格高昂，土地取得不易，為了傳教的需要，有條件的承認其合法存在。

只要都市道場的負責人提出證明：

(一) 都市道場建築物不違反建築、土地使用分區、水土保持、環境保護、公寓大廈管理或其他公共安全法令之範圍內，經主管機關之許可，得以區分所有建築物為宗教建築物。

(二) 同意都市道不妨礙公共安全、環境安寧，經主管機關之許可。

在這兩項原則下，國家協助各教派都市道場長久以來的違法困境，使之合法化。因此本法案的通過，將有利於未來各宗教在都會區發展。當〈宗教團體法草案〉認可不具「傳統宗教建築物樣式」的都市道場為合法宗教團體，放棄過去宗教主管官署以「監督寺廟條例」對宗教寺廟外觀的合法解釋，將讓隱身於都會區的各宗教都市道場，皆可有條件的合法。

第四節　小結

　　從上述的〈宗教團體法草案〉政教互動過程，可以歸納下列幾項結論：

壹、「國家意志」強烈主導〈宗教團體法草案〉立法

　　在〈宗教團體法草案〉的政教角力過程中可以明顯看到，國家強有力的自主性，由主管宗教的主管官署代表國家，發動〈宗教團體法草案〉立法，而且也主導了整個草案的規劃與送交立法院審查。

　　在政黨輪替之前，國家主管宗教主管官署就已經規劃〈宗教團體法草案〉的「前身」。在 2000 年扁政府上台，宗教主管官署回應新政府的宗教政策，乃傳承國民黨時代規劃的草案。具「官僚性質」的國家機器，在本草案中發揮主管官署在政策雛型形成的影響力。橫跨國民黨與民進黨的宗教專業官僚，為了使〈宗教團體法草案〉迅速推出，乃思考將宗教立法提出的「決策分享模式」。

貳、國家邀請學界與宗教團體領袖共同為〈宗教團體法草案〉集思廣義，展現國家制定法律的「高能力」

　　主管宗教主管官署先行於 2000 年 9 月 22 日設置「內政部宗教事務諮詢委員會設置要點」，依此法律乃可以擴大民意參與，邀請宗教與學界菁英的意見成立宗教事務諮詢委員會，再由該委員會推派六人小組，以專業取向，修訂過去國民黨時代的〈宗教團體法草案〉。

　　國家讓對〈宗教團體法草案〉有意見的宗教界領袖與學界

菁英，納入決策團隊，由六人小組做專業修訂，再送交「宗教事務諮詢委員會」審議，既具有專業基礎又廣納宗教界的民意，形同國家宗教立法政策得到了宗教界菁英與專家學者的「背書」，化解了這兩類菁英對國家宗教立法的阻力。

　　當國家丟出行政院版本的〈宗教團體法草案〉後，引起宗教團體菁英及學界的高度關注，國家運用其行政資源，透過內政部年度辦理的《宗教論述專輯》、委託專家學者做〈宗教團體法草案〉專案研究，及撥款協助各大學或宗教團體辦理與〈宗教團體法草案〉相關的學術研討會，廣泛收集宗教團體領袖及宗教學界菁英的意見，當作送交立法院審議時，修正〈宗教團體法草案〉或為〈宗教團體法草案〉辯護的參考依據。

參、宗教團體領袖對國家施加壓力，國家有條件的回應其要求，但也維持國家管理宗教的「意向」

　　當國家主動推出〈宗教團體法草案〉之際，各宗教團體領袖或學者對此法回應，國家對此兩類人的意見並非全盤接受。而是站在維護宗教團體發展及人民宗教信仰自由的立場，持續傳承威權時代國家對宗教團體管理的思維。只不過從過去的管制，轉化為現在的輔導角色。

　　因此，儘管國家面對宗教團體、殯葬業者或環保團體的壓力，國家主管宗教的主管官署，仍然維持高度的自主性，尋求學界的支持，化解部分宗教團體領袖的阻力，希望這兩類人支持國家行政院版的〈宗教團體法草案〉。

　　國家在〈宗教團體法草案〉的立場鮮明：

　　1.堅持宗教團體立法，拒絕宗教立法。

　　2.堅持管理宗教團體法人三種類型，讓寺廟由準法人的地

位轉為法人，反對所有宗教團體都成為法人。

3. 堅持不介入正教與邪教的判定，提供自由的環境，讓各宗教得以自由競爭。

4. 堅持各宗教團體法人自行選擇全國或地方型規模的登記，拒絕恢復威權體制時代，由國家主導的全國性宗教團體的規範，所有宗教團體皆納入此「中央教會」中。

5. 堅持宗教團體神職人員的資格，由宗教團體自訂，反對國家侵入此神聖領域。

6. 堅持對宗教團體的財務依不同類型管理，反對放任各宗教團體財務自主。

7. 堅持宗教團體違法依相關法規審理，甚至承擔較重刑責，拒絕宗教人士違法由宗教團體內規審理。

國家有時也會接受宗教團體領袖的建議，或是站在務實的角度，化解長久以來違法存在的宗教團體活動：

1. 有條件接納宗教團體附設納骨塔、火化設施，拒絕宗教團體的宗教傳統，傾向殯葬業者與宗教團體平等競爭的立場。

2. 有條件承認宗教團體侵占國有地就地合法，拒絕環保團體及中台禪寺的呼籲。

3. 有條件同意宗教團體設立宗教教義研修機構，授予國家認可的學位。

4. 有條件設立都市道場。

從國家與各類市民團體的角力可以看出，國家宗教主管官署在本法案的自主性及能力的展現。它不輕易接納市民團體的要求，反而是站在化解長久存在違法宗教團體活動的困境，鬆綁了威權時代的宗教管制作為。

　　從上述討論來看，現行〈宗教團體法草案〉的規範，國家並未全面干預人民的宗教自由。相反的，在本草案中國家僅有限度的介入，甚至給予宗教團體「特殊利益」，輔導、協助其維護既有的利益，僅相對要求他們承擔「有限度」財務透明化的責任，宗教教義研修機構的設置條件，宗教財團法人與社團法人的設立標準，及宗教團體附設納骨塔、火化設施的退場機制等。

　　國家規劃的〈宗教團體法草案〉，給予宗教團體的利益遠大於對他們的管理與要求。國家在未來用此法案管理人民的宗教活動，將限縮於有限的範圍內，只屬於「憲法」規範下宗教自由的一小部分，而此部分是屬於宗教的世俗活動，國家站在主管機關的立場將給予協助。至於本法未規範的宗教活動，它們屬於宗教神聖面的行為，國家將放任人民擁有高度的宗教自由。

　　國家與宗教團體在〈宗教團體法草案〉角力過程，國家認識到台灣已經步入民主政治的統治結構，國家得對人民「憲法」上的宗教自由必需加以貫徹和保障，訂定本草案不能脫離憲政主義（constitutionalism）的規範；儘可能尊重人民或團體在宗教自由中的神聖行為，不得隨便干預這些活動。

　　因此，憲政民主的宗教人權架構，乃是國家與宗教團體互動的「參考指標」。〈宗教團體法草案〉只能在此架構下，由國家擱置宗教團體的壓力與需求，或是接受宗教團體對國家的施壓。國家也展現出強有力的國家意志，對宗教團體給予合理的輔導與協助，讓他們得以在台灣地區享有高度的宗教自由。

　　不過，國家也站在相對公平憲政哲學的立場，她形同是客觀的第三者，發揮公權力要求宗教團體承擔其應該遵守的責

任。同時，國家也傳承過去的威權體制政策，將宗教團體視為福利團體，給予享有諸多「特殊利益」，但是國家也要求它們對社會大眾回饋，且承擔應有的責任。因此，國家訂定的〈宗教團體法草案〉在整體宗教自由的範疇中只占一小部分。國家形同有限度的自我節制，尊重人民宗教自由，並站在「父母官」的角色，對宗教團體的輔導與協助。

第五章 〈宗教團體法草案〉中「國家意向」形成的因素

上一章的主軸在理解〈宗教團體法草案〉中，國家與宗教團體意向的「政教互動」現象。本章及下一章將分別討論影響國家與宗教團體在〈宗教團體法草案〉意向的相關因素。這些因素促成國家對〈宗教團體法草案〉的意志表現，也造成宗教團體在本草案意向的表現。

就公共政策的決策角度理解，本章屬於影響政策雛型出現的內在動力之討論。政治學者探究公共政策好奇的問題在於，到底「誰」在決策？前一章已經理解「國家」與「宗教團體」相較之下，國家是〈宗教團體法草案〉決策的主要發動者；宗教團體則是意見的反應者，他們對國家提出主張，最後國家也納入其部分意見。因此，宗教團體類似對國家宗教政策的「遊說者」，其代表參與六人小組，反應其利益與意見，類似分享法案「草擬者」與「諮詢者」的角色。

　　政治學者除了在理解「誰」決策外，（鯨鯤、和敏譯，拉斯威爾著，1991）也會追根究底什麼「因素」影響了「決策者」[112]？（Skocpol,Theda & A.S.Orloff, 1984:726-750）本章的主軸放在影響「決策者」的內在變因的探討。本研究以為，影響國家在〈宗教團體法草案〉意志的展現，可分為「憲政民主的國家性質」、「國家宗教政策傳承」與「宗教主管官署菁英理念」等三項因素。茲分別論述如下：

第一節　憲政民主的國家性質

　　「國家性質」（statehoold）的概念被提出，是新國家主義研究者的想法，他們認為，國家形同具有「人」的特質，可以在統治過程中展現其特性，會隨著國家體制、憲政結構的轉型而有所不同。本研究以為，〈宗教團體法草案〉深受國家性質轉變的影響，與威權體制轉型到民主體制及憲政人權的建構有密切關連。

---

112 在公共政策研究中，從傳統政府與政治的角度分析決策的因素，包括：選民的投票、民選的政治領袖、官僚機構及決策過程中的利益團體。除了這些因素之外，部分企業擁有對國家政策高度的影響力，它也是影響決策的重要變因之一。（陳恆鈞、王崇斌、李珊瑩，Charles E. Lindblom & Edward J. Woodhouse,1998）在新制度主義的研究中，則從國家制度面與政策面分析決策行為因素。（何景榮譯，Jan-Erik Lane & Svante Ersson 著，2002）在新國家主義的研究中，則把國家當作決策的主要因素，分析國家中的意志與能力這兩個變因在決策的影響力。（高永光，1995；時和興，1996）在決策模型的研究中，把美國的決策模型當作「多元主義」或「新多元主義」，歐洲國家的決策模型當作「統合主義」，傳統決策模型為具階級論述的「菁英主義」與「馬克思主義」的決策模型。（羅慎平譯，Dunleavy,P.& Brendan O'Leary 著，1994）

壹、國家從威權體制到民主體制建構

我國宗教政策對宗教、宗教團體的管制或輔導,可以分為兩個階段的論述。國府來台後至解嚴前為第一階段;解嚴至今為第二階段。這兩階段的政教互動關係,深受國家體制轉型的影響。

第一階段可以稱為「以黨治國時期」,兩蔣領導的國民黨建構了「黨國體制」(party state),再用黨國體制掌控民間社會,將國家管理社會的模式被學界稱為「威權體制」(authoritarian regime)。當國家為了達成目標,凍結憲法戡亂體制成為掌控人民的有效機器,國家是強有力的威權國家;此時,國家對宗教或宗教團體的管制是強而有力。它曾經以情治系統、黨務系統、輿論系統、司法系統及行政系統相互配合,對部分「威脅」國家安全,或「傷害」社會穩定的宗教給予嚴厲打壓。在此階段,國家為了貫徹反共復國的整體國家目標,國家的宗教政策即採取壓制人民諸多憲法人權,也對部分的宗教嚴格的限制。[113]

在解除戒嚴及廢除憲法動員戡亂臨時期條款的「戡亂體制」後,國家原本的黨國威權統治乃轉化,國家體制轉型成為「憲政民主體制」國家(constitutional democratic government)[114],國家性質也隨之轉變,是第三波民主化浪潮 20 餘國家中

---

[113] 威權時代從 1951 年開始到 1987 為止,國家對宗教做諸多的干涉,包括對一貫道的查禁;對長老教會的干涉;對「愛的家庭」查禁;對統一教查禁;對錫安教派的趨離;對長老教會的羅馬拼音聖經及「使者」雜誌查禁。(張家麟,2008:213)國家機關大部分用違反「國家安全」、「社會善良風俗」、「為匪利用」、「秘密集會」等理由,查禁該宗教。(董芳苑,1980:85-131;瞿海源,1997:378)

[114] 政治學者觀察台灣國家體制的轉變,大部分以 1987 年 7 月 15 日解除戒嚴為分

的成功典範。(劉軍寧譯，Huntington 著，2008)此時，步入第二階段的宗教政策，國家對宗教或宗教團體的管理朝向鬆綁，以輔導或管理宗教為政策目標，逐漸恢復人民在「憲法」的宗教人權。(張家麟，2008：209-231)

當國民黨領袖接受憲政民主的「理念」，在反對黨的壓力及市民社會對民主強而有力的訴求下，為了維繫「合法統治」的基礎，逐漸朝向「民主化」(democratization)路徑，常態且定期的舉辦民主選舉，全面改選中央民意代表，及實行總統直選的過程中，深化並鞏固了台灣的民主，遠離威權統治時的黨國體制，使國家體制結構出現重大變化。當國家結構由威權轉為民主，使台灣既有的自由化不斷的擴大範疇，而且深化自由的程度，運用憲政民主結構給予人民自由保障。並且以民主選舉出現的新民意，組成民主政府，也再次的鞏固人民的憲政人權。

國家體制的轉化使國家統治者的意志隨之轉變，過去運用黨國體制掌控的情治、司法、大眾傳媒等系統，對宗教做廣泛的政治監控，在步入民主化之後，皆被視為非法。因此，既有的國家體制本質已經轉化時，就得需要一套新的宗教管理或輔導的政策，實踐「憲法」規範的宗教人權。在 1990 年代之後，國家宗教主管官署也嗅出民主轉型的國家結構，對宗教人權的新需求，並思考對既有政策或法令全盤重新翻修，因此乃提出〈宗教團體法草案〉。

水嶺；之前稱為威權政體；之後稱為威權轉型、新威權或民主化政體。(王震寰，1993；郭正亮，1988)

貳、憲法成長

影響國家在〈宗教團體法草案〉的意志展現，另外一項的內在因素是「憲法成長」[115]。從威權轉型到民主體制，相關「憲法」也隨之轉化，與宗教有關的「法制結構」也跟著變化。包括「大法官會議解釋」、「人民團體法」、「私立學校法」與「殯葬管理條例」等法律的修訂，皆受國家體制的轉型所影響，也影響國家意志對宗教法制的展現，配合著「憲法」的成長，朝向宗教人權的方向。

一、威權時期大法官會議解釋鞏固國家的宗教管理政策

在威權體制與民主體制，大法官會議解釋對宗教自由、宗教政策與宗教法規，做出相當差異的宗教人權解釋。從中可以看出，「憲法」宗教人權成長的變化。

最早對宗教人權提出解釋的是 1956 年 10 月 1 日的釋字第 65 號，到 1985 年 11 月 1 日，又做出了釋字第 200 號的解釋。這兩號解釋原則上是在威權體制下的大法官會議「保守」的結構所做出的解釋，對宗教人權的擴張幾乎毫無幫助。

（一）第 65 號解釋文：肯定寺廟為地方公共團體

第 65 號解釋文：

「監督寺廟條例第 3 條[116]第 2 款所謂地方公共團體，係指

---

[115] 「憲法成長」的概念是憲法學者在理解憲政發展過程中，非常重要的概念。一般認為，「憲法」並非固定不動，而是經由「成文憲法」的「憲法解釋」、「法律制定」、「行政命令頒佈」，或「不成文憲法」的「政治習慣建立」等手段，擴張了「憲法」實質的內容，而造成了「憲法」成長。（荊知仁，1991；1981）

[116] 「監督寺廟條例」：第 3 條：「寺廟屬於下列各款之一者，不適用本條例之規定：一、由政府機關管理者。二、由地方公共團體管理者。三、由私人建立並管理者。」

依法令或習慣在一定區域內，辦理公共事務之團體而言。」

　　它只對「監督寺廟條例」說出了「地方公共團體」的概念；（鄭淑丹，2008：36-37）而未對「監督寺廟條例」中的「寺廟」提出任何的解釋，也沒有從宗教平等的角度分析「監督寺廟條例」，國家只管理佛、道兩教的寺廟，而忽略了基督、天主及伊斯蘭等宗教場所的管理。

（二）第 200 號解釋文：認定「寺廟登記規則」與「監督寺廟條例」合憲

　　至於第 200 號解釋文：

　　「寺廟登記規則第 11 條[117]撤換寺廟管理人之規定，就募建之寺廟言，與監督寺廟條例第 11 條立法意旨相符，乃為保護寺廟財產，增進公共利益所必要，與憲法保障人民財產權之本旨，並無牴觸。」

　　這是大法官會議解釋文對當年國民黨在訓政時期訂定的「寺廟登記規則」，是否違反「監督寺廟條例」做出解釋。認為「寺廟登記規則」及「監督寺廟條例」並沒有違憲，而且認定「寺廟登記規則」也符合「監督寺廟管理條例」第 11 條的要求，沒有違反「憲法」保障人民財產權或人民宗教組織自治權。（鄭淑丹，2008：37）

　　從這兩項解釋文來看，可以看出大法官會議在威權體制的結構下，相當謹慎小心解釋人民的宗教人權。對當時「監督寺廟條例」及「寺廟登記規則」兩項管理宗教的行政命令，皆持肯定的態度，配合統治者做出符合「憲法」的解釋文，形同大

---

117 「寺廟登記規則」第 11 條:「寺廟於通告後，逾期延不登記，及新成立之寺廟，不聲請登記者，應強制執行登記，如無特殊理由，並得撤換其住持或管理人。」

法官會議解釋文為國家宗教主管官署管理寺廟做「背書」。

二、民主轉型時期大法官會議詮釋國家新宗教政策

民主轉型之後，大法官會議對宗教人權做出新的解釋，形同將過去威權體制下，國家給予人民宗教人權低程度的情境，拉到較高程度的位置。大法官會議此時，就以「自由」的立場做出新的解釋。前後出現 1998 年 7 月 10 日的大法官會議第 460 號解釋，1999 年 10 月 1 日大法官會議第 490 號解釋，及 2004 年 2 月 27 日出現的大法官會議第 573 號解釋。皆擴張了台灣境內人民的宗教人權，其中，大法官會議第 573 號解釋宣告「監督寺廟條例」第 8 條違憲，更造成宗教人權的憲法成長。

（一）第 460 號解釋文：認定神壇為公共場所

第 460 號解釋文：

「土地稅法第 6 條規定，為發展經濟，促進土地利用，增進社會福利，對於宗教及合理之自用住宅等所使用之土地，得予適當之減免；同條後段並授權由行政機關訂定其減免標準及程序。同法第 9 條雖就自用住宅用地之定義設有明文，然其中關於何謂『住宅』，則未見規定。財政部中華民國 72 年 3 月 14 日台財稅字第 31627 號函所稱『地上建物係供神壇使用，已非土地稅法第 9 條所稱之自用住宅』，乃主管機關適用前開規定時就住宅之涵義所為之消極性釋示，符合土地稅法之立法目的且未逾越住宅概念之範疇，與憲法所定租稅法定主義尚無牴觸。又前開函釋並未區分不同宗教信仰，均有其適用，復非就人民之宗教信仰課予賦稅上之差別待遇，亦與憲法第 7 條、第 13 條規定之意旨無違。」

此解釋文乃針對住宅內自行設置神壇出售房地產時，是否

可以適用申請自用住宅用地稅率。大法官肯定財政部 1983 年的函令，認定神壇為公共場所，非「土地稅法」中的住宅，因此無法享有稅捐的減免。這項解釋文認為，神壇儘管未辦妥財團法人或寺廟登記，無法享有免稅的特殊利益，但是也認定了它是公共場所。形同大法官肯定國家賦予宗教團體權利或義務時，秉持中立與平等的原則。（張永明，2001.9：122）

　　由於國家體制已經轉型為民主化，大法官會議成員也理解可透過解釋文表達對民主轉型後，國家應有新的宗教人權政策或法制。因此，大法官會議第 460 號解釋文，大法官已經敢突破過去對宗教人權的保守觀點，進而承認「神壇」普遍存在的事實，儘管它是「違法」的宗教場所，但是，它也是人民在神壇集體膜拜的場域，是台灣人民存在已久的宗教人權的展現方式之一，國家應該持「宗教平等」的原則，平等對待這類的宗教團體。

（二）第 490 號解釋文：為宗教信仰理由拒服兵役者催生「替代役」及定義「宗教自由」

　　隨著台灣民主化的腳步，人民基於信仰的理由，向國家提出「拒服兵役判刑確定」的釋憲申請。大法官乃做出第 490 號解釋文，展現出新的宗教人權見解。當人民的宗教信仰理由與國家要求人民的服兵役義務相衝突時，國家站在「憲法」第 23 條的立場，可以要求人民平等服兵役。但是部分大法官的不同意見書，也促成了國家推動「替代役」制度，形同國家在兵役制度上的彈性調整，滿足了不同宗教信仰的服役需求。

　　根據第 490 號解釋文指出，人民擁有服兵役的義務，因此服兵役是符合「憲法」的要求：

　　「人民有依法律服兵役之義務，為憲法第 20 條所明定。

惟人民如何履行兵役義務,憲法本身並無明文規定,有關人民服兵役之重要事項,應由立法者斟酌國家安全、社會發展之需要,以法律定之。」

另一方面,人民又有信仰宗教的自由,國家應該給予高度尊重:

「……憲法第 13 條規定:『人民有信仰宗教之自由』。係指人民有信仰與不信仰任何宗教之自由,以及參與或不參與宗教活動之自由;國家不得對特定之宗教加以獎勵或禁制,或對人民特定信仰畀予優待或不利益。」

當服兵役的義務與宗教信仰衝突時,國家應該如何處置?大法官會議認為,站在「憲法」第 7 條的平等原則及第 23 條國家安全的需求,國家可以要求人民服兵役,而擱置「憲法」第 13 條宗教自由的保障:

「立法者鑒於男女生理上之差異及因此種差異所生之社會生活功能角色之不同,於兵役法第 1 條規定:中華民國男子依法皆有服兵役之義務,係為實踐國家目的及憲法上人民之基本義務而為之規定,原屬立法政策之考量,非為助長、促進或限制宗教而設,且無助長、促進或限制宗教之效果。復次,服兵役之義務,並無違反人性尊嚴亦未動搖憲法價值體系之基礎,且為大多數國家之法律所明定,更為保護人民,防衛國家之安全所必需,與憲法第 7 條平等原則及第 13 條宗教信仰自由之保障,並無牴觸。……」

至於因為違反「兵役法」而被判刑確認的宗教信仰者,是否可以免除兵役,在大法官會議解釋文看來,這些信仰者只要在適役年齡,其服兵役的義務不能免除:

「又兵役法施行法第 59 條第 2 項規定:同條第一項判處

徒刑人員，經依法赦免、減刑、緩刑、假釋後，其禁役者，如實際執行徒刑時間不滿 4 年時，免除禁役。故免除禁役者，倘仍在適役年齡，其服兵役之義務，並不因此而免除，兵役法施行法第 59 條第 2 項因而規定，由各該管轄司法機關通知其所屬縣（市）政府處理。若另有違反兵役法之規定而符合處罰之要件者，仍應依妨害兵役治罪條例之規定處斷，並不構成一行為重複處罰問題，亦與憲法第 13 條宗教信仰自由之保障及第 23 條比例原則之規定，不相牴觸。」

然而，大法官中持異議意見者認為，內在信仰與外在宗教行為，具有表裡一致的關係，國家對人民（信徒）外在宗教行為的限制，也會造成其內在信仰的「傷害」。因此，主張「兵役法」的修正，增設替代役，「在國防軍事無妨礙時，以不影響兵員補充，不降低兵員素質，不違背兵役公平前提下，得實施替代役。」（黃昭元，2000.3：44-45；鄭志明，2006：364-365）

從上述的討論顯示出，國家在民主轉型之後，大法官會議已經「敢」對人民宗教人權進行討論，並給予合理且實質的尊重。包括重新思考國家對人民宗教自由內涵的範疇：

1. 人民有信仰與不信仰任何宗教之自由。
2. 參與或不參與宗教活動之自由。
3. 國家不得對特定之宗教加以獎勵或禁制。
4. 國家對人民特定信仰畀予優待或不利益。

這是過去威權體制時期，大法官會議解釋所不敢碰觸的「禁忌」。而且部分大法官也站在人民信仰自由的立場，認為國家應該尊重其信仰，運用法律制度給予人民保護[118]，實踐其

---

118 人民的基本人權需要國家透過制度來給予「國家保護義務」，如果制度上欠缺有效的國家保護，人民的人權就無法實踐。宗教信仰自由的核心，對抗兵役

信仰自由，可以拒服兵役。用「替代役」取代「一般兵役」，打破舊有的兵役制度，重新解釋「憲法」平等服兵役的原則，也造成信仰自由的「憲法」成長。

（三）第 573 號解釋文：宣告「監督寺廟條例」部分條文違憲

到了 2004 年 2 月 27 日，大法官釋字第 573 號解釋直接宣告「監督寺廟條例」第 8 條有關國家限制寺廟處置財產的規定違憲，再次擴張「憲法」的宗教人權意涵，肯定宗教團體擁有宗教財產處分的自治權限。

根據第 573 號解釋文的內容，大法官「監督寺廟條例」雖然是「行政命令」，但是在國家未修訂法律之前，仍然具有法律延續性效果的，國家可以依此管理宗教團體：

「本案系爭之監督寺廟條例，雖依前法規制定標準法所制定，但特由立法院逐條討論通過，由國民政府於 18 年 12 月 7 日公布施行，嗣依 36 年 1 月 1 日公布之憲法實施之準備程序，亦未加以修改或廢止，而仍持續沿用，並經行憲後立法院認其為有效之法律，且迭經本院作為審查對象在案，應認其為現行有效規範人民權利義務之法律」。

由於大法官會議第 573 號解釋文，是根據人民提出「監督寺廟條例」中，國家限制人民宗教團體處分財產的權利而做出解釋。屬於對過去國家管理宗教團體的「監督寺廟條例」是否違憲，及「監督寺廟條例」中人民是否可以不理會國家的管制，擁有自行處分財產的權利。形同人民財產處分權利與國家管理宗教權力的衝突造成的疑義，大法官認為應該尊重人民的宗教

制度上，國家設立了替代役制度，就形同國家保護了人民信仰自由。（李惠宗，1999.12：59）

團體與處分權利，國家如果要規範，則得符合「比例原則」及「法律明確性原則」：

　　「人民之宗教信仰自由及財產權，均受憲法之保障，憲法第 13 條與第 15 條定有明文。宗教團體管理、處分其財產，國家固非不得以法律加以規範，惟應符合憲法第 23 條規定之比例原則及法律明確性原則。」

　　多數大法官認為國家介入寺廟財產處分其不動產或法物，根據「監督寺廟條例」，必需得到其所屬教會的決議及呈請主管官署核可，才得為之；這種作為是違反憲法宗教人權中的人民籌組社團的財務自主權及法律「明確性」原則：

　　「『監督寺廟條例』第 8 條就同條例第 3 條各款所列以外之寺廟處分或變更其不動產及法物，規定須經所屬教會之決議，並呈請該管官署許可，未顧及宗教組織之自主性、內部管理機制之差異性，以及為宗教傳布目的所為財產經營之需要，對該等寺廟之宗教組織自主權及財產處分權加以限制，妨礙宗教活動自由已逾越必要之程度；且其規定應呈請該管官署許可部分，就申請之程序及許可之要件，均付諸闕如，已違反法律明確性原則，遑論採取官署事前許可之管制手段是否確有其必要性，與上開憲法規定及保障人民自由權利之意旨，均有所牴觸……」

　　大法官在民主轉型之後國家體制，普遍認為「憲法」應該實踐「政教分離」與「宗教平等」兩項重要原則，才符合民主國家對人民的宗教人權保障宗旨[119]。不僅如此，宗教團體的財

---

119 許育典認為大法官第 573 號解釋文是在保護「監督寺廟條例」第 3 條所列以外寺廟的財產，避免寺廟不動產及法物遭受不當的處分或變更，導致寺廟信仰傳佈的經濟基礎受到傷害，因此有其正當性。（許育典，2004：213）然而，

產處分是其信仰核心內容的一部分，屬於宗教團體內部自治的範圍，國家不宜介入。（鍾秉正，2005.6：348）在此原則下，對「監督寺廟條例」提出嚴重的批判，認定「監督寺廟條例」第1條、第2條第1項及第8條違憲，要求行政機關在2年限期，於2006年2月27日後就不准再使用此法令，形同要求訂下「監督寺廟條例」的落日條款：

　　「又依同條例第1條及第2條第1項規定，第8條規範之對象，僅適用於部分宗教，亦與憲法上國家對宗教應謹守中立之原則及宗教平等原則相悖。該條例第8條及第2條第1項規定應自本解釋公布日起，至遲於屆滿2年時，失其效力。」

　　詳細看這些解釋文可以發現，威權時代的大法官會議解釋文，著重於對現有的宗教法規與政策做辯護；而在民主轉型之後，大法官會議解釋文則重新看待國家體制轉型之後的宗教法規與政策，重新詮釋「憲法」中的宗教人權。

　　威權時期大法官會議很少碰觸「憲法」的宗教人權解釋，只是在寺廟是否為「地方公共團體」的概念做出解釋；或是尊重既有的「寺廟登記規則」、「監督寺廟條例」等條文，認為國家依此條文管理人民寺廟財產，並沒有牴觸「憲法」中的人民財產權保障。

　　到了民主轉型時期，大法官開始對「宗教人權」做出內涵上的解釋，也對國家與人民的宗教活動做出「國家中立」、「平等對待」的原則性解釋。甚至當人民的宗教信仰與國家兵役義務相牴觸時，大法官固然尊重國家兵役義務制度，但也根據大

綜觀第573號解釋的原意，大法官認為「監督寺廟條例」第8條及第3條所陳述的寺廟財產處分，皆未符合法律「明確性原則」，導致無法判定主管宗教官署是否有必要對宗教團體處分財產管理的必要性。

法官不同意見書，修訂了「兵役法」用替代役制度，化解了部分信仰者的信仰堅持與國家服兵役義務的政教衝突。最後，大法官會議解釋文否定了「監督寺廟條例」第 1 條、第 2 條第 1 項及第 8 條，幾乎顛覆宗教主管官署的「宗教法制」，也伸張人民的宗教人權，造成主管官署必須另起爐灶，思考加快腳步送〈宗教團體法草案〉到立法院審議。

　　從威權時期的大法官釋字第 65 號、第 200 號解釋，到民主轉型時期的第 460 號、第 490 號及第 573 號解釋，總共有 5 項解釋文；由此看出我國宗教人權的憲法成長軌跡與樣貌。而宗教人權的「憲法」成長樣貌，事實上深受國家體制轉型的影響。而且宗教人權在「憲法」的大法官會議解釋文的成長內容，也強化了民主體制，形同國家體制轉型與「憲法」成長兩者互為「因果關連」。

　　另外，就「新制度主義」的研究角度來看，當「憲法」的宗教人權持續成長，由傳統宗教人權缺乏，轉化為「宗教人權」的「憲政結構」建立，此時宗教人權的憲政結構將對宗教主管官署產生「制度性」的影響。[120]因為此結構框住了宗教主管官署的政治行為，它必需依此結構「依法行政」。威權時期大法官做出有利其管理宗教團體的解釋文時，宗教主管官署可據此管制宗教團體。民主轉型時期，大法官做出國家不得任意管理宗教團體的解釋文時，它得謹慎處理國家與宗教團體之間的互

---

120 就新制度主義政治學研究的角度來看，當「基礎性國家制度」建構後，聯邦主義及人權制度化的憲法制度，將對制度結構下的政治行為與活動產生重大影響。以洛克的人權制度化的理論來看，人權在美國憲法的規範，影響了民主、多元政體及美國人權國家的實際表現。其中，人權帶來了美國社會與經濟的發展，及平等、福利國家的措施等效應。（何景榮譯，Jan-Erik Lane & Svante Ersson，2002：152-167）

動行為。此時,國家不得恣意翻過「政教分離」的高牆,依「宗教寬容」與「宗教平等」原則,尊重宗教團體諸多的「自治權限」。而這些原則變成宗教主管官署擘劃〈宗教團體法草案〉的基本精神,它們是〈宗教團體法草案〉內容的濫觴。

三、與宗教人權憲法成長相關的法制

我國從威權轉型到民主,國家性質隨之轉化,除了在大法官會議解釋文展現與強化宗教人權外,相關法令也隨之修改。比較具代表性且與宗教人權有關的法令包含「人民團體法」、「私立學校法」與「殯葬管理條例」等條文。

(一)「人民團體法」修訂,促使宗教社會團體大幅度成長

威權時期我國已經於 1942 年 2 月 10 日公佈「非常時期人民團體組織法」,形式上給予人民「憲法第 14 條所保障的集會結社自由」。法制上,國家對人民成立社會團體的要求似乎相當寬鬆,只要符合發起人年滿 20 歲,30 個人以上,無相關犯罪的消極資格,根據發起人跨越 7 個以上戶籍所在地的地方縣市政府,即可成立「全國性」的社會團體;如果發起人戶籍所在地小於 7 個以上地方政府,則可成立「地方性」縣市級的社會團體。全國性的社會團體其主管官署為內政部社會司;地方性的社會團體主管官署為各縣市政府社會局。

實際上,國家對人民集會結社給予相當嚴格的管制,不輕易給予人民成立各類的社團,只有延續日治時期早已成立的傳統社團,或符合國家利益等前提下,國家才同意讓人民結社。如日治時期即已成立的農會、漁會、信用合作社,國民政府皆同意其繼續存在。(劉佩怡,2002)此外,國民黨政府為了在擴展外交,維護國家的國際利益,同意國際獅子會、國際扶輪

社、國際同濟會、國際青商會等民間團體,在台設立分支機構,對外用此形塑中華民國政府的自由形象;對內藉此擴大統治合法基礎,讓境內人民得以成立社團,投入社會公益活動。(張家麟,2012)

　　在威權體制下,國家對人民的結社管制相當嚴格,1945年至1987年7月15日,國家只核可3個全國型宗教類的社會團體;解嚴後到1997年7月15日這10年間,由於「人民團體法」的公告,國家同意人民結社,各種類型的團體大量出現,全國型宗教類社會團體也有82個向國家申請登記。1997年7月16日到2007年7月15日,則擴張為342個全國型宗教類社會團體;2007年7月16日到2012年10月18日為止,向國家申請登記413個全國型宗教類社會團體。威權時期只有3個合法登記;解嚴後則有837個合法登記。(表5-1)從統計數字來看可以得知,國家性質的轉變,法律結構的修訂,實踐人民「憲法」的結社自由,宗教團體也隨之蓬勃發展。

表5-1 解嚴前、後「全國型宗教類社會團體」統計比較表

階段	時間	數量
戒嚴	1945-1987.7.15	3個
解嚴	1987.7.16-1997.7.15	82個
	1997.7.16-2007.7.15	342個
	2007.7.16-2012.10.18	413個
總計		840[121]個

資料來源:

1.內政部人民團體全球資訊網站

http://cois.moi.gov.tw/MOIWEB/Web/frmHome.aspx,瀏覽日期:2012.10.18

2.本研究自行整理

---

[121] 至今總共有840個全國型宗教類社會團體登記在內政部社會司,其中有16個團體已經解散,目前尚存有824個團體。

（二）「私立學校法」修訂促成宗教團體得以辦理宗教教義研
修機構，國家認可其授予之學位

國家宗教政策中，對宗教團體設立宗教教義研修機構採取
漸進式的立法。根據「私立學校法」第 9 條，在 1997 年 6 月
18 日國家同意私立大學經教育部核准得設立宗教學院或系
所。然而，也要求私立學校不得強迫學生參加任何宗教儀式。
此時，宗教團體尚無法辦理宗教教義研修機構，但是他們可以
辦理「宗教學院」或「宗教系所」。

到了 2004 年 4 月 7 日修訂私立學校法第 9 條，送立法院
審議後，修正為現行的第 8 條：

「學校法人為培養神職人員及宗教人才，並授予宗教學
位，得向教育部申請許可設立宗教研修學院；其他經宗教主管
機關許可設立之法人，亦同。前項之申請程序、許可條件、宗
教學位授予之要件及其他相關事項之辦法，由教育部會同中央
宗教主管機關定之。」

此時，國家大幅度的放寬宗教教義研修機構的設立，只要
具備學校法人，或其它宗教主管機關許可設立法人宗教團體的
資格，就可以向教育部申請。宗教教義研修機構的設立，目的
在培養神職人員、宗教人才，國家也同意教育部承認其授予的
學位。

不過，宗教團體設立的宗教教義研修機構，必需由教育部
及內政部宗教主管機關審核其設立條件。（張永明，2005：85）
2006 年 4 月 4 日教育部為協助宗教團體設立宗教教義研修機
構，培養神職人員及宗教人才，增訂各類私立學校設立標準，
明訂宗教教義研修機構設立的標準後，法鼓山佛教學院於
2007 年 2 月獲准許可立案。

　　為了使宗教教義研修機構設校程序更為明確，由教育部邀請專家學者、宗教團體代表及相關單位研議，於 2008 年 1 月 16 日修訂公佈「私立學校法」第 8 條規定，在 2008 年 11 月 14 日審議通過「宗教研修學院設立辦法」，讓宗教團體設立宗教研修學院的法制更趨完備。比較具體的規定包括[122]：

1. 開放經內政部或縣市政府等宗教主管機關許可設立之財團法人或公益社團法人可直接設立宗教研修學院。

2. 申請立案時，校舍標準由原先總樓地板面積最低 5,000 平方公尺降為 4,000 平方公尺。

3. 宗教研修學院之系所規劃，不以一系或一所為限。

4. 總課程三分之二可由專業技術人員擔任教學師資。

5. 宗教教義研修機構及其所授予宗教學位之名稱，可冠以該學院所屬宗教名稱或該宗教慣用之文字。

6. 未來除了學校法人可以申設宗教教義研修機構外，其他經宗教主管機關許可設立之法人亦可直接申設宗教教義研修機構。

7. 宗教教義研修機構在設立標準-系所規劃、師資聘任、學校及學位名稱等方面都將更具彈性。

8. 避免衝擊已過度飽和之高等教育市場，宗教教義研修機構學生總人數除情形特殊且經教育部依相關規定評鑑績優，經報教育部核准者外，仍以 200 人為限。

9. 宗教教義研修機構之校地，其可開發使用面積至少應有 2 公頃，且應毗鄰成一整體，不得畸零分散。

10. 有充足之設校經費（包括購地、租地、建築、設備等經

---

122 摘引自 http://epaper.edu.tw/e9617_epaper/news.aspx?news_sn=1888。教育部部務會報審議通過「宗教研修學院設立辦法」草案。瀏覽日期：2012/10/20。

費）及維持基本運作所需之每年經常費，且應提出相關證明文件，並具募款能力。設校基金新臺幣 5 千萬元以上，並存入銀行專戶。

此後，台灣境內各宗教團體法人或學校法人，皆可依法向國家提出設立申請宗教教義研修機構。只要其設立條件，符合國家對宗教教義研修機構的法制規範皆可合法成立，並依國家法規頒發學位，得到國家的認可。這種作為對〈宗教團體法草案〉產生重大影響。在該草案中，國家已經同意宗教團體法人向國家提出宗教教義研修機構的申請，此時教育部的「私立學校法」修訂及宗教研修學院設立辦法的提出，再次強化了宗教團體辦理宗教教育的權利，只要滿足國家既訂條件，皆可得到國家核可設立宗教教義研修機構。

因此，中華民國境內的宗教團體就擁有國家認可，及宗教團體自行認可神職人員養成條件的兩軌教育體系。前者必需符合國家法制需求，國家才認可其學院的設立及學位頒贈；後者則是由宗教團體自行培養神職人員，擁有充分的宗教教育自由與國家機制無關。

（三）「殯葬管理條例」修訂，國家要求宗教團體與殯葬業者
　　　平等競爭

影響國家〈宗教團體法草案〉修訂的另一重要法制結構為「殯葬管理條例」。此條例通過後，衝擊擁有納骨塔、墓園、火化設施的宗教團體甚巨。然而，國家選擇接受殯葬管理業者的壓力，不太理會宗教團體的訴求，仍然恣意執行「殯葬管理條例」，甚至否定了宗教團體經營納骨塔、墓園、火化設施的「免稅特殊利益」。

　　根據「殯葬管理條例」在 2002 年 7 月 17 日修訂的第 72 條：

　　「本條例公布施行前，寺廟或非營利法人設立 5 年以上之公私立公墓、骨灰（骸）存放設施得繼續使用。但應於 2 年內符合本條例之規定。」

　　此時，國家尚給宗教團體擁有超過 5 年以上的墓園、骨灰（骸）存放設施繼續使用的權利。但是，在 2004 年 7 月 17 日後就得符合「殯葬管理條例」的規定，形同訂下宗教團體經營「送死事業」的落日條款。

　　到了 2012 年 1 月 11 日修正通過，7 月 11 日施行的「殯葬管理條例」，進一步緊縮宗教團體辦理送死事業，在修正的條文中，完全不提宗教團體可以經營墓園、納骨塔的設施。根據該法第 72 條：

　　「本條例施行前公墓內既存供家族集中存放骨灰（骸）之合法墳墓，於原規劃容納數量範圍內，得繼續存放，並不得擴大其規模。前項合法墳墓之修繕，準用前條第一項規定；其使用年限及使用年限屆滿之處理，準用第二十八條規定。」

　　第 102 條：

　　「本條例公布施行前募建之寺院、宮廟及宗教團體所屬之公墓、骨灰（骸）存放設施及火化設施得繼續使用，其有損壞者，得於原地修建，並不得增加高度及擴大面積。」

　　在這兩項條文中，可以看出國家只同意宗教團體在本條例公佈前，仍然使用既有的公墓、骨灰（骸）存放設施及火化設施。至於宗教團體如果要新設墓園、納骨塔及火化設施，就得與殯葬業者平等競爭且需向國家納稅，不再擁有免稅的特殊利益。

　　在「殯葬管理條例」通過前，台灣地區的佛教、道教、基督教、天主教、伊斯蘭教等宗教團體，為信徒從事殯葬活動是他們重要的宗教傳統。國家也曾經獎勵宗教團體辦理納骨塔、墓園、火化設施，推動國家的火化殯葬政策。

　　現在國家的宗教火化殯葬政策依然沒有轉變，但是，國家在新的「殯葬管理條例」下，已經收回宗教團體辦理送死事業的免稅特殊利益。當國家不再給宗教團體擁有為信徒辦理殯葬的優惠時，宗教團體仍然可以辦理墓園、納骨塔及火化設施的服務，只是它必需和一般殯葬業者站在平等的立場競爭，它們都得向國家繳稅，從此台灣地區的殯葬活動變成「商品化」程度甚高的活動。

　　從上述「人民團體法」、「私立學校法」及「殯葬管理條例」的討論可以看出，國家「宗教團體法制」的「憲法」成長另一個面向，國家給人民「憲法」上的宗教人權，除了大法官會議賦予新的解釋意涵外，實際的法律修訂也擴張或緊縮人民的宗教人權。就「人民團體法」及「私立學校法」的修訂內容來看，國家擴張了人民在「憲法」上的宗教人權；就「殯葬管理條例」的內容來看，則緊縮了宗教團體經營送死事業的優惠。

　　由此可知，宗教法制的修訂實質影響「憲法」的宗教人權內涵，它和大法官會議解釋文共同建構了威權轉型之後，民主化台灣的宗教人權內容。此宗教人權的憲法成長，又實質影響了〈宗教團體法草案〉的內容。因此，筆者以為國家的〈宗教團體法草案〉提出，深受國家威權轉型民主的結構性影響，也逃不出憲政成長的結構，這兩項結構性的因素，可稱之為「國家性質」的轉變，而此國家性質轉變，也支配了國家意志在〈宗教團體法草案〉的展現。

第二節　國家宗教政策傳承

　　影響國家意志在〈宗教團體法草案〉展現的另一重要因素為，國家主管宗教主管官署機制的堅持。他們認為解嚴後應該重新擘劃配合國家民主化性質的「新宗教政策」。除了與宗教管理有直接、間接相關的法規修訂外，也應該修訂〈宗教團體法草案〉。

　　在宗教主管官署看來，〈宗教團體法草案〉應與宗教自由化政策緊密關連，過去國家壓迫或管制宗教的國家行為應該重新調整，朝向宗教政策自由化的路徑。因此，宗教主管官署在解除戒嚴後，自行配合國家性質，從事宗教政策鬆綁的工作。

　　在本節將論述，解嚴後國家對宗教政策鬆綁的現象，而此現象形成 1987 年以來的「國家宗教政策傳承」。換言之，如果要理清國家在〈宗教團體法草案〉的意志，就應該追本溯源到 1987 年到 2000 年間的國家宗教政策轉化的因素。本節將分「國家宗教政策自由化」及「國家宗教主管官署機制啟動」等兩個變因討論，剖析其對國家意志形成的影響。

壹、國家宗教政策自由化與〈宗教團體法草案〉

　　我國宗教主管官署對宗教的管理與輔導政策，包括宗教團體的設立與監督管理、宗教教派別的認定、宗教團體從事事業的監督管理、宗教教育的管理與輔導、宗教團體的獎勵與輔導等範疇。（黃麗馨，2008：29-39）

　　其中，除了宗派別的認定外，其餘宗教團體的設立，宗教團體從事事業的監督管理、宗教團體辦理宗教教育的管理與輔導，及宗教團體獎勵與輔導等四項政策，皆與〈宗教團體法草

案〉有關。這四項政策內涵在國家體制轉型之後，也會隨之轉變，對國家在〈宗教團體法草案〉意志展現也產生重大影響。國家宗教主管官署得根據民主化與自由化的性質，對既有的管理宗教政策或法規重新大幅度的翻修，而除了將過去威權體制國家「管制」宗教的哲學，也得修正為「管理」或「輔導」的理念，並且將這些「管理」或「輔導」的理念落實在〈宗教團體法草案〉中。為了理解影響國家在〈宗教團體法草案〉意志的政策變因，將分別說明上述五項宗教政策的鬆綁理念：

（一）宗教團體類型的鬆綁

宗教主管官署對宗教團體類型的管理，分為「寺院、宮廟、教會」、「宗教社會團體」與「宗教基金會」三類。國家根據相關法規，對這三類團體進行管理。

首先，過去國家以「監督寺廟條例」及「寺廟總登記」的行政法規為依據，對台灣地區的佛、道及民間信仰的寺院、宮廟，採取強有力的管理政策。在解除戒嚴後，則採取「尊重寺廟自治原則」及「補辦寺廟登記制度」，一方面持續對寺廟管理，另一方面則強化國家對「違法」寺廟的輔導。（黃麗馨，2008：29-30）

到 2011 年為止，全國的寺院宮廟計有 13,080 座[123]宮廟，未登記全國財團法人、管理委員會、管理人等類型統計數的寺

---

[123] 另一項統計數字為內政部官方網站，截至 2011 年止，台灣地區的寺廟為 11,968 座；分為三個類型：財團法人類型的寺廟有 414 座；管理委員會有 5,730 座；管理人則有 5,824 座。（內政部統計處內政統計寺廟組織型態查詢網，http://statis.moi.gov.tw/micst/stmain.jsp?sys=220&ym=10000&ymt=10000&kind=21&type=1&funid=c0210101&cycle=4&outmode=0&compmode=0&outkind=1&fldlst=1111&cod00=1&cod10=1&rdm=mEhh2ibb，瀏覽日期：2012.8.7）

院宮廟約有 5,420 座[124]，國家宗教主管機關並未對這些違法寺廟強力取締，反而得輔導其完成補辦登記成為合法寺廟。

其次，國家全國型宗教類社會團體的管理，已在上述表 5-1 說明清楚。威權時代只有 3 個全國型宗教類的社會團體為合法團體；可見在威權體制下，人民成立的全國型宗教類的社會團體相當有限。在民主轉型之後，人民可以根據「人民團體法」申請登記成立全國型宗教類社會團體。到 2012 年 10 月 18 日為止，全國型宗教類社會團體約有 837 個。在民主體制下，國家給予人民結社的自由，宗教類的社會團體乃大幅度的成長。

第三，人民可向國家申請成立「財團法人」，根據「民法」第 25 條：

「法人非依法或其他法律之規定，不得成立」。

再根據「民法」第 30 條：

「法人非經向主管機關登記，不得成立」。

人民依此法申請登記的財團法人，根據其設立宗旨及辦理目的事業，分別受國家各機關管理[125]，其中宗教財團法人由行

---

124 根據黃運喜的研究，到民國 94 年為止，台灣登記有案的寺廟為 11,017 座；合法寺廟有 5,987 座；補辦登記的違法寺廟有 5,030 座。（黃運喜，2010：1）

125 目前政府各機關管理財團法人，對成立財團法人的基金額度標準不一，體委會管轄的財團法人基金額度為 5 千萬元；直轄市 3 千萬元；縣市 1 千萬元。內政部管轄的財團法人，民政司 3 千萬元；地政 3 千萬元；社政 3 千萬元；警政 1 千萬元；消防 3 千萬元，營建 1 千萬元。外交部、經濟部、教育部、文建會要求財團法人設立的基金各為 3 千萬元。衛生署、蒙藏會、陸委會、勞委會、新聞局要求財團法人的設立基金各為 1 千萬元。財政部、環保署、青輔會要求財團法人設立的基金各為 5 百萬元。至於，農委會、退輔會、交通部、國科會及通訊會要求財團法人設立的基金，則依個案而定。（黃淑冠，2009：77-78）

政院內政部民政司主管。

　　全國型宗教財團法人成立，則有兩種可能：第一，以捐助不動產，申請設立不動產的位置，至少涵蓋全國直轄市或縣（市）等 7 個行政區域以上，不動產值至少新台幣 2 千 5 百萬元及新台幣 5 百萬現金以上。第二，捐助財團法人基金至少新台幣 3 千萬以上，而且只能動用利息辦理活動，不得動用本金。（內政部，2007：1-2）

表 5-2 解嚴前、後各宗教成立「全國型宗教財團法人」統計比較表

個數 教別	戒嚴期間 （1945-1987）	解嚴後 （1987-2011）	合　計
佛教	2	23	25
道教	3	1	4
基督教	58	28	86
天主教	33	6	39
一貫道	0	3	3
軒轅教	1	0	1
天帝教	1	0	1
天理教	2	0	2
真光教團	0	2	2
彌勒大道	0	2	2
先天救教	0	1	1
山達基	0	1	1
其他宗教	0	3	3
合　計	100	70	170

資料來源：

內政部，2004.8，《全國性宗教團體法人名錄》，台北：內政部，頁 1-162；內政部民政局網站：http://www.moi.gov.tw/dca/02faith_002.aspx，瀏覽日期：2012.10.12；3.本研究整理。

　　戒嚴期間，各宗教成立的「全國型宗教財團法人」約有100個；解嚴之後，則約有70個。至2011年為止，全國型宗教財團法人約有170個。(表5-2)各教派於戒嚴期間在各縣市成立的「宗教財團法人」約有503個；解嚴後至今，各教派則約有834個，至2011年為止，各教派在各縣市成立的「宗教財團法人」合計約有1,337個[126]。(表5-3)國家宗教主管官署對佛教、道教、民間信仰以外的宗教團體，因為無法以「監督寺廟條例」管理這些宗教團體，因此，許多非華人宗教團體在台灣欲取得合法地位，乃依「民法」成立宗教財團法人。加上民間的宗教社會力量也大幅度成長，導致各教派在各縣市成立的宗教財團法人也隨之增加。

---

126 根據另外一項內政部統計資料顯現出不同的數字，截至2011年為止，登記為財團法人的宗教團體分別有天主教262個、基督教1,132個、回教5個、天理教11個、巴哈尹教2個、真光教1個、統一教1個、摩門教2個與其他5個，合計共有1,421個。

　　(http://statis.moi.gov.tw/micst/stmain.jsp?sys=220&ym=10000&ymt=10000&kind=21&type=1&funid=c0210201&cycle=4&outmode=0&compmode=0&outkind=6&fldlst=110&cod00=1&codspc1=0,11,&rdm=ev5Iki8l，瀏覽日期：2012.8.8。)出現不同的統計數字，主要的因素在於「宗教財團法人」可能由內政部民政司主管，但也有可能由社會司管轄，甚至少數宗教團體向教育部登記。因此，內政部統計處會出現1,421個宗教財團法人，大於內政部民政司的1,337個宗教財團法人。這是國家「政出多門」，讓宗教團體自由向國家不同部門登錄，而不同部門卻可管理具同性質的宗教財團法人所造成的後果。

表 5-3 解嚴前、後各宗教成立「各縣市宗教財團法人」統計
　　　比較表

個數 縣市	戒嚴期間 （1945-1987）	解嚴後 （1987-2011）	合　計
基隆市	14	10	24
台北市	153	84	237
新北市	53	104	157
宜蘭縣	8	25	33
新竹市	13	30	43
新竹縣	3	8	11
桃園縣	15	34	49
苗栗縣	9	4	13
臺中市	65	53	118
彰化縣	5	51	56
南投縣	6	13	19
嘉義市	8	12	20
嘉義縣	2	57	59

資料來源：

1. 內政部，2004.8，《全國性宗教團體法人名錄》，台北：內政部，頁 1-162；

2. 內政部統計處網站：http://statis.moi.gov.tw/micst/stmain.jsp?sys=100，
　瀏覽日期：2012.10.12；3.本研究整理。

　　儘管國家已經對宗教團體成立要件鬆綁，但是，國家宗教
主管官署對這三類的宗教團體仍然有管理與輔導的行政需
求。過去早已存在的「寺廟總登記」及「補辦寺廟登記制度」
等宗教法規，可以對「寺院、宮廟、教會」這類宗教團體管理，
但是在國家轉型為民主體制後，這些法規可能已經過時。宗教
主管官署乃思考用〈宗教團體法草案〉取代之。

　　此外，宗教主管官署依「人民團體法」及「民法」分別對
宗教社會團體及宗教基金會設立進行管理，也出現管理法制分
歧及管理宗教基金會無力感之嘆。對於前者的問題，宗教主管

官署思考用統一的〈宗教團體法草案〉取代「民法」及「人民團體法」的規範；對於後者的問題，宗教主管官署則思考修改〈宗教團體法草案〉，拿回對具宗教性質的財團法人的管理權。宗教主管官署為化解這些困境，乃將其想法化為國家意志在〈宗教團體法草案〉中展現。

（二）新宗教申請案的鬆綁

〈宗教團體法草案〉並未涉及新宗教申請案的判定，但是，民主轉型之後的國家體制，中央主管官署仍然擁有此項行政裁量權，介入新宗教申請案的管理。

在威權時代，國家用新宗教申請的行政判定權，嚴格管理台灣地區各宗教。未得到國家同意設立的新宗教，就無法在台灣地區宣教。當國家宗教管理官署掌握此行政裁量權，就可否定人民在「憲法」上的宗教自由。

國民黨政府蔣介石政權剛到台灣，只有承認佛、道、基督、天主教、回教、藏傳佛等六個傳統宗教合法。台灣地區的合法宗教，變成蔣政權尊重人民宗教自由的象徵，但是另一個意涵是，台灣地區只有少數的宗教可以自由活動，未經蔣政權同意的宗教都在管制禁止之列。因此，國家對新宗教的申請採取相當嚴苛的管制措施。

直到 1954 年國民黨政權才同意理教合法[127]；1965 年同意軒轅教合法；1971 年同意耶穌基督後期聖徒教會及天理教合法；1986 年同意天帝教合法；1987 年到解嚴前夕同意一貫道

---

[127] 中華民國政府同意理教合法，主要原因在於有不少信仰者是國民黨政府的政治人物。他們對理教的信仰，也影響到國民黨政權對其信任，甚至核撥日治時代的佛教寺院給理教當作膜拜空間。（張家麟，2011.3：133）

合法，合計只有 12 個合法宗教。

　　當國家解嚴後，推動宗教自由政策對新宗教申請的管制也逐漸鬆綁。國家對過去壓抑的宗教，如統一教、錫安教派都成為合法宗教或教派。長老教會的言論自由也受到保障，甚至在政黨輪替後，長老教會的領袖已經從「昔為階下囚」，轉為「今為座上賓」的角色。（張兆林，2005）

　　就新宗教的申請管理政策來看，它再也不是國家對宗教管制的重要政策，因為無論向國家申請或不申請的新宗教，都可以在台灣地區自由宣教。台灣地區人民創立新宗教的自由，已經成為「憲法」保障的宗教人權之一。國家表面上傳承威權體制的作為，對新宗教申請仍然採取管理政策；實質上，已經給新宗教諸多合法空間，對新宗教申請採自由申請登記制度，無論是否向國家提出申請登記，皆獲得國家憲法保障，可以在台灣地區合法且自由宣教。[128]到 2012 年為止，計有 27 個宗教合法登記於國家公文書上。[129]

　　國家宗教主管官署運用行政裁量權，決定新宗教申請案是

---

128 國家宗教主管官署對新宗教申請案的審議原則，保留威權時代的行政裁量權（黃慶生，2004a：323），政府不要求主動而由宗教主動向政府提出申請。至於宗教主管官署用「逕行裁量」、「諮詢駐外單位」、「諮詢宗教領袖」、「諮詢專家學者」、「地方政府呈報」等模式，來審議新宗教申請案。而且國家也委請專家學者建構新宗教申請的指標，用質化或量化的指標，裁量新宗教是否可以登記在政府的公文書上。（張家麟，2005：127-160）

129 國家宗教主管官署對境內的宗教介紹，只有佛教、藏傳佛教、道教、基督教、天主教、回教、理教、天理教、軒轅教、巴哈伊教、天帝教、一貫道、天德聖教、耶穌基督末世聖徒教會（摩門教）、真光教團、世界基督教統一神靈協會（統一教）、亥子道宗教、儒教、太易教、彌勒大道、中華聖教、宇宙彌勒皇教、先天救教、黃中、山達基宗教、玄門真宗與天道等 27 個向國家申請登記的宗教。（http://www.moi.gov.tw/dca/02faith_001.aspx 瀏覽日期：2012/8/9）

否可以登記在國家公文書上。它仍然維持威權體制時期的作法，但是與過去不同的是，國家再也不干涉未登記的宗教，在台灣地區的自由宣教的權利。換言之，過去未得到國家登記的宗教，該宗教就無法在台灣立足；現在儘管維持新宗教申請的登記制度，但是國家再也不能用此制度禁止新宗教的「合法存在」。（蔡秀菁，2006）

　　雖然部分宗教學者對國家擁有新宗教申請案的行政裁量權認為可能違憲，或違背大法官會議解釋460號、490號、573號宗教自由的解釋文。在他們看來，國家不應對特定宗教獎勵或禁止，而現在國家卻給宗教做合法的登記，可能違反政教分離的原則，形同否定了國家根據「憲法」保障其他沒有登記的宗教權利。但是，也有持異議的學者認為，國家擁有對新宗教申請案的行政裁量權，有利於國家對新宗教的資訊理解，而且新宗教得到合法認可後，也可享有國家賦予的權利，也在國家的法制下對社會盡義務，因此國家給予合理的規範乃屬需要。（張家麟，2005：156-161）

　　在國家宗教主管官署的立場看來，維持威權時代合理管理新宗教申請案，以有限的宗教主管官署人力資源，採取被動審核的原則，儘可能公平對待新宗教的申請，用相同的指標審核新宗教，這些行政裁量作為並不妨礙新宗教在台灣地區的合法行動。（黃麗馨，2008：33-34）

　　因此，國家仍然堅持新宗教要合法登記在國家公文書上，必需向國家機關提出申請，再由國家機關依過去行政程序做合理的判定，是否同意該宗教登記在國家公文書上。在此制度下，台灣地區變成全球各宗教來台宣教的自由樂土，法定宗教有27個，事實宗教則可能達上千個。以日本來台宗教為例，

就有 27 個宗教在台從事宣教的工作，他們也沒有向國家申請
登記為新宗教。[130]（藤井健志，2005：34-35）

〈宗教團體法草案〉堅持只對宗教團體進行管理與輔導，
而尊重「宗教」在台灣地區存在的事實與需求。該草案認為國
家不得介入人民在「宗教」上的諸多核心自由，只能管理與輔
導因宗教而產生的宗教團體，及其外顯的宗教行為。

（三）國家對宗教團體附屬事業的管理

國家對宗教的管理形成的宗教政策，尚包含對宗教團體從
事醫療、文教、慈善等事業的監督管理。事實上，宗教團體的
附屬事業超越既有的醫療、文教、慈善機構的設立，擴張到電
視台、報社、雜誌社、出版社、書店等大眾傳播媒體事業，及
對信徒的生命服務、納骨塔、香客大樓、素食餐廳、國際會議
中心、神明遶境、香油錢等事業。（林建山，2008：3-24）[131]

在這些事業中，引起宗教團體與國家之間最大的爭議點
為，宗教團體附設納骨塔、墓園與火化設施。解嚴前，國家並
未管制宗教團體從事這些事業；但是解嚴後，國家已經建構「殯
葬管理條例」，要求宗教團體經營的事業，需要符合國家制訂
的法律規範所需求的資格與條件。

---

130 日本宗教在現代臺灣：天理教、生長之家、創價學會、世界救世教、東方之光、
　　淨靈協進會、真如苑、立正佼成會、本門佛立宗、靈友會、佛所護念會、神
　　慈秀明會、新生佛教教團、世界真光文明教團、妙法蓮華宗、天地正教、淨
　　土真宗親鸞會、阿含宗、正信會、淨土真宗本願寺派、日蓮正宗、臨濟宗妙
　　心寺派、真言宗高野山派、中國日蓮正宗佛學會、妙法蓮華教促進會、倫理
　　研究所、MOLALOGY。（藤井健志，2005：34-35）

131 內政部曾經委託學界對宗教團體附屬的教育、醫療、文化、慈善等事業從事研
　　究，就是希望能夠掌握境內宗教團體附屬事業的現況、法制及制訂合理的輔
　　導管理政策。（林建山，2008）

其中，引起宗教團體大力反彈的原因在於，國家為了推行火葬政策。在上節中已經討論，國家宗教主管官署曾於 1989年行文地方政府，鼓勵宗教團體設立納骨塔與墓園等火化設施。然而，在 2002 年公布「殯葬管理條例」，卻要求宗教團體設立的 5 年以上公墓納骨塔火化設施得以繼續使用；但是，在2 年內要符合「殯葬管理條例」的規定。甚至在民國 2012 年修訂的法制中，完全取消宗教團體經營納骨塔、墓園、火化設施的「免稅特殊利益」。此舉措造成宗教界大力反彈，認為國家「先鼓勵，後取締」，讓宗教團體附屬的納骨塔、公墓等事業無所適從。

此問題既困擾地方政府的執行，也造成中央宗教主管官署是否強力取締或輔導的兩難困境。中央宗教主管官署為了配合「殯葬管理條例」，乃思考將宗教團體經營納骨塔、墓園、火化設施的規定納入〈宗教團體法草案〉中，希望立法解決此問題。因此國家在〈宗教團體法草案〉的意志展現，乃受此既有的國家對宗教團體附屬事業的管理「政策變遷」所影響。其中國家得依照「殯葬管理條例」的精神，落實在〈宗教團體法草案〉中，做出有利於殯葬業者的法制，讓宗教團體與殯葬業者平等競爭，從事送死事業的服務。

（四）宗教教育的鬆綁

在上一節宗教人權的憲法成長討論中，已經論述國家修改「私立學校法」鬆綁了宗教團體辦理宗教教義研修機構的法規。國家宗教主管官署也根據這項法規，規範宗教團體辦理宗教教育。

戒嚴時期，國家對宗教團體辦理宗教教育機構，給予某種

程度的尊重與自由。但是宗教神學院、佛學院、道學院所培養的畢業生或神職人員，國家並未對其資格承認，授予國家合格學位。

解嚴後，宗教團體對國家提出要求，希望國家認可宗教神學院的畢業生學位資格，國家乃做出鬆綁政策。首先，讓大學申請設立「宗教學系」，尊重各大學投入宗教研究的自由，招收學生學習跨宗教領域的宗教學術。於 1995 年後，輔仁大學、真理大學、政治大學、中原大學、東海大學、佛光大學、南華大學、長榮大學、慈濟大學、華梵大學及玄奘大學，先後設立宗教學研究所及大學部，其畢業生比照大學或碩、博士班畢業生，頒發教育部認可的學位。（張家麟，2008：112）

其次，國家也同意宗教團體設立神職人員養成的神學院、佛學院及道學院。在 2004 年，國家修改「私立學校法」第 9 條之後，在符合國家要求的校地、校舍、設備、設校基金、師資標準下，同意宗教團體設立宗教教義研修機構，向教育主管機制立案後，其畢業生得以頒發國家認可的學位。

至於過去宗教團體自行設立的宗教學院，培養的神職人員，國家皆維持傳統尊重宗教團體的政策，由各宗教教派自行核可神職人員資格，國家則不介入認證，避免侵犯其神職人員養成的宗教教育自由。

從上述國家對宗教教育政策鬆綁政策來看，國家宗教主管官署得積極面對私立學校法；同時也呼應宗教團體領袖的要求。它得思考配合既有的教育法規，及宗教團體辦理宗教教育的鬆綁政策；這兩項因素影響國家意志在〈宗教團體法草案〉的展現，國家必需對〈宗教團體法草案〉做合理的規劃，滿足民主轉型後國家對宗教團體辦理宗教教育自由的需求。

（五）國家對宗教團體獎勵與輔導的整合

威權時期國家已經對宗教團體的土地使用、稅賦給予優惠；解嚴後國家延續這些政策。國家宗教主管官署重新思考，將散見於管理宗教用地的「台灣建築法」、「區域計畫法」、「都市計畫法」、「水土保持法」、「環境影響評估法」、「農業發展條例」等法規；以及國家對宗教團體稅賦減免的「所得稅法」、「房屋稅法」、「土地稅法」、「遺產及贈與稅法」等法規，將這些法規綜合整理成為〈宗教團體法草案〉中的部分條文。這種複雜且分散於各法令的宗教管理法制，對宗教主管官署的中央官員或地方官員，造成依法行政過程中的諸多困境，常發現同一案例，卻有不同層級官員的相反解讀，也引起宗教團體的不滿。

國家宗教主管官署為了便利獎勵與輔導宗教團體法制的統一與解釋，乃思考將這些散見於各項法規中的法律、命令，綜整在〈宗教團體法草案〉中，展現國家整合法規的企圖心，而這項企圖心當然也得考量既有的國家獎勵宗教團體政策。如果〈宗教團體法草案〉得以通過，它就可完成當作地方宗教主管官署依法行政的依據，化解法律解釋分歧的困境。

從上述國家宗教政策自由化的鬆綁過程中，可以看出下列幾點意涵：

1.國家宗教政策的鬆綁

對宗教團體類型管理、國家對宗教派別判定、國家對宗教團體附屬事業管理、國家對宗教團體辦理宗教教育的管理，及國家對宗教團體獎勵與輔導法規的管理等政策，都已經朝向實踐憲政體制中的宗教人權。

2.國家依然管理宗教團體

這些宗教自由化政策，幾乎都與宗教自由或國家對宗教團體管理有關，儘管這些政策延續威權體制時期的國家管理宗教的「政策傳統」，但是已經由濃厚的「管制」的意涵轉化為「輔導」兼「管理」的角色，國家依舊扮演管理境內宗教團體的各項宗教世俗活動。

3.國家將管理宗教團體的理念落實於〈宗教團體法草案〉

國家宗教主管官署深知，不得對宗教團體的各項世俗活動置身於外，乃思考納入既存的宗教團體存在的事實與問題，企圖用〈宗教團體法草案〉處理，並將過去散見於各法規中的管理條例整合到〈宗教團體法草案〉中，使宗教主管官署擁有一套法律層級的「宗教團體法制」，取代過去行政命令的宗教法規，也讓地方政府清楚且明確的執法。

國家宗教主管官署在民主轉型之後，面對「寺院、宮廟、教會」、「宗教社團」與「宗教基金會」蓬勃發展的現象，及這些宗教團體所形成市民社會的力量，明白他們擁有「憲法」保障的各項人權，乃對國家加以施壓，以維護其宗教人權。國家乃思考用合理的〈宗教團體法草案〉，取代過去舊有的宗教法制。因為既有的法規有其限度，無法合理輔導或管理這些團體。而為數不少的宗教團體登記在民政司之外的主管官署，造成多個官署管理宗教團體的「多頭馬車」現象。唯有〈宗教團體法草案〉立法，宗教主管官署才可能化解此困境。因此，國家宗教政策自由化的結果，讓宗教主管官署重新思考綜整一套合理的〈宗教團體法草案〉，乃有其必要性。而影響國家在這套法案的意志力展現的原因之一，就是民主轉型之後的國家宗教政策自由化的結果。

貳、國家宗教主管官署啟動〈宗教團體法草案〉

一、宗教主管官署介入〈宗教團體法草案〉規劃

　　一般言，民主國家的政策制訂，幾乎都有主管的行政官僚介入「政策規劃權」。即使政務官與立法者掌控最重要的「政策決定權」，但是，大部分的政策都事先經過行政官僚規劃與設計。因此，負責實踐政策的官僚成員都擁有實質的政策形成影響力，而能夠有效的制訂國家政策。（陳恆鈞、王崇斌、李珊瑩譯，Charles E. Lindblom & Edward J. Woodhouse 著，1998：89）

　　在〈宗教團體法草案〉的制訂，也具有濃厚的宗教主管官署介入的影子。台灣解除戒嚴後，國家性質已從「威權國家」（authoritarian state）轉型到「官僚國家」（bureaucratic state）[132]，由國家宗教主管官署發動〈宗教團體法草案〉的修訂，在前一節已經論述，宗教主管官署為了強化其立法能力，乃設立「宗教事務諮詢委員會」，擴大產、學兩類菁英的政策參與諮詢，使國家的宗教政策推動更具合法基礎。不僅如此，再由該委員會推舉〈宗教團體法草案〉六人小組，增強宗教主管官署規劃〈宗教團體法草案〉的能力，快速的草擬及傳承政黨輪替前的〈宗教團體法草案〉版本。

二、宗教主管官署推動〈宗教團體法草案〉立法審議

　　國家宗教主管官署在擬定〈宗教團體法草案〉後，它曾在

---

[132] 新國家主義論者認為，國家能力強者，可以是威權國家或官僚國家的性質；國家能力弱者，比較接近「封建國家」（feudal state）與「傳統帝國」（imperial state）。（Mann, 1984:91）

2000 年至 2009 年間，橫跨民進黨與國民黨兩個政府的執政時期，將法案五次送交立法院審議。形同行政官僚體系超越黨派利益，站在國家的高度發動〈宗教團體法草案〉的審議。

在陳水扁政府執政期間，行政院內政部民政司宗教輔導科宗教主管官署代表國家，分別於 2001 年 9 月 21 日、2002 年 3 月 22 日、2005 年 3 月 7 日及 2008 年 2 月 22 日，鍥而不捨地送〈宗教團體法草案〉至立法院審核。民進黨政府第一次審核被退回；第二次審核通過一讀程序後，因二度協商後沒有共識而被擱置；第三次審核再次於立法院被擱置；第四次審核時，剛好面臨國家再一次政黨輪替而被擱置。

2008 年馬英九政府上台，國民黨接替民進黨政府執政，宗教主管官署仍然延續民進黨的宗教管理政策。在擁有行政與立法的執政優勢下於 2009 年 3 月 25 日，第五次送立法院審核。由國民黨立委吳育昇擔任內政委員會主席，召開立法院第 7 屆第 3 會期內政委員會〈宗教團體法草案〉公聽會，而在同年 4 月 6 日於內政委員會一讀通過行政院版本的修正條文，可惜未能在該會議完成三讀，形同再次擱置〈宗教團體法草案〉。

從整個法案的提出來看，固然行政院將該法案經由院會通過，且當作年度施政主要政策之一。但是與其它民生法案相比較，該法案的重要性明顯不足。因此審核法案的優先審理順序，就被排在比較後面的位置。

此外，該法案提出的層級是國家宗教主管官署相當低階的「宗教輔導科」。加上部分宗教團體持異議聲音，立法委員也有不同的意見，提出「沈智慧版」、「黃昭順版」及「邱太三版」等三個版本，展現民間信仰團體、立法委員及行政院版的多元

聲音，使得該法案在立法院逐條審議階段，就陷入不斷協調不
同意見，甚至無法達成共識，最後遭至擱置的命運。

第三節　宗教主管官署菁英理念

國家意志在〈宗教團體法草案〉的展現，固然深受政黨輪
替前宗教主管官署機制規劃〈宗教團體法草案〉版本的影響，
〈宗教團體法草案〉六人小組為了快速草擬法案，乃將過去國
民黨執政時期，民政司司長紀俊臣規劃的版本，當作〈宗教團
體法草案〉的芻型，從中修訂而成新的版本。因此，在政黨輪
替之後得以快速提出新版本。如果要深刻理解國家在〈宗教團
體法草案〉意志展現的意涵，就應該對政黨輪替前後的兩位司
長的宗教人權，及國家對宗教團體管理理念，進一步探索。因
為他們倆人的理念，形同是國家意志在〈宗教團體法草案〉展
現的主要動力之一。

壹、紀俊臣的理念對〈宗教團體法草案〉的影響

一、〈宗教團體法草案〉芻型的建構

早在 1997 年行政院內政部民政司司長紀俊臣，他對〈宗
教團體法草案〉的修訂抱持審慎樂觀的態度。在他看來，為了
建構「宗教團體法制」提出立法的三項理由：1.透過「宗教團
體法制」維護宗教信仰自由；2.透過「宗教團體法制」輔導宗
教事業發展；3.健全當前宗教行政法制，強化既有宗教行政官
僚體系擴張編制，成為宗教司。

在上述三個理由下，從宗教管理法制實務及台灣地區宗教

既存現象，兩個角度建構「宗教團體法制」的內涵。他認為宗教團體包括寺廟、教堂、佈教所、宗教社會團體、聯合團體及宗教基金會等類型，這些團體都是屬於公益法人。在公益法人的條件下，賦予宗教組織得以自治，可以向民政機關辦理法人登記，在違法時由民政機關設立的宗教團體審議委員會將之解散。宗教團體經營事業時的稅捐特殊利益。宗教團體土地取得的從寬解釋，讓獨棟的宗教建築物或限制區分的所有宗教建築物，用宗教團體名義登記所有權。宗教團體採現金收付會計制度。有條件附設納骨塔。可以設立宗教教育機制，依教育法律得設立宗教學位的學校等。如果違法的宗教團體，宗教主管官署可以要求設定罰則如罰鍰，要求宗教團體停止接受捐款，撤銷宗教團體登記或解散宗教團體。

　　從這些實務管理可以理解，當前宗教主管官署的業務範圍，他將上述宗教主管官署的理念，繪製成〈宗教團體法草案〉的組織架構圖（圖5-1）。（紀俊臣，1998：60-70）

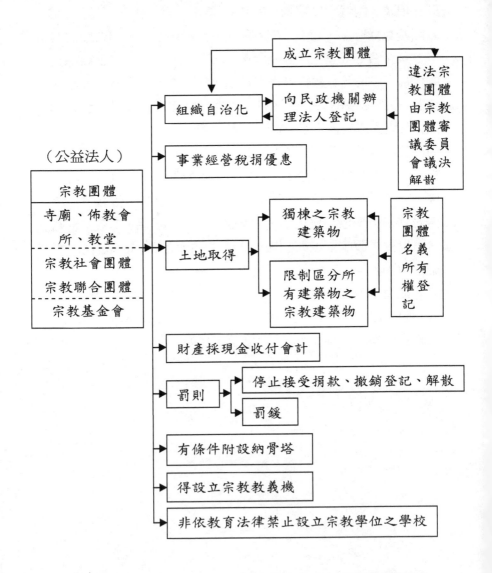

圖 5-1 紀俊臣規劃的〈宗教團體法草案〉組織架構圖

二、放棄〈宗教團體法草案〉芻型

　　然而政黨輪替後，前司長紀俊臣離開職務，他對〈宗教團體法草案〉的修訂，由樂觀轉趨悲觀。他回憶 1997 年內政部曾積極草擬〈宗教團體法草案〉，但若干宗教團體意見分歧，加上行政首長決心不足，以及宗教主管官署的人事更迭快速，使得〈宗教團體法草案〉無法通過，他估計未來「宗教團體法制」的立法審議也將遙遙無期。

　　他本來想在主管任內，對宗教團體及宗教組織發展過程中碰到的瓶頸，像土地合法取得、建築納骨塔等議題加以協助解決。但是，宗教主管官署未能擅用傳播媒體為自己的政策做辯護，說服宗教團體或反對意見，導致所提出的〈宗教團體法草案〉的立法挫敗。他只好退而求其次，站在學者的立場，建議國家宗教主管官署不再朝〈宗教團體法草案〉立法的方向，而是對既有相關「民法」第 30 條做修訂，原本規定「法人非經向主管機關登記，不得成立」，在該法後段增訂「但宗教團體之法人登記，由主管機關併同辦理之」，使宗教團體具有「民法」規範內的法人資格，取代宗教團體在原有「民法」中的財團法人及「人民團法」中的社團法人，只有「準法人」地位，讓宗教團體取得權利主體的當事人法律地位，來解決財產繼承或其它訴訟的進行，化解宗教團體當事人不適格的問題，所造成的各項糾紛事件。（紀俊臣，2000：10-12）

三、紀俊臣的理念對〈宗教團體法草案〉建構的意涵

　　當前〈宗教團體法草案〉的芻型，最早是由紀俊臣提出現有行政院版本，是依當時的紀俊臣版的架構規劃，只是在文字細節上做部分的調整。換言之，紀俊臣對宗教管理的理念，影

響了國家在〈宗教團體法草案〉方向與結構的意志展現。

　　現有〈宗教團體法草案〉會根據他的版本規劃，最主要的原因是他清楚的綜整並掌握，過去國家宗教主管官署面對宗教團體出現的各項實務問題與困境。他將這些實務問題與相關法律與命令，重新規納整理，並將之形成為具體的「宗教團體法制」，而非站在充滿宗教自由理想的憲法層次，解讀與規劃國家機關的管理宗教實務。因此，他規劃的版本乃顯得「高度實用性」，也是政黨輪替後六人小組採用該版本的主要理由。

貳、黃麗馨的理念對〈宗教團體法草案〉的影響

一、傳承過去宗教主管官署的〈宗教團體法草案〉

　　除了紀俊臣對〈宗教團體法草案〉的提出，具有關鍵性的影響外，政黨輪替後，黃麗馨取代他成為民政司司長。面對國家由新的政黨主政，她得快速的回應與貫徹新領袖提出來「宗教白皮書」的新宗教政策。因此，她採取比較便利的方式，重新包裝紀俊臣版的〈宗教團體法草案〉。

　　運用新的法制成立「宗教事務諮詢委員會」，也將各宗教領袖及宗教學者等菁英皆納入委員會中，藉此擴大民意基礎。並由委員會推舉六人小組，更能快速掌握〈宗教團體法草案〉的立法進度，也接受了菁英的意見，使紀俊臣版的〈宗教團體法草案〉更貼近民意，也符合宗教團體的需求。

　　黃麗馨除了傳承紀俊臣的法案芻議外，也重新對該法案包裝。她肯定大法官會議對宗教相關政策的解釋，尤其釋字573號解釋文的憲法理念，判定「監督寺廟條例」第 8 條違憲，因為該法部分條文得呈請主管官署許可，而申請程序及許可要件

卻都缺乏，違反法律明確性原則。該法的條文規定，對宗教活動自由的妨礙，逾越了必要的程度，違反比例原則。該法要求寺廟的宗教組織自主權、財產處分權皆加以限制，違反宗教自由原則。該法排除政府機關、地方公共團體管理及私人建立管理的寺廟，而僅適用信徒募款、捐資成立的寺廟，這種差別待遇，違反平等原則。不僅如此，該法只適用於佛、道兩教的寺廟，對其他宗教的聚會所未做相同的限制也違反平等原則。

二、國家應該將宗教行為分類尊重或管理

在她看來，國家由威權轉型到民主，政治領袖在宗教團體成員也是選民的考量下，為了取得宗教團體的支持，會給宗教團體便利和特殊利益。過去執政者是政治凌駕在政治之上；現在則可能形成宗教影響政治的新局面。此外，她從宗教行為的本質加以分類，分為「核心內宗教行為」、「次核心宗教行為」與「核心外宗教行為」等三類。

她認為國家應該對不同層次的宗教行為給予保障或管理。國家應該不得介入宗教神聖層次的核心內宗教行為；這些行為包括理解或闡明宗教觀念、宗教思想的行為，處理人與神聖事務相關的儀式、慶典、戒律的各項語言與身體行為，為獲得宗教經驗，所從事的各項神秘性的宗教經驗行為。因此，這些相關的宗教教派的認定、宗教教義研修機構課程、師資的選任、宗教團體聖務組織傳承與戒律，宗教儀式、慶典，國家都不應該介入。

至於次核心宗教行為，是指宗教團體基於宗教的本質與目的，所從事的一般世俗活動。像宗教團體的會計、財務管理及組織、結社與會務運作行為；宗教團體獲得土地、興建宗教建

築物的行為；基於教義如禁止墮胎、拒絕服兵役等，而從事的世俗行為。對於這些行為固然屬於因宗教信仰而來，但是牽涉到世俗活動，國家就應該用一般法制加以限制。

在核心外宗教行為，是指宗教團體基於一般社會的目的，所從事的一般世俗行為。它只是宗教團體所做的非宗教活動，例如興建非屬宗教或祭祀設施的建築行為；宗教團體基於宗教教義的信仰從事傳播、社會福利、醫療等事業經營行為。這些活動以一般人民所從事的活動並無差別，國家當然可以運用各種法律限制和規範。（黃麗馨，2008：40-72）

三、國家管理宗教的法令政策應符合憲法或法律的原則

從上述的「憲法」、法律原則及宗教行為的分類可以得知，國家在管理宗教團體應該秉持「憲法」原則中的宗教自由與政教分離原則；國家對於訂定宗教相關管理法規，則應該考量法律的比例、公益、明確性及平等原則。

在她看來，國家訂定各類的宗教政策時：如對宗教派別的認定政策，應該屬於憲法的宗教自由規範下，做出明確性及平等對待的行政裁量。在宗教團體的設立和監督管理政策時，也是在宗教自由原則下訂定，訂定符合比例、明確性與平等原則的〈宗教團體法草案〉。在訂定宗教團體從事事業監督管理政策及宗教教育的管理輔導政策，國家得在宗教自由的憲政原則下，對之高度尊重，規劃符合比例原則的政策。國家對宗教團體的獎勵與輔導政策，則要考量政教分離原則的憲法規範，訂定符合比例、公益及明確性原則的法規。（黃麗馨，2008：80）

國家管理人民或宗教團體的核心內宗教行為，應該嚴守「憲法」的宗教自由與政教分離原則，不輕易訂定法律規範限

制。至於次核心宗教行為，國家要注意宗教自由與政教分離原則；核心外的宗教行為，國家則得尊重政教分離原則。這兩類宗教行為，國家就可以訂定一般法律的原則規範。（黃麗馨，2008：82）

四、黃麗馨的理念對〈宗教團體法草案〉建構的意涵

綜觀黃麗馨對〈宗教團體法草案〉的建構，展現出宗教主管官署小幅度變化的傳承意涵。她傳承自紀俊臣規劃的〈宗教團體法草案〉，用此草案為基礎，當作回應國家新宗教政策的根據。

政黨輪替對宗教主管官署產生重大衝擊，威權時代的政治凌駕宗教的作為，民主轉型之後已經產生質變。政黨輪替深化了民主體制，國家出現了新政府領袖，企圖對宗教有新作為，呼應「憲法」的宗教人權，訂定的宗教白皮書，必需由宗教主管官署實踐。黃麗馨在此背景下，嗅出國家新領導人的期待，將宗教政策轉化為服務宗教團體，甚至給宗教團體好處，期待他們支持政治領袖的新作為。

因此，她就得肯定「憲法」的宗教人權，尊重宗教自由與政教分離的憲政原則所擘畫的〈宗教團體法草案〉，就得嚴守尊重人民「核心內」宗教行為的自由，只能介入人民「次核心」或「核心外」的宗教行為。對這兩類行為依「憲法」宗教自由、政教分離的原則訂定合理的法律規範，管理人民或宗教團體的行為。

在她研究的宗教主管官署事務，包括宗教團體的設立與監督、宗教教育的管理輔導、國家對宗教團體的獎勵與輔導、宗教派別的認定、宗教團體從事事業監督管理等五類的政策和法

規，除了宗教派別的認定之外，其餘至 4 項法規和政策與〈宗教團體法草案〉直接相關。她企圖將這 4 項的法規或政策，綜整成一部完整的「宗教團體法制」。

宗教主管官署成為國家轉型後，宗教政策的真正落實者。無論是國民黨時代或是民進黨執政的宗教主管官署，他們的理念變成〈宗教團體法草案〉的主要內涵。前國民黨政府行政院內政部民政司紀俊臣司長為解嚴後的〈宗教團體法草案〉擘劃，變成接棒的民進黨政府黃麗馨司長規劃〈宗教團體法草案〉，傳承了國民黨政府的政策。這種跨黨派的宗教主管官署，傳承相似的〈宗教團體法草案〉理念，是本草案的重要特色。

黃麗馨對〈宗教團體法草案〉提出理論的詮釋，認為國家可以管理宗教團體，為它們立法，而不能輕易介入人民的宗教信仰訂定宗教法。將宗教團體活動分為核心、次核心與核心外的三類型行為，國家可以對與神聖無關的宗教團體核心外行為加以管理；不得介入宗教團體的核心神聖行為，這是憲政保障的宗教人權；國家也必需謹慎的介入宗教團體次核心行為[133]。依「憲法」政教分離、宗教自由的原則，及法律的比例、公益、明確性與平等原則規範宗教團體活動。

因此，宗教主管官署領袖的理念，對於「宗教團體法制」的擘劃或傳承，變成〈宗教團體法草案〉的主流價值。在此概念下，國家對〈宗教團體法草案〉的期待，乃是希望透過本法

---

[133] 聖與俗的概念由 Otto 提出，用之解釋宗教與非宗教的分野，宗教活動乃屬神聖活動，非宗教的活動乃屬世俗活動。本文指涉的宗教活動包含神聖與世俗兩類：宗教的神聖活動，如宗教思想、教義、儀式、經典、領袖傳承等活動；至於宗教世俗活動，包含宗教組織的設立標準、宗教教育學位的合法認可、納骨塔設施等。（Rudolf Otto,1958）

維護人民信仰宗教自由，保障宗教團體健全發展。而非透過〈宗教團體法草案〉「管理」或「壓制」宗教團體。這種尊重人民大幅度宗教自由的作為，而非全面的訂定「宗教法」管理人民，使得台灣地區呈現高程度的宗教自由，也符合當前國家宗教主管官署輔導宗教團體的政策[134]。（林本炫，2005：45）

第四節　小結

　　從上述三節的討論中，可以歸納出影響國家意志在〈宗教團體法草案〉的展現，包括「國家性質」、「國家政策傳統」與「宗教主管官署菁英理念」等三項因素。

　　我們可以得知，國家意志的出現並非毫無根由。當國家意志展現在〈宗教團體法草案〉，必有其道理。從我國的國家性質轉化，可以窺視其中部分道理。當我國由威權體制轉型到民主體制時，整個國家的架構出現重大的變化，相關政策法規、憲政人權也都隨之轉化，當然包括宗教人權的變化。國家體制的轉型是影響〈宗教團體法草案〉的另一因素，當國家由威權轉型到民主體制時，宗教主管官署代表國家執行憲政民主的宗

---

134 當前我國內政部民政司主管宗教業務，主要著重於宗教政策與全國性宗教事務的規劃、全國性宗教團體設立、輔導與服務事項，及法律規定須經中央目的事業主管機關核准之宗教相關事項為主，主要項目如下：1.關於宗教政策之規劃。2.關於宗教法規之制定。3.關於全國性宗教財團法人之許可設立及業務輔導。4.關於全國性宗教社會團體目的事業之輔導。5.關於全國性及國際性宗教活動之協助舉辦及輔導。6.關於宗教團體興辦公益慈善事業及社會教化事業之輔導獎勵。7.關於兩岸宗教團體交流活動之輔導。8.外籍人士來台研修教育之許可。9.宗教團體幹部及宗教行政人員培育訓練。10.宗教學術活動的學術參與。11.宗教法令解釋事項。（內政部民政司編印，1998，內政部民政司組織規程；黃慶生，2004a：322-323）

教人權政策，就必需重新檢視過去威權時代的不當作為，朝向民主憲政的宗教人權保障政策的規劃。

威權體制下，國家對宗教的管制相當嚴苛；強人政治結束，民主體制建立後，國家只好對宗教管制鬆綁，從鬆綁過程中，給予人民憲法上的宗教人權，藉此換取國家統治人民的合法基礎，這也是〈宗教團體法草案〉得以出現的重要結構性因素。換言之，當國家性質轉化，由威權轉型到民主體制時，宗教主管官署也得配合國家性質從事〈宗教團體法草案〉的草擬，保障人民的宗教人權。

除了國家體制轉型了解國家性質的轉化外，尚可從「憲法」中的宗教人權成長的角度，了解國家性質的變化。已經由宗教人權弱化的國家，轉型到宗教人權普遍實踐的國家。經由大法官會議解釋及相關宗教法規修訂得以理解，台灣宗教人權的轉型，而此轉型也影響了〈宗教團體法草案〉的修訂。

國家性質轉化所建構的國家民主體制與宗教人權憲政結構，影響了國家在〈宗教團體法草案〉的意志展現；另外一項影響國家意志的重要因素為「國家宗教政策的傳承」。

當國家由威權轉型到民主後，整個宗教政策的本質也隨之轉變。1987 年之後的國家宗教政策，配合國家體制與國家性質，由管制的宗教政策轉型為宗教自由化政策。包括對宗教團體成立條件、宗教派別的判定、宗教附屬事業管理、宗教團體辦理宗教教育及國家對宗教團體獎勵與輔導等政策，皆有朝向鬆綁的趨勢。國家在此鬆綁過程中，將其管理宗教團體的理念，深刻的落實於〈宗教團體法草案〉中。

不僅如此，「國家宗教政策傳統」的另外一項內涵為「國家宗教主管官署的政策傳承」。橫跨國民黨與民進黨的宗教主

管官署菁英形同「官僚國家」，他們對〈宗教團體法草案〉的規劃、推動立法審議，扮演非常吃重的角色。這批宗教主管菁英在政黨輪替後，透過修法成立「宗教事務諮詢委員會」，再從中推派〈宗教團體法草案〉六人小組，既廣泛接納產、學兩類菁英的意見，也強化國家的立法能力，形同國家與產學的草擬政策合作模式，換取產、學菁英對國家政策的支持。

「官僚國家」的意向與能力展現的特質，與宗教主管菁英的理念有關，就〈宗教團體法草案〉的草擬與推動，應理解解嚴後，國民黨與民進黨執政時期的兩位民政司司長，他們對宗教自由與國家管理宗教團體的理念，深刻反應在〈宗教團體法草案〉中。

行政院版的〈宗教團體法草案〉淵源於國民黨執政時期的紀俊臣版〈宗教團體法草案〉，該版的務實性格獲得六人小組的青睞，也變成橫跨兩黨的版本。民進黨執政後，黃麗馨對宗教人權的見解，落實到〈宗教團體法草案〉中，認為國家只能管理宗教團體的外顯行為，而尊重人民的「核心內」宗教行為，這項精神也深刻的影響到國家在〈宗教團體法草案〉意志的展現。

簡言之，影響國家在〈宗教團體法草案〉意志展現的因素，不能忽略「制度性」因素[135]，此結構包括「國家民主體制」、「宗

---

[135] 政治學者對「制度」研究可分為「舊制度主義」與「新制度主義」兩類，前者屬於傳統政治學的研究，主要重點放置在憲法、法律、命令的規範與活動，又稱為「法制研究」；後者則以行為科學的因果關連思維為主，將之放在制度研究中，將制度視為獨立變項或依賴變項，再理解制度對行為的影響，或行為對制度的影響。就科際整合的角度來看，社會學中的「結構」概念，與政治學的「制度」概念非常接近。社會學家習慣使用「結構主義」理解，社會結構與人的行為關連。（葉啟政，2004）由於本研究屬於政治學的範疇，因此，

教人權憲法成長」等兩項因素。前者是屬於「國家整體性質」的制度；後者則屬於「憲法制度」，兩者之間互為因果。當國家轉型為民主體制時，會影響宗教人權的「憲法」成長；相反地，宗教人權的「憲法」成長，會深化國家民主體制的穩定，國家統治階級也因此得到人民的支持，獲得統治的合法基礎。而這兩項制度性因素又是國家在〈宗教團體法草案〉意志展現時的內在因素。

　　除了結構因素外，我們不能忽略「官僚國家」的特質。從法案決策過程的觀點來看，官僚國家扮演吃重的角色。它可以超越不同黨派的利益，站在維護國家利益的高度，提出〈宗教團體法草案〉的規劃與審議。官僚國家隨著宗教自由化政策的轉化，提出〈宗教團體法草案〉。運用「小幅度改革」的行政管理方式，傳承解嚴後國民黨提出的〈宗教團體法草案〉雛型。兩位司長對宗教管理的理念，深刻的影響國家在〈宗教團體法草案〉意志展現。

　　因此，國家在〈宗教團體法草案〉意志展現，不能忽略結構性的民主憲政因素，也要關注「官僚國家」特質因素，尤其是主導官僚國家的政治菁英，因為他們的宗教人權及國家對宗教團體管理的理念，都是影響國家意志的重要變因。

我們採用「新制度主義」的研究概念，來理解「社會制度是行為的一種固定、有效、循環式的型態，意味著制度影響了行為」。(Goodin, 1996：21)。在此概念下，本研究認為，台灣在威權轉型到民主的過程中，逐漸建構民主制度與憲政制度，宗教主管官署體系必需思考符合此制度的政治行為，對〈宗教團體法草案〉進行規劃。換言之，國家的民主與憲政雙重制度影響〈宗教團體法草案〉的出現。

第六章 〈宗教團體法草案〉中「宗教團體意向」形成的因素

在前章已經論述影響國家意向在〈宗教團體法草案〉展現的因素，本章則持續討論宗教團體意向在〈宗教團體法草案〉展現的相關因素。

本研究認為，影響宗教團體在〈宗教團體法草案〉形成的變因，可以分為「宗教傳統」、「宗教團體領袖的理念」與「宗教團體利益」等三個因素，這些因素是促使宗教團體意向的內在動力。茲分別說明如下：

第一節 宗教傳統

宗教團體在〈宗教團體法草案〉的意向展現，與其「宗教傳統」緊密關連，尤其是具悠久歷史發展的宗教團體。像佛教、天主教與基督教這些宗教領袖，基於宗教團體擁有的古老歷史

傳承，包括「僧事僧決」及「宗教組織」等宗教傳統，對〈宗教團體法草案〉表達宗教團體的見解。

壹、「僧事僧決」的傳統

佛教團體領袖主張佛教應該擁有「僧事僧決」的宗教傳統。根據歷史記載，「僧事僧決」包含「佛教法師犯罪由佛教戒律懲罰」及「佛教寺院財產傳承」。

一、「佛教僧尼犯罪由佛教戒律懲罰」的傳統

對此主張最力的領袖為釋星雲、林蓉芝。他們認為佛教的法師本身已經接受佛教的諸多戒律，就應該用佛教的戒律給予法師犯錯時懲罰，這些戒律都高於一般的法律道德水準。因此，只需要使用戒律懲罰法師的罪行即可，而不需要用世俗的法律懲罰犯罪的法師。另外，釋星雲引用中國傳統的歷史，皇帝採取兩套法令治理國家，一套針對一般百姓；另外一套則用來管理僧人。茲說明如下：

（一）宗教戒律比法律森嚴

釋星雲認為從全球古老宗教的歷史討論，包括佛教、道教、天主教、基督教及回教等世界五大宗教，都要求神職人員嚴守法規戒律，這些規範使神職人員的道德標準超出一般人。道教有修身五箴（存好心、說好話、讀好書、學好樣、作好事）、行持六訣（忠、孝、仁、信、和、順）及老君五戒等三十餘種戒律；天主教依摩西十誡愛人，遵山上聖訓愛天主；基督教必需踐履孝敬父母等十戒；回教也有禁吃豬肉等七誡八德。（釋星雲，2004：12）

其中，佛教徒戒法更為嚴謹，除了不殺生、不偷盜、不邪

淫、不妄語、不吸毒等五戒外，尚有身三、口四、意三的十善
法戒及「菩薩三聚淨戒」（大藏經刊行彙編，1994）。中國的佛
教在歷朝歷代的發展過程中，將這些戒律制定書寫成「百丈清
規」（釋德煇，2002）、「禪苑清規」（小坂機融等，2001）、「日
用小清規」、「咸淳清規」、「東林清規」、「壽昌清規」及「教苑
清規」（自慶，2010）等書。宗教人士違法已有一般社會法令
規範，不須在「宗教法人法」中另訂罰則。如宗教團體涉及詐
欺或妨礙風化等不法情事，應獲得該最高教會同意，始可解
散，但是該寺廟教會財產應歸該寺廟教會之上級所有。（釋星
雲，2004：12-13）

（二）僧尼犯法依戒律懲處的傳統

中國君主專制，王朝從北魏玄武帝以來到唐太宗為止，皆
有頒發詔令，宣告佛教的僧尼犯法由佛教的戒律懲處。早在西
元 508 年北魏玄武帝就曾頒布詔令：

> 「緇素既殊，法律亦異……自今以後，眾僧犯殺人以上罪
> 者仍依俗斷，餘犯悉付昭玄（北齊所置之僧官名稱），以內律
> 僧制治之。」

另一個例子是，西元 595 年北魏文帝頒令僧尼犯法應根據
戒律處置，而不是世俗法律。到了隋朝，依據蕭規曹隨，隋文
帝主張「僧事僧決」，由僧官裁判犯法的僧人。到了唐朝西元
635 年，唐太宗也接受了佛教玄琬法師的要求，僧尼犯法根據
佛教戒律裁判，而非根據世俗法規處理。只有僧人觸犯殺人、
叛國的重罪，才會應用世俗的法令。（釋星雲，2004：15-17；
2006：73-74）

佛教領袖從歷史傳統認定，僧尼犯罪時應受宗教團體的
「私法」處理，而非國家公權力的「公法」裁判。從民主憲政

的角度來看，依「憲法」第 7 條規定：

「中華民國人民，無分男女、宗教、種族、階級、黨派，
在法律上一律平等。」

如果僧尼犯法，不接受國家法律的懲罰，而由佛教的戒律
處置，形同國家容許佛教團體擁有自己一套的「特殊法規」，
而違反了「憲法」第 7 條的原則。

然而佛教領袖認為，規範僧尼的戒律淵源留長，僧尼也不
輕易觸犯國法，以戒律要求僧尼日常的行為，而無需採用世俗
的法令。這種強調宗教歷史傳統的特殊性，乃造成佛教團體領
袖以「宗教傳統」的理由，要求國家在訂定〈宗教團體法草案〉
時，排除僧尼犯法由國法處理。這項主張並未被國家所接受。
相反地，在〈宗教團體法草案〉中，國家不但要求宗教團體領
袖犯罪依相關法律審判，甚至在該草案第 30 條規定，加重對
宗教團體及其領袖的懲罰，違反者國家宗教主管官署可委請
「宗教事務諮詢委員會」裁決該團體或領袖：1.解除法人代
表、董事、理事、監事或監察人之職務；2.廢止其登記或設立
許可。

二、「佛教寺院財產傳承」的傳統

佛教團體領袖認為，佛教寺院財產理所當然歸佛教所有，
不應讓世俗管理人侵占。因為寺院是由法師向信徒募款興建，
世俗管理人只是捐款者，他皈依在佛法僧之後，就應當接受寺
院住持的領導，而不應和住持爭奪寺院管理權。

然而，根據國家宗教管理法規的行政命令解釋，國家要求
寺院成立「信徒大會」，再由信徒大會選拔管理人，如果法師
深得信徒的信任，就可以擔任住持兼管理人；相反地，信徒大

會可能自行選任管理人。尤其在寺院住持的法師往生之後，為了配合國家法規的要求，就得召開信徒大會，選任新的管理人，此時寺院的財產就可能被篡奪。

宗教主管官署在寺廟總登記時，執行「監督寺廟條例」第6條：

「寺廟財產為寺廟所有，由住持管理之。」

第5條：

「寺廟人口登記以僧道為限，但其他住在人等應附帶申報。」

上述兩條規定看起來國家相當尊重佛教傳統，然而，執行的效果卻導致寺廟住持管理被「信徒大會」壓制。因為宗教主管官署內政部乃於 1954 年函示各縣市，要求地方宗教主管對寺廟信徒資格的認定，得依照寺廟登記信徒名冊為準，要求各寺廟備妥信徒名冊，送至各縣市政府備查。

到了 1962 年，中國佛教會鑑於各縣市佛教寺院，因為人事與寺產問題，造成派系糾紛，認為寺廟置備信徒名冊防止糾紛。台灣省政府乃在 1962 年 3 月 20 日函示：

「寺廟應從置備信徒名冊，以防止糾紛」，且「寺廟信徒名冊一經確定，即屬永久有效。」

這項主張造成佛教寺院衝突不斷，因為不少佛教寺院未呈報信徒名冊，而各縣市政府每 10 年一次的寺廟總登記，一律將管理人（或主持）繼承慣例，填寫為「由信徒大會選舉制」。因此，許多寺廟信徒名冊的設置都是負責人往生後，未產生繼承人所做的權宜之計，而信徒大會的選拔也是寺院糾紛的開始。（林蓉芝，2004：121-123）

釋星雲目睹這問題的嚴重性，乃建議國家應該尊重佛教的

宗教傳統，在〈宗教團體法草案〉中，應明定宗教人士的財產歸屬。他主張：

1. 宗教人士募得的寺廟財產應歸宗教團體所有：專業的宗教人士（法師）將生命奉獻給人類萬物。因此，其身後的財產已非適用民法規定之繼承方式，而應歸屬其宗教團體。

2. 信徒大會篡奪佛教寺廟財產：國家的「監督寺廟條例」及「寺廟總登記」的行政規定，要求寺廟皆得組成「信徒大會」，由其選出寺廟管理人。當法師往生後，往往選出了「在家弟子」為管理人，寺廟所有權就由出家眾轉移到世俗的在家弟子，形同佛教寺廟財產被篡奪。（釋星雲，2004：65-66）

佛教團體領袖根據宗教傳統向國家提出的呼籲，到 1998 年宗教主管官署才同意，佛教寺廟可以在組織章程中規定，寺廟負責人為住持或管理人，且在寺廟登記表中，僅登記住持或管理人其中一人，或是住持、管理人為同一人。才部分化解佛教寺廟財產被世俗人士占有的缺失。釋星雲認為國家這項舉措，才符合佛教的傳統，是正義的表現。（釋星雲，2006：66）

儘管國家宗教主管官署內政部於 2000 年確認，信徒大會不是寺廟唯一權力機構，但是一些行政程序上仍然顯示國家對信徒身份的尊崇。例如：法院認為信徒名冊一個月公告無意義，就可以確認信徒與寺廟之間的互動，理論上應該是負責人最清楚，但是法院並不尋求此途徑。

再者，國家要求寺廟以社團的形式運作，把信徒當作社團的會員，然而寺廟實際的狀況，國家要求寺廟廢除信徒資格，只要檢具會議記錄及掛號開會通知的程序，毫無貢獻的信徒甚多，他只要來開會就可以介入寺廟管理。（林蓉芝，2004：126-131）這種讓信徒大會操作寺廟管理權，取代了佛教僧團

或執事會的管理寺廟權限，造成佛教寺廟財產容易淪為信徒掌握，也嚴重違反佛教的宗教傳承與倫理。（林蓉芝，2011.3：56-59）

貳、宗教組織的傳統

國家的宗教管理法規有可能扭曲宗教原有的組織傳統，當「監督寺廟條例」、「寺廟總登記」、「人民團體法」及「財團法人法」等法規執行時，幾乎都引入民主選舉機制到宗教團體中，此時就和傳統的宗教組織建構大相逕庭。無論是天主教、基督教、佛教等，他們皆根據其歷史傳統建構其組織，此傳統不一定吻合國家要求的宗教團體組織法組織建構的方式。

一、佛教寺廟組織的傳統

根據「監督寺廟條例」與「寺廟總登記」，寺廟團體得成立「信徒大會」，國家認定寺廟的所有權在於「信徒大會」手中，信徒大會可以選拔寺廟最高管理人，而不問其身份是否為「宗教人士」。此時，佛教寺院就可能出現「信徒大會」與「僧團」兩軌並行的現象。甚至信徒大會選拔的寺廟領導與佛教僧團無關，僧團也可能被信徒大會篡奪寺廟領導權。主要的原因在於，國家對信徒大會的認可，強過佛教僧團管理寺廟的宗教組織傳統。佛教團體領袖認為，國家舉措可能造成以下缺失：法師住持與信徒大會選拔的管理人形成寺廟雙頭領導。台灣過去在佛教寺廟中，往往同時有住持與管理人，這兩者誰是真正握有實權的領導人？就得看兩者之間的權力競爭，通常住持是出家眾，管理人是鄉紳，當住持募的款成為寺廟財產，卻因為信徒大會對管理人的選拔，最後的決定卻將對寺廟建興有貢獻

的住持掃地出門。

因此，佛教團體領袖乃建議，國家應該訂定符合宗教法師傳承[136]的宗教傳統法律，明訂宗教團體領導人的產生方式，各宗教各派別有其不同傳承，其領導人只要合乎章程規範，皆應承認其產生方式。（釋星雲，2004：65-66）

佛教團體領袖認為，佛教僧團擁有選拔寺廟住持的歷史傳統，由法師擔任寺廟的住持或管理人為常態現象。然而根據現有法規，國家卻要求在寺廟中成立信徒大會，採用民主選舉的方式，選拔出寺廟的管理人，取代寺廟的住持，形同國家運用宗教管理法制，改變或扭曲佛教寺院由法師擔任住持的宗教組織傳統。佛教團體領袖引用佛教法師傳承的宗教傳統，要求國家訂定〈宗教團體法草案〉時，應該加以尊重此項傳統。這項傳統也變成佛教團體在回應國家〈宗教團體法草案〉意志時的重要內在因素。

---

136 佛教的傳承制度，大略分為三種型態：1.師徒相授；2.法脈相傳；3.十方選賢。然而，這些宗教傳統被現代民主選舉方式取代。就宗教法師的傳承來看，應屬於宗教自由中的人事自主權，國家應該尊重宗教團體的自治。（林蓉芝，2004：125-126）其次，《百丈叢林清規證義記》言：「住持者，主佛法之名也。叢林立住持者，藉人持其法，使之永住而不滅也。」《禪苑清規》也說身為住持者，要能「運大心，演大法，蘊大德，興大行，廓大慈悲，作大佛事，成大益利」，而且，更要「整肅叢林規矩，撫循龍象高僧，朝晡不倦指南」，才是人天眼目，方不愧為領眾薰修、上堂說法的一寺之主。（釋星雲，2006：65）再者，「不具宗教師身分者，不得為宗教團體發起人與負責人。宗教師之資格，由各教教會認定之。」做為一個宗教的領導人，或者教理的傳布者，就是人們心理的治療師。國家的法律規定從事醫務工作者，必需完成學業，還要考試及格才能執業，而作為心理治療師重要工作者，豈可不學無術，因為不學無術，所以就會走歪路。（釋淨心，2006：181）這三項說法都指出了佛教寺廟團體的負責人，應該根據佛教傳統選拔產生，擔任寺廟「住持」，條件更為嚴苛，不是一般世俗人士可以承擔。

二、基督宗教組織的傳統

在〈宗教團體法草案〉出爐後，佛教領袖對各寺廟、教會可根據「人民團體法」申請登記成為合法宗教社會團體不以為然。她認為國家尊重人民結社的自由，但是也破壞了古老宗教團體的組織階層制度。在威權時期，國家要求各宗教成立中央教會，由中央教會管理地方教會，而宗教主管官署管理中央教會即可，形成井然有序的宗教階層體系。然而「人民團體法」通過後，各寺廟、教會皆可成立宗教社團，不再接受中央教會教團的指揮，形同國家法令混淆了寺院與中央教會的隸屬關係。（林蓉芝，2004：130-131）

不只「人民團體法」會影響宗教團體既有的階層組織結構，宗教財團法人的組織辦法，也可能破壞傳統的宗教組織階層。

1999 年「台灣基督教長老教會對『宗教團體法』之建議」，提出 8 項具體意見有兩項意見針對「宗教組織傳統」表態，他們認為：

1.「教會以總會為代表，不宜以地方教會單獨設立宗教法人」

2.「宗教法人的董、監事應尊重各宗教團體的體制與內部規定，得不適用由現任財團法人董事選任下任董事的規定」。（林本炫，2004：220-221）

長老教會領袖就是擔心國家的宗教管理法制，打破了既有的長老教會階層體系，如果長老教會總會下的「中會」，中會下的各「地方教會」，皆可單獨成為宗教法人，對台灣基督教長老教會而言，組織可能產生鬆動或瓦解。此外，長老教會領袖也擔心，總會轄下的各宗教基金會的董、監事不接受長老教

會的內規，也可能造成此基金會為外人所掌握。

　　這種擔心也出現在其它擁有宗教基金會的基督教會領袖，他們認為基督教會的財團組織，表面上接受國家的法律規範，實際上教會自行有一套管理的內規。形同基督宗教財團基金會為了合法生存，必需「掛羊頭賣狗肉」，對國家宗教管理法制「陽奉陰違」。基督教會為了要管理董事會只好造假，要求董事會的每一個成員得事先簽辭職書，當他違反教會中的最高決策機構「年議會」的決策時，他就得辭職。（曾紀鴻，2010：201）

　　另外一種情形是〈宗教團體法草案〉規定，根據組成人員的規模與跨縣市的要求，將宗教團體分為中央或地方的組織類型，形同國家的「宗教團體法制」侵犯了宗教團體教會組織傳統。根據基督新教的教會傳統，當教會形成垂直體系的階級制度時，教會就容易墮落，而國家的「宗教團體法制」規範，形同鼓勵基督新教的教會墮落[137]。（武永生，2010：47-50）

　　與此相反的是天主教的組織，也受到國家「宗教團體法制」的衝擊，天主教領袖認為，天主教會的教區可能有超過跨 13 個以上的縣市教會，但是也有少於 13 個以上的跨縣市教會的現象。根據〈宗教團體法草案〉這些教區是要向那一個機關登記？另外，天主教是組織階層非常嚴密的宗教團體，而國家「宗教團體法制」卻同意宗教社會團體與宗教基金會的申請許可，此法制將衝擊到既有的組織階層，變成階層中的教區或教會，皆可獨立向國家申請，成為合法的宗教團體法人。

---

137 現有的〈宗教團體法草案〉將不利大型宗教團體，而且對建議國家不應分級管理宗教社會團體，應該尊重基督新教地方教會宗教組織傳統的立場。（莊謙本，2010：174-177）

　　而且天主教內有許多修會團體，他們的團體成員不到 30
人，無法向國家辦理登記，國家可能就把他們視為非法的宗教
團體，但是修會團體的傳統非常久遠，國家不應該否定此項宗
教組織傳統。（王愈榮，2004：143-158）

　　當宗教組織既有的傳統遭遇國家「宗教團體法制」時就得
轉換，形同國家「宗教團體法制」扭曲了宗教歷史的傳承，難
怪台灣地區佛教、基督教、天主教的領袖，面對此困境幾乎異
口同聲的提出呼籲，要求國家的〈宗教團體法草案〉必需尊重
各宗教的組織傳統，讓各宗教可根據代代相傳的組織傳統，傳
承他們的宗教，而不用擔心其宗教組織及宗教組織所附屬的財
產，被教外人士篡奪。因此〈宗教團體法草案〉出爐前後，佛
教與基督宗教的團體領袖都用「宗教傳統」的理由，向國家施
壓或說服，期待國家的意志可以容納他們的聲音。宗教傳統變
成宗教團體領袖在〈宗教團體法草案〉意志展現的重要內聚力。

第二節　宗教團體領袖的理念

　　宗教團體在〈宗教團體法草案〉意志的展現，深受宗教團
體領袖理念的影響。宗教團體領袖對〈宗教團體法草案〉發表
諸多的意見，可歸納其理念為「務實主義」、「宗教平等與自
由」、「批判國家對寺廟外觀形式的行政裁量」及「宗教正統」
等幾項內涵，茲分別說明如下：

壹、務實主義

一、對〈宗教團體法草案〉採「務實主義」立場

　　宗教團體領袖對〈宗教團體法草案〉的「務實主義」傾向和部分法學者的「理想主義」傾向，形成強烈的反差。國家宗教主管官署在規劃〈宗教團體法草案〉時，邀請宗教團體領袖參與決策，國家宗教政策的傳承也影響了參與規劃的六人小組。

　　六人小組中包含台灣基督長老教會總會總幹事羅榮光牧師、中華民國道教團體聯合會理事長吳龍雄、天主教台灣地區主教團秘書長吳終源神父、中華佛寺協會秘書長林蓉芝等四位宗教團體代表。他們根據政黨輪替前，國家宗教主管官署「紀俊臣版本」，當作政黨輪替後新政府的新〈宗教團體法草案〉藍圖。舊的紀俊臣版本，原本為宗教主管官署對台灣地區宗教團體行政管理經驗的總結，就擁有濃厚的「務實主義」色彩。

　　根據與會的六人小組成員的報告，幾次聚會對「紀俊臣版本」的〈宗教團體法草案〉討論，大體上都依照台灣基督教長老教會和中華佛寺協會所提的修正意見進行。(林本炫，2004：224-225)

　　在六人小組的會議中，他們已經取得共識，要務實的處理當前的宗教團體存在的困境與問題。部分問題可以透過行政措施的鬆綁而解決。但是，像宗教團體面臨的土地增值稅、都市道場、納骨塔等問題，都需要以「特別法」的宗教立法，才能解決這些問題。

　　佛教團體領袖代表乃提出宗教團體是否可以擁有墓園、骨灰（骸）存放設施，宗教團體的帳目是否公開，宗教團體登記

為法人的條件是否合理，宗教團體是否可以自行處分自己的財產、是否應將自己的年度收支決算表、會計帳簿向國家核備、免稅、都市道場設立、「宗教事務諮詢委員會」的權限與國家對宗教團體犯罪行為的懲罰。

她從實務經驗指出，〈宗教團體法草案〉儘管有爭議，但是，在六人小組規劃本草案時，已經儘可能包容各方意見納入草案中。經歷數十次的修訂，雖然不是滿意，也是大家彼此協調的結果，而完成草擬法案的初階工作。當六人小組交出〈宗教團體法草案〉的初稿到行政院，接下來就是由行政院送交立法院的審議，國家得促使本法通過，協助宗教團體及宗教主管官署有依法行政的依據。（林蓉芝，2006：35-50）

二、「務實」肯定國家的「宗教團體法制」

佛教界領袖肯定國家在 1929 年以來的宗教管理法規，是對〈宗教團體法草案〉的另一項務實舉措。

以釋淨心長老為主軸，他極力肯定國家過去到現在的宗教管理法規。他認為 1929 年「監督寺廟條例」12 條；或 1976 年到 1991 年間的「寺廟教堂條例」24 條、「宗教保護法」26 條、「宗教團體法」37 條，以及 1998 年紀俊臣的〈宗教團體法草案〉等法案的提出，都符合國家利益，也有利於宗教團體的發展。（釋淨心，2007：51）

他建議國家應該學習日本「宗教法人法」89 條的內涵[138]，或美國宗教管理法制，才有辦法讓官員依法行政。光復至今，

---

[138] 他也肯定 1989 年中山大學吳寧遠教授等人草擬的「宗教法人法」草案 37 條，認為這是日本「宗教法人法」的濃縮版，建議國家應該參考引用。（釋淨心，2006：164）

國家宗教主管官署頒發太多的行政命令,反而使基層宗教官員無所適從。(釋淨心,2006:164-184)

　　佛教界領袖的務實理念,支持並肯定國家〈宗教團體法草案〉的歷史傳承,認為唯有一套良好的宗教管理法制,才能使國家的宗教主管官署依法行政;如果國家對宗教立法工作無法完成,國家也就無法針對宗教團體的亂象依法管理。

　　佛教界領袖認為,國家的〈宗教團體法草案〉無法完成立法工作,主要原因在於各宗教團體對宗教自由與宗教立法的認知存在差異。由於部分宗教團體及學者認為,國家為宗教團體立法是國家剝奪人民宗教自由的表現。因此,佛教界領袖建議,國家宗教主管官署應該說服其他宗教團體認同國家主張,才能加速〈宗教團體法草案〉立法工作,保障台灣地區的宗教自由。

三、要求國家「務實」處理宗教團體的需求

　　佛教界領袖釋星雲對國家的〈宗教團體法草案〉提出諸多要求,希望國家「務實」的正視宗教界需求。他認為國家應該協助宗教團體解決當前的問題,包含國家對宗教或宗教團體的管理、宗教人士資格認定、宗教團體主持人身份認定、宗教人士違法處理、宗教財產自治及宗教教育鬆綁等問題。

（一）國家對宗教或宗教團體的管理

1. 對宗教中的世俗社會活動,應該要有法規範,以示宗教平等和共遵。
2. 應明訂宗教並非法人團體,因為宗教並非財團也非社團,它是有自己教主、教義、教理、教史、教育的宗教團體。

3. 應明訂宗教可從事的事業，例如教育、文化、慈善、公益，宗教團體應自力更生，應開放其可經營的事業。

4. 應明訂宗教團體合併、解散事宜，以保障宗教團體權益力量的集中，可以投入更多的心力教化社會。

5. 應明訂主管機關和裁決機關，以增進行政效率，提昇國家形象。

6. 應允許宗教社團和跨宗教社團設立，團結才有力量，各宗教團體若能藉由宗教社團或跨宗教團體社團凝聚力量，則國家安定，社會祥和，人民安康的生活環境應可早日到來。

7. 應明訂宗教為宣揚教義，育成信眾，安定社會的團體，以釐清宗教與非宗教的差別。

（二）宗教人士資格認定

1. 在該寺廟教堂居住 3 年以上者，始有資格登記為「宗教士」（神職人員），始能參與該宗教信徒大會，才能成為該寺廟教會之合法信徒，一般世俗信者只能稱為「教徒」或「護法」。

2. 應明訂宗教人士的資格，宗教建築、宗教土地、宗教事業免稅，宗教團體將收入的財產，皆投入社會教化、公益、慈善等事業，應給予免稅，以讓更多民眾享受宗教的教化福利。

3. 應向章程自治規範，宗教人士皆經高度的道德訓練，應給予自訂章程並自治管理。

（三）宗教團體主持人身份認定

1. 寺廟教堂除主管人受該教會之輔導外，應該不須另設其它管理人、監察人，以免一個寺廟教堂兩個頭，引起爭端。

2. 寺廟教會主管人之身份應受資格限制，如應有相關之宗教研修 3 年以上學識證明，或參與該宗教教會團體 30 年以上長老三人之認證。

3. 寺廟教堂除了主體的本山之外，可以用本山名義成立分別院，財產應為寺廟教堂所有，不得為主管人之眷屬所繼承，應經由該團體教派之上級指派或合法之神職弟子繼承。

4. 應明訂宗教團體領導人資格許可，應有宗教學校畢業證書或教會證明文件才有擔任資格，以保障合法，杜絕不法。

5. 應明訂宗教團體領導人的產生方式，各宗教各派別有其不同傳承，其領導人只要合乎章程規範，皆應承認其產生方式。

6. 應明訂宗教團體應由有資格的宗教神職人員管理，因完全奉獻生命的精神並非人人具備，只有經由宗教養成教育，並於生活中實踐有所體會的人士，才有管理宗教團體的能力。

（四）宗教人士違法處理

宗教人士違法已有一般社會法令規範，不須在「宗教法人法」中另訂罰則。如宗教團體涉及詐欺或妨礙風化等不法情事，應獲得該最高教會同意，始可解散，但是該寺廟教會財產，應歸該寺廟教會之上級所有。

（五）宗教財產自治

1.應有財務處理的自主權，宗教團體應可自由處分其財產，變更或設立負擔以將錢財做完全充分的發揮，造福社會國家。

2.應明訂宗教人士的財產歸屬，宗教人士將生命奉獻給人類萬物。因此，其身後的財產已非適用民法規定之繼承方式，而應歸屬其宗教團體。

（六）宗教教育鬆綁

1.承認佛學院、神學院、道學院、基督書院等宗教教義研修機構之地位，使其能正常發展，以維護各宗教之清修儀制。

2.應在各級公立學校將宗教教育列為必修課程之一，讓人民充份認識宗教，進而選擇適合自己之信仰，以杜絕邪信、迷信等不當信仰之氾濫。（釋星雲，2004：64-67）

　　釋星雲為佛教界向國家提出的諸多要求，可以歸納成上述6 項主張。每項主張都指陳了當前佛教界迫切的需求。然而，宗教主管官署站在國家公利的立場，不見得完全同意釋星雲的主張。

　　由於釋星雲為台灣地區佛教界具關鍵影響力的宗教領袖，他長期觀察國家與宗教團體的互動，所提出的主張成為佛教界在〈宗教團體法草案〉意志展現的主要原因之一；也是台灣地區宗教界在本草案展現意志的重要「務實」理念。固然國家對其意見並非完全接受。但是，釋星雲主張國家應該鬆綁「都市道場」、「宗教教義研修機構」等意見，在〈宗教團體法草案〉的內容，已經逐漸發酵成為國家宗教政策。

貳、宗教平等與宗教自由

一、宗教平等

由於「監督寺廟條例」只規範佛、道及民間信仰的寺廟，而未涵蓋其它宗教，導致宗教領袖引用「憲法」第 7 條宗教平等的主張，進而發出不平之鳴。

早在 1979 年，佛教界刊物《海潮音》就用社論抨擊「監督寺廟條例」，認為該條例為訓政時期的產物，既違反宗教平等原則，也違反「憲法」的宗教自由。得知國家宗教主管官署要頒訂「寺廟教堂條例」取代「監督寺廟條例」，擴大國家管理宗教的範圍，除了佛道兩教之外，也擴及其他外來宗教，包括基督、天主、回教、大同教、天理教等，認為這項作為符合宗教平等與宗教自由的原則。（海潮音，1997.7：26-28）

在佛教界看來，國家的「監督寺廟條例」是不公平對待佛教的寺廟，這項認知普遍存在於佛教界的領袖，當他們有機會向國家表示意見時，幾乎都會重提《海潮音》的立場。以釋星雲、釋淨心（2004：75）等佛教界領袖為例，當國家諮詢其對〈宗教團體法草案〉的意見時，再次地表示「監督寺廟條例」無法公平對待各宗教的基本立場。

釋星雲對「監督寺廟條例」有兩項批評，首先：該條例造成佛教發展的束縛，導致佛教被排斥的狀態；其次：該條例帶來另外一項困境，即國家對佛、道兩教監督過強，而不監督其它宗教，明顯違反宗教平等，信仰自由及宗教自治。（釋星雲，2004：3-4）

二、宗教自由

佛教界領袖對宗教自由的認知，異於法學者的看法。法學

者從自由主義絕對保障的立場，論述「憲法」的宗教自由；釋
淨心則持保留態度，他認為宗教自由需要國家宗教主管官署依
法行政加以保護。但是，卻有學者認為只要依相關法令，就可
以處理宗教自由，所以不需另訂法律。釋淨心以為，應該正本
清源理解宗教行為自由的內涵，應可包括：1.信仰表現；2.佈
教傳道；3.宗教教育；4.儀式法事執行；5.宗教設施設置；6.
宗教集會宗教團體生活；7.信仰結果等自由層次。（釋淨心，
2004：81）

　　釋淨心再引大法官釋字第 490 號解釋宗教自由的內涵，認
為：

　　「現代法治國家，宗教信仰之自由，人民之基本權利，應
受憲法之保障。所謂宗教信仰之自由，係指人民有信仰與不信
仰任何宗教之自由，以及參與或不參與宗教活動之自由；國家
不得對特定之宗教加以獎勵或禁制，或對人民特定信仰畀予優
待或不利益，其保障範圍包含內在信仰之自由、宗教行為之自
由與宗教結社之自由。內在信仰之自由，涉及思想、言論、信
念及精神之層次，應受絕對之保障；其由此而生之宗教行為之
自由與宗教結社之自由，則可能涉及他人之自由權利，甚至可
能影響公共秩序、善良風俗、社會道德與社會責任，因此，僅
能受相對之保障。……」（釋淨心，2004：84-85）

　　釋淨心從「憲法詮釋」的角度，重新理解宗教自由的內涵，
除了具體的 7 項宗教自由指標外；尚引用大法官的解釋文，理
解宗教自由的層次，分為國家對人民宗教自由的絕對保障與相
對保障兩類，及國家對人民宗教信仰平等對待，不過多涉入的
「政教分離」原則。其中，人民宗教自由的相對保障前提為，
不違反「憲法」第 23 條的規定。

　　釋淨心的論述著重於宗教自由的「憲法」解釋；釋星雲則從比較憲法及實務面，理解宗教自由的內涵。

　　釋星雲主張在 140 個國家中，約有 117 個國家的憲法宣誓，人民有宗教信仰自由；81 個國家規定各宗教平等；17 個國家載明宗教團體有權在自設的機構內，進行宗教教育。（釋星雲，2004：37）

　　他進一步從比較國家的法規，申論宗教實務的主張：

1. 法國、瑞士、荷蘭、奧地利與瑞典對宗教團體的墓園、納骨塔、火化設施及香油錢皆有免稅的優惠。

2. 法國、德國、瑞士、瑞典、荷蘭、奧地利及英國等國家，皆有寺廟教堂管理人資格的規定，即受過神學院教育培養的神職人員才有資格管理。

3. 法國、德國、瑞士、瑞典、荷蘭、奧地利等國家，皆訂定法律要求寺廟教堂除了主管人之外，尚有其他的管理人。

4. 法國、德國、瑞士、瑞典、荷蘭、奧地利及英國的法律規定，國家承認佛學院、神學院及基督學院的學制與學位。

5. 法國、德國、瑞士、瑞典、荷蘭、奧地利與英國等國家的法律規定，寺廟財產的動產或不動產，都由宗教團體所有或繼承。

6. 法國、德國、瑞士、荷蘭、奧地利及英國等國家的法令規定，宗教士的資格必需受過專業的神學課程教育或考試通過。

7.法國、德國、瑞士、瑞典、荷蘭、奧地利及英國等國家的法令都規定，在學校中列入天主教或基督教的宗教信仰課程。（釋星雲，2004：41-50）

　　從這些宗教實務的跨國法規主張可以得知，釋星雲對國家〈宗教團體法草案〉的期待，他希望國家給宗教團體「特殊利益」，讓宗教團體擁有經濟基礎，才得以發展。此外，他也期待國家制訂法規時，朝向宗教「專業化」的立場，用專業的宗教人士資格管理宗教團體及擁有宗教團體的財產。甚至讓宗教教義經由國家教育可以在下一代產生共同的價值觀，促成社會穩定。

　　從釋星雲的主張看來，渴望我國效法歐洲基督教國家，宗教自由變成宗教團體的「特殊利益」與「專業化」，這兩項皆為國家宗教法制保護傘下的範疇，而且是國家「宗教團體法制」的主要內涵。

　　釋星雲的思想影響宗教界在〈宗教團體法草案〉意志展現甚深。然而，國家並未完全接受，無論其論述宗教自由為宗教特殊利益；或是主張國家應該認可宗教人士專業化資格的主張，在國家〈宗教團體法草案〉中，幾乎都持否定的態度。

　　換言之，國家認為宗教自由的展現，不能師法歐洲各國，他們皆是以基督宗教為單一宗教的信仰國家，與我國多元宗教信仰的社會型態大不相同。再加上，國家宗教主管官署認定，宗教自由可以分為核心內、核心外與次核心自由等不同層次的展現；釋星雲主張國家對宗教人士專業化認可的呼籲，都屬於核心內自由，國家應該尊重各宗教對宗教人士專業資格的判定，而非由國家認可。因此，釋星雲的宗教自由思想，在〈宗

教團體法草案〉的意志展現，幾乎都被國家意志所壓抑而無法實踐。

參、批判國家對寺廟外觀形式的行政裁量

影響宗教團體在〈宗教團體法草案〉意志展現的因素，為宗教領袖不滿意國家宗教主管官署及基層官員對「宗教建築物」的行政裁量權。

一、宗教建築物判定

根據「監督寺廟條例」及「寺廟登記規則」，在我國境內的寺廟皆得辦理登記，辦理登記的宗教派別所屬寺廟，涵蓋佛教、道教、理教、天帝教、一貫道、軒轅教與天德教等宗教。完成寺廟登記的各教派寺廟，則擁有國家給予的利益。

然而，不少寺廟因為宗教主管官署及基層宗教官員對「宗教建築物」的認知，根據省府民政廳於 1976 年民甲字第 8400 號的行政函令：

「『監督寺廟條例』第 1 條所指宗教上建築物，係指依照『各教傳統建築形式』並專供宗教使用之公眾建築物而言。」

要求基層宗教官員執行寺廟的判定得依「各教傳統建築形式」，做行政裁量是否符合寺廟登記標準，導致不少寺廟因不具該標準而被判定為「非法」寺廟。造成寺廟無法取得國家正式的登記，而享有國家給予的各項優惠。

這項法令形同省府宗教主管官署運用行政命令擴大解釋「監督寺廟條例」，扭曲了原有條例的精神。將條例中所指稱的「宗教上建築物」之意涵，變成強調寺廟建築必需具有「各教派傳統建築形式」。宗教官員不去強調寺廟的「內在」本質，

反而在意其「外在」形式。造成基層宗教官員在執法時，必需根據省府的行政命令，導致許多申請寺廟登記的「寺廟」，因不具上述條件而無法辦理登記。這種國家基層宗教官員執法的結果，形同對許多寺廟管理偏差，進而阻擋寺廟合法登記的機會，損害寺廟既有的法定利益。

　　只要合法登記成為寺廟，國家就給予下列利益：

1. 得依相關法規或證明得辦理地價稅、房屋稅、所得稅、營業稅、貨物稅、土地增值稅或契稅等稅務減免。
2. 寺廟完成財團法人登記者，可取得公益法人主體資格。
3. 寺廟興辦公益或慈善事業績優者，可接受國家各級政府的表揚。（黃慶生，2000：361）

二、佛教領袖抗議國家對寺廟「外觀形式」行政命令的標準

　　佛教團體領袖對國家宗教主管官署對「監督寺廟條例」錯誤的詮釋，做出未具寺廟外觀就不符合寺廟「法定條件」的行政裁量，導致寺廟無法合法登記的困境，非常不滿意。他們認為國家宗教主管官署放任省府官員，扭曲原有法令，讓基層官員依此扭曲的法令執法，致使佛教寺廟只因為不具「宗教建築物特色」或「宗教建築外觀」，就被判定成為「違法寺廟」。（釋淨心，2004：108-109）

　　佛教與道教團體領袖曾經對國家宗教主管官署將「監督寺廟條例」的錯誤詮釋提出批判：（林蓉芝，2004：117-118；陳進富，2002：109-110）

1. 僧道住持為寺廟登記的標準：認為寺廟的存在條件，應該是以「僧道住持」是否存在於寺廟中，作為登記的判準。然而國家並沒有採用這項標準，反而是以寺廟「外

在建築形式」當作認定標準，判定寺廟是否符合外在建
築形式而得以登記。

2. 國家行政裁量曾經同意僧道住持為寺廟登記的標準：內
政部於 1964 年台內民字第 15306 號的函示，寺廟的標
準不應只重視「宗教上建築物」的形式，而應重視僧道
是否在寺廟住持，依司法院第 337 及 702 號解釋：

「凡用以奉祀宗教上神祇之建築物並有僧道住
持，不問其形式均應認為寺廟，其申請登記時，自須
檢具寺廟產權之證明文件。」

在此函示中已經清楚說明，不問寺廟的外觀形式為
何，只要具有神祇、僧道住持及寺廟產權的證明文件
等三項條件，即可向國家申請寺廟登記。

三、基層宗教管理官署執意執行寺廟「外觀形式」的判準

在宗教領袖不斷向國家為文抗議，國家終於在 1989 年 2
月 27 日重新函示台內民字第 678820 號函，刪除了上函「形式」
二字。但是，台灣省政府民政廳於同年 4 月 12 日的函示中，
卻強調「至具有宗教傳統建築八字仍繼續適用」，直到 2001
年寺廟補辦登記，仍然有部分縣市國家承辦人員堅持「傳統建
築」才是宗教上的建物，而上級主管官署沒有人願意承擔基層
官員的錯誤執行政策。（林蓉芝，2004：117-118）。由此可見，
宗教主管官署的錯誤函示影響佛教、道教甚深。許多寺廟、道
場為了辦理登記，只好重新修建建築外觀，而失去了佛教原有
的內涵。

國家宗教主管官署在不同年代，曾經對寺廟登記的條件做
出行政解釋，1964 年的解釋強調的是寺廟的內在形式；而在

1976 年的解釋強調的卻是寺廟的外在形式。基層宗教主管官員未明究裡，只片面擴張 1976 年的解釋，導致國家用寺廟「外觀形式」做出寺廟合法與否的判定；被判定為非法寺廟者，就喪失了國家給予的諸多利益。到 1989 年國家宗教主管官署雖然取消寺廟「外觀形式」的判準，但是，省府與部分縣市宗教主管官署和中央不同調，執意執行未具外在形式寺廟為違法寺廟的判準，顯現出國家宗教主管官署的決策無法完全落實的窘境。

　　佛教、道教領袖對國家用行政裁量權判定寺廟的合法與否，始終抱持懷疑的態度。他們強調寺廟的外在形式固然重要，但是現代社會發展的結果，許多都市「道場型」的寺廟，為了擠身在都市中往往無法具有寺廟的外觀形式。他們主張，國家應該尊重寺廟的發展事實，放棄原有的行政裁量；尊重寺廟中擁有「僧道住持」，才是寺廟的真正內在條件基礎。這項理念影響了佛、道教領袖在〈宗教團體法草案〉意志的展現。

肆、「宗教正統」

一、期待國家判定正教或邪教

　　台灣地區佛教領袖以釋星雲、釋淨心為代表，他們擁有濃厚的正教與邪教對立的思想。在他們看來，他們代表正教，期待國家扮演主持正義的角色，訂定法律，禁止並審判「邪教」，防止社會的宗教亂象。

　　釋星雲對國家充滿高度的期待主張：（釋星雲，2004：64-67）

　　（一）國家應明確頒定宗教正邪之界線。

　　（二）應對不法的邪教明訂罰則，以杜絕不法，為宗教留下清流。

　　他進一步申論正教與邪教的差別，正信宗教不談「神通」、「神鬼附體」，如利用這些作為騙取信徒錢財、生命與信仰：

　　「正信的宗教，是教人以布施、守戒、忍辱、慈悲等，作為行修的內涵；以不侵犯他人生命、錢財、身體、名聲等，做為修行的德目。正信的宗教，不以神通變化騙取信徒的膜拜，不以鬼怪附身造成信徒的不安；正信的宗教，能開發我光明的道德本性。」

　　在他看來，正教的思想可以鼓勵信徒擁有崇高的道德與智慧，能夠自度度人，在歷史上也經得起考驗，佛教即具有這樣的特質。至於邪教，則教主、教義與教理皆不明，甚至違反自然法則，標新立異，惑動人心，斂財斂色，違反正常風俗習慣，或盜用其它宗教教義。對信眾行欺騙之實，利用神權恐嚇信徒，自封名號，妖言惑眾，甚至鼓勵信徒集體自殺。（釋星雲，2006：74-75）

二、正教的標準

　　從釋星雲的主張可以看出，正信宗教的標準相當嚴苛，它必需符合幾項條件：

（一）必需經由歷史粹煉傳承至今的傳統宗教。

（二）該宗教不得從事「神秘主義」（mysticism）或「奧
　　　秘主義」（occultism）[139]的「神通」、「感應神」的
　　　活動。

　　從這些標準看來，新興宗教皆可能不是「正教」，只要有
「神通」、「感應神」活動的部分傳統宗教，如漢人民間宗教、
天帝教、一貫道、天德教等有扶乩、辦事、活動的宗教，皆可
能被劃為「邪教」。

　　另一佛教界大老釋淨心，他也認為在國家未來的〈宗教團
體法草案〉應該訂定扼止邪教的法規。因為訂定宗教法制的目
的，就是要健全宗教組織，規範宗教的正常活動，讓正統宗教
能夠充分發揮利人濟世的目的，進而消除宗教亂象，安定社
會。至於邪教與正教的判定，在他看來國家沒有此能力。他建
議國家應該委請傳統宗教領袖承擔此工作。例如：與佛教有關
的新興教派，就應該諮詢中國佛教會領袖的意見；其它宗教也
應該比照辦理。如此就可以避免「邪教」在台灣發展，擴大其
影響力。（釋淨心，2004：104-105）

　　過去威權體制國家對宗教的管制相當嚴苛，「新宗教」得
以合法化的途徑之一，為國家召開「宗教事務諮詢委員會」，

---

139 「神秘主義」與「奧秘主義」是宗教心理學研究的主要概念之一，在心理學者
看來，宗教人士經常擁有與常人不同的「宗教經驗」，「神秘主義」與「奧秘
主義」就是這類的經驗。「神秘主義」是指，信徒對神目睹、感應後的震撼、
悸動的感受，在信徒看來，神具有不可撼動的神聖地位，甚至擁有與神接觸
的特殊感受。（瞿海源，1993：397）「奧秘主義」則是指信徒被神靈附體的經
驗，他成為神的媒介，替神傳達各項旨意，為信徒所接受。（Rudolf Otto, 1958；
王六二，2004；武金正，2000；蔡怡佳、劉宏信編譯，William James 著，2001；
張家麟，2008：61-89）

邀請傳統宗教領袖判定「新宗教」是否隸屬於該宗教，或「新宗教」是否抄襲傳統宗教。傳統宗教領袖經常擁有國家授予的權柄，封殺了新宗教申請案。在民主體制建構之後，雖然國家傳統過去的作為，有時仍然邀請傳統宗教領袖判定新宗教的申請案。但是，國家已經稀釋了這項權秉，它擴張新宗教申請案的途徑，傳統宗教領袖不再是扮演判定新宗教申請案的主要角色[140]。

　　兩位佛教界領袖皆對國家充滿高度期待，渴望未來的〈宗教團體法草案〉應將正教與邪教的判定入法。他們對正教有利於社會發展；邪教傷害社會人心，都有類似的論述與思想。他們認為國家應該扮演「正教與邪教」的判定積極角色，只不過釋星雲認為國家宗教主管官署可以直接逕行判決；而釋淨心則認為國家應該委請傳統宗教領袖承擔此工作。

　　如果佛教領袖的「宗教正統」維護的思維被國家採行，形同國家得為傳統宗教背書，國家成為壓制新宗教或迫害擁有「神秘主義」、「奧秘主義」宗教經驗的傳統宗教，獨厚了傳統佛教。佛教領袖維護其為宗教正統的思維相當強烈，也變成宗教團體在〈宗教團體法草案〉意志展現的另一項內在動力。雖然此思維不被國家所接受，但是佛教團體的「保守主義」，仍然持續在台灣地區發酵。

　　在本節中可以得知，宗教團體領袖的理念深刻的影響其對

---

[140] 新宗教申請案可分為幾項判定合法與否的模式，包括：行政機關逕行裁量模式、行政機關諮詢駐外單位模式、行政機關諮詢專家學者模式、行政機關諮詢宗教領袖模式、地方政府向上級宗教主管官署呈報模式等。從這些模式看來，宗教領袖被國家諮詢只是所有模式的一個類型，國家已經稀釋宗教領袖對新宗教申請案的影響力。（張家麟，2008a：188-193）

宗教團體在〈宗教團體法草案〉的意志展現，可以歸納下列幾點結論：

1.佛教領袖為主導，展現佛教團體強有力的主張

宗教團體領袖的理念，以佛教領袖為主導，釋星雲、釋淨心、林蓉芝為首的領袖，他們發表「務實主義」、「宗教平等與宗教自由」、「批判國家對寺廟外觀形式的行政裁量」及「宗教正統」等四項基本立場，而這些立場影響宗教團體在〈宗教團體法草案〉的意志展現。

2.「務實主義」滲入宗教團體對〈宗教團體法草案〉的意志

其中，佛教領袖相當肯定〈宗教團體法草案〉的基本立場，也有派中華佛寺協會林蓉芝秘書長代表佛教界參與內政部「宗教事務諮詢委員會」的「六人小組」，積極投入〈宗教團體法草案〉的規劃。此外，他們也對國家的「宗教團體法制」提出其主張，「務實的」要求國家正視這些問題與佛教界的要求。

3.宗教平等與自由的思想，期待國家維護其「特殊利益」

對國家「監督寺廟條例」只管理佛、道、民間信仰的寺廟，發出不平之鳴，認為應該撤消或修正此法規，另訂平等對待各宗教的法規。

佛教領袖不只國家要平等對待各宗教，也期待國家嚴守政教分離的立場，保護各宗教的自由。他們引用外國的宗教法制例子，為自己認知的「宗教自由」主張做辯護，渴望扭轉國家在「宗教團體法制」訂定墓園、納骨塔、火化設施、香油錢的免稅「特殊利益」，辦理宗教教育，授與宗教神職人員學位資格的專業人士「特殊利益」。

4.強烈批判國家對佛教寺廟外觀形式的行政詮釋

至於對國家在「監督寺廟條例」及「寺廟登記規則」兩項行政命令的詮釋，佛教領袖對之提出嚴厲的批判。認為國家主管官署及基層宗教官員對「宗教建築物」的認知，只強調外在形式，而不尊重寺廟中的內在本質非常不滿。佛教領袖主張，寺廟登記的標準應該以是否有「僧道住持」為必要條件，國家曾經在不同時間點及不同層級的主管官署，對此意見持支持或否定的矛盾看法。其中，基層宗教官員否定內在本質的行政詮釋，困擾著諸多不具外在宗教建築形式的佛教寺廟，讓他們無法合法登記，淪為「非法」寺廟。

5.堅持佛教為正教

最後，在宗教團體領袖中，佛教領袖的理念尚保存強烈的「正、邪不兩立」的思想，釋星雲與釋淨心皆有正教與邪教的思想，他們都期待國家用「宗教團體法制」防範「邪教」在台灣地區的發展。另外，他們也引用其自己對「邪教」的認知，或是國外壓制「邪教」的作為，鼓勵我國在〈宗教團體法草案〉中如法炮製，禁止「邪教」的出現。

佛教團體領袖的理念固然影響了佛教團體在〈宗教團體法草案〉意志的展現，形成對國家管理宗教法制的「壓力」，然而國家的自主性格甚高，並非全盤接受其壓力。相反地，國家在宗教自由、政教分離等原則下，拒絕了擔任正教與邪教的裁判者，也否定在〈宗教團體法草案〉中，介入宗教團體神職人員的資格認定，認為這些活動都屬宗教團體的「核心自由」，國家不能經易跨越「政教分離」之牆。

第三節　宗教團體利益

　　除了在宗教理念上是宗教團體在〈宗教團體法草案〉意志展現的內在因素外，宗教團體的利益則是影響宗教團體意志展現的另一項重要內在因素。宗教團體為了維護這些利益，對國家施加壓力，國家將其部分利益，納入〈宗教團體法草案〉中，另外宗教團體的部分利益，則被摒除於外。

　　簡言之，宗教團體的既有利益，在宗教領袖不斷的宣揚下，成為宗教團體對國家表達意志的重要因素。這些特殊利益包含宗教傳統帶來的納骨塔、墓園、火化設施等養生送死的殯葬免稅利益，宗教團體服務的租稅優惠利益等，皆是宗教團體在〈宗教團體法草案〉中，意志展現的主要動力。

壹、殯葬服務的免稅利益

　　宗教團體從事殯葬服務，國家原本給予免稅的特殊利益。但是在「殯葬管理條例」通過後，〈宗教團體法草案〉也配合此條例的精神，調整國家給予宗教團體既有的「特殊利益」，成為有限度的尊重宗教團體利益，只有超過「殯葬管理條例」通過前，5 年以上的殯葬設施，得以維持免稅的特殊利益，其餘的殯葬設施皆得課稅。

一、「寺、塔合一」為佛教傳統

　　佛教團體對此政策發展相當不滿意，他們認為興建「佛塔」的傳統淵源留長，最早的佛塔是供奉釋迦牟尼佛的骨灰所在地。（廣聞，1985.4：22-25）由佛塔轉為存放一般信徒的納骨塔，可能是台灣佛教團體在國家的宗教政策趨使下，根據自己佛教的傳統所做的轉化。佛教團體為信徒或家屬在佛塔、佛寺

做「功德法會」、「水陸法會」或「超度法會」也有其傳統。(劉淑芬，2011.6：261-323)

在大陸或台灣的古老佛寺都建有寶塔，納骨塔與佛寺共同存在，乃是佛教的傳統習慣。(釋星雲，2006：77；釋淨心，2004：102-103)現代的佛寺如果擁有納骨塔，就可以在佛寺搭起法會道場，為信徒或家屬從事整套的「送死」宗教科儀服務。

二、「殯葬管理條例」衝擊宗教團體的殯葬免稅利益

然而，國家接受殯葬業者的壓力擬定「殯葬管理條例」，於 2002 年通過該條例，第 7 條到第 9 條規定，骨灰（骸）存放設施的設置，有一定的申請程序，以及考量公共利益的地點距離要求。因此第 72 條規定：

「本條例公佈施行前，寺廟設立 5 年以上骨灰（骸）存放設施得繼續使用。但應於 2 年內符合本條例之規定。」

這項宣告到了 2004 年 7 月緩衝期屆滿前後，佛教業者齊力反彈[141]。根據當時的統計資料，全國既有 493 座寺廟擁有納骨塔，只有約 43 座納骨塔符合國家法規，其餘十分之九的佛寺附屬的納骨塔約有 450 座都處於違法的狀態。[142]

釋淨心、釋星雲或是林蓉芝等佛教界領袖，對國家只接受殯葬業者單方面的壓力，完全擱置佛教團體的需求，否定佛寺

---

141 各縣市政府發函佛教團體附屬的骨灰（骸）存放設施的納骨堂塔，必需「殯葬管理條例」第 72 條辦理，在 2004 年 7 月 18 日之後，不得再提供民眾安置骨灰（骸）。佛教團體接到縣市政府的公文，才知道問題的嚴重性，乃群起反對「殯葬管理條例」，而開始關心〈宗教團體法草案〉。(林蓉芝，2004：35)

142 (http://www.sanghanet.net/wanfo-website/master/04/master4-35.htm，瀏覽日期：2012/10/22)

附屬納骨塔「宗教傳統」的作為,制訂出符合殯葬業者利益的政策相當不滿意。他們認為國家既蔑視了宗教傳統,而且國家政策也出現前後矛盾的現象。(釋星雲,2006:77)

三、佛教界維護殯葬免稅利益的理由

　　他們認為國家納骨塔政策對佛教團體而言,彷彿「前恭後倨」,他們齊聲反對國家的殯葬政策。有三項反對理由:

1. 內政部為了節省墓地,提倡火化、塔葬政策,曾於 1989 年 9 月 30 日以台(七九)內民第 734648 號函,鼓勵台灣地區的寺廟興建納骨塔之設施。

2. 國家也認為寺廟興建納骨塔,供民眾奉侍骨灰(骸)方便祭祀,可以和民間誦經超度祖先的習俗連結,容易被民眾所接受。(釋淨心,2004:102)

3. 國家應該參考國外經驗,將寺廟興建納骨塔、墓園等設施,視為宗教團體服務信徒的一環,給予免稅優惠。

4. 宗教團體從事殯葬科儀應具專業性。

　　釋淨心則提出國家帶頭違法的論述,認為國家正式發文鼓勵在先,現在又立法禁止,政策前後不一,甚至又要「宗教團體法制」公佈施行前,10 年以上的納骨塔合法,未滿 10 年卻要強制拆除,形同國家帶頭違法。

　　再加上傳統佛教寺院附設納骨塔是漢人的重要習慣,國家訂定此法應顧慮佛教此習慣,否則會遭遇佛教界強烈反對。他甚至認為國家應該參考日本、韓國、新加坡、馬來亞、香港等宗教法人,唯有宗教團體才能經營納骨塔墓園,明確禁止營利法人不得經營納骨塔墓園。讓宗教團體法人經擁有經營納骨塔、墓園的特殊利益,雖然宗教團體對此公開訂定價錢,但是

國家應該皆給予免稅的特殊利益[143]。（釋淨心，2004：101-104）
他強烈的要求，基於尊重宗教信仰，將寺廟附設之納骨設施，
視為宗教建築物之一部分。認為唯有如此認定，才能尊重佛教
的宗教傳統與信仰。（釋淨心，2006：182）

　　釋星雲對此作為進一步批判，他認為國家將宗教納骨塔視
為侵犯殯葬業者的商業利益，忽略佛寺的納骨塔是用來讓信
徒、會員及其父母往生之後的安置。佛光山也提供「萬壽園」
中2千個龕位，讓平常孤苦無依者存放，完全與佛教寺廟的利
益無關。不僅如此，佛教寺廟附屬的納骨塔，由宗教人士定期
為往生者誦經、超度，具有濃厚的宗教人文氣息；又有專職的
法師在納骨塔服務，這是民間殯葬業者所無法取代的專業宗教
服務。（釋星雲，2006：76-78）

　　這4項理由是當年國家對佛教團體設立納骨塔的期待，然
而事過境遷，國家卻更改當時的政策，訂定了前「殯葬管理條
例」，並根據該條例訂定〈宗教團體法草案〉相關法條當作配
套措施。

　　原本宗教團體設立納骨塔、墓園與火化設施的傳統，而帶
來的宗教特殊利益。財政部於 1989 年 5 月乙台財稅第
780630493 號函認為納骨塔若由存放人隨喜布施（自由給付）
者，得免申辦營業登記並免課徵營業稅，但是如果有一定收費
標準，則屬銷售勞務，應依法辦理營業登記課徵營業稅。這樣
的規定問題在於，如何區別是否收費或為隨喜布施。因為標準

---

143 釋星雲對佛寺擁有納骨塔是否應該免稅的問題，見解與釋淨心雷同。他以為寺
　　廟、教堂擁有的納骨塔與墓園的收入，如其它油香功德金同等，宗教團體只
　　要將之用於公益，而不用於其它商業經營行為者，國家應該給予租稅優惠。（釋
　　星雲，2004：64）

不確定，容易造成脫法逃稅行為，未來有必要於財政部的相關法規中做更精密的規範。

此舉與財團設立納骨塔的利益產生重大衝突，宗教團體免稅而財團卻得繳稅，兩者呈現不平等的競爭地位。尤其台灣地區的殯葬產業具龐大商機，預估至 2051 年時，每年死亡人口約 38 萬人，每人喪葬費用約 36 萬元，每年殯葬產業值約新台幣 1400 億元，除了吸引傳統殯葬業者轉型，投入現代化經營，也吸引資本家投資，成立殯葬產業集團。（陳歆怡，2011.9：86）

當國家將「殯葬管理條例」法制化，並將該條例的精神融入〈宗教團體法草案〉中，形同國家認同對殯葬產業課稅，不再輕易讓宗教團體從事此活動而得到免稅的待遇。宗教團體想對信徒從事殯葬服務就得與民間業者「公平競爭」。形同國家屈服在殯葬業者的壓力，蔑視了宗教團體的傳統，否定宗教團體原有的「特殊利益」。從此，台灣境內將可能出現宗教團體與殯葬業者的二元殯葬服務體系。

由上述可以得知，有下列幾項意涵：

1.佛教團體領袖批評最力

雖然宗教團體附屬納骨塔、墓園或火化設施，涵蓋天主教、基督教、民間信仰或佛教，但是對此議題表示意見最多的為佛教界的領袖。

2.寺廟與塔連結為佛教的宗教傳統，帶來宗教團體重大利益

他們根據佛教的「宗教傳統」，批駁國家納骨塔火化設施的「反覆政策」。其理由相當簡單，認為寺廟與塔的連結是佛教的傳統建築物。

3. 宗教團體辦理「殯葬」科儀，是服務信徒的範疇，國家應給
   予免稅

　　佛教團體為信徒從事送死服務由來已久，早已形成民眾辦理殯葬、超度、祭祀祖先等活動的傳統。民眾既然依賴佛教團體甚深，佛教團體也將之為信眾作宗教專業服務的常態行為。佛教領袖認為這些服務是屬於「去商品化」的宗教服務，與殯葬業者「商品化」活動，大異其趣。

4. 他國經驗應該納入宗教法制

　　佛教界的宗教領袖認為，國家不僅不該訂定法制獨厚殯葬業者，應該思考日本、韓國、新加坡等國家對宗教團體從事納骨塔服務，給予免稅的特殊利益。

5. 國家屈服殯葬業者的壓力

　　儘管佛教團體領袖以「宗教傳統」的理由說服國家〈宗教團體法草案〉，但是國家站在增加稅收利益的立場，接受了殯葬業者的壓力，只願意維護宗教團體超過 10 年以上的納骨塔、墓園與火化設施既有的利益。在此原則外，幾乎全盤否決了宗教團體的訴求；而將此精神在〈宗教團體法草案〉中展露無遺，傳承了「殯葬管理條例」的主張。筆者認為佛教團體對國家的施加壓力雖然失敗，但是，其「宗教傳統」的論述，仍然深刻地滲入到佛教團體在〈宗教團體法草案〉的意志展現。

貳、宗教團體服務信眾的租稅利益

一、國家給予宗教團體對民眾服務的免稅項目

　　國家給予宗教團體免稅的項目相當多，除了納骨塔、神

位、火化設施、墓園等葬服務外，尚包含「宗教儀式服務」與「未訂收費標準的宗教服務」兩類。

　　宗教團體為了持續獲得國家免稅的特殊利益乃對國家施壓，認為宗教團體從事的是有利大眾社會的活動，國家應該給予保護。國家也站在宗教政策的傳統與延續立場，同意給予宗教團體這兩類宗教服務的免稅特殊利益。

　　宗教儀式服務免稅項目包含：舉辦法會、進主、研習營、退休會及為信眾提供誦經、彌撒、婚禮、喪禮等服務之收入。（包含點燈、禮斗、聖誕、進香、收驚、辦事等科儀）。未訂收費標準的宗教服務則有：信眾隨喜佈施之油香錢、供應香燭、金紙、祭品信眾隨喜佈施者、齋飯及借住廂（客房）之收入，由信眾隨喜佈施者、提供納骨塔供人安置骨灰、神位之收入，由存放人隨喜佈施者與營利項目所得用來支付宗教團體目的事業支出不足額的款項[144]。

　　至於宗教團體從事與自己本業無關的營利收入，或明訂收費標準的宗教服務都必需繳稅。這些活動包含：與宗教團體創設目的無關之各項收入及其他營利收入。財產出租之租金收入、販賣宗教文物、香燭、金紙、祭品等商業行為收入、供應齋飯及借住廂（客房）之收入，訂有一定收費標準者與提供納骨塔供人安置骨灰、神位之收入，訂有一定收費標準者。（表6.1）

---

[144] 釋星雲認為，寺廟教堂納骨塔之收入，如其它油香功德金同等，只要用於公益而不用於其它商業經營行為者，可以不必繳稅。（釋星雲，2004：64）

表 6-1 宗教團體免稅與繳稅項目表

免稅項目		繳稅項目	
宗教儀式服務	舉辦法會、進主、研習營、退休會及為信眾提供誦經、彌撒、婚禮、喪禮等服務之收入。（包含點燈、禮斗、聖誕、進香、收驚、辦事等科儀）	宗教團體營利或與宗教無關的營利收入	與宗教團體創設目的無關之各項收入及其他營利收入。財產出租之租金收入。
未訂收費標準的宗教服務	信眾隨喜佈施之油香錢。	明訂收費標準的宗教服務	販賣宗教文物、香燭、金紙、祭品等商業行為收入。
	供應香燭、金紙、祭品信眾隨喜佈施者。		
	齋飯及借住廂（客房）之收入，由信眾隨喜佈施者。		供應齋飯及借住廂（客房）之收入，訂有一定收費標準者。
	提供納骨塔供人安置骨灰、神位之收入，由存放人隨喜佈施者。		提供納骨塔供人安置骨灰、神位之收入，訂有一定收費標準者。
	營利項目所得用來支付宗教團體的目的事業支出不足額的款項。		

資料來源：

1.內政部，2008：539-591。

2.林本炫，2010：111-112。

3.本研究整理。

二、宗教團體要求國家延續租稅優惠政策

宗教團體要求國家延續過去的宗教政策，在威權時代給予宗教儀式服務免稅的特殊利益；民主轉型之後，國家持續給予宗教團體租稅特殊利益。只要在合法的宗教團體場域中，從事宗教儀式服務，皆屬免稅範疇。儀式之外的宗教服務，只要宗教團體「不明訂價錢」，國家也認定這些項目屬於宗教團體服務信眾的「公益慈善」活動，也給予免稅的特殊利益。

由此可知，國家給予宗教團體免稅的條件有二：

1. 合法宗教團體從事的宗教活動或營利活動。
2. 無論是宗教儀式或非宗教儀式的項目，只要不明訂價錢，讓信徒隨喜佈施，國家皆會給宗教團體優惠。

三、宗教團體附屬事業所得減免租稅優惠

比較容易引起宗教團體抗議的是，宗教團體以為其附屬事業的營利所得皆要繳稅[145]。（林本炫，2010：111-112）事實上，這是宗教團體誤解了既有的〈宗教團體法草案〉內容。因為國家為了讓宗教團體持續擁有租稅的特殊利益，在「宗教團體法制」上為此開了一扇小門，使宗教團體可以抵消繳稅額度。

---

[145] 2009 年 12 月 18 日內政部於板橋龍山寺會館召開產、官、學三類專家學者的「宗教自由與宗教立法論壇會議」，在會場外就引來許多佛教徒抗議，他們認為國家要取消佛教諸多租稅優惠的特殊利益。與會教授林本炫在會議當眾批評佛教徒不明事理，未釐清〈宗教團體法草案〉的內容就胡亂抗議，搞不清楚〈宗教團體法草案〉對宗教界的「特別」利益，聽到宗教立法直覺上就給予反對，而不明白宗教立法既規範國家的權利義務，也給百姓保障。（林本炫，2010：108-111）

根據〈宗教團體法草案〉第 23 條：

「宗教法人除有銷售貨物、勞務收入或附屬作業組織者之外，得依所得稅法相關規定，免辦理年度結算申報。」

其賦予合法的宗教團體可以從事營利事業所得後，依「所得稅法」辦理減免所得稅。行政院在 1992 年的行政命令「教育文化公益慈善機關或團體免納所得稅適用標準」。其中第 2 條：

「教育、文化、公益、慈善機關或團體符合左列規定者，其本身之所得及附屬作業組織之所得除銷售貨物或勞務之所得外，免納所得稅。」

根據這項行政命令，宗教團體經營餐廳、停車場、幼稚園、托兒所等事業體有所得時，「銷售貨物」或「勞務」之所得需繳所得稅，其餘免納所得稅。

此外，該標準第 3 條規定：

「第二條之一、符合前條規定之教育、文化、公益、慈善機關或團體，其銷售貨物或勞務之所得，除銷售貨物或勞務以外之收入不足支應與其創設目的有關活動之支出時，得將該不足支應部分扣除外，應依法課徵所得稅。」

再根據這項行政命令可以得知，宗教團體的事業體，也享有國家給予相當大的租稅優惠。以宗教團體經營素食餐廳為例，其銷售貨物勞務收入所得訂有價格，收入如果用在目的事業補充不足之處，就得以免納所得稅。因此有的人以為，現在我們這些收入不繳所得稅，如果「宗教團體法」通過，就變成要繳所得稅，這是完全沒有看過條文，或看不懂條文所產生的誤解。（林本炫，2010：112）

由上面的討論即可得知，宗教團體從事「營利項目所得，用來支付宗教團體的目的事業支出不足額的款項」，也獲有國家給予的租稅減免特殊利益。當宗教團體的營利項目所得，可以用來支付宗教

團體目的事業的各項支出，包括「資本門支出」與「經常門支出」，[146]支出的內容可以明列人事費、行政費、行銷費、生財器具費用等，將營利所得扣除支出後，如有盈餘再向國家繳稅。反之，宗教團體的所得扣除支出後，沒有盈餘就不用向國家繳稅。與一般企業無論是否盈餘，皆得向國家繳稅，形成重大差異。

四、宗教團體相關租稅減免優惠

（一）宗教團體與國家的互利關係

國家對宗教團體本來就有所期待，希望它們完成國家賦予宗教以外的社會目標，而非只是純粹從事「宗教團體」活動。因此，國

---

[146] 每年支出的「歲出資本門」及「歲出經常門」。前者是指將經費用於投資、土地、房屋購置及永久性的器物購買，包含：1.用於購置土地（地上物補償、拆遷及整地等費用）及房屋之支出。2.用於營建工程之支出（含規劃設計費、工程管理費及電梯空調等附屬設備費）。3.用於購置耐用年限 2 年以上且金額 1 萬元以上之機械及設備（含電腦軟體設備費）、交通及運輸設備（含車輛所需之各項配備及貨物稅）及什項設備之支出。4.各級學校圖書館及教學機關為典藏用之圖書報章雜誌等購買支出與其他機關購置圖書設備之支出。5.分期付款購買及取得產權之資本租賃方式之電腦設備等支出。6.用於購置技術發明專利權或使用權、版權等之支出。7.為取得資本資產所必須一次性支付之各項附加費用支出。（註：附加費用如為獲得及使用資產前所必須付出之成本，應併入該資產列為資本門，惟如屬分期繳納之汽車燃料使用費、牌照稅等，則應列為經常門。）8.用於國內外民間企業之投資支出。9.用於對營業基金、非營業特種基金及其他投資國庫撥款增加資本（本金）之支出。10.營業基金以盈餘轉作增資之支出。11.補助地方政府用於資本性之支出。12.委託研究、補助捐贈私人團體用於資本性之支出。13.國防支出中用於下列事項支出：（1）土地購置。（2）醫院、學校、眷舍等非用於軍事設施之營建工程。（3）非用於製造軍用武器、彈藥之廠、庫等營建工程。（4）購置耐用年限 2 年以上且金額 1 萬元以上之儀器設備（不含軍事武器與戰備支援裝備）。14.其他資本支出：用於道路、橋樑、溝渠等公共工程（含規劃設計費、工程管理費、附屬設施及專責興建各該公共工程機關之人事費用等）之支出。至於支出的「歲出經常門」則包含：凡不屬於以上資本支出之各類歲出均屬之。

家在過去威權時代，就給宗教團體租稅減免的特殊利益，宗教團體長期享受此特殊利益，在民主轉型之後，依舊對國家高度期待宗教租稅的特殊利益。兩者的互動，形同「互利關係」。國家把宗教團體當作從事公益慈善事業的團體；透過租稅減免，促進宗教自由的基本權利；進而引導宗教團體健全發展，兩者達到「雙贏」的效果。

（二）國家對宗教團體租稅減免的期待

具體而言，國家給予租稅的特殊利益有其目的，希望運用租稅作為誘導的工具，達到下列幾項目標：1.完成國家社會改革之目標；2.促進國家經濟發展之目標；3.促進教育科學文化之發展；4.達成國防軍事之強大壯盛；5.達到人口適當成長之目的；6.達到城鄉均衡發展之目標。（張永明，2006：100）

國家對宗教團體的租稅特殊利益，在上述六項目標中，頂多只能完成國家對社會改革的期待。希望宗教團體投入公益慈善事業，教化社會大眾向善，在此前提下，國家乃建構並給予宗教團體租稅特殊利益的法制。

（三）國家給宗教團體租稅減免的「法制」

國家給宗教團體租稅減免的相關法令來看，宗教團體形同社會中的「特殊利益團體」，從下列幾項法制可以清楚看出：（張永明，2006：104-109）

1.所得稅減免

宗教團體的所得免納所得稅，是指收入用之於所訂章程的目的比例 70%得以免稅；捐贈者綜合所得稅可以扣除，不得超過總所得的 20%，可以扣除個人綜合所得；捐贈者的營利事業所得稅，也可以扣除在所得的 10%為限。

2.地價稅、土地增值稅及房屋稅減免

（1）地價稅

宗教團體依法繳交千分之十地價稅，並依法免納土地稅。

根據「土地稅法」第 18 條第 1 項第 3 款規定：

「寺廟、教堂用地……，按千分之十徵地價稅，免用累進稅率課徵」。

土地稅減免規則第 8 條第 1 項第 5 款規定：

「經事業主管機關核准，設立……社會救濟慈善及其它促進公眾利益，不以營利為目的，……其本身事業用地全免。……應辦妥財團法人登記，或係辦妥登記的財團法人所興辦，且其用地為該財團法人所有者為限。」

第 9 款規定：

「有益於社會風俗教化之宗教團體，經辦妥財團法人或寺廟登記，其專供公開傳教佈道之教堂、經內政部核准設立的宗教教義研究機構、寺廟用地及紀念先賢先烈會館祠廟用地，全免。」

（2）土地增值稅

宗教團體接受私人捐贈土地，無需繳納土地增值稅。根據「土地稅法」第 28 條之 1 與土地稅減免規則第 20 條第 1 項第 11 款規定：

「私人捐贈供與辦社會福利事業或依法設立私立學校使用之土地，免徵土地增值稅。但以符合下列各款規定者為限：一、受贈人為財團法人。二、法人章程載明法人解散時，其賸餘財產歸屬當地地方政府所有。三、捐贈人未以任何方式取得所捐贈土地之利益。」

（3）房屋稅

宗教團體的寺廟、教堂、宗祠免納房屋稅。免納的標準根據「房屋稅條例」第 15 條第 1 項第 3 款規定：

「專供祭祀用之宗祠、宗教團體供傳教佈道之教堂及寺廟。但

以完成財團法人或寺廟登記,且房屋為其所有者為限。」[147]

3.娛樂稅減免

宗教團體從事教育文化、公益慈善活動所舉辦的各項娛樂,得以免納娛樂稅。免納的標準根據「娛樂稅法」第4條第1項第1款規定:

「教育、文化、公益、慈善機關、團體,合於民法總則公益社團或財團之組織,或依其他關係法令經向主管機關登記或立案者,所舉辦之各種娛樂,其全部收入作為本事業之用者。」

4.遺產稅、贈與稅減免

(1) 遺產稅

宗教團體接受私人財產捐贈,免納遺產稅。根據「遺產及贈與稅法」第16條第1項第3款規定:

「被繼承人死亡時,遺贈人、受遺贈人或繼承人,將財產捐贈給已依法登記設立為財團法人組織,且符合行政院規定標準之教育、文化、公益、慈善、宗教團體及祭祀公業,免計入遺產總額課稅。」

只要向國家登記為財產法人的宗教團體,接受私人的遺產捐贈,可以免納遺產稅,登記為寺廟者則不符合此規定。

(2) 贈與稅

宗教財團法人或祭祀公業得到私人的財產贈與,毋需向國家繳納贈與稅。根據「遺產及贈與稅法」第20條第1項第3款規定:

「捐贈依法登記為財團法人組織,且符合行政院規定標準之教育、文化、公益、慈善、宗教團體及祭祀公業之財產,不計入贈與總額課稅。」

---

147 釋星雲也認為,宗教建築物可享免稅優惠,建立國家應該有明確的規範,訂定免稅標準。(釋星雲,2004:66)

5.營業稅減免

宗教團體從事慈善事業，免納營利稅。免納標準是根據「加值型及非加值型營業稅法」第 8 條第 1 項第 12 款規定：

「依法組織之慈善救濟事業標售或義賣之貨物與舉辦之義演，其收入除支付標售、義賣及義演之必要費用外，全部供作該事業本身之用者」免徵營業稅。

宗教團體設立宗旨與登記業務，雷同於慈善救濟事業，即可免納營業稅，免用發票及免開發票。

6.印花稅、牌照稅減免

（1）印花稅

宗教團體從事教育、文化、公益、慈善事業，開立的收據免納印花稅。免納標準是依據「印花稅法」第 6 條第 1 項第 14 款規定：

「財團或社團法人組織之教育、文化、公益、慈善團體領受捐贈之收據，免納印花稅」

（2）牌照稅

宗教團體從事教育、文化、社會福利活動，每一團體得使用三輛車輛，國家免徵其牌照稅。根據使用「牌照稅法」第 7 條第 1 項第 7 款規定：

「專供教育文化之宣傳巡迴使用之交通工具，而有固定特殊設備及特殊標幟者」

及第 9 款規定：

「專供已立案之社會利團體和機構使用，並經各地社政機關證明者，每一團體和機構以三輛為限。」

目前國家〈宗教團體法草案〉內容的租稅減免規定，包含第 23 條所得稅、第 24 條土地增值稅、第 25 條遺產及贈與稅，至於其它的租稅減免隻字未提。

（四）宗教團體租稅減免的正、反論述

宗教團體目前的租稅減免特殊利益，形同國家以減免租稅的方式補貼宗教團體，引來正反兩方不同的評價。持正面看法者認為，當然宗教團體也必需在國家的法規下成為合法團體，才可以享有各項特殊利益稅賦。不只如此，宗教團體必需從事國家特定的活動，如教育文化、公益慈善、社會福利等事業，或是從事對宗教團體本身有利的宗教宣傳、宗教附屬事業的經營，皆得享有國家給予的免稅。前者是指國家對宗教團體的期待，希望他們成為公益事業；後者則是宗教團體本身的發展，或發展的經濟基礎，國家也認可宗教團體的發展有利於社會穩定。[148]

持負面評價者則認為，國家利用租稅特殊利益減免操縱宗教團體，抵觸宗教中立的原則；甚至給宗教團體特殊利益，將助長社會中的宗教信仰自由、迷信的風氣；最後，國家應該依照宗教團體公益奉獻程度，給予不同的租稅特殊利益，而非一視同仁對待宗教團體。

筆者以為，宗教團體的租稅減免是其生存發展的重要經濟基礎。在威權體制時代，國家就認識到宗教團體可以對國家產生積極正向作用，因此，就給予諸多的租稅減免利益，根本無需宗教團體提出要求，國家就已經主動滿足其需求。

在民主轉型之後，國家對宗教團體的這些租稅減免政策並未改變，國家依舊期待宗教團體發揮公益、慈善、教育、文化的效果，宗教主管官署每年也頒發「公益慈善」與「社會教化」這兩項獎獎項給表現優良的宗教團體，引導他們對國家、社會發揮「正功能」。

---

148 佛教團體領袖釋星雲就持類似的看法，認為國家給予宗教團體租稅減免，宗教團體可將其收入投入社會教化、公益慈善事業，讓更多民眾享受宗教教化與宗教福利。（釋星雲，2004：65）

　　不僅如此，宗教團體從事附屬事業的營利活動，或有利其發展的宗教宣教活動，國家也運用租稅減免法制，給予特殊的「利益」。因此，當宗教立法提出時，部分宗教團體人士誤以為其利益受到傷害，乃群起反對〈宗教團體法草案〉；這是宗教界人士不明究裡，對國家施加壓力的行為。因為宗教團體深怕其原有的利益，被新的宗教法制所傷害，才會抗議國家的宗教立法行為。

第四節　小結

　　從前面三節的討論可以理清，宗教團體意向在〈宗教團體法草案〉的顯現，主要的影響因素包括「宗教傳統」、「宗教團體領袖理念」及「宗教團體利益」等三項變因。

　　第一項變因可以分為：僧事僧決、宗教組織兩項「宗教傳統」。第二項變因可以包括：宗教團體領袖的務實主義、務實肯定國家「宗教團體法制」，對國家提出務實的要求等三項「理念」，宗教平等與自由、批判國家行政裁量權及宗教正統等「理念」。第三項變因是殯葬服務的免稅利益及宗教團體服務信眾的租稅特殊利益。

　　對這些變因的理解，可以歸納成「歷史」、「理念」及「利益」等三項因素，簡言之，宗教團體在〈宗教團體法草案〉的意志展現，深受過去宗教團體的「歷史」傳統所影響，也有宗教領袖「理念」的影子貫穿其中，當然宗教團體為了其生存的經濟「利益」基礎，也期待國家給予租稅減免特殊利益。

　　其中，宗教傳統的歷史因素，在〈宗教團體法草案〉中幾乎都被國家的意志所擱置。宗教領袖的務實主義，則和國家宗教主管官署達成默契，宗教團體領袖及其代表變成國家的智囊團，參與國家宗教立法決策。然而，宗教領袖對國家提出諸多的主張，例如要求

國家對宗教團體進行管理、宗教人士資格認定、主持人身份認定、宗教人士違法等問題，國家幾乎站在政教分離的立場給予拒絕。而宗教領袖提出的宗教財產自治、宗教教育鬆綁的主張，幾乎已經落實在〈宗教團體法草案〉中。

　　至於宗教領袖提出的宗教平等主張，認為國家「監督寺廟條例」違反台灣境內各宗教的平等，也被國家所接納。關於宗教團體領袖提出的宗教自由論述，包括引用外國國家法制證明宗教自由的範疇，例如國家保護宗教團體的墓園、納骨塔、火化設施給予免稅的特殊利益；只有神學院培養的神職人員才能管理寺廟教堂；國家應該承認佛學院、神學院的學制與學位，國家應該頒訂法令規範宗教士的資格，或國家應該將宗教課程列入學校教育中。這些主張儘管宗教領袖大聲疾呼，但是都被國家的意志所壓抑，認為國家如果接受宗教領袖的自由論述，形同國家妨礙了宗教團體的「核心自由」。

　　另外，宗教領袖也對國家寺廟外觀形式前後不一的行政裁量提出批判。這項批判已經引起宗教主管官署的注意，而且在〈宗教團體法草案〉中都市道場的設立，基本上國家已經不再關注宗教建築物的外在形式。宗教領袖為了維持其「正統宗教」的地位，要求國家做出正教或邪教的判定，期待國家要求宗教不得從事神秘主義或奧秘主義的神通、感應神的活動，也被國家意志所擱置。

　　最後，宗教團體的利益在〈宗教團體法草案〉中的顯現，在殯葬服務的免稅特殊利益，基本上被國家所擱置，國家傾向維護殯葬業者與宗教團體平等競爭的立場，只願意對超過 10 年以上的宗教團體所屬的納骨塔、墓園與火化設施給予租稅減免。與此相反的是，國家對宗教團體服務信眾租稅特殊利益的維持，宗教團體也期待國家在民主轉型之後的宗教立法，傳承威權體制的宗教租稅減免特殊利益。讓宗教團體變成社會中的公益、慈善、文化與教育團體，其

對信眾的服務或經營附屬事業，國家皆願意給予租稅減免。國家在不同的法制中，給宗教團體免稅的作為，並沒有因為宗教立法而打折扣；儘管宗教人士曾經誤會國家的宗教立法，將傷害宗教團體的租稅特殊利益。但是，國家在〈宗教團體法草案〉中仍然一本初衷，維護宗教團體的特殊利益。形同宗教團體租稅減免的特殊利益，得以在該草案中貫徹。

第七章 當前產、官、學菁英對〈宗教團體法草案〉的意向

　　2009 年行政院宗教主管官署第五度將〈宗教團體法草案〉提交到立法院送審，一讀通過後再次被擱置。至今，仍是行政院規劃的年度重要政策之一，宗教主管官署依舊企圖將〈宗教團體法草案〉送交立法院審核。

　　〈宗教團體法草案〉被擱置的原因相當複雜，不是本研究的重點，筆者比較關心的是當前產、官、學三類菁英對〈宗教團體法草案〉內容諸多爭議，而這些爭議在本草案形成後，產、官、學三類菁英的最新民意究竟為何。筆者乃於 2011 年 12 月至 2012 年 3 月期間，先對此三類菁英進行深度訪談，然後再設計問卷，於 2012 年 4 月至 8 月調查他們對〈宗教團體法草案〉的最新意向。

　　由此可以讓我們理解產、官、學三類菁英對〈宗教團體法草案〉的最新民意意向，亦可從此最新的意向估計，產、官、

學三類菁英對本草案未來送審可能產生的助力或阻力,甚至於本草案審核通過後,其可行性為何。因此,在本章將〈宗教團體法草案〉操作化為「國家整合『宗教團體法草案』」、「宗教法人類型」、「宗教法人運作」、「宗教法人管理」及「宗教法人權利」等五個構面,測試產、官、學三類菁英對此構面的最新意向。茲分別討論如下。

第一節　對「國家整合〈宗教團體法草案〉」的意向

國家提出〈宗教團體法草案〉,除了宗教主管官署的內部因素,像是延續國家宗教主管官署對宗教團體管理與輔導的思維、邏輯與政策傳承外,尚有整合宗教團體管理相關法令的企圖,再加上統一對宗教團體管理權的需求。另外,尚有外在因素,即大法官 573 號解釋「監督寺廟條例」部分條文違憲。(張家麟,2011:174-175;http://www.moi.gov.tw/files/Act_file/Act_file_23.doc)這兩項內、外的因素,皆是造成國家宗教主管官署強烈整合〈宗教團體法草案〉的需求。

壹、「高程度」支持「國家整合『宗教團體法草案』」

根據本研究的調查發現,在量表總分為 5 分的級距,對「國家整合『宗教團體法制』」平均數得分為 4.04 分,屬於「高程度」的認同。在此概念下的細項:「『宗教團體法』採低度輔導宗教團體」得 4.29 分;「國家成立專責宗教主管機關」得 4.22 分;「立法通過『宗教團體法』」得 4.08 分;「停用『監督寺廟條例』」得 3.78 分。(圖 7-1)由此分數可以得知,受試者「高

程度」或「接近高程度」認同宗教主管官署整合〈宗教團體法
草案〉的作為。

　　受試菁英期待立法通過本草案；停止再使用「監督寺廟條
例」，為了管理宗教團體的事權統一，在本草案通過後，亦需
要成立專責宗教主管機關；至於草案的內容，則尊重人民憲法
自由的原則，採用「低度輔導與管理」宗教團體的政策作為。
（圖 7-1）這項數據與部分學者與法界人士持憲法學的「自由
主義」[149]立場相悖，他們持反對國家整合〈宗教團體法草案〉
的看法，甚至不主張立「宗教團體法」。（陳新民，2002.2：
53-99；許育典、周敬凡，2006.2：55-107；2006.4：69-118；
李惠宗，2010：159；李永然，2010：192；李建忠，2010：38）
由此亦可以理解，未來國家宗教主管官署如果要再次向立法機
關提出本草案，應該可以獲得產、官、學三類菁英的支持。

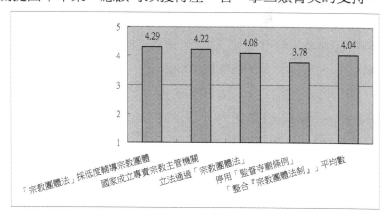

圖 7-1「國家整合『宗教團體法制』」構面及細項平均數

---

149 李永然律師認為，宗教自由應採「相對無限制說」，亦即並非絕對的權而毫無
　　限制；符合《憲法》第 23 條的「比例原則」規定，也才符合聯合國《公民與
　　政治權利國際公約》第 18 條規定的精神。（李永然，2010：193）

貳、產、官、學三類菁英展現「高程度」支持「國家整合『宗教團體法草案』」的意向

　　進一步分析產、官、學三類菁英對此構面的細項逐一比較交叉分析，發現「國家成立專責的宗教主管機關」統一管理宗教團體的事權議題，在此三類菁英都給予非常高程度的期待，得分都在 4 分以上，展現「極高程度」的意向。分別以宗教領袖最高得分 4.23 分；宗教學者與宗教主管官署皆為 4.21 分。（圖 7-2）

　　對「國家整合『宗教團體法草案』」的意向發現，宗教主管官署對本草案由立法院通過持高度的期待，得分為 4.21 分；宗教領袖也不遑多讓得 4.14 分；宗教學者也有 3.96 分。上述三類菁英對此議題都是屬於「高程度」支持的意向。（圖 7-2）

　　對於「國家採低度輔導宗教團體」的議題，三類菁英的意向則展現皆屬於「高程度」的期待，得分皆在 4 分以上。宗教學者得分最高，得分 4.32 分；其次是宗教團體領袖得 4.30；宗教主管官署也有 4.0 的分數。（圖 7-2）

　　對於「大法官宣告『監督寺廟條例』違憲應該停用」的議題，以宗教學者的分數最高，得分為 3.92；其次，宗教團體領袖得 3.71 分；宗教主管官署則有 3.51 分。在本議題上也都是呈現屬於「接近高程度」的意向。（圖 7-2）

　　本研究再進一步對產、官、學三類菁英做顯著分析，發現在上述議題都呈現「未顯著」的現象。代表產、官、學三類菁英平均數得分雖然存在不同，但是並未有所差異。形同三類菁英皆是「極高程度」支持「國家成立專責的宗教主管機關，統一管理宗教團體」；「高程度」的支持「國家整合『宗教團體法草案』」及「國家採低度輔導宗教團體」；「接近高程度」支持

「國家應該停用『監督寺廟條例』」。

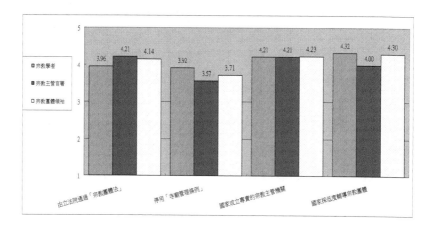

圖 7-1 產、官、學菁英對「國家整合〈宗教團體法草案〉」的
意向平均數

第二節 對「宗教法人類型」的意向

國家宗教主管官署在〈宗教團體法草案〉中，整合既有的
「寺院、宮廟、教會」、「宗教社團」及「宗教基金會」三類宗
教組織型態，只要向國家依法提出申請皆可成為法人。

壹、「高程度」支持「國家規劃三類宗教團體成為宗教
法人」

產、官、學三類菁英對「宗教法人成立的類型」的認同度，
根據本研究的發現，此項整體平均數得分 3.90 分，「接近高程
度」認同的分數。在此概念下的細項，得分的順序依序為：「宗
教建築物、社團及基金會規劃為宗教法人」得 4.05 分；「寺院、

宮廟、教會可成立法人」得 4.04 分;「同一行政區域的宗教法人不得登記相同名稱」得 4.0 分;這些分數都屬於「高程度」的認同。至於「宗教基金會可成立法人」得 3.91 分;「宗教社會團體可成立法人」得 3.87 分;「宗教法人擁有國家特殊權利」得 3.57 分。在此議題上則是屬於「接近高程度」的認同。(圖7-3)

由此分數可以得知,受試者在「接近高程度」認同宗教主管官署提出的「宗教法人成立的類型與條件」的作為,期待在立法通過本草案後,宗教建築物、宗教社團、宗教基金會、各寺院、宮廟與教會皆可成立為法人,成為法人之後即享有國家給予的特殊權利;並且在同一行政區域內的宗教法人不得登記相同的名稱。(圖 7-3)

在國家宗教主管官署的立場,只承認既存的「寺院、宮廟、教會」、「宗教社會團體」及「宗教基金會」,只要它向宗教主管官署依法定條件登錄,就可獲得成為「宗教法人」的資格。部分學者認為此規劃違反「宗教平等」原則,因為沒登錄者或是想登錄但法定條件未符合者,就不得享有國家特殊利益。(陳惠馨,2006:263-266)但是〈宗教團體法草案〉依然排除學者的主張,卻也獲得大部分菁英的「高程度」認同。

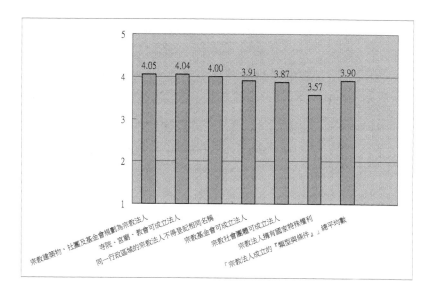

圖 7-3「宗教法人成立的類型」構面及細項平均數

貳、產、官、學三類菁英表達「高程度」或「接近高程度」認同「國家規劃既有宗教團體登記為宗教法人」的意向

　　進一步分析產、官、學三類菁英對「宗教法人成立的類型」細項的意向，是否存在差異？研究發現宗教領袖對「宗教建築物、社團及基金會規劃為宗教法人」得分為 4.10 分[150]；宗教

---

[150] 受訪的宗教領袖幾乎都同意國家立法，管理或輔導既有的「寺院、宮廟、教會」、「宗教社會團體」或「宗教基金會」。（深度訪談編碼 004、005、006、007、008、009）佛教領袖認為，國家應該給予「低度管理」宗教法人，他認為宗教社團跟一般社團屬性不同，國家應該尊重宗教既有的傳統與教義。（深度訪談編碼 001）然而，也有持不同意見的道教領袖，認為國家不應核准全國型的宗教社團，應該給宗教團體階層化，成立階層組織的中央教會來管理地區教會。（深度訪談編碼 002）至於基督教領袖就不同意國家給宗教團體成立這三

學者得 4.03 分皆屬於「高程度」認同；而宗教主管官署則得 3.79 分，屬於「接近高程度」支持的意向。

對「寺院、宮廟、教會可以成立法人」的議題，以宗教領袖的分數最高，得分為 4.09；其次是宗教學者得 4.01 分；宗教主管官署則有 3.86 分。在本議題上也都是呈現屬於「高程度」或「接近高程度」認同的意向。對於「宗教社會團體可成立法人」的議題上，三類人都給屬於「高程度」或「接近高程度」的期待，分別以宗教學者最高，得分 4.0 分；其次是宗教領袖得 3.82 分；最後，則是宗教主管官署得分為 3.57 分。（圖 7-4）

在「宗教基金會可成立法人」的議題，產、官、學三類菁英的意向展現皆屬「高程度」或「接近高程度」的期待。宗教學者得分最高，得分 4.08 分；其次，宗教主管官署得 3.93 分；宗教團體領袖也有 3.80 的分數。在「宗教法人擁有國家特殊權利」的議題上，宗教學者得分最高，得分 3.79 分；宗教團體領袖其次，3.50 分，這兩類人的意向展現皆屬「接近高程度」的期待；至於宗教主管官署，得分只有 3.14 分，屬於「中程度」的期待。宗教主管官署得分較低，可能抱持著「猶豫」的心態，但是仍然勉強同意宗教法人成立時，國家應該給予「特殊利益」。

對於「在同一行政區域的宗教法人不得登記相同名稱」的議題，產、官、學三類菁英的意向展現皆屬於「高程度」或「接近高程度」的期待。宗教主管官署的得分最高有 4.14 分；其次為宗教團體領袖得 4.07 分；宗教學者得分較低，約有 3.84

個類型的宗教法人，而應該尊重基督教會的基本需要。（深訪談編碼 003）

分。（圖 7-4）

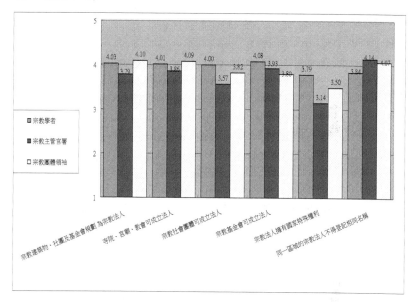

圖 7-4 產、官、學菁英對「宗教法人成立的類型」的意向平均
　　數

第三節　對「宗教法人運作」的意向

　　國家將既有的「寺院、宮廟、教會」、「宗教社團」與「宗
教基金會」成立條件與組織運作方式，分別規範於「監督寺廟
條例」、「人民團體法」與「民法」。現在〈宗教團體法草案〉
將之整合成為一部完整的法令，既可讓國家對宗教團體管理與
輔導的法律系統化，又可清楚引導具宗教性質的社團、基金會
根據法律到宗教主管官署登錄，使宗教主管官署事權統一，取

代過去由不同主管官署管理具宗教性質的社團或基金會[151]。
（黃麗馨，2008：120）

　　本研究將此三類的宗教團體運作方式詢問受訪者，理解他
們對國家要求宗教團體依法成立建構組織或傳承，調查成果分
別陳述如下：

壹、「寺院、宮廟、教會」領袖的傳承與組織建構

　　根據前面章節的論述得知，國家在威權時期及民主轉型
後，都依據「監督寺廟條例」及「寺廟總登記」的行政命令傳
統，要求台灣境內的佛教、道教、一貫道、天帝教或民間信仰
等寺院、宮廟成立信徒大會，再從信徒大會中選出管理人員。
形同國家硬性規定將「民主」機制帶入寺院、宮廟中，而不理
會既有的宗教傳統。國家這種作為曾經引起佛教界重大的反
彈，國家也調整此項政策，在〈宗教團體法草案〉第7條規範：

　　「神職人員或其他管理人主持，為宗教之目的，有實際提
供宗教活動之合法建築物，並取得土地及建築物所有權或使用
同意書之宗教團體。」

　　第8條規範：

　　「寺院、宮廟、教會之章程，應載明下列事項：一、名稱。
二、宗旨。三、宗教派別。四、管理組織及其管理方法。五、

---

151 儘管法學者對宗教法制正當化有正、反意見，然而持正方意見者認為「宗教法
制化」的基礎有三個理由：1.國家保護人民宗教信仰自由得附加立法的義務；
2.司法權的節制；3.立法補充憲法規定之不足，以保障宗教信仰自由的本質。
（張永明，2001：103-144）持相反立場的法學者則認為，宗教立法是不恰當
的，國家只應該規定妨礙宗教信仰之防止或處罰，及對宗教法人登記的兩項
立法作為。（李勝雄，1983）

法人代表之名額、職權、產生及解任方式；有任期者，其任期。
六、財產之種類與保管運用方法，經費與會計及其不動產處分
或設定負擔之程序。七、法人之主事務所及分事務所所在地。
八、章程修改之程序。」

　　上述表現出尊重各宗教的需求，各宗教可以根據其傳統，
寫入「寺院、宮廟、教會」的章程中，不一定採用民主的方式
選拔領袖及建構寺院管理組織。變成國家輔導宗教法人有「兩
軌」法制規範，第一軌為傳統的民間信仰寺廟，以信徒大會依
民主方式選舉寺廟領袖並建構組織。第二軌為制度性宗教依其
宗教傳統拔擢接班人及建構組織。國家〈宗教團體法草案〉的
規範，化解了佛教、基督教、天主教等制度性宗教領袖，對國
家管理介入其組織自治的疑慮。

一、「接近高程度」認同「依民主選舉方式產生領袖或管理成員」

　　根據本研究的調查發現，受試者對「寺院、宮廟、教會」
領袖的傳承與組織建構整體構面總平均數得分為 3.70 分，屬
於「接近高程度」認同的分數。

　　在此概念下又可分為依民主選舉方式，或依宗教傳統遴選
下一任接班人，建立宗教團體組織的兩個類型。傳統民間信仰
或道教的寺廟，皆保留國家原有的民主選舉方式引入寺廟，建
立宗教管理組織及選拔寺廟管理人的制度。受試者對「民間信
仰的宮廟以民主選舉產生主任委員」得 4.02 分[152]；「道教宮廟

---

[152] 受訪民間信仰的寺廟領袖指出，根據他們的章程，領袖任期一任四年，得連選
　　連任。限制二任，可能二任後就要退下來。雖然以民主選舉的方式選拔領袖，
　　但是，冥冥中神明也在替寺廟選拔優秀的人才。對知識份子而言，這可能是

依宗教團體法選出管理成員」得 4.01 分[153];「民間信仰宮廟必
須選出其『管理成員』」得 3.97 分;「新興宗教聚會所以民主
選舉產生管理成員」得 3.82 分;「道教宮廟依民主選舉產生負
責人」得 3.77 分;「新興宗教聚會所以民主選舉產生負責人」
得 3.72 分。受試者對民主選拔制度在寺廟中的運作,表現出
「高程度」及「接近高程度」認同的意向。(圖 7-5)

二、「接近高程度」認同「依宗教傳統遴選領袖」

　　受試者對以宗教傳統遴選宗教領袖及建構寺廟、教會組織
的法制分別在:「佛教寺院可『遴選』組織成員」得 3.81 分[154];
「基督教會可『遴選』管理成員」得 3.76 分;「基督教會可『遴

不可思議的事,但是我們的實際經驗是在選舉過程當中,神明也會開會、評
審,看你這個人可不可能勝任領袖職務。同樣兩個人參與競選,條件差不多,
神明自然會考量那一個比較適合擔任領袖。(深度訪談編碼 011)

153 道教領袖認為,道教是以「法定信徒」選舉寺廟管理人與佛教不同。佛教的領
袖培養諸多弟子,弟子都要聽命師父的話行事,我們就沒有這個問題。(深度
訪談編碼 008)事實上,道教也有派別的不同,而表現出不同的領袖傳承方式,
像江西龍虎山「嗣漢張天師」以「嫡傳」的方式,代代相傳「張天師」。台灣
的大部分寺廟,包含少數的道教廟宇,都受國家宗教管理法規的影響,認為
寺廟既然是公共財就應該由「鄉紳階級」管理,鄉紳階級在傳統上是地方的
頭人,他們屬於地主階級,對寺廟必需承擔較多的財力付出,也變成寺廟的
管理人。在國民黨政府來台後,寺廟依舊是公共財,在鄉村的香火不鼎盛的
寺廟,保留鄉紳階級的管理模式;至於香火鼎盛的都市寺廟,變成地方派系
或資本家的囊中物。他們有能力操控「信徒大會」,用選舉的方式,代代相傳
選出他們的代言人。

154 根據佛教傳統,在佛寺中有四大執事,就是住持指派或住持,他可以請某某人
來擔任此職務。在寺院裡,住持扮演的角色就像行政的總管,各種執事都是
由他指派分配,跟一般信徒無關。不能說四大執事由信眾以民主方式選出。
因為佛教有佛教的倫理,由寺廟自己的住持邀請、指派優秀的法師們承擔寺
廟的行政事務,具有悠久的歷史,代代相傳的傳統。(深度訪談編碼 001)

選」神職人員」得 3.63 分[155]；「伊斯蘭教寺院可『遴選』寺院管理成員」得 3.62 分；「佛教寺院可由領袖『遴選』下任接班人」得 3.47 分；而「伊斯蘭教寺院可由領袖『遴選』下任接班人」得 3.45 分[156]。從上述受試者的得分皆在 3.45 分以上，屬於「中程度」認同及「接近高程度」的認同。（圖 7-5）

---

[155] 基督教領袖表示，每個宗教團體產生領袖的方式不同，有的已經流傳久遠，有的則是有其傳統。大部分是依傳統教義產生。我覺得傳統性的宗教團體，可以按照原來的方式進行，因為它能維持幾千年，自有它的道理。第二種就是新開始的宗教團體。在傳統組織，它有每個新開始的組織產生，在傳統底下有新開拓的團體，大部分都有理想性，也有它的信仰上啟示。另外，我不贊同國家使用同一種法制規定宗教領袖產生的方式，因為大部分它跟領袖有關係，領袖怎麼產生，從開始到後來決定依循傳統，或開拓者要決定什麼模式。（深度訪談編碼 003）

[156] 伊斯蘭領袖認為，目前台灣清真寺用民主方式產生領袖的團體還不成熟。根據伊斯蘭的古蘭經裡有說，你們的事務要用協商的方式處理，協商就不是投票了。聖人在的時候，他也沒有依照民主方式選拔繼承人，也不贊同依過去阿拉伯原來的血緣世襲傳統作法；而是用尋找德高望重的人接棒。古蘭經指出，位子不是權力而是服務、責任，不要把位子當作權力享受，它是一種壓力、服務與責任。因此，伊斯蘭從來沒有請穆斯林投票選出領袖的制度，而是用協調、推選賢德人士的方式，遴選出我們的領袖。（深度訪談編碼 007）

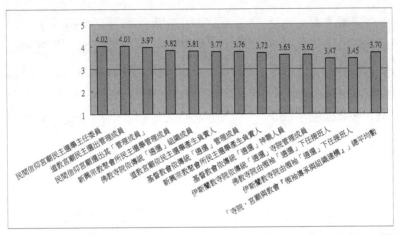

圖 7-5「寺院、宮廟與教會『領袖傳承與組織建構』規定」構面及細項平均數

　　簡言之，受試者對國家〈宗教團體法草案〉中，採用民主選舉及尊重宗教傳統遴選方式，成立「寺院、宮廟、教會」管理組織及其領袖的方式，皆持「中程度」以上的認同。其中，對尊重傳統用遴選的方式選拔其領袖，認同程度低於用民主選舉方式選拔領袖。受試者對前者只有「中程度」的意向表達，對於後者則有「接近高程度」或「高程度」的意向表達。

　　可見受試者對國家延續管理寺院的政策傳統，將民主制度帶進寺廟組織中持「高程度」的意向。至於佛教、基督教、伊斯蘭教的宗教傳統，受試者也表達正向的尊重，但是未如民主方式在寺廟的組織運作得到肯定。

三、產、官、學三類菁英「高程度」或「接近高程度」認同 「寺院、宮廟與教會『領袖傳承與組織建構』規定」

（一）產、官、學三類菁英「高程度」認同用民主選舉方式產 生民間信仰宮廟領袖或管理成員

本研究進一步分析產、官、學三類菁英對於「民間信仰宮廟必須選出其『管理成員』」議題上，以宗教團體領袖最高，得分為 3.98 分；其次，宗教主管官署得 3.93 分；宗教學者則得分為 3.94 分。在「民間信仰宮廟以民主選出主任委員」的議題上，宗教主管官署得分最高得 4.07 分；其次是宗教學者得 3.97 分；最後則是宗教團體領袖得 3.86 分。（圖 7-6）

「道教宮廟必須依『宗教團體法』選出管理成員」的議題上，宗教主管官署得分最高，得分 4.07 分；其次是宗教團體領袖得 4.03 分；最後則是宗教學者得 3.99 分。「道教宮廟依民主選出負責人」的議題上，宗教學者得分最高，得分 3.81 分；其次是宗教主管官署得 3.79 分；最後則是宗教團體領袖得 3.75 分。（圖 7-6）

「新興宗教聚會所以民主選出管理成員」的議題上，宗教學者得分最高得 3.90 分；其次是宗教團體領袖得 3.80 分；最後則是宗教主管官署得 3.57 分。最後，在「新興宗教聚會所以民主選出負責人」的議題上，宗教學者得分最高，得分 3.76 分；其次是宗教團體領袖得 3.72 分；最後則是宗教主管官署得分 3.50 分。（圖 7-6）

在上述六項議題，每一個細項都在 3.50 分以上，最高得分到 4.07 分，產、官、學三類菁英雖然表現出不同程度的意向。但是在統計學的差異分析中顯現，他們的得分並沒有「差

異」，言下之意是指，產、官、學三類菁英對國家以民主制度
進入寺院的管理法制中，無論是「接近高程度」認同的意向，
或是「高程度」認同的意向，都屬於高度支持國家對此法制的
安排。

（二）產、官、學三類菁英「接近高程度」認同「佛教、基督
教、伊斯蘭教的寺院、教會以遴選方式產生領袖或管
理成員」，且存在顯著差異

1. 產、官、學三類菁英對「寺院、宮廟與教會『領袖傳承與組
   織建構』規定」存在差異

　　本研究進一步分析產、官、學三類菁英對「寺院、宮廟與
教會『領袖傳承與組織建構』規定」的意向，發現宗教學者對
「佛教寺院可「遴選」組織成員」持高度的期待，得分最高，
為 4.06 分；其次宗教主管官署得 3.79 分；而宗教團體領袖也
得 3.66 分。（圖 7-6）三類菁英對此議題都呈現「高程度」或
「接近高程度」支持的意向，展現出對「佛教寺院宗教傳統」
的尊重，肯定其遴選組織成員的規定。

　　此外，將產、官、學三類菁英進行顯著差異比較發現，宗
教學者與宗教團體領袖存在顯著差異，其顯著值為 0.008。至
於，宗教團體領袖與宗教主管官署，或是宗教學者與宗教主管
官署皆未存在差異。此意味著宗教學者的「高程度」認同，明
顯不同於宗教團體領袖的「接近高程度」意向表現。（表 7-1）

2. 產、官、學三類菁英對「佛教寺院可由領袖『遴選』下任接
   班人」存在差異

　　對於「佛教寺院可由領袖『遴選』下任接班人」的議題上，
以宗教主管官署的分數最高，得分為 3.79；其次宗教學者得

3.70 分；而宗教團體領袖也有 3.29 分。（圖 7-6）

　　在本議題上呈現，宗教主管官署的「高程度」尊重佛教傳統的意向，是宗教執法人員與宗教法制兩個層次的緊密結合。至於宗教學者得分也接近宗教主管官署，展現出宗教學者的「自由主義」心態，他們支持國家〈宗教團體法草案〉應該尊重佛教的傳統。而宗教團體領袖分數只有「中程度」認同的意向表現，這是因為受訪的宗教團體領袖，大部分是民間信仰的領袖，他們支持國家的民主機制可能落實在寺廟運作中，就可能對佛教的傳統表現出「較低程度」的認同。

　　進一步對產、官、學三類菁英做多重比較發現，宗教學者與宗教團體領袖存在顯著差異，其顯著值為 0.025，至於宗教學者與宗教主管官署或宗教主管官署與宗教團體領袖則未呈現出顯著差異。（表 7-1）

3. 產、官、學三類菁英對「基督教會可『遴選』管理成員」存在差異

　　在「基督教會可『遴選』管理成員」的議題上，宗教學者得分最高，得分 3.94 分；其次是宗教主管官署得 3.86 分；最後則是宗教團體領袖得 3.63 分，三類菁英皆屬「接近高程度認同」。（圖 7-6）

　　然而，進一步分析產、官、學三類菁英，在此議題上的多重比較卻發現，宗教學者與宗教團體領袖存在顯著差異，其顯著值為 0.037；代表宗教學者的 3.94 分明顯異於宗教團體領袖的 3.63 分，兩者的分數明顯不同。至於宗教學者與宗教主管官署、宗教團體領袖與宗教主管官署，則未呈現顯著差異。（表7-1）

4. 產、官、學三類菁英對「基督教會可『遴選』神職人員」存
  在差異

　　「基督教會可『遴選』神職人員」的議題上，宗教學者得
分最高，得分 3.94 分；其次是宗教主管官署得 3.50 分；最後
則是宗教團體領袖得 3.45 分。（圖 7-6）

　　進一步分析產、官、學三類菁英，在此議題上的多重比較
發現，宗教學者與宗教團體領袖存在顯著差異，其顯著值為
0.001；代表宗教學者的 3.94 分明顯異於宗教團體領袖的 3.45
分。至於宗教學者與宗教主管官署、宗教團體領袖與宗教主管
官署，則未呈現顯著差異。（表 7-1）

　　在 3、4 兩項議題可以得知，受試者對基督教的宗教傳統
認同的意向表達，以宗教學者得分最高，他們持高度尊重基督
宗教傳統的立場，認為國家將此傳統入法是合理的安排。至於
宗教主管官署的得分稍低於宗教學者，分數也都在 3.50 分以
上，也表現出高度的支持國家將基督宗教傳統入法。得分稍低
的是宗教團體領袖，他們只給這項議題 3.63 分或 3.45 分。其
中，宗教學者與宗教團體領袖的得分都存在顯著差異，可能的
原因在於受訪的宗教團體領袖以民間信仰為主，他們固然尊重
基督宗教的傳統，但是也表現出對此傳統有限度的支持，因為
民間信仰是用民主的方式選拔自己的領袖及管理成員。

5. 產、官、學三類菁英對「伊斯蘭教寺院可『遴選』寺院管理
  成員」存在差異

　　在「伊斯蘭教寺院可『遴選』寺院管理成員」的議題上，
宗教學者得分最高，得分 3.94 分；其次是宗教主管官署得 3.79
分；最後則是宗教團體領袖得 3.39 分，三類菁英皆屬「接近
高程度」認同。

　　進一步分析產、官、學三類菁英，在此議題上的多重比較發現，宗教學者與宗教團體領袖存在顯著差異，其顯著值為0.000；代表宗教學者得分 3.94 分，明顯異於宗教團體領袖的3.39 分。至於宗教學者與宗教主管官署、宗教團體領袖與宗教主管官署，則未呈現顯著差異。（表 7-1）

6. 產、官、學三類菁英對「伊斯蘭教寺院可由領袖『遴選』下任接班人」存在差異

　　在「伊斯蘭教寺院可由領袖『遴選』下任接班人」的議題上，宗教學者得分最高，得分 3.74 分；其次是宗教主管官署得 3.71 分；最後則是宗教團體領袖得 3.23 分，三者皆屬於「接近高程度」認同。（圖 7-6）

　　進一步分析產、官、學三類菁英，在此議題上的多重比較發現，宗教學者與宗教團體領袖存在顯著差異，其顯著值為0.001；代表宗教學者得分 3.74 分明顯異於宗教團體領袖的3.23 分。至於宗教學者與宗教主管官署、宗教團體領袖與宗教主管官署，則未呈現顯著差異。（表 7-1）

　　針對上述 5、6 兩項議題，受試者對此議題的意向與上述基督宗教的傳統認同意向表達雷同。宗教學者對伊斯蘭的宗教傳統加以高度尊重，其次為宗教主管官署，至於宗教團體領袖的認同度稍低，因為伊斯蘭的領袖在本次問卷屬於少數樣本，大多數的民間信仰領袖對伊斯蘭的宗教傳統並不熟悉，因此只給 3.23 分「中程度」認同的意向。而在差異分析上也可以看出，宗教學者與宗教團體領袖存在顯著差異，代表宗教學者的意向明顯異於宗教團體領袖的意向表達；宗教學者得分皆屬於「接近高程度」的意向，明顯不同於宗教團體領袖得分只有「中程度」。

表 7-1 產、官、學菁英對「領袖傳統與組織建構」顯著表

多重比較

Scheffe 法

依變數	(I) 類別	(J) 類別	平均差異 (I-J)	顯著性
佛教寺院依宗教傳統「遴選」組織成員	宗教學者	宗教主管官署	.27	.545
		宗教團體領袖	.40*	.008
	宗教主管官署	宗教學者	-.27	.545
		宗教團體領袖	.12	.871
	宗教團體領袖	宗教學者	-.40*	.008
		宗教主管官署	-.12	.871
佛教寺院由領袖「遴選」下任接班人	宗教學者	宗教主管官署	-8.15E-02	.963
		宗教團體領袖	.42*	.025
	宗教主管官署	宗教學者	8.15E-02	.963
		宗教團體領袖	.50	.220
	宗教團體領袖	宗教學者	-.42*	.025
		宗教主管官署	-.50	.220
基督教會依傳統「遴選」管理成員	宗教學者	宗教主管官署	8.57E-02	.934
		宗教團體領袖	.31*	.037
	宗教主管官署	宗教學者	-8.57E-02	.934
		宗教團體領袖	.23	.603
	宗教團體領袖	宗教學者	-.31*	.037
		宗教主管官署	-.23	.603
基督教會依傳統「遴選」神職人員	宗教學者	宗教主管官署	.44	.214
		宗教團體領袖	.50*	.001
	宗教主管官署	宗教學者	-.44	.214
		宗教團體領袖	5.26E-02	.977
	宗教團體領袖	宗教學者	-.50*	.001
		宗教主管官署	-5.26E-02	.977
伊斯蘭教寺院可宗教傳統「遴選」寺院管理成員	宗教學者	宗教主管官署	.16	.784
		宗教團體領袖	.55*	.000
	宗教主管官署	宗教學者	-.16	.784
		宗教團體領袖	.39	.202
	宗教團體領袖	宗教學者	-.55*	.000
		宗教主管官署	-.39	.202
伊斯蘭教寺院由領袖「遴選」下任接班人	宗教學者	宗教主管官署	2.86E-02	.994
		宗教團體領袖	.51*	.001
	宗教主管官署	宗教學者	-2.86E-02	.994
		宗教團體領袖	.48	.143
	宗教團體領袖	宗教學者	-.51*	.001
		宗教主管官署	-.48	.143

*. 在 .05 水準上的平均差異很顯著。

資料來源：本研究整理

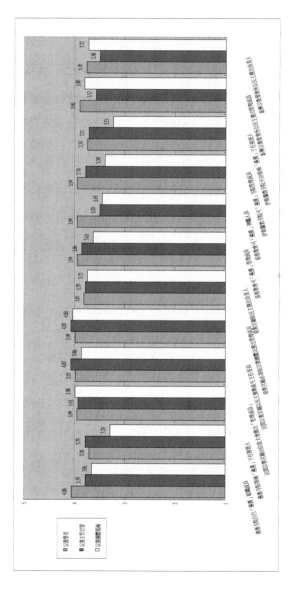

圖7-6 產、官、學菁英對「寺院、宮廟與教會『領袖傳承與組織建構』規定」的意向平均數

貳、宗教社團依「人民團體法」運作

一、「接近高程度」認同「宗教社團依『人民團體法』運作」

在既有的國家管理或輔導宗教團體的法制中,「人民團體法」是其中的一項法律。根據「人民團體法」的規定,台灣地區人民可依其需要向縣市政府,或中央政府的宗教主管官署提出申請,組成「地方型」或「全國型」的宗教社團。再根據「人民團體法」的要求,選出該社團的理事長,並推動其業務。

據本研究的調查發現,受試者對「宗教法人的運作」平均數得分為 3.85 分,屬於「接近高程度」認同的分數。在此概念下的細項:「宗教社團依『人民團體法』籌備」得 3.88 分;「宗教社團負責人由會員直接或間接選舉產生」得3.88分;「宗教社團成立後依『人民團體法』」推動會務得 3.85 分;「宗教社團領袖皆應有任期制」得 3.81 分。(圖 7-7)

每一細項的得分都在 3.81 分到 3.88 分之間,接近 4 分的「高程度」認同的意向表達。由此分數可以得知,受試者「接近高程度」認同宗教主管官署提出成立宗教法人後,對「宗教法人的運作」的管理作為,期待宗教社團依據「人民團體法」來籌備,並在立法通過本草案後,也依據「人民團體法」推動會務,由直接或間接舉辦選舉而產生宗教社團的負責人,且其領袖都應該擁有固定的任期制度。

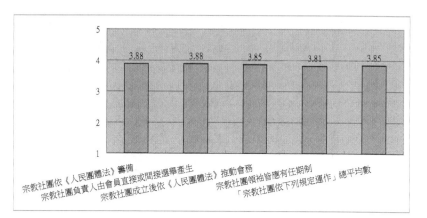

圖 7-7「宗教社團依『人民團體法』運作」構面及細項平均數

二、產、官、學三類菁英「接近高程度」認同「宗教社團依 『人民團體法』運作」的意向

　　進一步分析產、官、學三類菁英對「宗教社團依『人民團體法』運作」的意向，發現宗教學者對「宗教社團依『人民團體法』籌備」持高度的期待，得 3.97 分；宗教團體領袖得 3.86 分；而宗教主管官署則得 3.57 分。對於「宗教社團成立後依『人民團體法』推動會議」的議題，以宗教學者的分數最高，得分為 3.91 分；其次是宗教團體領袖得 3.85 分；宗教主管官署則有 3.50 分。對於「宗教社團負責人由會員直接或間接選舉產生」的議題，以宗教學者最高，得分為 3.93；其次是宗教團體領袖得 3.88 分；宗教主管官署則得 3.64。在「宗教社團領袖皆應該有任期制」的議題上，宗教學者得分最高，得分 3.86 分；其次是宗教團體領袖得 3.82 分；[157]最後則是宗教主管官署得 3.50 分。（圖 7-8）

---

157 民間信仰領袖認同宗教社團法人應該根據「人民團體法」的民主選舉方式運

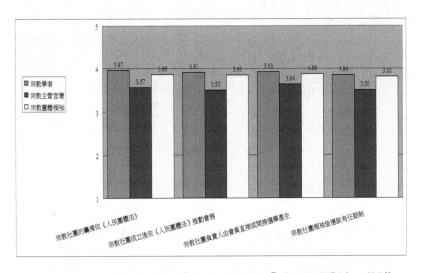

圖 7-8 產、官、學菁英對「宗教社團依『人民團體法』運作」
的意向平均數

　　在上述的議題中，產、官、學三類菁英對宗教社團依「人
民團體法」的籌備、推動、選舉及領袖任期都表現出 3.50 分
到 3.97 分。在統計學上，產、官、學三類菁英沒有明顯的差
異，是指三類菁英的得分在「中程度」到「高程度」的意向認
同間，但是沒有明顯的差異。

作。例如：某位領袖就提出贊同主委要有任期的制度，其規定由國家法令訂
定，按照章程連選得連任；或是也可以由自己團體的章程來訂定。總幹事的
任期隨主委而訂，當主委相信總幹事就可派任；如果主委任期滿，總幹事也
要跟著一起走，這樣才不會時間久了之後，總幹事也變成「精」了。（深度訪
談編碼 004）

參、宗教基金會依「民法」運作

一、「高程度」認同「宗教基金會依『民法』運作」

　　根據「民法」人民有權利組織並向國家申請宗教基金會的成立，以特定金額在法院登記，可以成立全國型或地方型的基金會。而且此基金會的運作的目的，必需符合公益原則，才能享有國家給予的特殊利益。不僅如此，基金會的組織運作必需避免「近親繁殖」，三等親內的董事會成員必需低於所有董事的 1/3 的名額；及現任的董事會則享有指派、推薦下任董事會成員的權力。

　　對於上述的宗教基金會組成方式，本研究的調查發現，受試者對「宗教基金會依『民法』運作」整體平均數得分為 3.85 分，屬於「接近高程度」的認同。在此概念下的細項：「應推展宗教公益及社會福利等事業」得 4.39 分屬「極高程度」認同；「三等親內不得超過董事會名額 1/3」得 4.15 分；「以『特定金額』當作基金依法設立團體」得 4.08 分皆屬於「高程度」認同。只有對「現任董事會推派下任的董事」表達負面的看法，得分最低只有 2.82 分[158]。（圖 7-9）

---

158 受訪的宗教領袖幾乎都認為，國家未來的「宗教團體法制」，對宗教基金會的組織應該重新思考與調整。例如：擴張基金會的成員，避免近親繁殖，讓優秀且與宗教有關的人士，如宗教界領袖、宗教界學者等菁英加入，至少占所有基金會成員的 1/3 到 2/3 的比例，進入基金會擔任董、監事，因為這些菁英的意見相對中肯，又可平衡既有的基金會成員。（深度訪談編碼 005）讓社會客觀、公正的人士進入宗教團體的基金會是可以的。宗教與一般的基金會不一樣，要有信仰或研究宗教的人，不能只是社會的客觀社會人士。（深度訪談編碼 011）基金會的會員應該擁有監督或擔任基金會管理人的候選資格，不然就枉費會員捐款投入基金會。此外，基金會要有公證機制。比如：邀請公正的社會人士在基金會中監督；否則依國家法律成立的宗教基金會的管理機

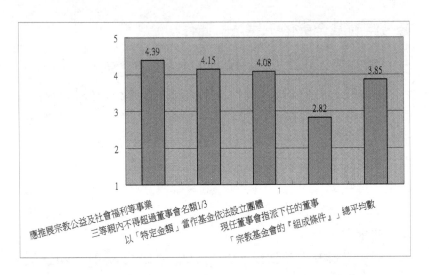

圖 7-9「宗教基金會依『民法』運作」構面與細項平均數

　　由此分數可以得知，受試者對當前的國家基金會成立法制，持「高程度」認同基金會的成立標準、目的及組織成員迴避三等親的原則；但是對現任董事會可以推派下任的董事，則抱持著負向認同。宗教團體領袖認為，基金會的成員應該從社會中篩選優秀的菁英加入，避免捐款者的近親繁殖，擴大優秀菁英的參與比例，讓與宗教事務有關的宗教界領袖、宗教界學者等社會菁英，皆有機會投入基金會的組織運作。甚至建議國家宗教主管官署可以推舉社會菁英，供宗教基金會參考。（深度訪談編碼 005、008、011）受訪者對此議題的「意向」相當

制，則沒有這項效果。由這一屆的成員決定下一屆董、監事成員，基金會裡頭永遠是自己人，就容易形成弊端。因此，未來宗教基金會的管理法制，必需有 1/3 或 1/4 社會賢達人士加入管理組織；國家宗教主管官署也可推舉優秀的社會菁英約 20 名，供基金會參考，當作儲備人才，未來的基金會管理法制應該要有此機制。（深度訪談編碼 008）

清楚，認為捐款者既然有心成立宗教基金會，就應該有限度的
引入社會菁英力量，給基金會新的「活水泉源」，活化基金會
的運作。

尤其部分宗教基金會的基金來源來自十方信眾，宗教領袖
成立此基金會只是將信徒的善款「暫時管理」，而非真正的「捐
款者」；因此，宗教團體領袖鳩合群力成立的宗教基金會，更
應該引入外面公正人士的力量，不應把宗教基金會視為家族的
「禁臠」，只由單一姓氏家族把持，以基金從事家族的營利事
業。(鍾則良，2007)

二、產、官、學三類菁英「高程度」認同「宗教基金會依『民法』運作」的意向

(一)產、官、學三類菁英對「宗教基金會依『民法』運作」未存在差異項目

進一步分析產、官、學菁英對「宗教基金會依『民法』運
作」的每一個細項調查發現，宗教主管官署對「以『特定金額』
當作基金依法設立團體」持高度的期待，得分最高為 4.14 分；
其次宗教學者得分為 4.10 分；而宗教團體領袖也得 4.06 分。
對「應推展宗教公益及社會福利事業」的議題上，以宗教團體
領袖的分數最高，得分為 4.43 分；其次，宗教學者得分為 4.37
分；而宗教主管官署也有 4.21 分。(圖 7-10)在本議題上都是
呈現「高程度」贊同的意向。

在上述議題中，產、官、學三類菁英對宗教基金會以特定
金額當作成立的財務條件、基金會運作目的，在於推展宗教公
益及社會福利兩項議題，都呈現 4.06 分以上的「高程度」支
持的意向，認同國家在〈宗教團體法草案〉中對宗教基金會的

法制規劃。

另外，產、官、學三類菁英對國家在宗教基金會由「現任董事會指派下任的董事」的管理法制，則有相當不以為然的看法。三類菁英都持「中程度」或「低程度」的認同意向。其中，以宗教學者得分最高，得分為 3.07 分；其次是宗教主管官署得 2.71 分；最後，則是宗教團體領袖得 2.68 分。（圖 7-10）

由此議題可以得知，代表受試菁英對當前「民法」規範財團法人董事會可以指派下任董事的繼承規則，抱持負向的保留看法[159]。產、官、學三類菁英幾乎都不認同現有的宗教基金會組成後，由現任董事會推舉或指派下任董事成員的作為。未來國家〈宗教團體法草案〉的規劃，宗教主管官署應該要謹慎面對產、官、學三類菁英對此議題的意向。

（二）產、官、學三類菁英對「三等親內不得超過董事會名額 1/3」存在差異

只有在「三等親內不得超過董事會名額 1/3」的議題上，產、官、學三類菁英存在顯著差異，其中以宗教學者得分最高，得分 4.37 分；宗教主管官署其次得 40.7 分；最後則是宗教團體領袖得 4.03 分。（圖 7-10）進一步比對產、官、學三類菁英在此議題的顯著分析發現，宗教團體領袖與宗教學者存在顯著

---

159 台北市宗教主管官署曾經對其轄下財團法人行天宮作個案研究，解讀行天宮的組織、宗教作為及政府對行天宮運作的管理困境、法制困境、財務監督困境、司法正義困境及面臨困境後的政策建議。最後作者認為關鍵在於財團法人行天宮依法成立的董事會都由其「黃姓家族」所掌握，因此，行天宮乃發生質變，由募得信徒的香油錢的「公廟」性質，轉變為其家族「私產」。當財團法人行天宮將公產挪作私人家族投資時，國家卻愛莫能助。儘管國家用宗教行政輔導作為，甚至將行天宮的弊案移送檢調，也力猶未逮。這是宗教財團法人因人謀不臧，而帶來重大弊端。（鍾則良，2007）

差異,其顯著值為 0.033,意味著宗教學者的 4.37 分,明顯高於宗教團體領袖的 4.03 分。(表 7-2)至於宗教團體領袖與宗教主管官署、宗教學者與宗教主管官署則不存在差異性。

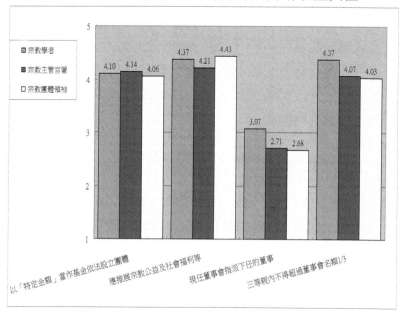

圖 7-10 產、官、學菁英對「宗教基金會依『民法』運作」的意向平均數

表 7-1 產、官、學菁英對「三等親內不得超過董事會名額 1/3」顯著表

多重比較

Scheffe 法

依變數	(I) 類別	(J) 類別	平均差異 (I-J)	顯著性
三等親內不得超過董事會名額1/3	宗教學者	宗教主管官署	.29	.505
		宗教團體領袖	.34*	.033
	宗教主管官署	宗教學者	-.29	.505
		宗教團體領袖	4.60E-02	.982
	宗教團體領袖	宗教學者	-.34*	.033
		宗教主管官署	-4.60E-02	.982

*. 在 .05 水準上的平均差異很顯著。

資料來源:本研究整理

第四節　對「宗教法人管理」的意向

　　國家宗教主管官署傳承解嚴後宗教團體的管理精神，在政黨輪替之際，六人小組規劃的〈宗教團體法草案〉傳承原有宗教主管官署的草案，該草案中依舊維持國家低度介入管理與輔導宗教團體的傳統。（林本炫，2004：216-225）宗教主管官署對宗教團體的管理包括：「不動產的管理」、「財務管理」、「納骨塔、火化設施管理」及「宗教法人或其負責人違法管理」等四項。茲分別討論如下：

壹、國家對宗教團體不動產的管理

一、「高程度」認同「國家對宗教團體不動產的管理」

　　根據本研究的調查發現，在量表總分為五分的程度中，對「國家對宗教法人的不動產『應有必要程序輔導或管理』」平均數得分為 3.98 分，屬於「高程度」認同的分數。在此概念下的細項：「不動產應造清冊送宗教主管官署備查」得 4.12 分；「不動產應登記在法人名下」得 4.11 分；「不動產、基金之管理應受宗教主管官署監督」得 3.98 分；「不動產未經主管機關許可不得處分」得 3.74 分。（圖 7-11）

　　儘管有宗教學者認為，國家宗教主管官署介入宗教團體財產自治[160]，或是宗教團體領袖反對國家介入寺廟財產處分。（林蓉芝，2006：35-50）但是此分數卻又可以得知，受試者「高

---

[160] 許育典詮釋大法官會議 573 號解釋，認為宗教團體的自治權應包括人民實現內心的宗教信念，而成立或參加宗教結社，及組織結構、人事、財務應有自主權。其中，寺廟的財產管理處分都屬於宗教自由的保障範圍。（許育典，2004.11：211-225）

程度」認同宗教主管官署對宗教法人的不動產「應有必要程序輔導或管理」的作為。受試菁英期待立法通過本草案，宗教法人的不動產應登記在法人名下，並應造清冊送主管機關備查；宗教主管機關有權利監督宗教法人的不動產及基金狀況，且其不動產在未經主管機關的許可也不得自行處分。形同國家站在客觀中立的第三者立場，尊重宗教團體的財產自治權，但是國家也不得逃脫責任，有節制的行事監督權。（張永明，2005：72-80）因此，國家對宗教團體可以依法監督宗教團體對財產的處分。尤其宗教團體財產並非如同個人的「私人財產」，而是屬於社會的「公共財產」，宗教法人不得任意處分其財產。

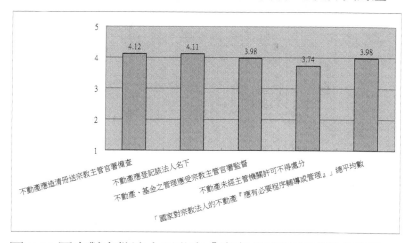

圖 7-11 國家對宗教法人不動產「應有必要程序輔導或管理」
        構面與細項平均數

二、產、官、學三類菁英「高程度」或「接近高程度」認同「國家對宗教團體不動產的管理」，且未存在差異

進一步分析產、官、學三類菁英對「國家對宗教法人的不

動產『應有必要程序輔導或管理』」的意向可以發現，宗教主
管官署對「不動產應登記該法人名下」持「極高程度」的期待，
得分最高為 4.57 分；其次宗教學者得分為 4.17 分；而宗教團
體領袖也得 4.03 分。對於「不動產應造清冊送主管機關備查」
的議題上，以宗教學者的分數最高，得分為 4.17 分；其次，
宗教主管官署得分為 4.14 分；而宗教團體領袖也有 4.09 分。
對於「不動產、基金之管理應受主管機關監督」議題上，以宗
教主管官署最高，得分為 4.43 分；其次是宗教團體領袖，得
分為 4.02 分；宗教學者則得分為 3.83 分。（圖 7-12）在這三
項議題三類菁英都呈現「高程度」的意向展現。

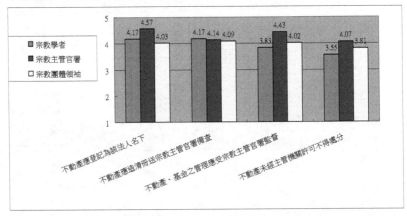

圖 7-12 產、官、學菁英對「宗教法人不動產國家應有必要程
序輔導或管理」的意向平均數

　　最後，在「不動產未經主管機關許可不得處分」的議題上，
宗教主管官署得分最高，得分 4.07 分；其次宗教團體領袖，
得 3.81 分[161]；最後則是宗教學者，得分 3.55 分。（圖 7-12）在

---

161 道教領袖的觀察發覺，台灣地區不少寺廟盜賣公產，私下將土地、廟宇賣掉。

本項議題也屬於「高程度」或「接近高程度」的意向展現。

　　就統計學的差異分析觀察產、官、學三類菁英是否存在差異發現，僅管三類菁英對四個議題各有程度上的高低，但是在統計的意義上並不存在差異。換言之，產、官、學三類菁英在本主題的意向表現，都是屬於正向的態度，而且「接近高程度」或「高程度」的意向。

貳、財務管理

一、「接近高程度」認同「國家應對宗教團體財務管理作『必要的要求』」

　　根據本研究的調查發現，受試者在「國家應對宗教團體財務管理作『必要的要求』」的議題上，平均數得分為 3.83 分，屬於「接近高程度」認同的分數。

　　在此概念下的細項：「宗教法人的財務達一定規模者由會計師認證」得 4.0 分；「宗教法人的財務收支應向組織成員公告」得 4.11 分；這兩個細項得分皆屬於「高程度」的認同。（圖 7-13）

　　「寺院、宮廟、教會的會計採流水帳簿」得 3.87 分；「宗教社會團體的會計採年度計畫預算帳簿」得 3.89 分；「宗教基金會的會計採年度計畫預算帳簿」得 3.92 分；「宗教法人的財務收支向宗教主管官署備查」得 3.87 分；這四個細項得分則

從前根據「監督寺廟條例」的管理，國家禁止這樣的行為。因為寺廟的不動產是屬於社會大眾的公產，寺廟領袖只是管理人而已。寺廟的法務部門相當重要，它必需經過主管機關的核定，負責為寺廟的財產把關。（深度訪談編碼 002）

屬於「接近高程度」的認同。只有「宗教法人的財務收支應在網路公告」議題，僅得 3.19 分，屬於「中程度」的認同。（圖7-13）

由此分數可以得知，受試者高度認同「宗教主管官署應對宗教團體財務管理作『必要的要求』」。期待立法通過本草案後，「寺院、宮廟、教會」的會計可以採用「流水帳簿」的方式；「宗教社會團體」、「宗教基金會」的會計則可以採用「年度計畫預算及決算帳簿」的方式處理。宗教法人的財務收支必需向主管機關備查，其財務達一定規模以上者，也要由會計師認證。其中，對於「宗教法人的財務收支應在網路公告」比較例外，受試者表現出「中立」的看法。[162]

儘管部分宗教團體領袖對財務公開持保留的態度，甚至號召信眾集會或為文抗議國家的作為[163]，但是由此調查可得知，受試者相當認同國家對宗教團體的財務做合理的監督。

---

162 部分學者認為，宗教團體的財務取之於社會，就應該具有社會的公益性質，宗教團體領袖不能任意支配宗教團體的財產，而應該有「回饋社會的義務」。因此，宗教團體領袖對宗教團體的財務，必需符合「自律」的原則，國家對宗教團體的財務乃具有監督的正當性。（張永明，2010：158-162）其中，宗教團體財務公開的方法很多，包括以「現金收付制」的流水帳方式、「採權責發生制」的年度預算方式，及會計師認證方式向主管官署核備。另外，也有學者主張，宗教團體的財務可與現代資訊結合，在網路上公開其財務，而讓財務透明化，取信社會大眾。但是由本調查可以顯現出，此作為只有「中程度」的認同，表示受訪者仍存有相當的疑慮。

163 部分佛教團體對〈宗教團體法草案〉中宗教團體的帳目是否公開、是否應將自己的年度收支決算表、會計帳簿向政府核備等議題相當憂心，甚至誤解國家的要求，誤以為寺廟的帳務必需另外聘請會計師認證增加寺廟的開銷，而群起反對。（林蓉芝，2006：35-50）

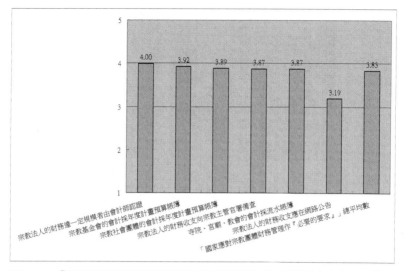

圖 7-13「國家應對宗教團體財務管理作『必要的要求』」構面
及細項平均數

二、產、官、學三類菁英對「國家應對宗教團體財務管理作
『必要的要求』」

（一）產、官、學三類菁英「高程度」或「接近高程度」認同
「國家應對宗教團體財務管理作『必要的要求』」，且
部分細項未存在差異

　　進一步分析產、官、學三類菁英對「國家應對宗教團體財
務管理作『必要的要求』」的意向發現，對「寺院、宮廟、教
會的會計採流水帳簿」宗教學者得分最高為 3.96 分；其次，
宗教團體領袖得 3.83 分；而宗教主管官署也得 3.79 分。對於
「宗教社會團體的會計採年度計畫預算帳簿」的議題上，以宗
教學者的分數最高，得分為 3.97 分；宗教團體領袖其次得 3.87
分；而宗教主管官署也有 3.57 分。

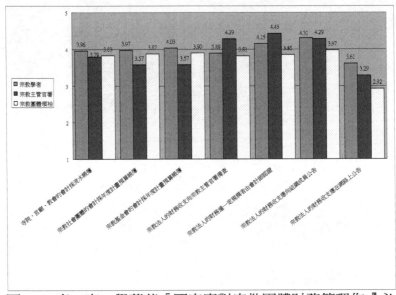

圖 7-14 產、官、學菁英「國家應對宗教團體財務管理作『必要的要求』」的意向平均數

　　對於「宗教基金會的會計採年度計畫預算帳簿」議題上，以宗教學者最高，得分為 4.03 分；其次宗教團體領袖得為 3.90 分；宗教主管官署則得 3.57 分。在「宗教法人的財務達一定規模者由會計師認證」的議題上，宗教主管官署得分最高，得分 4.43 分；其次宗教學者得 4.15 分；最後則是宗教團體領袖得 3.85 分[164]。在「宗教法人的財務收支向主管機關備查」的議題上，宗教主管官署得分最高，得分 4.29 分；其次宗教學者得 3.89 分；最後則是宗教團體領袖得 3.81 分。(圖 7-14)

---

[164] 宗教團體領袖認為給會計師簽證宗教團體的財務，對團體而言是一筆大的開銷；除非是財務規模龐大的宗教基金會或寺廟，才有必要請會計師簽證，受訪的幾位宗教團體領袖皆已經請會計師簽證。(深度訪談編碼 003、005、008、009、011、012)

對上述議題，產、官、學三類菁英都呈現「高程度」或「接近高程度」的意向。然而，在對這三類菁英做多重比較的顯著分析後發現，三類菁英的得分無法表現出「差異」。就統計學的差異分析來看，三類菁英對這些議題的得分雖然高低不同，但是都展現出對國家〈宗教團體法草案〉中，宗教主管官署可以對宗教團體進行財務管理的議題傾向「高程度」認同的意向[165]。

（二）產、官、學三類菁英對「國家應對宗教團體財務管理作『必要的要求』」認同分歧，且部分細項存在差異

1. 產、官、學三類菁英對「宗教法人的財務收支應向組織成員公告」存在顯著差異

在「宗教法人的財務收支應向組織成員公告」及「宗教法人的財務收支應在網路上公告」的議題，這三類菁英存在差異。對於前項議題，宗教學者得分最高，得分 4.31 分；其次宗教主管官署得 4.29 分；最後則是宗教團體領袖得 3.97 分。在後項議題宗教學者得分最高，得分 3.61 分；其次宗教主管官署得 3.29 分；最後則是宗教團體領袖得 2.92 分。（圖 7-14）

---

[165] 宗教團體領袖對財務公開化、透明化相當支持，他們認為這是宗教本身的自律。（深度訪談編碼 001、002、005、011）

表 7-3 產、官、學菁英對「國家應對宗教團體財務管理作『必要的要求』」細項顯著表

多重比較

Scheffe 法

依變數	(I) 類別	(J) 類別	平均差異 (I-J)	顯著性
宗教法人的財務收支應向組織成員公告	宗教學者	宗教主管官署	2.41E-02	.995
		宗教團體領袖	.34*	.021
	宗教主管官署	宗教學者	-2.41E-02	.995
		宗教團體領袖	.31	.387
	宗教團體領袖	宗教學者	-.34*	.021
		宗教主管官署	-.31	.387
宗教法人的財務收支應在網路公告	宗教學者	宗教主管官署	.32	.632
		宗教團體領袖	.68*	.000
	宗教主管官署	宗教學者	-.32	.632
		宗教團體領袖	.36	.533
	宗教團體領袖	宗教學者	-.68*	.000
		宗教主管官署	-.36	.533

*. 在 .05 水準上的平均差異很顯著。

資料來源：本研究整理

經由統計學的差異分析發現，宗教學者及宗教團體領袖在「宗教法人的財務收支應向組織成員公告」存在顯著差異，顯著值為 0.021，低於 0.05 的顯著值。這意味著學者的得分 4.31 分明顯高於宗教團體領袖的 3.97 分，前者呈現強有力的意向表達；後者則只是「接近高程度」的意向表達。（表 7-3 ）

2. 產、官、學三類菁英對「宗教法人的財務收支應在網路上公告」存在顯著差異

在「宗教法人的財務收支應在網路上公告」的議題上，顯現出宗教學者與宗教團體領袖存在顯著差異，顯著值為 0.000，低於 0.05 的顯著值。意味著宗教學者得分 3.61 分與宗

教團體領袖的 2.92 分，存在差異[166]。至於宗教學者與宗教主
管官署，或宗教主管官署與宗教團體領袖的得分就沒有差異。
（表 7-3）

參、納骨塔、火化設施的管理

一、「接近高程度」認同「國家對宗教建築物附屬納骨塔、火化設施作『有條件限制』」

對「國家對宗教建築物附屬納骨塔、火化設施作『有條件
限制』」這項議題，是國家延續「殯葬管理條例」到〈宗教團
體法草案〉中。儘管佛教團體大聲抗議，（釋星雲，2004：41-42；
釋淨心，2004：101-104）然而國家的立場相當清楚，就是給
宗教團體擁有納骨塔、火化設施的特殊利益訂定 10 年「落日
條款」，在法案通過後，未滿 10 年的宗教團體附屬納骨塔、火
化設施，就必需和一般殯葬業者平等競爭，不得享有免稅的特
殊利益。

根據本研究的調查發現，本議題的平均數得分為 3.65 分，
屬於「接近高程度」認同的分數。在此概念下的細項：「宗教
在大樓、公寓共有建築物內不得設立納骨塔」得 4.16 分屬於
「高程度」認同。「宗教團體新設的納骨塔、火化設施比照民
間業者依法設立」得 3.85 分；「宗教團體的殯葬服務與民間業
者一樣納稅」得 3.65 分；「超過十年以上的宗教納骨塔、火化
設施可在原地、原規模修建」得 3.50 分，則屬於「接近高程
度」認同。只有「宗教團體附屬的納骨塔、火化設施滿十年就

---

166 對於將宗教團體的財務公告於網路上，宗教團體領袖持保留的態度，他們擔心
　　網路公告太過公開，可能引起社會不良人士的覬覦。（深度訪談 001、011）

地合法」得 3.16 分，屬於「中程度」認同。（圖 7-15）

　　由此分數可以得知，受試者「中程度」認同「國家對宗教建築物附屬納骨塔、火化設施作『有條件限制』」的作為。期待立法通過本草案後，在大樓、公寓共有建築物內，不可以設立納骨塔；認為宗教團體的殯葬服務與民間業者站在平等立場競爭，不得再享有宗教的免稅特殊利益，一樣都要向國家繳稅。

　　而在「超過十年以上的宗教納骨塔、火化設施可以在原地、原規模修建」，受訪者表現出正面意向。「宗教附屬的納骨塔、火化設施，只要年滿十年可以就地合法」的議題上，受訪者則持表現出「中程度」的意向，形同受試者相當同意國家在〈宗教團體法草案〉中，對宗教團體附屬納骨塔、火化設施的管理，不再給予過多的宗教特殊利益，毋須滿足佛教團體對國家的壓力。

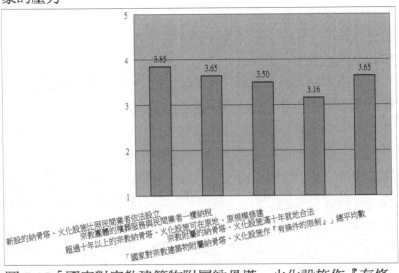

圖 7-15「國家對宗教建築物附屬納骨塔、火化設施作『有條件限制』」構面及細項平均數

二、產、官、學三類菁英對「國家對宗教建築物附屬納骨塔、火化設施作『有條件限制』」的認同分歧，且未存在顯著差異

進一步對產、官、學三類菁英做顯著分析及交叉分析發現，在顯著分析上，發現三類菁英在「國家對宗教建築物附屬納骨塔、火化設施作『有條件限制』」議題，皆無顯著差異。

（一）產、官、學三類菁英「極高程度」認同「國家對宗教建築物附屬納骨塔、火化設施作『有條件限制』」

再對本構面的細項，逐一做交叉分析發現，對於「宗教在大樓、公寓共有建築物內，不得設立納骨塔」的議題上，以宗教主管官署的分數最高，得分為 4.36；而宗教團體領袖與宗教學者的得分相同，皆為 4.15 分。（圖 7-16）在本議題上三類人都是呈現「極高程度」的意向。

（二）產、官、學三類菁英「接近高程度」認同「超過十年以上的宗教納骨塔、火化設施可在原地、原規模修建」

對「超過十年以上的宗教納骨塔、火化設施可在原地、原規模修建」議題，以宗教學者最高，得分為 3.56 分；其次宗教主管官署得 3.50 分；宗教團體領袖則得 3.46 分。在「宗教團體的殯葬服務，與民間業者一樣納稅」的議題上，宗教主管官署得分最高，得分 3.86 分；其次宗教學者得 3.73 分；最後則是宗教團體領袖得 3.57 分[167]。（圖 7-16）在這兩項議題上，

---

167 宗教團體領袖對於國家〈宗教團體法草案〉中，宗教團體附屬納骨塔、火化設施的規定並不認同，他們認為宗教團體擁有這些設施是為信徒服務，國家應該給予免稅特殊利益，而非與殯葬業者一樣公平競爭，向國家繳稅。因為宗教團體與一般業者的本質不同，宗教團體有做公益，他們沒做公益是純商業

三類菁英呈現屬於「接近高程度」的意向。

（三）產、官、學三類菁英「接近高程度」認同「宗教團體新設的納骨塔、火化設施，比照民間業者依法設立」

在「宗教團體新設的納骨塔、火化設施，比照民間業者依法設立」的議題上，宗教主管官署得分最高，得分 3.93 分；其次宗教學者得3.92分；最後則是宗教團體領袖得3.80分，（圖7-16）屬於「接近高程度」的意向表現。

（四）產、官、學三類菁英「中程度」或「中低程度」認同「宗教團體附屬的納骨塔、火化設施，滿十年就地合法」

最後，在「宗教附屬的納骨塔、火化設施，滿十年就地合法」的議題，宗教學者得分最高為 3.21 分；其次是宗教團體領袖得 3.17 分；而宗教主管官署也得 2.79 分。（圖 7-16）三類菁英對此議題都呈現「中程度」，甚至「中低程度」的負面意向。

性質。國家給予宗教團體免稅是合理，給他們課稅也是合理的。就此現象而言，宗教團體做這些牌位或納骨塔，是要讓儒家文化代代相傳；是服務性質，接納信徒的需求。（深度訪談編碼 004）由於殯葬業者在此擁有龐大的利益，不願意宗教團體分食，乃對國家施加壓力，訂出不符合宗教團體利益的法令。國家在沒有訂此法之前，宗教團體的附屬納骨塔、火化設施皆可自治、自主做得很好，只要不違反建築法規、水土保持的法規，不爛墾、爛發、爛葬就可以。如果說宗教團體沒有此項收入，它就無法從事公益、慈善、教育、弘法的工作，它的力道就會減弱，對未來的發展產生負面影響。（深度訪談編碼 011）對於信徒而言，他們希望未來往生後，歸宿在同地方。因此，宗教團體為信徒規劃自己的墓園或納骨塔，是滿足他們最後的願望。（深度訪談編碼 007；009；010；012）

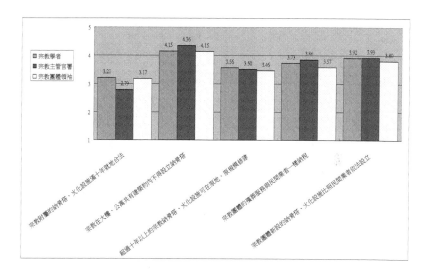

圖 7-16 產、官、學菁英對「宗教建築物附屬納骨塔、火化設
　　　施作『有條件限制』」的意向平均數

肆、宗教法人或其負責人違法的管理

一、「極高程度」認同「宗教法人或其負責人違法的管理」

　　對於宗教團體負責人的違法行為，國家是否加重其刑責？
經由本研究的調查發現，對「宗教法人及其負責人若違法，國
家可處罰或『取消其特殊利益』」平均數得分為 4.34 分，屬於
「極高程度」認同的分數，表示受訪者表達極高的意向，同意
國家既可處罰宗教法人，甚至可取消其特殊利益。

　　在此概念下每一個細項得分，在 4 分以上的項目依得分順
序分別為：「宗教活動涉及暴力依法處罰」得 4.64 分；「宗教
活動涉及恐嚇依法處罰」得 4.63 分；「宗教活動涉及賭博依法
處罰」得 4.63 分；「宗教活動涉及妨害風化依法處罰」得 4.63

分；宗教活動涉及詐欺依法處罰」得 4.62 分；「宗教活動涉及違反性自主依法處罰」得 4.60 分；「宗教活動涉及背信依法處罰」得 4.58 分；「違反上述法律按照情節解除法人職務」得 4.55 分；「宗教法人違法按照情節廢止其法人資格」得 4.44 分；「未向國家申報財產登記取消其免稅特殊利益」得 4.14 分。（圖 7-17）以上項目皆屬於「高程度」或「極高程度」的認同。

　　在 3.87 到 3.95 分的項目分別為：「未向國家核備帳簿取消其免稅特殊利益」得 3.95 分；「未經國家同意處分其財產取消其免稅特殊利益」得 3.93 分；「宗教法人違法時應召開學者、專家會議，依 2/3 絕對多數出席及同意處理」得 3.93 分；「未向國家備查預算書、業務計畫書取消其免稅特殊利益」得 3.87 分。（圖 7-17）以上項目皆屬於「接近高程度」的認同。

　　由此分數可以得知，受試者「高程度」或「極高程度」的認同國家對宗教法人及其負責人違法的管理。雖然部分佛教界領袖主張「僧事僧決」的傳統，僧人的道德律高於一般常人，因此，認為僧人犯法理當由佛教的戒律處理，不需要交給國家法律審判。（釋星雲，2004：15-17）但是國家規劃的〈宗教團體法草案〉認為，宗教法人及其負責人應嚴守高於一般人的「道德行為」[168]，因此需要在法律之前人人平等的原則外，對宗教

---

168 受訪的宗教領袖幾乎都同意，宗教人士應該比一般社會人士要具高道德標準，例如：民間宗教領袖就認為：「國家應該要訂法律，有貪污、侵佔、企圖等罪行的人，不要讓他加入信徒。宗教界的人士不能歪哥，也不能好色。騙財騙色的人，將來國家法令一定要給予嚴重處罰，或撤銷牌照。…這類型的人，不能到廟裡當管理員。有判決確定的人，就更不能參與廟務。有前科的人，也不能進來成為信徒。沒有信徒就沒有管理人員可當，這是蠻合理的。宗教家取之於社會，就得替社會大眾管錢，當然就更不能有這些非法的前科。」（深度訪談編碼 004）佛教領袖表示：「宗教本身就應該比一般社會團體更懂得自

人士嚴格要求。當宗教法人及其負責人違反「法律」，國家就可依其詐欺、恐嚇、賭博、暴力、妨害風化、違反性自主或背信等違法行為，按照情節輕重，解除其法人職務、廢止其法人資格。

　　不僅如此，受試者期待未來本草案通過後，宗教法人若未向國家申報財產登記者、未經國家同意處分其財產、未向國家核備帳簿及未向國家備查預算書、業務計畫書者，宗教主管官署有權「取消其免稅的特殊利益」。或是宗教法人違法時，國家宗教主管官署為了慎重起見，可以召開「宗教事務諮詢委員會」會議，邀請宗教學者或專家與會，依 2/3 的絕對多數出席及同意的原則處理其違法情事；意味著國家的「宗教團體法制」要求宗教人士，必需具備高於一般社會人士的道德標準。

律自清。你要擔任執事更要有這樣的觀念。宗教是可以淨化人心，提升精神層次，更應該有道德觀念。（深度訪談編碼 001）類似的看法也出現在基督教、新興宗教與道教領袖，他們都認為宗教人士應該是社會中的典範，不得有違法的不良紀錄。（深度訪談編碼 002、003、009、010、011 與 012）

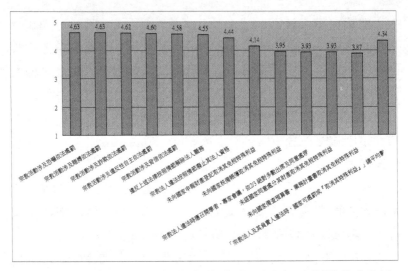

圖 7-17「宗教法人或其負責人若違法，國家可處罰或『取消
其特殊利益』」構面及細項平均數

二、產、官、學三類菁英對「宗教法人及其負責人若違法，國家可處罰或『取消其特殊利益』」的意向

（一）產、官、學三類菁英「極高程度」認同「宗教法人及其
負責人若違法，國家可處罰或『取消其特殊利益』」，且
未存在顯著差異

1.產、官、學三類菁英「極高程度」認同「宗教活動涉及
詐欺依法處罰」

進一步分析產、官、學三類菁英對「宗教法人及其負責人
若違法，國家可處罰或『取消其特殊利益』」的細項，發現「宗
教活動涉及詐欺依法處罰」宗教主管官署得分最高為 4.71 分；
其次宗教學者得 4.70 分；最後，宗教團體領袖也有 4.56 分。（圖
7-18）

　　2.產、官、學三類菁英「極高程度」認同「宗教活動涉及恐嚇依法處罰」

　　在「宗教活動涉及恐嚇依法處罰」的議題上，以宗教學者的分數最高得 4.72 分；其次是宗教學者得 4.71 分；最後是宗教團體領袖得 4.56 分。(圖 7-18)

　　3.產、官、學三類菁英「極高程度」認同「宗教活動涉及賭搏依法處罰」

　　在「宗教活動涉及賭搏依法處罰」議題，以宗教學者最高得 4.72 分；其次是宗教主管官署得 4.71 分；宗教團體領袖則得 4.56 分。(圖 7-18)

　　4.產、官、學三類菁英「極高程度」認同「宗教活動涉及暴力依法處罰」

　　在「宗教活動涉及暴力依法處罰」的議題上，宗教學者得分最高得 4.73 分；其次宗教主管官署得 4.71 分；最後則是宗教團體領袖得 4.58 分。(圖 7-18)

　　5.產、官、學三類菁英「極高程度」認同「宗教活動涉及違反性自主依法處罰」

　　在「宗教活動涉及違反性自主依法處罰」的議題上，宗教學者得分最高，得分 4.72 分；其次宗教主管官署得 4.71 分；最後則是宗教團體領袖得 4.52 分。(圖 7-18)

　　6.產、官、學三類菁英「極高程度」認同「宗教活動涉及背信依法處罰」

　　在「宗教活動涉及背信依法處罰」的議題上，宗教主管官署得分最高，得 4.71 分；其次是宗教學者得 4.68 分；最後，則是宗教團體領袖得 4.50 分。(圖 7-18)

　　7.產、官、學三類菁英「極高程度」認同「違反上述法律

按照情節解除法人職務」

　　在「違反上述法律按照情節解除法人職務」的議題上，宗教學者得分最高，得 4.63 分；其次宗教主管官署得 4.57 分；最後則是宗教團體領袖得 4.50 分。（圖 7-18）

　　上述這些議題在產、官、學三類菁英中，都呈現「極高程度」認同的意向表現。而且產、官、學三類菁英的分數雖然有高低之別，但是，在顯著分析上看不出彼此之間的差異。換言之，三類菁英都呈現「極高程度」的認同，國家可對宗教團體領袖違法作特別嚴格的規範。

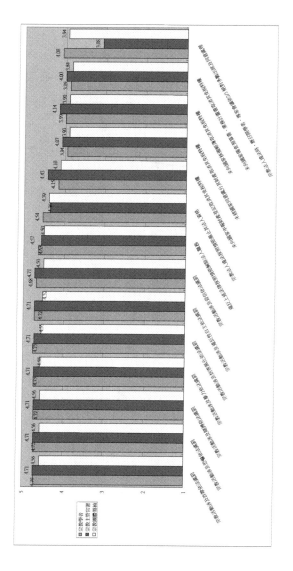

圖7-18 產、官、學菁英對「宗教法人或其負責人若違法，國家可處罰或『取消其特殊利益』」的意向平均數

表 7-4 產、官、學菁英對「宗教法人或其負責人若違法，國家可處罰或『取消其特殊利益』」細項顯著表

多重比較

Scheffe 法

依變數	(I) 類別	(J) 類別	平均差異 (I-J)	顯著性
宗教活動涉及妨害風化依法處罰	宗教學者	宗教主管官署	3.22E-02	.978
		宗教團體領袖	.20*	.044
	宗教主管官署	宗教學者	-3.22E-02	.978
		宗教團體領袖	.16	.536
	宗教團體領袖	宗教學者	-.20*	.044
		宗教主管官署	-.16	.536
宗教法人違法時應召開學者、專家會議，依2/3 絕對多數出席及同意	宗教學者	宗教主管官署	1.00*	.004
		宗教團體領袖	.14	.635
	宗教主管官署	宗教學者	-1.00*	.004
		宗教團體領袖	-.85*	.013
	宗教團體領袖	宗教學者	-.14	.635
		宗教主管官署	.85*	.013

*. 在 .05 水準上的平均差異很顯著。

資料來源：本研究整理

（二）產、官、學三類菁英「極高程度」或「高程度」認同「宗教法人及其負責人若違法，國家可處罰或『取消其特殊利益』」，且未存在顯著差異

1.產、官、學三類菁英「極高程度」或「高程度」認同「宗教法人違法按照情節廢止其法人資格」

在「宗教法人違法按照情節廢止其法人資格」的議題上，宗教學者得分最高，得 4.54 分；其次宗教團體領袖得 4.39 分；最後則是宗教主管官署得 4.36 分。（圖 7-18）

2.產、官、學三類菁英「高程度」認同「未向國家申報財產登記取消其免稅特殊利益」

在「未向國家申報財產登記取消其免稅特殊利益」的議題上，宗教主管官署得分最高 4.43 分；其次宗教學者得 4.13 分；最後則是宗教團體領袖得 4.10 分。（圖 7-18）產、官、學三類

菁英對這兩項議題表達「極高程度」及「高程度」認同的意向表現。

3.產、官、學三類菁英「高程度」認同「未經國家同意處分其財產取消其免稅特殊利益」

在「未經國家同意處分其財產取消其免稅特殊利益」的議題上，宗教主管官署得分最高 4.07 分；其次宗教學者得 3.94 分；最後則是宗教團體領袖得 3.90 分。（圖 7-18）

4.產、官、學三類菁英「高程度」認同「未向國家核備帳簿取消其免稅特殊利益」

在「未向國家核備帳簿取消其免稅特殊利益」的議題上，宗教主管官署得分最高 4.14 分；其次是宗教學者得 3.99 分；最後則是宗教團體領袖得 3.90 分。（圖 7-18）

5.產、官、學三類菁英「高程度」或「接近高程度」認同「未向國家備查預算書、業務計畫書取消其免稅特殊利益」

在「未向國家備查預算書、業務計畫書取消其免稅特殊利益」的議題上，宗教主管官署得分最高 4.0 分；其次是宗教學者得 3.89 分；最後則是宗教團體領袖得 3.84 分。（圖 7-18）在上述議題，產、官、學三類菁英表達出「高程度」或「接近高程度」的意向。

（三）產、官、學三類菁英「極高程度」或「高程度」認同「宗教法人及其負責人若違法，國家可處罰或『取消其特殊利益』」，且存在顯著差異

1.產、官、學三類菁英「極高程度」認同「宗教活動涉及妨害風化依法處罰」

在「宗教活動涉及妨害風化依法處罰」的議題上，宗教學

者得分最高，得分 4.75 分；其次宗教主管官署得 4.71 分；最後則是宗教團體領袖得 4.55 分。（圖 7-18）

　　進一步將三類菁英做多重比較發現，宗教學者與宗教團體領袖存在差異，其顯著值為 0.044，低於 0.005 以下的顯著值。（表 7-4）意味宗教學者得分 4.75 分與宗教團體領袖得分 4.55 分，雖然都是「極高程度」的認同，但是兩者之間存在統計學數字上的差異。而宗教學者與宗教主管官署，或是宗教主管官署與宗教團體領袖，雖然得分看起來不同，不過在統計學上則並未達顯著差異，形同這兩類人的看法程度雷同。

　　2.產、官、學三類菁英「高程度」或「接近高程度」認同「宗教法人違法時應召開學者、專家會議，依 2/3 絕對多數出席及同意處理」

　　　　最後在「宗教法人違法時應召開學者、專家會議，依 2/3 絕對多數出席及同意處理」的議題上，宗教學者得分最高 4.08 分；其次宗教團體領袖得 3.94 分；最後則是宗教主管官署得 3.08 分。（圖 7-18）

　　在產、官、學三類菁英對此議題是否存在差異的顯著分析中發現，宗教學者得分 4.08 分與宗教主管官署得分 3.08 分，存在顯著差異，其顯著值為 0.004，遠低於 0.05 的顯著水準。（表 7-4）另外，宗教領袖得分為 3.94 分；宗教主管官署得分為 3.08 分，兩者也存在顯著差異，其顯著值為 0.13。（表 7-4）意味著這三類人中的宗教學者、宗教團體領袖得分「接近高程度」或「高程度」的水準，明顯不同於宗教主管官署的「中程度」水準，至於宗教學者與宗教團體領袖之間則並未存在差異。

　　由此議題的得分看來，國家宗教主管官署只有「中程度」的認同，明顯低於「高程度」認同的宗教學者及宗教團體領袖。

這是相當弔詭的現象，理論上宗教官員應該大力支持本議題。筆者揣測，由於受訪的宗教官員位階不高，所以才持比較「中立」的看法；不像高階官員大力支持本草案的主張。

伍、宗教教義研修機構的管理

　　國家過去原本不承認宗教團體辦理宗教教義研修機構的畢業生學位資格，在宗教團體領袖不斷呼籲下[169]，國家乃對宗教團體辦理宗教教義研修機構回應，除了原本的宗教團體辦理宗教義研修機構自由，認為這是屬於宗教團體自治權限外；另外，根據 2004 年修訂的「私立學教法」第 9 條為基準，將之精神納入〈宗教團體法草案〉中，宗教團體法人只要符合教育部與內政部的相關規定，就可以設立宗教教義研修機構，其畢業生學位也可以獲得國家教育部核可[170]。從此，台灣境內擁有宗教團體自行辦理，及宗教團體依國家法規辦理宗教教義研修

---

[169] 佛教領袖釋星雲早在2001年就向國家提出宗教教義研修機構設立的11項基本立場，主要內容包括：國家應該訂定宗教教義研修機構的教師、學生資格及建築面積規範的法制，並尊重宗教團體擁有自主權辦理的宗教教義研修機構。（釋星雲，2004：67-69）國家於 2004 年修正通過「私立學校法」第 9 條後，釋星雲肯定國家的作為，將宗教教義研修機構納入私立學校體系中，並有學位授予的保障。只是批評國家設立的標準，如校地 2 公頃、設校基金 2 千萬元，仍然太過嚴苛。（釋星雲，2006：67）

[170] 宗教學者對國家是否可以介入宗教教義研修機構的設立持正、反兩方的立場，部分學者認為國家可以介入的理由在於宗教團體的自治權不包括國家承認學位的能力；如果國家承認宗教團體頒發的學位，國家就可以介入宗教團體的研修機構。（張永明，2005：84-85）另外，部分學者則認為，國家基於宗教學術人才的需要，宗教文憑的市場需求，及教育機會國際化等角度，認可宗教教義研修機構的設立。（林本炫，2001.5）另有學者認為，宗教團體設立的宗教教義研修機構原則上屬於教育政策問題而非宗教問題。因此無所謂宗教自由違憲的疑慮。（許育典、周敬凡，2006.4：95-96）

機構的兩軌模式。

一、「接近高程度」認同「國家對宗教研修機構設立『放寬規定』」

　　根據本研究的調查發現，對「國家對宗教研修機構設立『放寬規定』」議題的平均數得分為 3.74 分，屬於「接近高程度」的認同。在此概念下的細項得分依序為：「宗教法人可依法設立宗教研修機構」得 4.27 分；「宗教研修機構 1/3 以上的課程，由大學教授擔任」得 3.91 分；「宗教研修機構可依相關法規頒予學士、碩士或博士」得 3.79 分；宗教研修機構設立的條件比一般大學更寬鬆」得 3.73 分；「宗教研修機構的設校基金需要新台幣五千萬」得 3.49 分；「宗教研修機構的校地需二公頃土地」得 3.41 分。（圖 7-19）

　　由此分數可以得知，受試者對「宗教法人可依法設立宗教研修機構」議題為高出「高程度」認同；其餘的議題為「接近高程度」認同。換言之，受試者高度期待國家「對宗教研修機構設立『放寬規定』」的作為。希望立法通過本草案後，宗教法人可依「私立學校法」設立宗教教義研修機構；且其設立的條件比一般大學更寬鬆，包括 1/3 以上的課程需由大學教授擔任，其餘教師為宗教團體的技術教師；校地只需 2 公頃；準備新台幣 5 千萬元的設校基金；滿足上述這些前提，宗教教義研修機構就可以依相關法規頒予國家教育部核可的學士、碩士或博士學位證書。

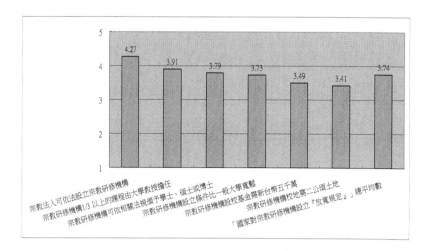

圖 7-19「宗教法人及其負責人若違法，國家可處罰或『取消其特殊利益』」構面及細項平均數

二、產、官、學三類菁英「高程度」或「接近高程度」認同「國家對宗教教義研修機構設立『放寬規定』」，且未存在顯著差異

1.產、官、學菁英「高程度」認同「國家對宗教教義研修機構設立『放寬規定』」

進一步比較產、官、學菁英對「國家對宗教教義研修機構設立『放寬規定』」的意向可以發現，「宗教法人可依法設立宗教教義研修機構」宗教學者得分最高 4.32 分；其次是宗教團體領袖得 4.25 分；而宗教主管官署也得 4.14 分。（圖 7-20）

2.產、官、學菁英「接近高程度」認同「宗教教義研修機構 1/3 以上的課程，由大學教授擔任」

對「宗教教義研修機構 1/3 以上的課程，由大學教授擔任」

議題,以宗教學者最高得 4.01 分;其次宗教主管官署得 3.93 分;宗教團體領袖則得 3.84 分。(圖 7-20)

　　產、官、學三類菁英對這兩項議題得分介於 3.84 到 4.32 分,都呈現「高程度」及「接近高程度」的意向,在統計學上並不存在差異,表示三類菁英都相當「高程度」認同國家〈宗教團體法草案〉的規劃。

　　3.產、官、學菁英「接近高程度」認同「宗教教義研修機構設立的條件比一般大學更寬鬆」

　　對「宗教教義研修機構設立的條件比一般大學更寬鬆」的議題上,以宗教團領袖的分數最高,得分為 3.79;其次是宗教團體學者得分 3.69 分;最後則是宗教主管官署得分為 3.43 分。(圖 7-20)

　　4.產、官、學菁英「接近高程度」認同「宗教研修機構的校地需二公頃土地」

　　在「宗教義研修機構的校地需 2 公頃土地」的議題上,宗教學者得分最高得 3.56 分;其次宗教主管官署得 3.50 分;最後則是宗教團體領袖得 3.32 分。(圖 7-20)

　　5.產、官、學菁英「接近高程度」認同「宗教研修機構的設校基金需要新台幣 5 千萬」

　　最後在「宗教教義研修機構的設校基金需要新台幣 5 千萬」的議題上,宗教學者得分最高得 3.65 分;其次宗教團體領袖得 3.64 分;最後則是宗教主管官署得 3.38 分。(圖 7-20)

　　在上述議題中,產、官、學三類菁英得分都在 3.32 到 3.79 分,呈現正向的「接近高程度」的意向。進一步將這些議題做「差異分析」發現,產、官、學三類菁英的得分雖然高低有些許不同,但是未存在差異,表示三類菁英都「接近高程度」認

同國家〈宗教團體法草案〉中，宗教教義研修機構比一般大學院校來得寬鬆的規劃。

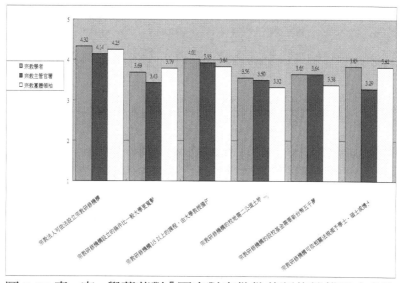

圖 7-20 產、官、學菁英對「國家對宗教教義研修機構設立『放寬規定』」的意向平均數

第五節　對「宗教法人權利」的意向

　　國家〈宗教團體法草案〉一方面低度介入宗教團體的管理，另一方面給宗教團體擁有超越一般社會團體的權利。在草案中規劃既有的租稅減免及土地使用權利，及新設的都市道場權利。

壹、租稅減免

　　前面章節已經敘述國家將宗教團體視為公益慈善團體，而

且為了促進人民的宗教自由，誘導宗教團體的健全發展，乃給予宗教團體租稅特殊利益。租稅減免的範圍相當寬廣，涵蓋所得稅、土地稅、房屋稅、娛樂稅、遺產稅、贈與稅、營業稅、印花稅及使用牌照稅。（張永明，2006：100-109）在〈宗教團體法草案〉中，國家對宗教團體的租稅特殊利益擴大宗教團體的範疇，使得過去只有宗教財團法人得以享有遺產、贈與、房屋稅與地價稅的優惠，增列「寺院、宮廟、教會」及「宗教性社會團體」兩類團體，只要這兩類團體向國家宗教主管官署登錄為法人後，也可享有這些特殊利益。（林江亮，2010：163-164）至於宗教團體既有的所得稅、土地增值稅等租稅特殊利益，則仍然繼續保留。

一、「中程度」或「接近高程度」認同「國家對宗教法人的租稅減免優惠」

本研究乃對草案中的租稅減免進行調查發現，「宗教法人營利及接受捐贈，享有『免稅的特殊利益』」的整體構面，平均數得分為 3.69 分，屬於「接近高程度」的認同。

在此概念下的細項依得分的高低排序分別為：在「個人或營利事業捐款給宗教法人可減稅」得 3.96 分；「捐土地給宗教法人免徵土地增值稅」得 3.86 分；「捐贈財產給宗教法人可不用計入遺產或贈與總額」得 3.84 分；「宗教法人接受的捐款可依法免稅」得 3.79 分；「宗教法人從事宗教服務讓信徒隨喜布施可依法免稅」得 3.78 分；「宗教法人接受的捐款所獲得的利息可免稅」得 3.77 分；「宗教法人的宗教建築物可免房屋稅及地價稅」得 3.71 分。「宗教法人銷售貨物讓信徒隨喜布施可免稅」得 3.63 分；「宗教法人的宗教建築物出租所得可免稅」得

3.59 分；「宗教法人設有附屬組織可免稅」得 3.53 分；這些項
目都在 3.50 分以上，這些項目都在 3.50 分以上，屬於「接近
高程度」的認同。只有「伊斯蘭教從事飲食認證得免稅」得
3.33 分，屬於「中程度」的認同。（圖 7-21）

　　由此分數可以得知，在「宗教法人營利及接受捐贈，享有
『免稅的特殊利益』」整體構面及細項議題，受試者皆傾向「接
近中、高程度」的認同。期待立法通過本草案後，「宗教法人
銷售貨物（如供品、餐飲、住宿）讓信徒隨喜布施」、「從事宗
教服務（宗教儀式）讓信徒隨喜布施」、「宗教法人設有附屬組
織（如餐廳、幼稚園、飯店）」、「宗教法人接受的捐款」、「宗
教法人接受的捐款所獲得的利息」、「宗教建築物可免房屋稅及
地價稅」及「宗教建築物出租所得」，上述宗教團體從事的活
動，都可以享有免稅的特殊利益。

　　「個人或營利事業捐款給宗教法人」可以減稅。此外，「捐
贈土地給宗教法人」，可以免徵土地增值稅；「捐贈財產給宗教
法人」可以不用計入遺產或贈與總額。而「伊斯蘭教從事飲食
認證」，也可以獲享有免稅的特殊利益。

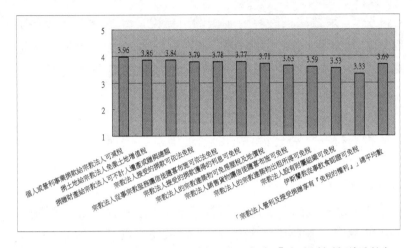

圖 7-21「宗教法人營利及接受捐贈，享有『免稅的特殊利益』」
　　　構面及細項平均數

二、產、官、學三類菁英對「國家對宗教法人的租稅減免優惠」細項認同分歧，且存在顯著差異

　　本研究進一步分析產、官、學菁英對「宗教法人營利及接受捐贈，享有『免稅的特殊利益』」相關細項的意向，發現「宗教法人銷售貨物讓信徒隨喜布施可免稅」、「宗教法人從事宗教服務讓信徒隨喜布施可依法免稅」、「宗教法人設有附屬組織可免稅」、「個人或營利事業捐款給宗教法人可減稅」、「宗教法人接受的捐款所獲得的利息可免稅」、「宗教法人接受的捐款可依法免稅」、「捐土地給宗教法人免徵土地增值稅」、「捐贈財產給宗教法人可不用計入遺產或贈與總額」、「伊斯蘭教從事飲食認證得免稅」、「宗教法人的宗教建築物可免房屋稅及地價稅」及「宗教法人的宗教建築物出租所得可免稅」等 11 項，產、學兩類菁英對宗教主管官署幾乎皆存在顯著差異，茲說明如下：

（一）產、學兩類菁英認同「宗教法人銷售貨物讓信徒隨喜布施可免稅」高於宗教主管官署

「宗教法人銷售貨物讓信徒隨喜布施可免稅」的議題上，宗教團體領袖得分最高為 3.83 分；其次宗教學者得分為 3.50 分；而宗教主管官署得 2.57 分。前兩類屬於「接近高程度」的正向認同，宗教主管官署則屬於「低於中程度」的負面意向。（圖 7-22）

宗教學者與宗教主管官署兩類人的得分，分別為.50 分及 2.57 分；在統計學的顯著分析中，顯著值為 0.011，存在顯著差異。宗教團體領袖與宗教主管官署的得分也分別為 3.83 分及 2.57 分，顯著值為 0.000，存在顯著差異。形同宗教學者、宗教團體領袖的得分都明顯高於宗教主管官署；至於宗教學者與宗教團體領袖的得分形同沒有差異。（表 7-5）

（二）產、學菁英認同「宗教法人從事宗教服務讓信徒隨喜布施可法免稅」高於宗教主管官署

對於「宗教法人從事宗教服務讓信徒隨喜布施可依法免稅」的議題上，以宗教團領袖的分數最高，得分為 3.91 分；而宗教學者得 3.76 分；這兩類人「接近高程度」的意向，最後宗教主管官署得 2.86 分，則屬於「低於中程度」的負面意向。（圖 7-22）

與前一題雷同的狀況出現在本題，宗教團體領袖與宗教學者得分，分別為 3.91 分及 3.76 分，主管官署的得分則屬於負面的 2.86 分。兩兩相比的結果，宗教團體領袖與宗教主管官署的得分，存在 0.001 的顯著值，代表兩者間存在顯著差異；宗教學者與宗教主管官署的顯著值為 0.006，也說明兩者存在

顯著差異。代表宗教團體領袖、宗教學者得分都屬於「接近高程度」的意向，兩者沒有差異。而這兩類人與宗教主管官署分別相比較，都出現了顯著差異。（表 7-5）

（三）產、學菁英認同「宗教法人設有附屬組織可免稅」高於宗教主管官署

對「宗教法人設有附屬組織可免稅」議題，以宗教學者最高，得分為 3.60 分；其次宗教團體領袖，得分為 3.58 分；此兩類人「接近高程度」的意向；宗教主管官署則得 2.73 分，則屬於「低程度」的負面意向。（圖 7-22）

宗教團體領袖與宗教學者得分都屬「接近高程度」的 3.58 分及 3.60 分，宗教主管官署得分則是「低於中程度」的 2.73 分。兩兩相比的結果，宗教團體領袖與宗教主管官署顯著值為 0.036，代表兩類人的得分存在顯著差異；同樣的情形也出現在宗教學者與宗教主管官署的顯著值為 0.032，也意味二類人的得分存在顯著差異。至於學者和宗教團體領袖的得分並不存在差異。（表 7-5）

（四）產、學菁英認同「個人或營利事業捐款給宗教法人可減稅」高於宗教主管官署

「個人或營利事業捐款給宗教法人可減稅」議題，以宗教學者最高，得分為 4.03 分；其次宗教團體領袖，得分為 3.98 分；宗教主管官署則得 3.36 分。前兩類人認同的程度為「高程度」；宗教主管官署則屬於「中程度」的認同。（圖 7-22）

兩兩相比三類人的顯著分析，發現宗教學者與宗教主管官署顯著值為 0.048，存在顯著差異。至於宗教學者與宗教團體

領袖，或是宗教團體領袖與宗教主管官署，則未達顯著標準。
（表 7-5）

（五）產、學菁英認同「宗教法人接受的捐款所獲得的利息可免稅」高於宗教主管官署

在「宗教法人接受的捐款所獲得的利息可免稅」議題，以宗教團體領袖最高，得分為 3.88 分；其次宗教學者得 3.72 分；宗教主管官署則得 3.14 分。在本議題中，宗教學者和宗教團體領袖的得分，分別為 3.72 分及 3.88 分，屬於「接近高程度」的認同。至於宗教主管官署只有 3.14 分，屬於「中程度」認同。（圖 7-22）

將這三類人逐一兩兩相比，也發現宗教團體領袖和宗教主管官署存在顯著差異，其顯著值為 0.036，代表這兩類人的得分存在差異。至於宗教學者和宗教主管官署，宗教學者和宗教團體領袖則未存在差異。（表 7-5）

（六）產、學菁英認同「宗教法人接受的捐款可依法免稅」高於宗教主管官署

對「宗教法人接受的捐款可依法免稅」議題，以宗教團體領袖最高，得分為 3.93 分；其次宗教學者得 3.72 分；宗教主管官署得 3.0 分。宗教學者和宗教團體領袖的得分，分別為 3.72 分及 3.93 分，屬於「接近高程度」的認同。至於宗教主管官署只有 3.0 分，屬於「中程度」的意向。（圖 7-22）

將這三類人的得分做顯著分析發現，宗教學者與宗教行政主管官署的顯著值為 0.044，存在顯著差異。至於宗教團體領袖和宗教主管官署顯著值為 0.004，存在顯著差異。至於宗教團體領袖和宗教學者，則未存在顯著差異。（表 7-5）

（七）產、學菁英認同「捐土地給宗教法人免徵土地增值稅」高於宗教主管官署

對「捐土地給宗教法人免徵土地增值稅」議題，以宗教團體領袖最高，得分為 4.06 分；其次宗教學者得 3.73 分；宗教主管官署得 2.86 分。前兩類屬於「高程度」或「接近高程度」的認同；宗教主管官署則屬於「低於中程度」的負面意向。

將產、官、學三類菁英做顯著分析，發現宗教學者與宗教主管官署的顯著值為 0.014，宗教團體領袖與宗教主管官署的顯著值為 0.000，兩者皆存在顯著差異。代表產、學兩類菁英的得分顯著高於官的得分，至於產、學兩類之間的得分並不存在差異。（表 7-5.1）

（八）產、學菁英認同「捐贈財產給宗教法人可不用計入遺產或贈與總額」高於宗教主管官署

對「捐贈財產給宗教法人可不用計入遺產或贈與總額」的議題，以宗教團體領袖最高，得分為 3.97 分；其次宗教學者得 3.79 分；宗教主管官署則得 3.0 分。前兩類菁英皆屬「高程度」的認同；宗教主管官署則屬「中程度」認同。（圖 7-22）

進一步做顯著差異分析發現，宗教學者與宗教主管官署的顯著值為 0.026；宗教團體領袖與宗教主管官署的顯著值為 0.003；這兩類都存在顯著差異。（表 7-5.1）代表學與官兩類菁英的得分，分屬「高程度」與「中程度」，在統計學上具差異的意義。同樣地，產與官兩類的菁英也有類似的效果，也存在統計學上的差異意義。至於皆屬「高程度」的是產、學兩類菁英，則不具差異性。

（九）產、學菁英認同「伊斯蘭教從事飲食認證得免稅」高於
宗教主管官署

在「伊斯蘭教從事飲食認證得免稅」的議題，以宗教學者
最高，得分為 3.56 分；其次宗教團體領袖得 3.26 分；宗教主
管官署則得 2.71 分。（圖 7-22）前兩類菁英，屬於正向的意志
表達，接近「中程度」的意向。第三類菁英則屬於「低於中程
度」的負面意向表達。

將這三類菁英做顯著分析發現，只有宗教學者與宗教主管
官署存在顯著差異，其顯著值為 0.018。至於宗教學者與宗教
團體領袖或宗教團體領袖與宗教主管官署則未存在顯著差
異。（表 7-5.1）代表宗教學者的得分 3.56 分，宗教主管官署
的得分為 2.71 分，在統計學者上存在有意義的差異；至於宗
教團體領袖得分雖然明顯高於宗教主管官署，或是宗教學者得
分也高於宗教團體領袖，但是在統計學上看不出其間的差異。

（十）產、學菁英認同「宗教法人的宗教建築物可免房屋稅及
地價稅」高於宗教主管官署

「宗教法人的宗教建築物可免房屋稅及地價稅」議題，以
宗教團體領袖最高，得分為 3.82 分；其次宗教學者得 3.66 分；
宗教主管官署則得 3.0 分。前兩類菁英的得分為「接近高程
度」；第三類菁英則屬於「中程度」的認同。（圖 7-22）

做顯著差異分析發現，只有宗教團體領袖與宗教主管官署
存在顯著差異，其顯著值為 0.032。至於宗教學者與宗教主管官
署，或是宗教學者與宗教團體領袖的平均數得分，雖然看起
來不同，但是並未具統計學上的差異。（表 7-5.1）

（十一）產、學菁英認同「宗教法人的宗教建築物出租所得可
免稅」高於宗教主管官署

　　對「宗教法人的宗教建築物出租所得可免稅」議題，以宗
教團體領袖最高，得分為 3.71 分；其次宗教學者得 3.63 分；
宗教主管官署則得 2.43 分。前兩類菁英的得分皆屬於「接近
高程度」；第三類菁英則屬於「低於中程度」的負面意向。（圖
7-22）

　　將三類人做兩兩相比發現，宗教學者與宗教主管官署的顯
著值為 0.001；宗教團體領袖與宗教主管官署的顯著值為
0.000，都存在顯著差異。（表 7-5.1）至於宗教學者與宗教團
體領袖則看不出有顯著差異。換言之，產、學菁英的得分皆屬
「接近高程度」的正面意向，而官的得分屬於「低於中程度」
的意向，在統計學上的分數看得出來這兩個程度存在相當大的
差異。

　　由上述的討論「國家對宗教法人營利或接近捐贈享有租稅
減免的特殊利益」此概念下的 11 個細項議題，在產、官、學
三類菁英做比較明顯得知，宗教學者與宗教團體領袖持比較
「正面」的意向表達，認同國家在〈宗教團的法草案〉中的規
劃，反而，宗教主管官署則經常對上述議題，抱持著「負向」
或「不置可否」的中立立場。宗教主管官署的表現相當令人「震
驚」，因為〈宗教團的法草案〉是由其規劃才可能出爐，而調
查的數字似乎說明他們不同意此項規劃。但是，仔細理解受訪
的宗教主管官署的層級，涵蓋面相當寬廣，並非所有受訪者皆
是〈宗教團的法草案〉的規劃者，他們大多數是該草案的執行
者。因此，對草案中國家給宗教團體諸多的租稅減免，抱持著
有限度支持的意向當可理解。

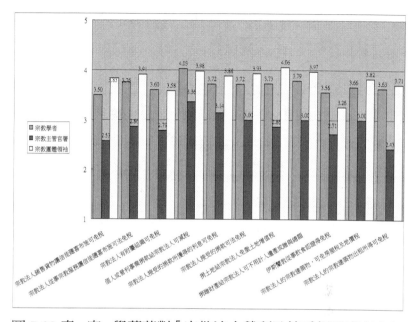

圖 7-22 產、官、學菁英對「宗教法人營利及接受捐贈享有『免稅的權利』」的意向平均數

表 7-5 產、官、學菁英對「宗教法人營利及接受捐贈享有『免稅的特殊利益』」顯著表

多重比較

Scheffe 法

依變數	(I) 類別	(J) 類別	平均差異 (I-J)	顯著性
宗教法人銷售貨物讓信徒隨喜布施可依法免稅	宗教學者	宗教主管官署	.93*	.011
		宗教團體領袖	-.33	.112
	宗教主管官署	宗教學者	-.93*	.011
		宗教團體領袖	-1.26*	.000
	宗教團體領袖	宗教學者	.33	.112
		宗教主管官署	1.26*	.000
宗教法人從事宗教服務讓信徒隨喜布施可依法免稅	宗教學者	宗教主管官署	.90*	.006
		宗教團體領袖	-.15	.596
	宗教主管官署	宗教學者	-.90*	.006
		宗教團體領袖	-1.05*	.001
	宗教團體領袖	宗教學者	.15	.596
		宗教主管官署	1.05*	.001
宗教法人設附屬組織可依法免稅	宗教學者	宗教主管官署	.81*	.036
		宗教團體領袖	1.53E-02	.996
	宗教主管官署	宗教學者	-.81*	.036
		宗教團體領袖	-.80*	.032
	宗教團體領袖	宗教學者	-1.53E-02	.996
		宗教主管官署	.80*	.032
個人或營利事業捐款給宗教法人可依法減稅	宗教學者	宗教主管官署	.67*	.048
		宗教團體領袖	4.51E-02	.949
	宗教主管官署	宗教學者	-.67*	.048
		宗教團體領袖	-.63	.059
	宗教團體領袖	宗教學者	-4.51E-02	.949
		宗教主管官署	.63	.059
宗教法人接受的捐款所獲得的利息可依法免稅	宗教學者	宗教主管官署	.58	.150
		宗教團體領袖	-.16	.560
	宗教主管官署	宗教學者	-.58	.150
		宗教團體領袖	-.74*	.036
	宗教團體領袖	宗教學者	.16	.560
		宗教主管官署	.74*	.036
宗教法人接受的捐款可依法免稅	宗教學者	宗教主管官署	.72*	.044
		宗教團體領袖	-.21	.346
	宗教主管官署	宗教學者	-.72*	.044
		宗教團體領袖	-.93*	.004
	宗教團體領袖	宗教學者	.21	.346
		宗教主管官署	.93*	.004

資料來源：本研究整理

表 7-5.1 產、官、學菁英對「宗教法人營利及接受捐贈享有『免稅的特殊利益』」顯著表

捐土地給宗教法人免徵土地增值稅	宗教學者	宗教主管官署	.88*	.014
		宗教團體領袖	-.33	.102
	宗教主管官署	宗教學者	-.88*	.014
		宗教團體領袖	-1.20*	.000
	宗教團體領袖	宗教學者	.33	.102
		宗教主管官署	1.20*	.000
捐贈財產給宗教法人可不計入遺產或贈與總額	宗教學者	宗教主管官署	.79*	.026
		宗教團體領袖	-.18	.492
	宗教主管官署	宗教學者	-.79*	.026
		宗教團體領袖	-.97*	.003
	宗教團體領袖	宗教學者	.18	.492
		宗教主管官署	.97*	.003
伊斯蘭教從事飲食認證可免稅	宗教學者	宗教主管官署	.84*	.018
		宗教團體領袖	.30	.154
	宗教主管官署	宗教學者	-.84*	.018
		宗教團體領袖	-.54	.165
	宗教團體領袖	宗教學者	-.30	.154
		宗教主管官署	.54	.165
宗教法人的宗教建築物可免房屋稅及地價稅	宗教學者	宗教主管官署	.66	.122
		宗教團體領袖	-.16	.625
	宗教主管官署	宗教學者	-.66	.122
		宗教團體領袖	-.82*	.032
	宗教團體領袖	宗教學者	.16	.625
		宗教主管官署	.82*	.032
宗教法人的宗教建築物出租可免稅	宗教學者	宗教主管官署	1.21*	.001
		宗教團體領袖	-7.56E-02	.897
	宗教主管官署	宗教學者	-1.21*	.001
		宗教團體領袖	-1.28*	.000
	宗教團體領袖	宗教學者	7.56E-02	.897
		宗教主管官署	1.28*	.000

*. 在 .05 水準上的平均差異很顯著。

資料來源：本研究整理

貳、土地權利

　　國家在〈宗教團體法草案〉中同意，宗教法人使用土地擁有部分的特殊利益。這些權利在威權時代早已存在，現在則持

續將此精神落實於草案中。根據「國有財產法」第 51 條，國家就同意將國有土地有條件的讓售或贈與宗教團體及社會、文化、教育、慈善、救濟團體：

「非公用財產類的不動產，為社會、文化、教育、慈善、救濟團體舉辦公共福利事業或慈善救濟事業所必需候，得予讓售。」

第 60 條：

「……現為寺廟、教堂所使用之不動產，合於國人固有信仰，有贈與該寺廟、教堂依法成立之財團法人必要者，得贈與之。」（內政部，2008：372-373）

另外，國家另訂「國有財產贈與寺廟教堂辦法」及「寺院、宮廟、教會申請受贈國有不動產有關使用事實認定作業原則」，在這兩項法規中，國家有條件的同意，將國有不動產贈與「寺院、宮廟、教會」使用。（內政部，2008：374-378）因此，宗教團體從事公益、慈善理由，或「寺院、宮廟、教會」根據宗教的宣教需求，都可以向國家申請土地讓售或贈與。

一、「中程度」或「接近高程度」認同「宗教法人使用土地」

根據本研究的調查發現，對「宗教法人使用土地得向國家申請特殊利益」構面的平均分數為 3.49。其細項得分，分別為：「使用土地得向國家辦理『都市通盤檢討計畫』」得 3.61 分；「使用土地得向國家辦理『使用地類別變更』」得 3.60 分；「使用公有非公用土地得向國家申請『讓售』」得 3.28 分。（圖 7-23）

由此分數可以得知，受試者抱持「高於中程度」或「接近高程度」的意向認同。期待立法通過本草案後，宗教法人得以使用公有非公用土地，超過 5 年以上，得向國家申請「讓售」；

並且可以向國家主管官署申請，優先辦理「都市通盤檢討計畫」及「使用地類別變更」，而取得合法使用土地的特殊利益。

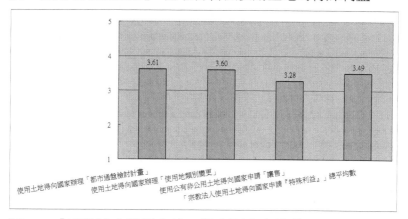

圖 7-23「宗教法人使用土地，得向國家申請『特殊利益』」構面及細項平均數

二、產、官、學三類菁英「接近高程度」或「低於中程度」認同「使用土地得向國家辦理『使用地類別變更』」，且存在顯著差異

本研究進一步分析產、官、學三類菁英對「使用土地得向國家辦理『使用地類別變更』」議題存在差異。以宗教團體領袖最高，得分為 3.73 分；其次宗教學者得 3.56 分；宗教主管官署則得 2.79 分。在此議題上，「產」、「學」菁英都屬於「接近高程度」的意向；「官」則屬於「低於中程度」負面的意向。（圖 7-24）

將這三類菁英的得分做顯著分析發現，宗教學者與宗教主管官署顯著值為 0.033，宗教團體領袖與宗教主管官署顯著值為 0.005，都存在顯著差異。（表 7-6）代表宗教學者、宗教團

體領袖的得分明顯高於宗教主管官署,他們的差距是具統計學上的顯著意義。至於宗教學者與宗教團體領袖的得分都「接近高程度」,則不具差異性。

表 7-6 產、官、學菁英對「宗教團體向國家宗教主管官署申請『使用地類別變更』」顯著表

多重比較

Scheffe 法

依變數	(I) 類別	(J) 類別	平均差異 (I-J)	顯著性
使用土地得向政府申請優先辦理「使用地類別變更」讓其合法使用	宗教學者	宗教主管官署	.77*	.033
		宗教團體領袖	-.17	.536
	宗教主管官署	宗教學者	-.77*	.033
		宗教團體領袖	-.94*	.005
	宗教團體領袖	宗教學者	.17	.536
		宗教主管官署	.94*	.005

*. 在 .05 水準上的平均差異很顯著。

資料來源:本研究整理

三、產、官、學三類菁英「中程度」認同「使用公有非公用土地得向國家申請『讓售』」,且未存在顯著差異

在「使用公有非公用土地得向國家申請『讓售』」的議題,宗教團體領袖得分最高,得 3.42 分;其次宗教學者得 3.16 分;而宗教主管官署得 2.71 分。「產」、「學」菁英對此議題都呈現「高於中程度」的意向表達;至於「官」則屬「低於中程度」的負面意向表達。(圖 7-24)在顯著分析中,看不出這三類菁英存在差異,因此,形同此三類人的意向表達應該都屬於「中程度」的意向。

四、產、官、學三類菁英「接近高程度」或「中程度」認同 「使用土地得向政府辦理『都市通盤檢討計畫』」，且未 存在顯著差異

對於「使用土地得向國家辦理『都市通盤檢討計畫』」的議題，以宗教團領袖的分數最高，得分為 3.72 分；而宗教主管官署得 3.53 分；最後宗教團體領袖得 3.07 分。在本議題上「產」、「學」兩類菁英呈現「接近高程度」的意向；而「官」屬於「中程度」的意向。（圖 7-24）在顯著分析中，也看不出這三類菁英存在差異，因此形同這三類菁英的意向表達，應該都屬於「中程度」的意向。

在〈宗教團體草案〉中國家對宗教法人使用土地的特殊利益，受訪者得到的平均值為 3.49 分，表達出「正向」的意向。在產、官、學三類菁英的意向比較中，宗教學者及宗教團體領袖都持比較「自由主義」的心態，願意支持宗教團體成為宗教法人後，可以向國家申請讓售或變更都市計劃，而使用國有土地。至於宗教主管官署反而傾向「保守主義」心態，在此構面中的三個細項議題，得分遠低於產、學兩類菁英，僅屬「中程度」或「低於中程度」的認同意向。這和受訪的宗教主管官署層級有關，在受訪的官員中，大部分屬於執法層次的官員時，他們對〈宗教團體草案〉的認同度明顯持保留態度，才有此得分的表現。

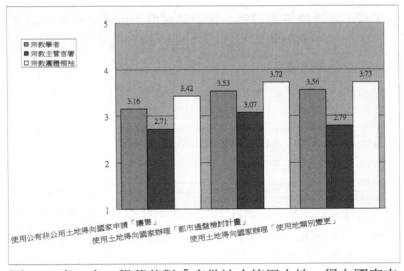

圖 7-24 產、官、學菁英對「宗教法人使用土地，得向國家申請『特殊利益』」的意向平均數

參、都市道場

　　國家對「宗教建築物放寬認定」有四項議題，包含：「依建築法取得使用執照或所有權狀之建築物」、「宗教建築物作為社區活動中心」、「宗教建築物作為村里辦公室」及「在都市設立道場、教會就地合法」。其中前三項議題是指宗教建築物的取得合法執照，或作為社區群眾的公共空間，第四項議題對既有的各宗教在都市中設立的道場與教會影響最大，過去國家依宗教建築物的「傳統外觀」認定該建築物是否符合「寺廟」，造成都市中諸多的「宗教道場」因不符合「傳統外觀」的標準，而被認定違法。（林蓉芝，2004：117-120；釋淨心，2004：108-109）

　　因此，國家在〈宗教團體法草案〉中，不再以宗教建築物

的傳統外觀當作判準，形同只要都市道場、教會負責人，向宗教主管官署登記成為宗教法人，即可「就地合法」。這項作為將影響到各宗教團體在都市的發展，尤其是委身於都市中的佛教、道教、民間信仰的神壇、禪修中心、聚會所，皆可合法成為宗教法人。

一、「中程度」或「接近高程度」認同「宗教建築物認定放寬規定」

根據本研究的調查發現，對「國家對宗教建築物認定『放寬規定』」整個構面的平均數得分為 3.66 分，屬於「接近高程度」的認同。在此概念下的細項得分依序為：「依建築法取得使用執照或所有權狀之建築物」得 4.16 分；「在都市設立道場、教會就地合法」得 3.63 分；在「宗教建築物作為社區活動中心」得 3.61 分；「宗教建築物作為村里辦公室」得 3.26 分。（圖7-25）

由此分數可以得知，受試者對前第一項議題屬「高程度」認同；第二、三項議題屬於「接近高程度」認同；第四項議題屬於「中程度」的認同。簡言之，受試者對「國家對宗教建築物認定『放寬規定』」的作為，抱持「高程度」與「中程度」的期待，希望〈宗教團體法草案〉通過後，帶給各宗教團體便利，宗教建築物要依照「建築法」取得使用執照或所有權狀；宗教建築物可作為社區活動中心或村里辦公室之用；另外，宗教建築物可在都市裡設立道場、教會並且就地合法。

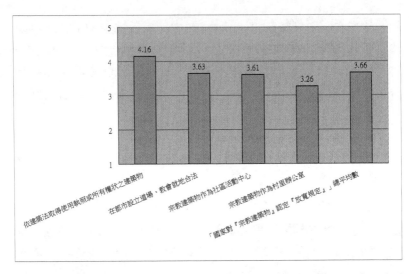

圖 7-25「國家對宗教建築物認定『放寬規定』」構面及細項平
　　　均數

二、產、官、學三類菁英認同「國家對宗教建築物認定『放寬規定』」

　　進一步分析產、官、學菁英對「國家對宗教建築物認定『放寬規定』」的細項發現,「依建築法取得使用執照或所有權狀之建築物」、「宗教建築物作為社區活動中心」及「宗教建築物作為村里辦公室」,未存在差異,只有「在都市設立道場、教會就地合法」存在差異。

（一）產、官、學三類菁英「接近高程度」或「低於中程度」認同「都市道場」,且存在顯著差異

　　在「在都市設立道場、教會就地合法」的議題上,宗教團體領袖得分最高,得分 3.77 分;其次宗教學者得 3.66 分;最後則是宗教主管官署得 2.36 分。(圖 7-26)由此得分可以看出,

「產」、「學」兩類菁英屬於「接近高程度」認同的正面意向，而「官」則屬於負向的認同。

　　進一步分析產、官、學三類菁英的顯著差異，兩兩比較後發現，宗教團體領袖與宗教主管官署、宗教學者與宗教主管官署皆存在顯著差異，其顯著值皆為 0.000。（表 7-7）

（二）產、官、學三類菁英「高程度」或「接近高程度」認同

　　　　「依建築法取得使用執照或所有權狀之建築物」，且未

　　　　存在顯著差異

　　產、官、學三類菁英在「依建築法取得使用執照或所有權狀之建築物」的議題上，宗教學者得分最高為 4.41 分；其次宗教主管官署得 4.14 分；而宗教團體領袖也得 3.75 分。三類菁英對此議題都呈現「高程度」的意向。（圖 7-26）

（三）產、官、學三類菁英「接近高程度」認同「宗教建築物

　　　　作為社區活動中心」，且未存在顯著差異

　　對於「宗教建築物作為社區活動中心」的議題，以宗教團領袖的分數最高，得分為 3.68 分；而宗教主管官署與宗教團體學者則是相同的分數，都得 3.57 分。在本議題上產、官、學菁英呈現「接近高程度」的意向。（圖 7-26）

（四）產、官、學三類菁英「中程度」或「接近中程度」認同

　　　　「宗教建築物作為村里辦公室」，且未存在顯著差異

　　對「宗教建築物作為村里辦公室」議題，以宗教學者最高，得分為 3.41 分；其次宗教團體領袖得 3.22 分；宗教主管官署則得分為 2.86 分。在此議題上，產、學菁英屬於「中程度」

的意向，宗教主管官署則屬於「接近中程度」的負面意向。（圖7-26）

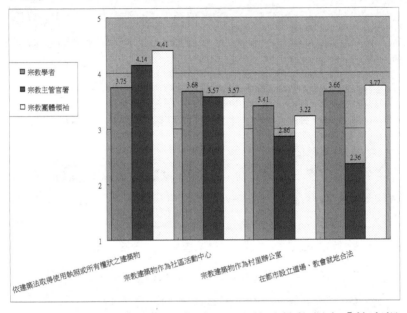

圖 7-26 產、官、學菁英對「國家對宗教建築物認定『放寬規定』」的意向平均數表

表 7-7 產、官、學菁英對「國家對宗教建築物認定『放寬規定』」顯著表

多重比較

Scheffe 法

依變數	(I) 類別	(J) 類別	平均差異 (I-J)	顯著性
在都市設立道場、教會就地合法	宗教學者	宗教主管官署	1.30*	.000
		宗教團體領袖	-.11	.800
	宗教主管官署	宗教學者	-1.30*	.000
		宗教團體領袖	-1.41*	.000
	宗教團體領袖	宗教學者	.11	.800
		宗教主管官署	1.41*	.000

*. 在 .05 水準上的平均差異很顯著。

資料來源：本研究整理

第六節 小結

　　從本章的討論可以得知，當前產、官、學三類菁英對〈宗教團體法草案〉的五個構面及其細項表現出不一樣的「認同程度」意向，並比較三類人之間是否存在顯著差異。茲依平均數的得分高低，分為「極高程度」、「高程度」、「接近高程度」、「中程度」及「低程度」等五個向度，歸納綜整如下：

壹、產、官、學三類菁英對〈宗教團體法草案〉細項的認同程度分析

一、「極高程度」認同項目：「宗教法人或其負責人違法的管理」

　　在整體構面上，產、官、學三類菁英「極高程度」認同「宗教法人或其負責人違法的管理」，此構面的細項包括：「宗教法人及其負責人涉及詐欺」、「宗教法人及其負責人涉及恐嚇」、「宗教法人及其負責人涉及賭博」「宗教法人及其負責人涉及暴力」、「宗教法人及其負責人涉及違反性自主」、「宗教法人及其負責人涉及背信」、「宗教法人及其負責人涉及違反妨害風化」依法處罰，及「宗教法人及其負責人涉及違反上述法律按照情節解除法人職務」「宗教法人違法按照情節廢止其法人資格」等八個細項，皆得到產、官、學三類菁英「極高程度」的肯定。代表三類菁英都非常同意〈宗教團體法草案〉對宗教人士的高道德標準。因為他們的財務來自於十方大眾，國家就應該給予高於一般常人的法律規範。

二、「高程度」認同項目

在整體構面方面，產、官、學三類菁英高程度認同「國家整合〈宗教團體法草案〉」、「國家規劃三類宗教團體成為宗教法人」及「寺院、宮廟與教會領袖傳承與組織建構規定」等。

（一）「寺院、宮廟與教會領袖傳承與組織建構規定」

在此構面上的細項包含：「用民主選舉方式產生民間信仰宮廟的主任委員」與「用民主選舉方式產生宮廟領袖或管理成員」等兩個細項。

（二）「宗教基金會依『民法』運作」

在此構面上的細項包含：「應推展宗教公益及社會福利等事業」、「三等親內不得超過董事會名額 1/3」與「以『特定金額』當作基金依法設立團體」等三個細項。

（三）「國家對宗教團體不動產的管理」

在此構面的細項有：「不動產應造清冊送主管機關備查」與「不動產應登記在法人名下」等兩個細項。

（四）「國家對宗教團體財務管理做必要的要求」

在此構面的細項有：「宗教法人的財務達一定規模者由會計師認證」與「宗教法人的財務收支應向組織成員公告」等兩個細項。

（五）「國家對宗教建築物附屬納骨塔、火化設施做有條件限制」

在此構面上只有「宗教在大樓、公寓共有建築物內不得設立納骨塔」一個細項。

（六）「國家對宗教教義研修機構設立放寬規定」

在此構面上只有「宗教法人可依法設立宗教研修機構」一個細項。

（七）「國家對宗教建築物認定放寬規定」

在此構面上只有「依建築法取得使用執照或所有權狀之建築物」一個細項。

三、「接近高程度」認同項目

產、官、學三類菁英對下列整體構面及其細項，皆表現出「接近高程度」的認同。

（一）「寺院、宮廟與教會領袖傳承與組織建構規定」

本構面的細項包括：「佛教寺院可『遴選』組織成員」、「佛教寺院可由領袖『遴選』下任接班人」、「基督教會可『遴選』管理成員」、「基督教會可『遴選』神職人員」、「伊斯蘭教寺院可『遴選』寺院管理成員」、「伊斯蘭教寺院可由領袖『遴選』下任接班人」、「民間信仰宮廟必須選出其『管理成員』」、「新興宗教聚會所以民主選舉產生管理成員」、「新興宗教聚會所以民主選舉產生負責人」與「道教宮廟依民主選舉產生負責人」等十個細項。

（二）「宗教社團依『人民團體法運作』」

在此構面的細項包括：「宗教社團依『人民團體法』籌備」、「宗教社團成立後依『人民團體法』」推動會務得、「宗教社團負責人由會員直接或間接選舉產生」與「宗教社團領袖皆應有任期制」等四個細項。

（三）「國家對宗教團體不動產的管理」

在此構面上的細項有：「不動產、基金之管理應受主管機關監督」與「不動產未經主管機關許可不得處分」等兩個項目。

（四）「國家對宗教團體財務管理做必要的要求」

在此構面上的細項有：「寺院、宮廟、教會的會計採流水帳簿」、「宗教社會團體的會計採年度計畫預算帳簿」、「宗教基金會的會計採年度計畫預算帳簿」與「宗教法人的財務收支向主管機關備查」等四個細項。

（五）「國家對宗教建築物附屬納骨塔、火化設施做有條件限制」

在此構面上有：「宗教團體新設的納骨塔、火化設施比照民間業者依法設立」、「宗教團體的殯葬服務與民間業者一樣納稅」與「超過十年以上的宗教納骨塔、火化設施可在原地、原規模修建」等三個細項。

（六）「宗教法人或其負責人違法的管理」

在此構面上有：「宗教法人違法時應召開學者專家會議，依 2/3 出席絕對多數及同意後處理」、「未向國家申報財產登記的宗教法人取消其免稅特殊利益」、「未經國家同意處分其財產的宗教法人取消其免稅特殊利益」、「未向國家核備帳簿的宗教法人取消其免稅特殊利益」與「未向國家備查計畫書、業務計畫書取消其免稅特殊利益」等五個細項。

（七）「國家對宗教教義研修機構設立放寬規定」

在此構面上的細項有：「宗教教義研修機構 1/3 以上的課程，由大學教授擔任」、「宗教教義研修機構可依相關法規頒予學士、碩士或博士」、「宗教教義研修機構設立的條件比一般大

學更寬鬆」、「宗教教義研修機構的設校基金需要新台幣五千萬」及「宗教教義研修機構的校地需二公頃土地」等五個細項。

（八）「國家對宗教法人的租稅減免優惠」

　　在此構面上的細項有：「個人或營利事業捐款給宗教法人可減稅」、「捐土地給宗教法人免徵土地增值稅」、「捐贈財產給宗教法人可不用計入遺產或贈與總額」、「宗教法人接受的捐款可依法免稅」、「宗教法人從事宗教服務讓信徒隨喜布施可法免稅」、「宗教法人接受的捐款所獲得的利息可免稅」、「宗教法人的宗教建築物可免房屋稅及地價稅」、「宗教法人銷售貨物讓信徒隨喜布施可免稅」、「宗教法人的宗教建築物出租所得可免稅」與「宗教法人設有附屬組織可免稅」等十個細項。

（九）「宗教法人使用土地」

　　在此構面上的細項有：「使用土地得向國家辦理『都市通盤檢討計畫』」與「使用土地得向國家辦理『使用地類別變更』」等兩個細項。

（十）「國家對宗教建築物認定放寬規定」

　　在此構面上的細項有：「在都市設立道場、教會就地合法」與「宗教建築物作為社區活動中心」等兩個細項。

四、「中程度」認同項目

（一）「國家對宗教團體財務管理做必要的要求」

　　在此構面上只有「宗教法人的財務收支應在網路公告」一個細項。

（二）「國家對宗教建築物附屬納骨塔、火化設施做有條件限
　　　制」

　　在此構面上只有「宗教附屬的納骨塔、火化設施滿十年就
地合法」一個細項。

（三）「國家對宗教法人的租稅減免優惠」

　　在此構面上的細項只有「伊斯蘭教從事飲食認證得免稅」
一個細項。

（四）「宗教法人使用土地」

　　在此構面上的細項只有「使用公有非公用土地得向國家申
請『讓售』」一個細項。

（五）「國家對宗教建築物認定放寬規定」

　　在此構面上的細項只有「宗教建築物作為村里辦公室」一
個細項。

五、「低程度」認同項目

　　在此構面上的細項只有「現任董事會推派下任的董事」一
個細項。

六、產、官、學三類菁英對〈宗教團體法草案〉認同程度的 意義

　　從上述的認同程度分析可以得知，產、官、學三類菁英對
〈宗教團體法草案〉展現出最新的意向，而此意向具有下列幾
點意涵：

（一）多數項目屬「極高程度」與「高程度」認同，有利「宗
　　　教團體法」立法

　　大多數的法案內容，包括宗教法人或其負責人違法，國家
應該給予比一般常人高的道德要求標準，依法懲罰。在此構面
及其細項得到「極高程度」的認同。依此概念來看，〈宗教團
體法草案〉規範國家可以介入宗教法人及其負責人違法管理，
在受訪者心目中並未違反「政教分離」的原則。相反地，國家
可以翻越「政教分離之牆」，介入宗教法人或其負責人違法的
管理行為。

　　在「高程度」的認同項目方面，受試者表達同意的項目很
多，包括「寺院、宮廟與教會領袖傳承與組織建構規定」、「宗
教基金會依『民法』運作」、「國家對宗教團體不動產的管理」、
「國家對宗教團體財務管理做必要的要求」、「國家對宗教建築
物附屬納骨塔、火化設施做有條件限制」、「國家對宗教教義研
修機構設立放寬規定」與「國家對宗教建築物認定放寬規定」
等七個項目，及其構面中的部分細項。

　　「接近高程度」認同，受試者表達同意的項目很多，包括
「寺院、宮廟與教會領袖傳承與組織建構規定」、「宗教社團依
『人民團體法運作』」、「國家對宗教團體不動產的管理」、「國
家對宗教團體財務管理做必要的要求」、「國家對宗教建築物附
屬納骨塔、火化設施做有條件限制」、「宗教法人或其負責人違
法的管理」、「國家對宗教教義研修機構設立放寬規定」、「國
家對宗教法人的租稅減免特殊利益」、「宗教法人使用土地」與
「國家對宗教建築物認定放寬規定」等十個項目，及其構面中
的部分細項。

　　產、官、學三類菁英給予上述〈宗教團體法草案〉構面或

細項 3 分以上的「接近高程度」或「高程度」認同分數，象徵國家在規劃〈宗教團體法草案〉的內容，可以介入宗教組織、宗教領袖傳承、不動產、財務、附屬納骨塔、火化設施、宗教法人或其負責人違法等管理，甚至做必要的要求。至於宗教教義研修機構、宗教法人使用土地、宗教建築物與宗教法人租稅減免等項目，受訪者則期待國家給予比以前更寬鬆的條件。

　　換言之，上述〈宗教團體法草案〉的構面與細項，幾乎涵蓋草案的主要內容。而產、官、學三類菁英「極高程度」、「高程度」或「接近高程度」的認同國家宗教主管官署對〈宗教團體法草案〉的規劃，形同他們同意國家可以介入宗教組織的傳承與規範、宗教財務、宗教附屬納骨塔、火化設施與宗教法人違法的管理，或是國家應該放寬過去既有的法規，讓宗教團體擁有辦教育、設立都市道場及宗教用地的土地申請等自主空間。

（二）少數細項屬於「中程度」與「低程度」認同，應思考納入〈宗教團體法草案〉的必要性

　　在「中程度」的認同項目方面，受試者表達對下列項目負面認同的意志，分別為：「宗教法人的財務收支應在網路公告」、「宗教附屬的納骨塔、火化設施滿十年就地合法」、「伊斯蘭教從事飲食認證得免稅」與「使用公有非公用土地得向政府申請『讓售』」等四個細項。而在「低程度」認同項目也有「現任董事會推派下任的董事」一個項目。

　　產、官、學三類菁英對於這些項目表達負面認同的意志，代表國家如果在〈宗教團體法草案〉將之入法，可能會受到菁英的阻撓。其中，「宗教法人的財務收支應在網路公告」是宗教學者的建議，而「伊斯蘭教從事飲食認證得免稅」是伊斯蘭

教教長的主張，至今尚未入法。其餘的「宗教附屬的納骨塔、火化設施滿十年就地合法」、「使用公有非公用土地得向國家申請『讓售』」與「現任董事會推派下任的董事」三個項目，在草案中早有規劃。

筆者以為未來〈宗教團體法草案〉的內容，對這些項目應該謹慎為之，因為國家將之入法，現在產、官、學三類菁英已經給予負面評價。如果未來入法，宗教團體領袖更有可能為了已身利益，號召信徒大眾對國家的宗教立法工作杯葛。

（三）未來〈宗教團體法草案〉的推動，理應著重行政與立法的協商

由於既有的〈宗教團體法草案〉大部分的內容，得到產、官、學三類菁英的正向肯定，所以國家宗教主管官署未來要推動本法案，理應會得到宗教學者與宗教團體領袖的支持，對於法案的推動會有莫大的助力。

宗教主管官署要思考的是，〈宗教團體法草案〉後續的行政與立法機關之間的協商工作，是宗教立法順利的關鍵。根據過去的經驗，在行政機關同意〈宗教團體法草案〉列為國家年度重要政策，甚至前後五次送到立法院審核，但是，最後都在立法院一讀或二讀過程中被擱置。因此，立法委員對〈宗教團體法草案〉是否支持的意向，應是未來立法工作的重點。

貳、產、官、學三類菁英對〈宗教團體法草案〉細項的比較差異顯著分析

一、〈宗教團體法草案〉細項中存在顯著差異的項目

筆者在本章前文中產、官、學三類菁英對〈宗教團體法草

案〉細項已經做比較差異的顯著分析發現，在宗教組織規範構面中的幾個細項存在顯著差異，它們分別為：「佛教、基督教、伊斯蘭教的寺院、教會以遴選方式產生領袖或管理成員」、「寺院、宮廟與教會『領袖傳承與組織建構』規定」、「佛教寺院可由領袖『遴選』下任接班人」、「基督教會可『遴選』管理成員」、「基督教會可『遴選』神職人員」、「伊斯蘭教寺院可『遴選』寺院管理成員」與「伊斯蘭教寺院可由領袖『遴選』下任接班人」等七個細項存在差異。

　　而在「國家應對宗教團體財務管理作『必要的要求』」項目中，只有「宗教法人的財務收支應向組織成員公告」與「宗教法人的財務收支應在網路上公告」兩項存在顯著差異。

　　在「宗教法人及其負責人若違法，國家可處罰或『取消其特殊利益』」構面中，只有「宗教活動涉及妨害風化依法處罰」與「宗教法人違法時應召開學者、專家會議，依 2/3 絕對多數出席及同意處理」兩項存在顯著差異。

　　在國家賦予宗教團體租稅減免構面中，有不少項目存在顯著差異，它們分別為：「宗教法人銷售貨物讓信徒隨喜布施可免稅」、「宗教法人從事宗教服務讓信徒隨喜布施可法免稅」、「宗教法人設有附屬組織可免稅」「個人或營利事業捐款給宗教法人可減稅」、「宗教法人接受的捐款所獲得的利息可免稅」、「宗教法人接受的捐款可依法免稅」、「捐土地給宗教法人免徵土地增值稅」、「捐贈財產給宗教法人可不用計入遺產或贈與總額」、「伊斯蘭教從事飲食認證得免稅」、「宗教法人的宗教建築物可免房屋稅及地價稅」、「宗教法人的宗教建築物出租所得可免稅」等十一個細項。

二、〈宗教團體法草案〉存在顯著差異項目的意義

（一）宗教學者具「相對自由主義」精神；宗教團體領袖則表現出「相對保守主義精神」

　　在上述的比較差異分析，可以明顯看得出來，宗教學者對「寺院、宮廟、教會領袖傳承與組織建構規定」構面中的幾個細項，得分明顯高於宗教主管官署與宗教團體領袖。而其中兩兩相比的結果，宗教學者和宗教主管官署不存在差異，反而是宗教學者與宗教團體領袖存在顯著差異。意味著宗教學者對此構面的細項存在相當樂觀且尊重宗教傳統的意向，他們認為宗教組織的建構，國家應該要尊重宗教團體既有的傳統，無論是佛教、基督教或伊斯蘭教，他們的「遴選」領袖、管理成員，而建構其組織的方式皆應加以尊重。

　　從中顯現出來宗教學者高度的「相對自由主義」精神，比較令人好奇的是，宗教團體領袖理應尊重或支持他們既有的宗教傳統，然而調查的數據，雖然屬於正向 3 分以上的認同分數，但是，也明顯低於宗教學者的分數。這可能是受訪的宗教團體領袖以民間信仰領袖占大多數，因此，他們對「遴選」的方式持比較保留的態度。

　　如果受訪的宗教領袖以佛教、基督教、伊斯蘭教為主要對象，筆者估計，宗教團體領袖表現出來「尊重宗教遴選傳統」的意義，在平均數的得分上應該會上升，就可能從「相對保守主義」轉向「相對自由主義」的態度，其意涵就可能和宗教學者相雷同。

　　在「國家介入宗教團體財務管理」的構面上，宗教學者明顯異於宗教團體領袖的表現，宗教學者強烈主張，宗教法人的

財務，收支要向組織成員公告，或是財務收支在網路上公告，這兩項議題，宗教團體領袖則明顯分數低於宗教學者。象徵宗教學者認為宗教法人財務取之於社會大眾，理應向社會大眾公告；而宗教團體領袖只同意有限度的公告，尤其他們反對在網路上公告財務，深怕財務公告後，引來「歹徒」的覬覦和不必要的糾紛。

（二）宗教主管官署在「租稅減免優惠」及「都市道場就地合法」持謹慎態度

宗教主管官署、宗教學者與宗教團體領袖在「租稅減免優惠」及「都市道場就地合法」兩個議題上的意向表現，顯得相當謹慎小心。他們的平均數得分幾乎都在 3 分以下，抱持負向保留的態度，遠低於宗教學者或宗教團體領袖 3 分以上的分數。

這與〈宗教團體法草案〉是由宗教主管官署規劃呈現出矛盾的弔詭現象，理應宗教主管官署規劃給予宗教法人租稅減免特殊利益及都市道場就地合法，就應該高度認同自己的規劃才對。但是調查的結果，完全與此相悖；反而展現出宗教主管官署的謹慎「保守主義」立場。

比較可以理解的是，受訪的宗教主管官署都屬於中低階官員為主，而非規劃草案的高階主管，才會造成這種反差的現象。當宗教團體領袖或宗教學者滿心歡喜，且「高程度」認同接受國家給予的「租稅減免特殊利益」及「都市道場就地合法」時，宗教主管官署反而躊躇不前。

第八章 國家通過〈宗教團體法草案〉後的可能影響

　　未來國家通過〈宗教團體法草案〉，是否意味著「國家尊重宗教的表現」、有可能帶給「宗教團體的發展」及有利於「國家宗教主管官署管理與發展」等三種可能發展。

　　本研究將上述三個概念各自「操作化」：

　　第一，未來〈宗教團體法草案〉通過後的實踐是「國家尊重宗教的表現」，具體的內容包含：1.尊重人民宗教自由；2.國家對宗教團體低度輔導；3.國家尊重宗教團體領袖的選拔及傳承；4.國家尊重宗教團體財務自主，但是相對要求其財務透明；5.國家可以要求宗教法人的領袖道德性高於一般人等項目。

　　第二，〈宗教團體法草案〉的通過將有利於「宗教團體的發展」，具體的內容包括：1.國家給宗教法人免稅，有利其募款；2.都市道場合法化，有利其在都市宣教；3.宗教教義研修

機構設立，有利其神職人員培養；4.宗教納骨塔十年以上合法
設立，有利其與殯葬業者競爭。

　　第三，〈宗教團體法草案〉的通過將有利「國家宗教主管
官署管理與發展」，具體表現的內容包括：1.宗教法人登記，
有利國家對宗教法人的資訊收集；2.國家將促成宗教主管官署
事權統一；3.國家擴編宗教主管官署，強化其對宗教團體輔導
能力。茲將這些可能影響說明如下：

第一節　國家尊重宗教的表現

壹、實踐憲法對人民宗教自由的保障

　　受試者認為〈宗教團體法草案〉的實踐，是履行「憲法」
對人民宗教自由的保障，此項目整體平均得分為 4.10 分，屬
於「高程度」的認同。（圖 8-1）就部分主張「自由主義」的
憲法學者而言，國家訂定〈宗教團體法草案〉形同傷害人民在
「憲法」中的宗教自由。（顏厥安，1997.5：34-43；鍾秉正，
2005.6：293-358；陳新民，2002.2：53-99；許育典，2005：
90-194；林端，2010：25-28）

　　再對產、官、學三類菁英在此議題上做「顯著差異比較」，
發現其得分分別為 4.20 分、4.0 分及 3.96 分。（圖 8-2）而且
三類菁英的得分，未具顯著差異，代表他們幾乎「高程度」認
同國家訂定本法案。

　　由產、官、學三類菁英的得分看來，他們並不同意「自由
主義」憲法學者的看法；相反地，他們認為國家應該規劃「宗
教團體法制」，才可能進一步運用法制保護人民在宗教自由的

實踐。由此也可以看出，產、官、學三類菁英採取「相對自由主義」的立場，（瞿海源，1997a：495-506；林本炫，2005：29-52；張永明，2005：55-88；釋淨心，2010：8-9）其中部分學者認為，國家的〈宗教團體法草案〉形同「特別法」，（林本炫，2010：111）更能保護宗教團體中信徒的宗教自由。

貳、對宗教團體活動的「低度」輔導

受試者相當清楚國家在〈宗教團體法草案〉對宗教團體的規範，是屬於「低度」輔導、介入宗教團體活動的程度，此項目整體平均數得分為 3.77 分，（圖 8-1）屬於「接近高程度」的認同。

解嚴後，宗教主管官署本認為未來的〈宗教團體法草案〉應朝向低度輔導宗教團體方向做規劃。（紀俊臣，1998：60-70；黃慶生，2004a：261-287）其中，當前的宗教主管官署認為，宗教團體的行為可以依其本質分為，「核心內宗教行為」、「次核心宗教行為」及「核心外宗教行為」三個類別。國家可以對宗教團體的「核心外宗教行為」用法制規範；而「核心內宗教行為」則屬於宗教團體神聖的部分，國家不得介入。至於「次核心宗教行為」如果是屬於宗教團體的世俗現象，國家就可以低度介入輔導與管理。（黃麗馨，2008；67-72）

再對產、官、學三類菁英在此項目做「顯著差異比較」，發現其得分分別為 3.77 分、3.79 分和 3.77 分，（圖 8-2）而未存在顯著差異。因此，三類菁英雖然得分些許不同，但是皆屬於「接近高程度」的認同。由此可以清楚得知，受訪菁英相當同意國家以宗教法制「低度」介入宗教團體的「世俗」活動。

參、國家不介入宗教領袖的選拔與傳承是尊重宗教團體自治

受試者在「國家不介入宗教領袖的選拔與傳承是尊重宗教團體自治」項目的整體平均數得分高達 4.30 分，（圖 8-1）展現出高於「高程度」的認同傾向。代表受試的菁英同意國家應該尊重宗教領袖選拔的「宗教傳統」，認為這是屬於宗教團體自治權限。

無論是佛教、道教、基督教、伊斯蘭教等主流宗教的領袖，他們不約而同的提出呼籲，希望國家規劃的〈宗教團體法草案〉應該尊重宗教團體的領袖選拔這項傳統。不應該用公權力強迫宗教團體接受「民主」選拔領袖的方式。（釋星雲，2004：10-11；王愈榮，2004：145-157；曾紀鴻，2010：114-118；深度訪談編碼 007）

國家宗教主管官署早已認知，國家不應介入宗教領袖的選拔與傳承，因此在「寺廟登記規則」中，不再強迫寺廟領袖的產生，一定採用信徒大會選拔的方式，可用該教派的傳統決定寺廟管理的「住持」。至於民間信仰的寺廟領袖大部分由非神職人員的鄉紳階級或派系領袖擔任，仍然維持由信徒大會選舉產生。

再對產、官、學三類菁英在此議題做「顯著差異比較」，其得分分別得分為 4.26 分、4.21 分及 4.38 分。（圖 8-2）代表訪菁英「極高程度」的認同國家在本議題的規劃。換言之，認同國家宗教主管官署應該尊重宗教傳統，讓各宗教領袖的選拔依其傳統產生。這是屬於宗教團體的「神聖事務」，是宗教主管官署所認知的「核心內宗教行為」。

肆、國家低度要求宗教財務透明是尊重其財務自主

受試者在「國家低度要求宗教財務透明是尊重其財務自主」議題中，整體平均數得分 3.99 分，（圖 8-1）屬於「高程度」認同國家的規劃。

國家站在社會公益的立場，對宗教團體的財務低度介入，希望宗教團體依團體類型，向國家做流水帳及年度計劃預算型的財務報表。雖然部分佛教團體起來抗爭，（林蓉芝，2006：40；2003：5；劉昌崙，2001.8）天主教團體也有異議的聲音[171]，但是，國家堅持可以對宗教團體做財務透明化的要求。因為宗教團體的財務非宗教團體的「私有財產」性質，而是具備取之於社會的「公共財產」的特性。宗教團體向社會大眾募款，就得對社會大眾公開其財務，國家只是站在客觀的第三者，給予宗教團體適度的要求。這項主張傳承至威權時代的宗教主管官署，民主轉型之後的國家機器，仍然堅持這項作為。

接著對產、官、學三類受訪菁英在此項目做「顯著差異比較」，發現其得分，分別為 4.04 分、3.57 分及 3.99 分。（圖 8-2）看起來宗教主管官署得分為 3.57 分，是「接近高程度」的認同外，其餘「產」、「學」兩類菁英的分數都接近 4 分，屬於「高程度」的正面意向表現，但是三者之間並未存在顯著差異，因此都是屬於「高程度」的認同。

由上述三類菁英的得分可以得知，受試者相當同意國家「低度」要求宗教團體財務透明化，並未妨礙國家對宗教團體的宗教自由的「傷害」。國家為人民監督宗教團體財務，要求

---

[171] 2009 年立法院召開〈宗教團體法草案〉公聽會，由吳育昇立委主持，邀請各教派領袖及專家學者與會，其中天主教的代表就提出，天主教團體的財務，依照宗教傳統，只向梵蒂崗負責，而從來沒有向在地的世俗權力負責。

該團體財務透明化，向社會大眾募款就應該為社會盡責。宗教團體的款項既然取之於社會，應該用之於社會，而且得受到社會「公評」，國家有資格要求宗教團體承擔此財務「有限度」公開的社會責任。

伍、宗教法人領袖的道德性應高於一般人

受試者在「宗教法人領袖的道德性應高於一般人」議題中，整體平均數得分 4.41 分，（圖 8-1）屬於「極高程度」認同國家的規劃。

宗教法人領袖負責帶領宗教團體，管理、規劃與推展宗教團體神聖和世俗活動，包含宗教團體的儀式、對信徒的服務、宗教團體內部的財務、組織建構與發展及附屬事業等活動。規模大的宗教團體擁有社會龐大資源，因此，宗教法人領袖形同接受社會大眾的委託，就得高於一般人的道德性。

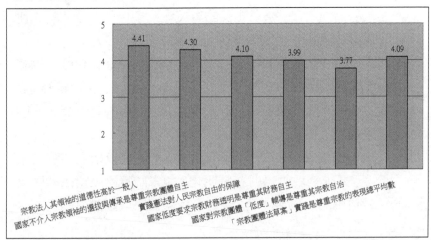

圖 8-1「宗教團體法草案」的實踐是「尊重宗教的表現」構面及細項平均數

　　本研究進一步對受訪的產、官、學三類菁英在此議題做「顯
著差異比較」，其得分分別為 4.44 分、4.14 分及 4.41 分。（圖
8-2）就統計的意義來看，未存在顯著差異，形同三類菁英展
現出「極高程度」的認同「國家在『宗教團體法草案』對宗教
團體領袖高道德要求」的一致看法。

　　國家做這種要求並非「壓迫」宗教團體領袖；相反地，是
給宗教法人領袖更多的承擔。他們既是宗教人士就應嚴守高於
社會道德的「宗教戒律」。（釋星雲，2004：12-13）他們的行
為理應高出一般信徒、大眾的道德標準，其行為乃是社會大眾
效法的「典範」。受訪菁英幾乎都同意國家給他們「宗教法制」
的「高道德」要求，要他們承擔依法制內容所需承擔的責任。

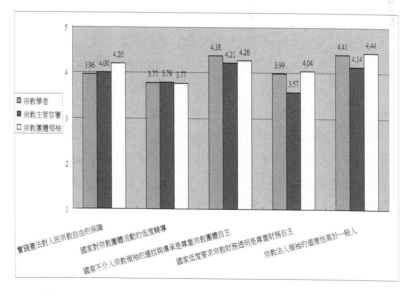

圖 8-2 產、官、學菁英對「尊重宗教」的意向平均數

從上面討論可以得知，產、官、學三類菁英在未來〈宗教

團體法草案〉通過後，認為是實踐「國家尊重宗教的表現」，整體構面的總平均為 4.09 分，屬於「高程度」的認同。

　　至於構面下的細項，依得分的高低順序分別為：1. 國家可以要求宗教法人的領袖道德性高於一般人，得 4.41 分；2. 國家尊重宗教團體領袖的選拔及傳承，得 4.30 分；3.尊重人民宗教自由，得 4.10 分；4.國家尊重宗教團體財務自主，但是相對要求其財務透明，得 3.99 分；5.國家對宗教團體低度輔導，得 3.77 分，都屬於「極高程度」或「高程度」的認同。

　　簡言之，在受試的菁英看來，當國家通過〈宗教團體法草案〉，象徵著國家對人民的宗教自由保障與尊重。

第二節　宗教團體的發展

　　本研究假想〈宗教團體法草案〉通過，可能對宗教團體發展有利。因此，設計相關問卷問題，理解有利於宗教團體發展的內涵，分為「宗教團體在都市設立的道場合法化之後有利其在都市宣教」、「宗教納骨塔十年以上合法設立有利其與殯葬業者競爭」、「宗教法人享受國家特殊利益應將其財務透明化」、「國家給宗教法人免稅有利其募款」「宗教教義研修機構設立有利其神職人員培養」及「三個類型宗教法人有利其組織發展」等議題，其中前三項議題存在顯著差異；後三項議題則無差異，茲分別討論如下。

壹、都市道場合法化有利其在都市宣教

威權時代國家並不同意都市道場合法化；民主轉型之際，國家宗教主管官署在 2000 年政黨輪替後，委託「六人小組」傳承過去「紀俊臣版」的〈宗教團體法草案〉，開始慎重思考宗教團體領袖對國家的呼籲，將都市道場的議題納入草案中。（林本炫，2004：224；林蓉芝，2006：43）

宗教團體因應台灣地區都市化的社會變遷，為了紮根於都市社區，向一般大眾宣教，早已在各大城市「違法」設立都市道場，此為不爭的事實。如果國家不正視這項事實，猶如使宗教團體陷於「違法」的情境。國家宗教主管官署為了讓諸多違法宗教的活動場所得以解套，乃同意在草案中將都市道場合法化。[172]

根據本研究的調查發現，受試菁英對〈宗教團體法草案〉中，「都市道場設立，有利宗教團體宣教」的議題，整體構面平均數得分為 4.0 分，屬於「高程度」的認同。（圖 8-3）

---

[172] 宗教違建的事實，其中有一類為處於都市道場中的民間信仰或道教的「神壇」或「道壇」、基督宗教的「教會」、佛教的「道場」及新興宗教的「聚會所」。它們因為不具傳統宗教建築的外觀形式，而無法依「寺廟登記條例」的相關規定，合法登記。根據研究指出，台灣地區登記有案的寺廟為 11,017 座；正式合法登記的有 5,987 座，占 54.34%；而無法辦理登記的寺廟約有 5,030 座，約占總數的 45.66%。（黃運喜，2010：VII）在這些無法辦理登記的佛、道教及民間信仰的寺廟之外，尚有其它的宗教聚會所，未在前述研究的統計範圍之內。因此筆者估計，全國無法辦理登記的宗教場所，遠超過研究統計數字。它變成宗教主管官署的棘手問題，如果經由訂定〈宗教團體法草案〉，或許可以解決此問題。

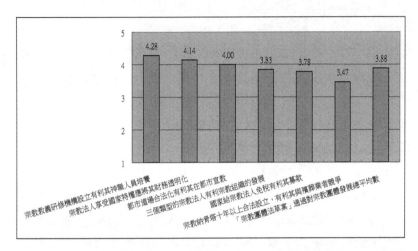

圖 8-3「宗教團體法草案」通過有利「宗教團體發展」構面及細項平均數

表 8-1 產、官、學菁英對「宗教發展」細項顯著表

多重比較

Scheffe 法

依變數	(I) 類別	(J) 類別	平均差異 (I-J)	顯著性
政府同意都市道場的設立，有利於宗教團體在都市的宣教	宗教學者	宗教主管官署	.74*	.008
		宗教團體領袖	.19	.277
	宗教主管官署	宗教學者	-.74*	.008
		宗教團體領袖	-.55	.059
	宗教團體領袖	宗教學者	-.19	.277
		宗教主管官署	.55	.059
承認十年以上的宗教納骨塔合法，可與私人殯葬業者公平競爭	宗教學者	宗教主管官署	.82*	.029
		宗教團體領袖	.14	.674
	宗教主管官署	宗教學者	-.82*	.029
		宗教團體領袖	-.68	.074
	宗教團體領袖	宗教學者	-.14	.674
		宗教主管官署	.68	.074
宗教法人享受國家的特權，就應該將其財務透明化	宗教學者	宗教主管官署	-.29	.397
		宗教團體領袖	.29*	.033
	宗教主管官署	宗教學者	.29	.397
		宗教團體領袖	.57*	.020
	宗教團體領袖	宗教學者	-.29*	.033
		宗教主管官署	-.57*	.020

*. 在 .05 水準上的平均差異很顯著。

資料來源：本研究整理

　　再對產、官、學三類菁英做比較顯著差異分析發現，其得分，分別為 3.97 分、3.43 分及 4.17 分。（圖 8-4）發現宗教學者的得分高於「高程度」，宗教團體領袖的得分則屬於「高程度」，兩者並無顯著差異。至於宗教主管官署的得分屬於「中程度」的認同，遠低於宗教學者，兩者存在顯著差異，其顯著值為 0.008。而宗教主管官署與宗教團體領袖雖然平均得分不同，但是並不存在顯著差異。（表 8-1）

　　換言之，宗教學者抱持著比較樂觀的態度看待都市道場合法化的問題，而宗教主管官署則持比較保留的態度，然而兩者也都是持正向的看法。如果未來國家〈宗教團體法草案〉能夠順利通過，我們也樂觀估計，台灣的宗教建築物將因為「宗教團體法制」的「放寬」，在都市中將產生宗教建築物的「新風貌」。都市道場合法化之後，宗教建築物可能委身於「摩天大樓」、「辦公大樓」、「公寓」或「集合住宅」中。它們將不再依「傳統宗教建築物的形式」，而可向國家登記為「宗教法人」。因為都市道場的合法化，宗教團體在都市的宣教，既得到國家「宗教團體法制」的保障，而且將更接近人群有利其宣教，而開拓其宗教團體的組織。

貳、宗教納骨塔十年以上合法設立有利其與殯葬業者競爭

　　在 2002 年「殯葬管理條例」通過後，宗教團體只能有條件的享有納骨塔、火化設施的免稅特殊利益。因為根據該條例的規定，在 2004 年之後，宗教團體就不得繼續使用納骨塔或火化設施，而在 1997 年前設立的納骨塔、火化設施，可以繼續使用。換言之，1997 年以前宗教團體附屬的納骨塔、火化

設施就地合法化;1997 年之後,宗教團體附屬的納骨塔、火化設施就必需和殯葬業者公平競爭,同時要向國家繳稅,不再享有免稅的特殊利益。(林蓉芝,2006:50)

　　在 2009 年行政院版的〈宗教團體法草案〉規範宗教團體附屬納骨塔或火化設施超過 10 年,可以視為宗教建築物的一部分。再次確認「殯葬管理條例」的精神,宗教團體必需和殯葬業者公平競爭。只是根據該草案,讓宗教團體在 1999 年前設立的納骨塔、火化設施可以就地合法化,比先前的「殯葬管理條例」延遲了 2 年。

　　本研究對此議題測試受訪者發現,整體平均數得分為 3.47 分,屬於高於「中程度」的認同。(圖 8-3)再對產、官、學三類菁英做比較差異分析發現,存在顯著差異,其中兩兩相比後,只有宗教學者和宗教主管官署的顯著值為 0.029,具有顯著性,其餘宗教學者與宗教團體領袖,或是宗教團體領袖和宗教學者則不具顯著差異。(表 8-1)

　　仔細理解三類菁英對此議題的平均數發現,宗教學者得分 3.61 分、宗教團體領袖得分 3.47,皆屬於正向認同;而宗教主管官署得分最低只有 2.79 分,屬於負向認同。就顯著的意義來看,宗教學者屬於「接近高程度」認同,明顯異於宗教主管官署「接近中程度」的認同。(圖 8-4)

　　對所有受試者而言,他們普遍認為〈宗教團體法草案〉中對宗教團體附屬納骨塔、火化設施超過 10 年以上就地合法化的規範,將有利於宗教團體跟殯葬業者的競爭。但是,仔細分析產、官、學三類菁英的看法,「產」、「學」菁英抱持樂觀且正向的態度;而「官」抱持負向的悲觀態度,認為宗教團體跟殯葬業者的競爭將淪為弱勢。

　　現行宗教法制將承認超過 10 年以上的宗教團體附屬之納骨塔及火化設施，給予免稅的特殊利益，讓其和殯葬業者並存。因此，目前台灣已經出現二元體系的殯葬服務。然而根據未來〈宗教團體法草案〉的規定，國家將停止宗教團體新設納骨塔及火化設施的租稅特殊利益，此舉將改變宗教團體新設納骨塔及火化設施的意願。因此，未來宗教團體服務信徒養生送死傳統也隨之變化，當信徒往生後，宗教團體只能為其做前半段的法事，而無法為他們做後半段的火化與存放骨灰（骸）的服務。

　　未來台灣將出現以私人殯葬業者為主軸的殯葬服務；雖然既有宗教團體的納骨塔、火化設施，仍然可以繼續服務信徒，但是將隨著時間流轉，宗教團體的納骨塔額滿後，其服務將形萎縮。相反的，殯葬業者將取代宗教團體這項服務，進而壟斷台灣地區的納骨塔市場。如果未來宗教團體欲設置納骨塔及火化設施，就得與殯葬業者一樣，接受殯葬管理條例的規範與其公平競爭，國家對它們皆依法課稅，本來與宗教信仰活動緊密關聯的殯葬儀式，變成「商品化」的世俗活動，而非「去商品化」的神聖行為。（張家麟，2011.3：35-58）

參、宗教法人享受國家特殊利益應將其財務透明化

　　在〈宗教團體法草案〉中規範，延續過去威權時代國家宗教主管機關對宗教團體財務透明化管理的傳統，要求三類宗教法人都應該將其財務向主管機關核備，此稱為「財務透明化」。

　　儘管部分宗教人士對國家此項規範抱持不滿，甚至集體抗議國家的作為，但是國家不為所動，仍然將宗教團體財務透明化入法，認為這是宗教法人享有國家給予的特殊利益後，所應

該承擔的「社會責任」。(張永明，2010：2-31)

　　經本研究調查發現，受試者對此議題整體平均數得分為4.14分，屬於「高程度」的認同。(圖 8-3)代表受試者相當肯定國家在〈宗教團體法草案〉的規定，要求宗教團體的財務接受國家「核備」，並非過份的要求。因為國家代表社會大眾的公共利益，就可以站在宗教主管官署的立場，要求宗教團體向社會大眾募來的款項及其支出做合理的交待。

　　再對產、官、學三類菁英做顯著差異分析發現，本議題存在顯著差異，兩兩相比的結果，宗教學者與宗教團體領袖顯著值為 0.033，宗教主管官署和宗教團體領袖顯著值為 0.020，都存在顯著差異；而宗教學者和宗教主管官署則不存在顯著差異。(表 8-1)

　　再將產、官、學三類菁英的平均數做比較發現，宗教主管官署得分最高為 4.57 分，屬於「極高程度」的認同；其次為宗教學者得分為 4.29 分；再其次為宗教團體領袖得分為 4 分，這兩類人對此議題也都屬於「超過高程度」的認同。(圖 8-4)對照顯著差異分析，可以做出宗教學者、宗教主管官署的得分都明顯高於宗教團體領袖，而且存在顯著差異。意味著宗教主管官署「極高程度」的認同，與宗教學者「高於高程度」的認同，不同於宗教團體領袖的「高程度」認同。「官」、「學」兩類菁英在此議題的主張，明顯強過「產」菁英的主張。

肆、國家給宗教法人免稅有利其募款

　　就〈宗教團體法草案〉的通過，將有利於宗教法人得到國家的租稅減免特殊利益，其中，社會大眾捐款給宗教法人，也可以抵免所得稅。(張永明，2010：45-48)產、官、學三類菁

英對「宗教法人免稅特殊利益有利其募款」，此項目整體平均得分為 3.78 分，是屬於「接近高程度」的認同國家此作為。在受試菁英看來，國家給宗教法人免稅，將帶給宗教團體募款的便利性。

當社會大眾捐給宗教法人得以減免所得稅時，形同國家稅收減少，是國家對宗教團體的「變相補助」。事實上，國家對宗教團體有所期待，希望他們向社會大眾募得的款項，能夠善加使用信徒的捐款，從事與宗教相關的社會公益、慈善、教育、文化等事業，而不只是僅僅從事宗教的宣教活動。儘管部分宗教學者認為國家不應做此期待，視宗教團體為公益慈善團體[173]。（許育典、周敬凡，2006.4：69-118）但是，國家宗教主管官署仍然不為所動，它希望運用政策引導宗教團體做國家期待的活動，因此，無論是中央政府或縣市政府層級的宗教主管官署皆訂定宗教團體獎勵政策，每年辦理對宗教團體或宗教人士從事「社會公益慈善事業」及「社會教化事業」有具體貢獻者，做公開表揚活動。（黃麗馨，2008：38-39）。

筆者再對產、官、學三類菁英在此議題做「顯著差異比較」，其得分分別為 3.81 分、3.64 分及 3.76 分，在統計學的顯著分析中，三類菁英皆未存在差異，形同他們都屬於「接近高程度」認同的程度。（圖 8-4）在受試的菁英看來，他們幾乎一致認為國家給予宗教法人免稅，將有利於宗教團體的募款工

---

[173] 許育典與周敬凡認為，國家在〈宗教團體法草案〉有四個基本立場：1.所有宗教團體都應該登記為宗教法人；2.所有宗教團體都是公益法人；3.所有宗教團體財產狀況都受國家監督；4.國家可以對宗教團體的宗教行為、宗教自治加以限制。這四項立場皆違反了「憲法」中的「宗教自治」、「宗教中立原則」，也對宗教自由造成傷害。

作。而當宗教團體能夠便利的得到信徒的捐款，對宗教團體本身的宣教活動，或宗教附屬事業體的經營與發展，都將產生重大的助力，形同對宗教團體帶來正向的內在發展動力。

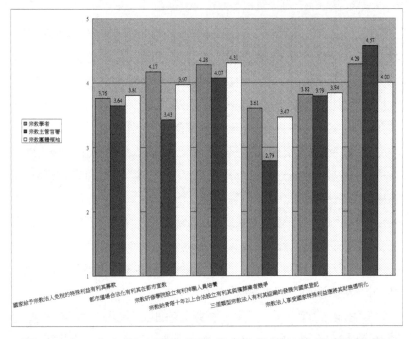

圖 8-4 產、官、學三類菁英對「宗教發展」的意向平均數

伍、宗教教義研修機構設立有利其神職人員培養

宗教主管官署為了反應宗教團體領袖長期的呼籲，給予宗教團體設立宗教教義研修機構的「宗教自由」。（釋星雲，2004：45-46；2006：67-68）宗教主管官署進一步配合教育主管官署對「私立學校法」修正，將該法精神納入國家的〈宗教團體法草案〉中，使宗教團體得以在國家相關教育法規的規範下，設

立宗教教義研修機構，國家承認其頒發的學位證書。

之後宗教團體在台灣地區就擁有依國家法規，設立宗教教義研修機構的自由，及依自己的宗教傳統，自行設立宗教學院，培養神職人員的自由。這兩種神職人員養成方式，並存於台灣地區。

本研究對宗教團體依國家規範設立宗教教義研修機構，有利於其神職人員培養的項目整體平均數得分為 4.28 分，屬於「高於高程度」的認同。（圖 8-3）進一步對產、官、學三類菁英做顯著差異的比較分析，發現並未存在差異性。宗教團體領袖得分最高，為 4.31 分，其次為宗教學者得分為 4.28 分；兩類菁英都「高於高程度」的認同；而宗教主管官署得分稍低，但是也有 4.07 分，屬於「高程度」的認同。（圖 8-4）

由上述三類菁英的得分可以看出，宗教團體領袖相當期待國家給予其設立宗教教義研修機構，培育專業神職人員發展該宗教的態度。而宗教學者也樂觀其成，持高度尊重國家給予宗教團體這項宗教教育自由。宗教主管官署雖然分數稍低，但也給予高程度的肯定。因此，可以估計我國未來宗教團體依國家法規，自行設立宗教教義研修機構的現象將會逐漸開展。

陸、三個類型宗教法人有利其組織發展

〈宗教團體法草案〉承認現有的「寺院、宮廟、教會」、「宗教社會團體」及「宗教基金會」等三個類型宗教團體存在的事實。只要上述三個類型的團體向國家申請登記，國家就應該依法審核，同意及登錄為宗教法人。

而登錄為宗教法人的團體，就擁有國家諸多的「特殊利益」，享有宗教團體的租稅減免、辦理宗教教義研修機構、設

立都市道場、依法向國家承購土地、有條件擁有附屬納骨塔、火化設施等「特殊利益」。這些特殊利益對宗教法人開展其宣教事業或設立附屬組織，皆具有重大的助力。（張家麟，2011.3：35-58）

本研究將此「三類型的宗教法人有利其組織發展」的議題測試受訪者，整個項目平均數得到 3.83 分，「接近高程度」的認同。（圖 8-4）

進一步對產、官、學三類菁英做顯著差異比較分析，發現三類人彼此間的得分雖然有差異，但是並未存在顯著差異。宗教團體領袖得分最高，得分為 3.84 分；其次宗教學者為 3.82 分；而宗教主管官署得 3.79 分。產、官、學菁英對此議題都呈現「接近高程度」的意向。（圖 8-4）受試菁英原則上都認同國家未來的〈宗教團體法草案〉通過後，對台灣境內的宗教團體成為宗教法人持樂觀態度，不只如此，他們也同意台灣的宗教團體成為宗教法人之後，擁有國家給予的諸多特殊利益，將有利促進其組織發展的各種可能。

第三節　國家宗教主管官署管理與發展

未來國家通過〈宗教團體法草案〉後，不僅對宗教團體帶來發展，也可能促進國家宗教主管官署的管理及官僚體系的擴編。本研究將此可能操作化為：「國家擴編宗教主管官署，強化其對宗教團體輔導能力」、「宗教法人登記，有利國家對宗教法人的資訊收集」及「國家將促成宗教主管官署事權統一」三項議題，茲分別說明如下。

壹、國家擴編宗教主管官署，強化其對宗教團體輔導能力

　　未來國家通過的〈宗教團體法草案〉，為了對台灣地區眾多的各類型宗教團體做有效率的管理，以現有宗教主管官署人力資源的規模，勢必難以承擔此責任。[174]（黃慶生，2004：309）因此，早在政黨輪替之前，紀俊臣版的〈宗教團體法草案〉，就已經規劃將國家中央政府宗教主管官署的「宗教輔導科」編制，提升為「宗教司」的編制。（紀俊臣，1998：60-70）

　　這項主張至今尚未落實，主要原因在於 1995 年起到 2008 年止，國家從事「政府改造與組織精簡」的瘦身政策（翁興利，2002：84-171），不可能為宗教輔導科組織擴編。另外 2000 年至今，〈宗教團體法草案〉只是停留在立法院的審議階段，行政院五次送交立法院審核，都無法得到立法院的同意通過。因此，國家機關站在宗教主管官署組織並未法制化的前提下，不可能讓宗教輔導科提升到宗教司的層級。

　　本研究認為，如果國家通過〈宗教團體法草案〉，由官僚體制「擴編內政部宗教司較有能力輔導宗教團體」的可能性相

---

174 前國家宗教主管官署宗教輔導科科長，從宗教行政管理的實務面發現，我國宗教主管官署的諸多缺失包含：1.健全行政組織結構及人員；2.強化宗教主管官署人員教育訓練；3.簡化宗教行政業務；4.調整國家對宗教團體管理制度，由內管到外控；5.建立宗教活動資訊網絡；6.財務健全透明化；7.加強神壇輔導法人化；8.宗教教務自治，俗務管理等缺失。其中，強烈主張「宗教輔導科」擴編為「宗教司」。在他看來，現有中央到地方政府宗教行政組織與人員嚴重不足，中央內政部宗教輔導科承辦人員只有 4-5 位，掌理全國宗教事務；各縣市禮俗文獻科，承辦宗教業務只有 2 人；以目前人力實在無法達成輔導台灣境內宗教團體的功能，唯有將內政部增設宗教司，及地方政府重視宗教輔導業務人員的增補，才能展現國家宗教主管官署體系服務的功能。（黃慶生，2004：309-313）

當高,因此將此議題測試受訪者,得到受訪者「高程度」的認同,整體項目平均分數為 4.03 分。(圖 8-5)象徵產、官、學三類菁英認同未來國家可以擴編宗教主管官署,強化其對宗教團體輔導的能力,避免現在中央與地方宗教主管官署人力不足的困境。

當然宗教主管官署人員充足,有利其對宗教團體的管理或輔導,但是尚得思考其「專業性」的問題。過去曾有研究顯示出,我國宗教主管官署人力資源「流動性」高,主持政務者經常把「非專業」的官員調到宗教部門服務,而宗教業務卻非常龐雜,導致官員「水土不服」,不願久待其位。或是願意投入宗教輔導工作的官員,卻可能因為法規不熟悉,而陷入被宗教團體提起訴訟的危機。(張家麟,2008:120-122)

因此,未來國家在宗教主管官署組織建構的升級之外,應該還要考量填補此組織的人力資源的專業性,讓具專業且敬業的官員久任其職,才能熟悉我國龐雜的宗教行政管理與輔導法規,進而發揮宗教主管官署的組織效能。

本研究進一步對產、官、學三類菁英做比較交叉顯著分析,發現三者之間並未存在顯著差異,而且分數相當接近,形同三類菁英程度雷同。其中,「產」的得分最高,為 4.08 分;「官」的得分為 4.07 分;「學」的得分為 3.94 分,都是屬於「高程度」的認同。(圖 8-6)表示三類菁英都相當肯定國家在規劃〈宗教團體法草案〉時應有配套措施,對既有的宗教主管官署進行組織改造,提升其組織層級,充實其官員專業能力與敬業態度,才能達成國家賦予服務、輔導與管理宗教團體的優質效能。

貳、宗教法人登記，有利國家對宗教法人的資訊收集

　　國家宗教主管官署為了理解台灣地區重要的宗教團體動態，透過「制度性」的規劃，要求各類型宗教團體依相關法規向主管官署辦理登記，從中得知台灣地區宗教團體的變遷。[175]

　　對於佛教、道教、民間信仰或具華人傳統的新興教派等宗教團體的寺廟，每隔 10 年做一次「宗教普查」[176]，從 1953 年到 2003 年為止，總共經歷 6 次寺廟總登記。（劉俊良，2002：53-54）藉此「寺廟總登記」掌握台灣地區主流宗教的「寺廟團體」。

　　另外，再根據「人民團體法」及「民法」的相關規範，宗教型的社會團體法人及宗教基金會，都得根據這兩種法律向國家申請登記，宗教主管官署也從中得知這兩類團體的動態發展。

　　然而，也有宗教主管官署力猶未逮之處，像處於都市區的「神壇」、「道場」，或是位於偏遠山區的「違建寺廟」，亦或是

---

175 國家設計法制對宗教團體進行管制，有「證照管制」、「組織管制」及「資訊管制」等方法：其中，「證照管制」是指國家對宗教團體的設立，需要經由國家「許可」。「組織管制」則是指宗教團體的組織方式，透過國家法律統一規定，才能成立合法組織。「資訊管制」是指國家應該建立資訊收集的機制，協助社會進行管理，建構類似「財團法人宗教研究中心」來收集建立台灣社會宗教資訊檔案，才能有效防範各種宗教帶來的社會衝擊。（顏厥安，1997.5：34-43）我國宗教主管官署對宗教團體的制度性規範，比較傾向證照管制及組織管制的類型，從這兩個管理方法掌握了宗教團體變遷的趨勢。

176 寺廟總登記的法源為「監督寺廟條例」第 5 條：「寺廟財產及法物應向該管地方官署呈請登記，以及寺廟登記規則。」依此規定，國家再制訂「寺廟登記規則」，其中第 1 條規定：「凡為僧道住持或居住之一切公建募建或私家獨建之壇廟寺廟庵觀除依關於戶口調查及不動產登記之法令辦理外，並應依本規則登記之」。（林本炫，2002：224）

不向宗教主管機關登記，而向其它國家機關登記的「宗教基金會」，對這些宗教團體，宗教主管官署並沒有辦法完全掌握其動態。

　　換言之，在我國宗教團體中，可以分為向國家宗教主管官署「登記」或「未登記」兩類，宗教主管官署可以掌握的只是向其登記的宗教團體。未向其登記的宗教團體依然存在於台灣地區，只不過非宗教主管官署管轄範疇，可能是由其它機關管轄；或是部分神壇、道場的宗教團體，它們根據社會與信徒的需求而存在，礙於國家法規，無法向宗教主管官署取得合法登記乃走入地下化，無法接受宗教主管官署的管理。[177]

　　未來國家通過〈宗教團體法草案〉，將「寺院、宮廟、教會」、「宗教社會團體」及「宗教基金會」等三類型的宗教團體，規劃為國家核可的宗教法人。取得法人資格的宗教團體，將可換得國家對宗教法人的特殊利益；而有利於過去不向宗教主管官署登記的宗教團體，或是向其它國家機關登記的宗教團體，轉向宗教主管官署登記的趨勢。當宗教主管官署擁有此法制基礎，就可以從中掌握各類型宗教團體向其登記後，得知台灣地區宗教團體的動態變遷「資訊」。

　　本研究對此「宗教法人登記，有利國家對宗教法人的資訊收集」議題，向受試者進行調查發現，得到受試者「接近高程度」認同的分數，該項目的平均數得分為 3.86 分。（圖 8-5）再進一步將產、官、學三類菁英做比較交叉顯著分析，分別得

---

177 當前台灣地區出現的宗教團體包括宗教財團法人、宗教社團法人、宗教非法人團體、寺廟及神壇等類型。其中，部分團體合法得到國家保護，部分團體如宗教非法人團體及神壇則無法得到國家相關法規的保護。（陳惠馨，1998：30-31）

知「學」的得分最高，為 3.89 分，其次為「產」，其得分為 3.86
分，最後是「官」得 3.64 分。（圖 8-6）三者之間並無存在顯
著差異，象徵都屬於「接近高程度」的認同未來國家「宗教團
體法制」中，對三類型的宗教法人登記的設計，使得宗教團體
為了獲得國家給予的特殊利益，及「都市道場」合法化的作為，
是促使它們向國家登記的動力，而宗教主管官署也從中取得最
新的宗教團體動態資訊。

參、國家將促成宗教主管官署事權統一

　　國家規劃的〈宗教團體法草案〉將三類型的宗教法人完全
由宗教主管官署管轄，會對既有的相關宗教管理法規產生衝
擊，也對目前「多頭馬車式」的國家管署，管理不同類型的宗
教團體產生重大影響。

　　根據「監督寺廟例條」規定，宗教主管官署為佛教、道教、
民間信仰及華人新興教派寺廟團體的管理者。然而，依照「人
民團體法」或「民法」，具宗教性質的「社會團體」或「基金
會」，可依其團體負責人的意願，向非宗教主管官署申請登記。
因此，身為國家最高宗教主管官署—「行政院內政部民政司宗
教輔導科」，不一定能夠管轄所有台灣境內的宗教團體。例如：
台灣最大的佛教教派「慈濟功德會」並未向「民政司」登記；
而是向「社會司」登記；「佛教正覺文教基金會」向「教育部」
登記，也不向「民政司」登記；「法輪功」向「社會司」登記，
而未向「民政司」登記，類似這樣情形的宗教團體甚多。因此，
宗教主管官署就無法在既有的法制結構下，掌握台灣地區宗教
團體的動態資訊。

　　如果國家通過〈宗教團體法草案〉，授權宗教主管官署管

轄具宗教性質的各類型宗教團體，它就可以收回分散在國家官僚體系各單位裡，管理宗教團體的職權，由「多頭馬車式」的管理，轉向為「統一事權」的管理。事實上，國家宗教主管官署對統一事權相當期待，他們向立法院提出的說帖中，就強調〈宗教團體法草案〉通過，將有利於此項工作的推動。（附錄9）

　　本研究將「國家將促成宗教主管官署事權統一」議題訪問受試者發現，該項目的平均得分為 3.79 分，屬於「接近高程度」的認同。（圖 8-5）意味著受試者相當「高程度」的同意國家在〈宗教團體法草案〉的規劃，有利於未來宗教主管官署的事權統一，化解目前「多頭馬車式」的管理不同類型宗教團體的難題。也使具宗教性質的團體，回歸到宗教專業的主管官署麾下，讓具宗教專業的官僚機制處理甚為複雜的宗教議題。

　　本研究進一步對產、官、學三類菁英做交叉比較分析發現，三類菁英並未存在顯著差異，「官」的得分最高，為 3.86 分；「學」的得分為 3.80 分；「產」的得分為 3.78 分。（圖 8-6）三者的分數有些微的差異，但在統計學上並不存在任何意義，都是屬於「高程度」的認同。由此分數也可得知，未來國家在〈宗教團體法草案〉的規劃，將獲得三類菁英的高度支持，他們同意國家宗教主管官署事權統一，朝向宗教管理專業化的路徑。

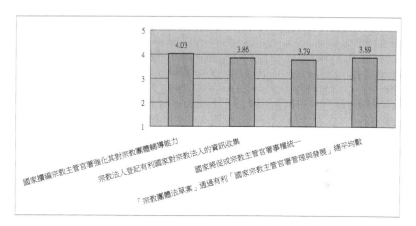

圖 8-5「『宗教團體法草案』通過有利『國家宗教主管官署管理與發展』」構面及細項平均數（沒有平均數）

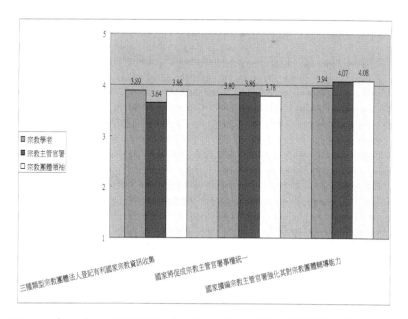

圖 8-6 產、官、學菁英對「國家宗教主管官署管理與發展」的意向平均數

第四節　小結

　　由上述的討論可以得知，產、官、學三類菁英對國家通過〈宗教團體法草案〉後將帶來：1.國家依此法規是尊重人民宗教自由的表現；2.實踐此法規將有利於宗教團體的發展；3.〈宗教團體法草案〉的履行，對國家宗教主管官署管理能力與組織結構，也可產生正向的影響等三種可能的影響，表現出不同的認同程度，其中部分項目也出現產、官、學三類菁英的「顯著差異」，茲分別說明認同程度、顯著差異及所代表的意涵如下：

壹、產、官、學三類菁英對通過〈宗教團體法草案〉後，將帶來影響項目的認同程度

一、「極高程度」認同項目及其意涵

　　產、官、學三類菁英「極高程度」認同的項目有：「宗教法人領袖的道德性高於一般人」「國家不介入宗教團體領袖的選拔，是尊重宗教團體自治的表現」與「國家給宗教團體設立宗教教義研修機構，有利其培養神職人員宣教」等三個項目，這些項目都在 4.28 分以上，高於 4 分的「高程度」。

　　他們認為宗教法人的領袖道德性必需高於一般社會大眾，才可有利於宗教團體的組織建構與發展，也能對社會產生示範、表率與正功能。

　　而且他們同意國家應尊重宗教團體領袖的選拔方式，讓宗教團體組織擁有高度的自治權限，國家不可輕易翻越「政教分離之牆」，干涉宗教團體依照其傳統選拔自己的領袖或組織成員。

　　另外，三類菁英也同意國家應該再次宗教自由的解禁，讓

宗教團體可以依法設立宗教教義研修機構，擁有宗教團體辦理宗教教育的自由，在國家相關法規下，其研修機構培養的神職人員，國家可以承認其學位。讓宗教神職教育與國家一般大學教育合理接軌，比照西方自由民主國家的經驗。對宗教團體而言，將擁有更大的誘因，培養其國家認可學位的優質神職人員、而有利其宣教事業與宗教團體發展。

二、「高程度」認同項目及其意涵

產、官、學三類菁英「高程度」認同的項目有：「〈宗教團體法草案〉是實踐憲法對人民宗教自由的保障」、「國家低度要求宗教團體財務透明化，是尊重其財務自主的表現」、「都市道場合法化，有利於宗教團體在都市的宣教」、「宗教法人享受國家特殊利益，就應該將其財務透明化」與「國家擴編宗教主管官署組織，可強化其對宗教團體輔導的能力」等五個項目。

這些項目得分都在 4 分到 4.27 分，象徵產、官、學三類菁英非常肯定國家在〈宗教團體法草案〉實踐後，對宗教團體自治權限的肯定。例如本草案通過，將使台灣地區人民在「憲法」宗教人權進一步得到法制的保障，而且只能「低度」要求宗教團體財務透明化，讓宗教團體的「財務」等自治權限得到應有的尊重。依照過去的慣例與法制規範，「寺院、宮廟、教會」可以用流水帳的方式，向國家宗教主管官署核備財務報表；「宗教社會團體」與「宗教基金會」則依年度預算與決算報表，向國家核備。並沒有因為宗教團體成為宗教法人，而增加其記帳的人力成本，或提出新的公開帳務要求。

不僅如此，國家對宗教團體在都市早已存在的「都市道場」就地合法，對宗教團體從過去違法的現象走向「合法化」，對

其在都市的宣教與發展，提供寬廣的「自由空間」。

然而，受訪菁英也同意當宗教法人得到國家租稅減免、土地建築物、辦理宗教教義研修機構等特殊利益，就應該接受國家依法要求其財務向社會大眾透明化。換言之，宗教團體享有國家授予的特殊權利，就應該承擔社會責任，將其取之於社會大眾的「公共財」，依法向宗教主管官署呈報，接受國家代表社會大眾對其監督。

如果未來〈宗教團體法草案〉通過，產、官、學三類菁英「高程度」的認同，有利於國家宗教主管官署的擴編，由目前的「宗教輔導科」升格為「宗教司」，當國家宗教主管官署組織層級提升，增加成員且具專業化，將可對台灣境內的宗教團體做合理且專業的輔導。因此，本草案的通過，受訪菁英認為國家宗教主管官署的升格，是強化官僚體制能力的重要助力。

三、「接近高程度」認同項目及其意涵

產、官、學三類菁英「接近高程度」認同的項目有：「國家應該對宗教團體低度輔導」、「國家給宗教法人租稅減免，有利其向社會大眾募款」、「國家將現有寺廟、教堂、聚會所、宗教社會團體、宗教基金會等團體宗教法人化，有利該團體的組織發展」、「國家依法引導宗教團體登記為法人，有利其對宗教團體的資訊收集」及「國家通過〈宗教團體法草案〉，有利宗教主管官署事權統一」等五個項目。這些項目的得分都在 3.5 分到 3.9 分，明顯的高於「中程度」，接近「高程度」。

受訪菁英認為〈宗教團體法草案〉的通過，國家有責任給他們做「低度」的管理和輔導，體現「宗教團體法制」的目的在於實踐人民宗教自由，並促進宗教團體發展。國家對宗教團

體的期待始終認為其存在有利於社會公益、慈善、教育、文化等事業的發展，因此，民主轉型之後的國家宗教主管署對宗教團體的職掌，只能給予其「輔導」而非「管制」。

受訪菁英也正向同意，國家在宗教團體法制化後，讓宗教團體得以發展。包括應該讓宗教法人擁有租稅減免的特殊利益及組織發展。前者，便利宗教團體向社會大眾募款，投入宗教或公益、慈善、教育、文化等公共事業。這是威權時代主管官署給宗教團體的特殊利益；民主轉型之後，傳承這項法制規範。後者則可促進宗教團體「法人」化，像過去「寺院、宮廟、教會」只是擁有「準法人」的地位，在宗教團體法制通過後，他們將有擁有「法人」的實質地位。方便其財產登記與繼承，讓「寺院、宮廟、教會」成為社會的公共財。

在國家發展方面，受訪菁英也同意宗教法制化後，將一利於國家對宗教團體的資訊收集與事權統一。前者，對宗教主管官署而言，它將可掌握台灣境內各類型宗教團體的動態與變遷；後者，則有利於目前不同主管官署管理宗教事務的「畸型」現象，回歸專業化管理的「正常」現象。

四、「中程度」認同項目及其意涵

產、官、學三類菁英「中程度」認同的項目只有「宗教團體附屬的納骨塔、火化設施，超過十年以上合法設立，有利其與殯葬業者競爭」一個項目。整體項目平均得分只有 3.47 分，屬於「中程度」的認同。

此意味著受訪菁英雖然正向同意宗教團體附屬的納骨塔、火化設施超過十年以上可以合法設立，有利於其與殯葬業者的公平競爭。但是，與其它項目相比較，受訪菁英在此項目

的分數明顯降低許多。這是宗教主管官署受訪菁英明顯低於宗教團體領袖與宗教學者對此議題的認同程度，所導致的結果。前者得分只有 2.79 分，明顯低於後兩者的 3.47 分與 3.61 分。

　　從此得分來看，未來宗教團體想要持續以此議題，抗議國家〈宗教團體法草案〉配合「殯葬管理條例」的規劃，宗教主管官署有可能持兼顧殯葬業者及傳統宗教團體附屬納骨塔、火化設施利益的立場；而反對宗教團體新設納骨塔、火化設施，卻不用向國家繳稅的看法。

五、通過〈宗教團體法草案〉後，將帶來影響的整體意涵

（一）「高程度」認同通過〈宗教團體法草案〉後，將帶來正向影響

　　在上述對〈宗教團體法草案〉通過後，可能影響項目的討論，可以得知受訪菁英幾乎都抱持「中程度」以上的正向認同。其中，「中程度」認同的項目只有一項；「接近高程度」的認同項目有五項；「高程度」的認同項目有五項；「極高程度」的認同項目則有三項。

　　在沒有負向認同項目的情況下，筆者以為，受訪菁英相當肯定國家未來通過〈宗教團體法草案〉後，將帶來人民、宗教團體及國家宗教主管官署的正向影響，達到「三贏」的局面。

（二）有利於「憲法」對人民宗教人權的保障與實踐

　　筆者揣測，〈宗教團體法草案〉的通過對人民在「憲法」宗教人權的實踐與保障相當有利，在調查之後也得到證實。受訪菁英都「高程度」正向認同這是「國家尊重人民宗教自由」、「國家對宗教團體低度輔導」、「國家尊重宗教團體領袖的選拔及傳承」、「國家尊重宗教團體財務自主，但相對要求其財務透

明」及「國家可以要求宗教法人的領袖道德性高於一般人」等
五個項目的表現。

　　因此，宗團體法制化之後，形同對「憲法」宗教人權的補
充，將過去散見於各法規的宗教管理事項，綜整於〈宗教團體
法草案〉中。而且，宗教主管官署將可依此法制「依法行政」，
甚至訂定此法制的相關執行細則，國家宗教主管官署對台灣境
內信徒及宗教團體所從事的「世俗」或「神聖」行為的尊重或
管理，都有比較清楚的執法與守法界限。

（三）有利於宗教團體的發展

　　本研究認為，〈宗教團體法草案〉的通過，將有利於宗教
團體的發展，受訪菁英也證實了這項論述，他們「高程度」的
正向認同，「國家給宗教法人免稅，有利其募款」、「都市道場
合法化，有利其在都市宣教」、「宗教教義研修機構設立，有利
其神職人員培養」與「宗教納骨塔十年以上合法設立，有利其
與殯葬業者競爭」等四個項目。

　　從受試菁英的得分可以得知，他們肯定國家在〈宗教團體
法草案〉的規劃，有利於宗教團體在社會變遷中的都市宣教、
辦理宗教教義研修機構，及傳承過去的免稅特殊利益有利其募
款，有限度的保護宗教納骨塔、火化設施合法化。這些具體項
目對宗教團體在目前或未來社會的生存與發展空間，得到了國
家法制的助力。

（四）有利於宗教主管官署管理能力的提升與組織發展

　　產、官、學三類菁英接受本研究的調查後，筆者發現他們
「高程度」的認同國家在〈宗教團體法草案〉規劃，可能帶給
國家宗教主管官署的正向影響。分別為「宗教法人登記，有利
國家對宗教法人的資訊收集」、「國家將促成宗教主管官署事權

統一」與「國家擴編宗教主管官署,強化其對宗教團體輔導能力」等三個項目。

　　簡言之,宗教法制化後,不只對宗教團體帶來助力,也舒解了宗教主管官署目前人力不足的窘境,並且強化其收集台灣地區宗教團體動態變遷資料的資訊能力,也可以讓分屬不同官署管轄的分歧管理現象,回歸常態管理。

貳、產、官、學三類菁英對通過〈宗教團體法草案〉後,將帶來影響項目的顯著差異分析

　　產、官、學三類菁英對通過〈宗教團體法草案〉將帶來那些影響,發現幾個項目具有顯著差異。分別為:1.「宗教團體在都市設立的道場合法化之後有利其在都市宣教」;2.「宗教納骨塔十年以上合法設立有利其與殯葬業者競爭」;3.「宗教法人享受國家特殊利益應將其財務透明化」等三個項目。

　　在第一個項目中,宗教學者得分 4.17 分,明顯高於宗教主管官署 3.43 分,兩者存在顯著差異。在第二個項目中,宗教學者得分 3.61 分,明顯高於宗教主管官署的負向分數 2.79 分。在第三個項目中,宗教主管官署得分 4.57 分,明顯高於宗教團體領袖的 4 分。由上述幾項的顯著差異可以顯現出下列幾點意涵:

一、宗教學者持相對「自由主義」,樂觀看待「宗教法制」後的宗教發展

　　宗教學者在上述三個項目的得分都顯現出「高程度」與「接近高程度」的認同,明顯高於宗教主管官署與宗教團體領袖的分數。此意味著宗教學者對「宗教團體在都市設立的道場合法

化之後有利其在都市宣教」、「宗教納骨塔十年以上合法設立有利其與殯葬業者競爭」與「宗教法人享受國家特殊利益應將其財務透明化」等三個項目，都相當樂觀看待。

　　尤其是認同且支持宗教團體可以設立都市道場，發展其教派組織，使既有的違法都市道場合法化。不只如此，宗教學者也同意宗教附屬納骨塔、火化設施，十年以上就地合法化，與殯葬對者公平競爭的立場。至於宗教團體法人既然享有國家特殊利益，就應該將其財務透明化向國家核備，宗教學者也持高度的肯定，認為宗教團體應該承擔此責任。

二、宗教主管官署持相對「保守主義」，看待宗教團體的自治權限與發展

　　至於宗教主管官署在「宗教納骨塔十年以上合法設立有利其與殯葬業者競爭」與「宗教團體承擔責任將其財務透明化」兩個議題上，抱持相對「保守主義」。對於前者，宗教主管官署給予負向的看法，認為超過十年以上宗教團體納骨塔、火化設施的免稅特殊利益，可能應該重新考量，明顯不同於宗教團體領袖與宗教學者的看法。

　　對於後者，宗教主管官署抱持「極高程度」的肯定認同，認為宗教團體財務透明化的自治限權相當有限，不應該放任宗教團體財務自主，而是有限度的財務自治。尤其當佛教團體激烈反對時，宗教主管官署不改其意志，認為既有的流水帳式或年度預算式的財務向國家宗教主管官署核備機制，不應隨意改變。

　　從上面兩個議題的討論，筆者估計，如果宗教主管官署執意推動宗教法制化，將可帶給台灣地區百姓、宗教團體與宗教

主管官署「高程度」的正向影響，而且在推動之時，可以得到產、官、學三類菁英的支持與認同。

第九章　結論

　　總結前文，在本研究的結論將呈現「研究發現」、「研究意義」與「研究限制與發展」等三個重點。其中，研究發現分為「事實發現」、「假設檢證」與「理論建構與修正」三項說明。

　　總結本研究在學術上的「研究意義」，具有「學科領域的突破」、「個案研究檢證『新國家主義』與『多元主義』」、「質化與量化研究的結合探索『政教關係』」與「民意測驗理解當前產、官、學三類菁英意向」等四個面向討論。

　　本研究告一段落後，筆者以為本研究尚有部分的「研究限制」，此限制也種下未來在本議題或本研究相關理論的後續研究與發展。因此，在第三節中將討論「本研究的限制與發展」，分為「〈宗教團體法草案〉尚未通過，限制本研究的方向與內容」、「未來可對〈宗教團體法草案〉做通過後的研究」、「從『政教關係』視野研究公共政策或政治行為」與「將『新國家主義』與『新制度主義』連結的相關研究」等。茲分別說明如下。

第一節 研究發現

壹、事實發現

一、具「官僚國家」特質的國家意向與能力

根據前面第四章至第八章的討論，本研究有幾項事實發現，從威權轉型到民主國家，我國的「國家性質」（statehood）明顯具有「官僚國家」的特質。（Nordlinger，1981：7；高永光，1995：75）

此官僚國家的特質，有幾項具體表現：

（一）宗教主管官署代表國家發動〈宗教團體法草案〉

行政院內政部民政司為宗教主管官署，它主導〈宗教團體法草案〉的草擬、提出與送交立法院審議，形同「科員政治」。由國家宗教主管官署承辦的官員，負責發動主管業務的相關法令，〈宗教團體法草案〉是由民政司的承辦官員所草擬且推動。他們深諳國家宗教管理的相關法規與命令，實際運作這些法規，在管理過程中，也理解這些法規的複雜性與矛盾性。因此，承辦官員將此管理經驗與既有的法規結合，提出行政院版的〈宗教團體法草案〉。

（二）宗教主管官署橫跨藍、綠政黨執政，持續推動〈宗教團體法草案〉

1997 年國民黨執政時期，民政司司長紀俊臣最早提出〈宗教團體法草案〉的版本，稱之為「紀俊臣版」。政黨輪替之後，陳水扁政府執政，為了實踐其宗教自由開放的競選承諾，在內政部擴大邀請產、學菁英成立「宗教事務諮詢委員會」，為〈宗

教團體法草案〉催生。為了便利討論，再由此委員會推舉出六人小組，從事〈宗教團體法草案〉的立法研議。該小組乃以「紀俊臣版」為藍圖，做小幅度的修改，再送交委員會諮詢、決議，最後送行政院院會協調通過，再從行政院送立法院審議。從2000年起到2009年為止，橫跨民進黨執政與國民黨執政，皆由宗教行政主管官署主導，五次送交立法院審議。儘管該草案至今尚未通過，但是已經展現出強烈的「官僚國家」主導政策的意志與能力。

其中，官僚國家結合產、學兩類菁英，讓其分享及參與〈宗教團體法草案〉的研議與諮詢，是官僚國家的「變型」決策模式。換言之，不是純粹由宗教主管官署推動，而是擴大產、學兩類菁英的參與，將之納入官僚國家體系中。既擴大了國家能力，也強化了〈宗教團體法草案〉菁英的民意基礎。

二、國家展現強烈意志擱置宗教學者、宗教團體及其領袖的意見

在2000年〈宗教團體法草案〉出爐後，曾經引起宗教學者與宗教團體領袖反對其中部分條文的聲浪，甚至有人主張，根本不應訂定此法制。然而，國家的立場相當堅定不移，展現出堅持「訂定〈宗教團體法草案〉」、「規範『寺院、宮廟、教會』、『宗教社會團體』與『宗教基金會』等三種宗教團體法人類型」的立場；拒絕宗教學者與宗教領袖的呼籲，擱置此兩類菁英提出「介入正教與邪教的判定」、「恢復威權時代的全國宗教團體組織」、「規範神職人員資格」、「停止管理宗教團體財務」、「宗教人士違法依宗教戒律、內規處理」的呼籲。

三、國家有條件接受宗教學者、宗教團體及其領袖的意見

然而,國家宗教主管官署並非完全反對宗教學者或宗教團體及其領袖的意見。在民主轉型之後的官僚國家,也承擔來自市民社會的各種「壓力」。因此,當宗教學者或宗教團體及其領袖強烈表達其意志時,國家有時會站在理性評估的立場,擴大合法統治基礎及選票的考量,而將其意見納入〈宗教團體法草案〉中。

像殯葬業者對國家主管官署施壓後,在 2002 年國家通過「殯葬管理條例」,國家斟酌既有宗教團體的利益,乃有條件的讓宗教團體附屬納骨塔、火化設施超過十年以上者就地合法。傳承過去威權時代,國家給予具宗教、公益、慈善、教育、文化等性質的財團法人,得以向國家申請讓售占有的國有土地。國家也為了讓宗教團體辦理宗教教育的自由,在 2004 年「私立學校法」第 9 條修正後,在〈宗教團體法草案〉中配合其精神修訂第 33 條,更改過去宗教團體辦理宗教教義研修機構,國家不予承認其學位的規定;轉向只要符合國家教育與宗教主管官署訂定的相關法規,即可獲得國家合法承認其教育機構及其頒授的學位。

為了解決「都市道場」的問題,國家乃思考在不妨礙公共安全、環境安寧,及不違反建築或土地使用,在公寓大廈管理法令之範圍內,及經主管機關許可等條件,同意讓宗教團體隱身於都市中的教會、寺廟、聚會所合法化。

從本研究的這項結論可以得知,國家在民主轉型之後,對〈宗教團體法草案〉的法制化過程,宗教團體與國家相互角力,宗教團體對國家的施壓,得到「憲法」宗教自由與集會結社自由的保障。國家在憲政主義的結構下,有時得尊重「市民

社會」中的宗教學者、宗教團體及其領袖的主張。因此,〈宗教團體法草案〉是在此角力過程中,逐漸修訂完成。

四、產、官、學菁英「高程度」支持〈宗教團體法草案〉大部分項目

本研究對產、官、學三類菁英的調查發現,在量表總分為 5 分的程度中,將〈宗教團體法草案〉操作化為:「國家整合〈宗教團體法草案〉」、「宗教法人類型」、「宗教法人運作」、「宗教法人管理」及「宗教法人權利」等五個構面。並對未來國家通過〈宗教團體法草案〉後,可能帶來的影響操作化為:「國家尊重宗教的表現」、「宗教團體的發展」及「國家宗教主管官署管理與發展」等三個構面。調查發現,幾乎大部分的構面得分都是屬於「高程度」或「接近高程度」的正向認同。

在整體構面的平均數得分如下:
(一)「國家整合〈宗教團體法草案〉」得 4.04 分。
(二)「宗教法人類型」得 3.90 分。
(三)「宗教法人運作」
　　　1.「『寺院、宮廟、教會』領袖的傳統與組織建構」得 3.70 分。
　　　2.「宗教社團依『人民團體法』運作」得 3.85 分。
　　　3.「宗教基金會依『民法』運作」得 3.85 分。
(四)「宗教法人管理」
　　　1.「國家對宗教法人的不動產『應有必要程序輔導或管理』」得 3.98 分。
　　　2.「國家應對宗教團體財務管理作『必要的要求』」得 3.83 分。

　　　　3.「國家對宗教建築物附屬納骨塔、火化設施作『有條件限制』」得 3.65 分。

　　　　4.「宗教法人或其負責人若違法，國家可處罰或『取消其特殊利益』」得 4.34 分。

　　　　5.「國家對宗教教義研修機構設立『放寬規定』」得 3.74 分。

（五）「宗教法人權利」

　　　　1.「宗教法人營利及接受捐贈，享有『免稅的特殊利益』」得 3.69 分。

　　　　2.「宗教法人使用土地，得向國家申請『特殊利益』」得 3.49 分。

　　　　3.「都市道場」得 3.66 分。

（六）「國家尊重宗教的表現」得 4.09 分。

（七）「宗教團體的發展」得 3.88 分。

（八）「國家宗教主管官署管理與發展」得 4.03 分。

　　在上述的構面中可以看到，受試的菁英得分皆在 3.49 分以上，是屬於「接近高程度」或「高程度」的正向認同。唯有「宗教法人或其負責人若違法，國家可處罰或『取消其特殊利益』」得 4.34 分，則屬於「極高程度」的認同。

五、產、官、學菁英「中程度」、「低程度」認同〈宗教團體法草案〉少數項目

　　產、官、學三類菁英對〈宗教團體法草案〉的認同，整體項目上未出現「中程度」或「低程度」的認同，而只有少數幾個項目是屬於這兩類等級的認同。

（一）「中程度」認同項目

1. 「國家對宗教團體財務管理做必要的要求」的構面只有一個細項為「宗教法人的財務收支應在網路公告」得 3.19 分。

2. 「國家對宗教建築物附屬納骨塔、火化設施做有條件限制」的構面只有一個細項為「宗教附屬的納骨塔、火化設施滿十年就地合法」得 3.16 分。

3. 「國家對宗教法人的租稅減免特殊利益」的構面只有一個細項為「伊斯蘭教從事飲食認證得免稅」得 3.33 分。

4. 「宗教法人使用土地」的構面只有一個細項為「使用公有非公用土地得向政府申請『讓售』」得 3.28 分。

5. 「國家對宗教建築物認定放寬規定」的構面只有一個細項為「宗教建築物作為村里辦公室」得 3.26 分。

6. 「宗教團體發展」的構面只有一個細項為「宗教團體附屬的納骨塔、火化設施，超過十年以上合法設立，有利其與殯葬業者競爭」得 3.47 分

（二）「低程度」認同項目

在此構面上的細項只有「現任董事會推派下任的董事」得 2.82 分。

在「中程度」認同項目上也是屬於正向認同，只不過認同的程度低於「接近高程度」、「高程度」與「極高程度」。因此，可以理解的是產、官、學三類菁英只有 6 個項目是屬於「中程度」的認同。而本研究調查的所有細項，只有「現任董事會推派下任的董事」項目，不為受訪菁英所認同。

六、產、官、學菁英認同〈宗教團體法草案〉後的正向發展

產、官、學三類菁英相當正向看待〈宗教團體法草案〉通過後的影響，認為該草案通過後，將有利於人民、宗教團體與宗教主管官署，並達到三贏的局面。

受試者同意筆者的揣測，認為〈宗教團體法草案〉的通過，對人民在「憲法」中的宗教人權實踐與保障相當有利，可以使台灣的「憲法」擁有具體立法院通過的「法律」層次的規範，保護人民的宗教人權。

甚至該草案同意國家給予宗教團體諸多特殊利益，像租稅減免、都市道場合法化、宗教教義研修機構的設立、宗教團體附屬納骨塔十年以上合法設立，這些作為將有利於宗教團體整體的發展。

另外，本草案的通過也有利於國家宗教主管官署的組織事權統一、組織升格、組織成員能力提升等效果。而當國家宗教主管官署組織發展與能力提升後，對宗教團體輔導的績效也隨之提升。

簡言之，產、官、學三類菁英同意〈宗教團體法草案〉通過後，可能帶來三個層次的正向影響。而此影響對人民的宗教自由實踐，宗教團體本身在台灣地區形同特殊地位團體而得以發展，及宗教主管官署的組織層級與能力提升所創造的宗教輔導專業能力的再升級，皆有正向的可能發展。

貳、假設檢證

在本研究第一章中提出下列七項研究假設：

(一)我國當前〈宗教團體法草案〉的形成，深受國家意向影響。

(二)我國當前〈宗教團體法草案〉的形成，深受宗教團體意向影響。

(三)國家意向與宗教團體意向的互動，影響當前〈宗教團體法草案〉的形成。

(四)影響國家意向在當前〈宗教團體法草案〉的表現有：「國家宗教自由政策」、「國家管理宗教團體傳統」以及「國家性質轉變」等三項變因。

(五)影響宗教團體意向在當前〈宗教團體法草案〉的表現有：「宗教領袖理念」及「宗教團體傳統」等兩項變因。

(六)宗教團體領袖、宗教主管官署與宗教學者，對當前〈宗教團體法草案〉內容存在差異。

(七)〈宗教團體法草案〉通過，將有助於宗教團體未來的發展及國家尊重宗教的表現。

　　經過本研究第四章至第八章的相關資料討論，幾乎都可以得到證實。簡言之，對於第一、二、三項假設，在第四章「政教互動與〈宗教團體法草案〉的形成（1997-2009）」已經可以得知，「國家意向」、「宗教團體意向」及「國家意向與宗教團體意向的互動」，深刻的影響〈宗教團體法草案〉的形成。

　　至於第四項假設，在第五章「〈宗教團體法草案〉中『國家意向』形成的因素」的論述，也可以得到大部分的證實。其中，「憲政民主的國家性質」與原本假設雷同，「國家宗教自由政策」與「國家管理宗教團體傳統」等兩項影響因素，筆者將之歸納為「國家宗教政策傳承」概念。另外筆者發現「宗教主管官署菁英理念」相當重要；因此，將之納為影響國家意向的重要變因。

在第五個假設的檢證，從第六章「〈宗教團體法草案〉中宗教團體意向形成的因素」的論述，也可得到大部分的證實。原本筆者以為，影響宗教團體意向在當前〈宗教團體法草案〉的表現有：「宗教領袖理念」及「宗教團體傳統」這兩項變因。經由資料的收集、綜整和分析後發現，「宗教傳統」、「宗教團體領袖的理念」仍然存在。但是，應該再增加「宗教團體利益」這項因素，由原有的二項變因，變成三個變因解釋宗教團體意向的形成。

在第六項假設「宗教團體領袖、宗教主管官署與宗教學者三類菁英，對當前〈宗教團體法草案〉內容存在差異」，經由本研究第七章的調查發現，並非所有項目皆存在差異，只有少數幾個項目存在差異。經由比較交叉分析發現，宗教團體領袖與宗教主管官署，或是宗教學者與宗教主管官署，存在差異的可能性較高。

在第七項假設「〈宗教團體法草案〉通過，將有助於宗教團體未來的發展及國家尊重宗教的表現」的檢證，筆者也發現受訪菁英認同〈宗教團體法草案〉通過，將有助於「宗教團體的發展」及「國家尊重人民宗教人權的表現」。此外，尚有一項受影響的因素應該獨立列出，即「宗教主管官署組織發展與能力提升」。

參、理論建構與修正

經由本研究的假設檢證與修訂，將原有的研究架構圖修正如下：（圖 9-1）

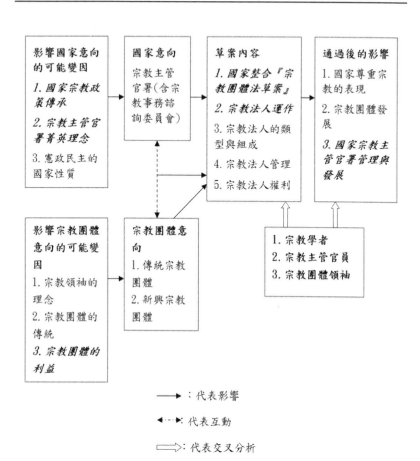

圖 9-1 修正本研究原有架構圖

在此研究架構圖中，可以理解下列幾個理論意涵：

一、「新國家主義」修正與發展

本研究以〈宗教團體法草案〉為焦點，屬於政策研究中的「個案研究」。用此個案討論「新國家主義」。由於新國家主義強調國家的「自主性」與「能力」兩個概念，在本研究選擇「國

家自主性」當作主要研究變項，稱之為「國家意向」；對「國家能力」變項則擱置不用。最主要的原因在於，〈宗教團體法草案〉由宗教主管官署草擬、修正完成，至今尚未經由立法院三讀通過，根本無法展現出國家對法案的「決策」能力。

　　儘管如此，〈宗教團體法草案〉在草擬與修正的過程，卻可明顯看到「國家意向」的展現。然而筆者好奇的是，國家意向在本草案中呈現的主軸內容，它的「好惡」究竟為何。從本研究中也可以清楚地看到，國家強烈的「好惡」意向。不僅如此，筆者另外一個學術好奇是，影響國家意向的內在變因。這是過去新國家主義理論家比較少涉略的面向。

　　如果新國家主義是政治科學的理論多個「典範」（paradigm）之一，（Thomas S. Kuhn，1996；張家麟、莊士勳，1998：103-146）它就適合「因果關連」（causal relation）的思維，因此對於國家意向形成的因素，非常適合當作研究思考路徑。從此可以得知，本個案研究所提出的影響國家意向變因，形同對新國家主義「理論架構」的重新建構，將國家意向當作中介變項後，向其源頭思考，探索影響國家意向的獨立變項。根據本研究發現，事實上影響國家意向的原因包括「國家宗教政策傳承」、「宗教主管官署菁英理念」與「憲政民主的國家性質」等三項變因。

二、「多元主義」修正與發展

　　本研究另外一項理論修正與發展是，對民主社會中各個團體，他們對公共政策的影響提出論辯。原有政治科學研究中，民主政治體制結構下，「壓力團體」是影響國家公共政策形成的主要來源之一。當它對公共政策發揮關鍵性的影響時，它形

同對國家政策形成的「關鍵團體」。

　　本研究以〈宗教團體法草案〉為個案，分析該草案在民主化之後的台灣憲政結構下形成過程，發現具有「市民社會」自主意識相當強烈的「宗教團體及其領袖」與「宗教學者」兩類菁英，展現對該草案強烈的「意向」，他們會把這些好惡意向反應到宗教主管官署中，形同對國家公共政策造成壓力。

　　從新國家主義再建構的思維做平行思考，筆者也期待對民主社會中的宗教團體及其領袖、宗教學者意向，向其源頭思考其形成的內在變因，並提出合理的論述。根據研究發現，影響宗教團體意向的可能變因包括「宗教領袖的理念」、「宗教團體的傳統」與「宗教團體利益」等三個重要變因。因此，從理論「再建構」的角度來看，本研究認為民主社會中的宗教團體及其領袖的意向，固然展現出其對國家〈宗教團體法草案〉的好、惡程度；然而影響其意向的三項重要變因，也在本研究得到合理的探索與解釋。

三、「政教互動」修正與發展

　　從本研究的討論可以得知，〈宗教團體法草案〉形成過程並非靜止不變，而是在國家宗教主管官署結合產、學兩類菁英代表，共同分享草案的決策權的動態過程，而形成國家行政院版的草案初稿。

　　在初稿提出後，宗教團體及其領袖並非沒有任何反應；相反地，他們不斷的向國家宗教主管官署提出呼籲，期待國家在〈宗教團體法草案〉納入其意志。因此，草案的提出與形成，是代表「政」的「國家宗教主管官署」、「宗教事務諮詢委員會」、「六人小組」；與代表「教」的「宗教學者」、「宗教團體領袖」，

兩者多方面的角力過程，逐漸修訂而成。

　　如果從政治科學看「政教關係」研究，本研究個案豐富了既有的「政教關係」理論，而且由本個案的理解，政教的互動應從「具體」且具「代表性」的團體或個人當作觀察對象，而非含糊的討論「政」與「教」兩個概念。因為這兩個概念抽象層次甚高，只有將之操作化為具體可觀察的對象，才可能做出「擲地有聲」的研究。

　　而從前段「新國家主義」與「多元主義」的討論可以得知，影響「政」與「教」意志的變因，也對原本單純的「政教互動」深刻化，深入到理解「政教互動」的可能變因，自然而然就可在「政教關係」中做出合理的「理論建構」（theoretical construction）。

第二節　研究意義

壹、學科領域的突破

　　過去學界在〈宗教團體法草案〉的研究以「法學」、「哲學」、「社會學」、「公共政策學」、「人類學」為主軸。只有少數論文直接運用政治科學的理論與方法研究本議題。（附錄10）

　　從此角度而言，本研究是在過去其它學科關心本議題之外另闢蹊徑，嘗試運用政治科學的理論與方法，賦予〈宗教團體法草案〉新的研究面貌。尤其是結合政治科學中的相關理論，探討〈宗教團體法草案〉形成的相關變因，也企圖為政治科學研究中的因果關係理論建構做出貢獻。對政治科學而言，本研究運用政治科學「經驗研究」的概念，具體關注台灣地區國家

宗教主管官署、宗教團體領袖與宗教學者三類菁英對〈宗教團體法草案〉意向的「經驗行為」，從中歸納出影響「政」與「教」意向的「通則」（generalization）。（朱堅章主譯，黃紀、陳忠慶譯，Issak, Alan C，1991）

貳、政治科學中「政教互動理論」的建構

　　本研究屬於政治科學領域中，公共政策產生的理論研究。就研究意義而言，具有「公共政策規劃」與「公共政策理論建構」的兩項意義。前者，經由本研究將可理解我國當前〈宗教團體法草案〉的內涵，及推動〈宗教團體法草案〉過程中，各個宗教團體領袖、宗教主管官署與立法體系的相互角力，進而得以釐清當前〈宗教團體法草案〉的推動的主力與爭議點。

　　至於後者，則屬於政治學的公共政策理論建構的思維。筆者嘗試從「新國家主義」與「多元主義」這兩個影響公共政策出現的變因，當作研究出發點。以「國家」角度看待公共政策的出現；再以「宗教團體」角度理解公共政策的出現。然而，筆者認為這兩者之間的互動，也會對公共政策中的當前〈宗教團體法草案〉產生影響。因此，筆者認為本研究的理論芻型依據，應在廣義的「政教互動」理論中。

參、個案研究檢證並發展「新國家主義」與「多元主義」理論

　　任何研究都只是趨於完美，本研究也可能有一定的限制。個案研究是檢證既有理論最好的路徑之一，然而欲用單一個案建構或豐富政教關係理論，明顯薄弱「小 N 個案」與「大 N 個案」研究。後面這兩個類型的政治科學研究，已經被政治學

界認同，是建立政治科學理論的主要途徑，本研究也深知單一個案的限度。因此，在本研究中並非要重新建構政教互動理論，而是要深化且論辯政教互動理論中，探索影響「政」與「教」的「獨立變項」。當然筆者也認同，儘管本研究建構了這些影響變項，豐富政教關係理論，但是，此理論並非可以解釋所有公共政策的建構，而只是當作其它公共政策的參考變項。

　　在孔恩的「科學革命」中的典範建構為例，常態科學的典範，靠常態個案證實。當舊典範移轉到新典範的革命過程必需靠「個案積累」，而且這些個案都屬於「異例」。也就是積累越多的異例，就可能挑戰舊典範，舊典範的理論解釋能力無法涵蓋諸多異例時，諸多異例可以另外歸納新理論，建構未來的新典範。

　　在此理論思維下，檢視我國當前〈宗教團體法草案〉的個案，為使本個案研究達到此效果，筆者乃深化政教關係理論，操作與建立影響國家意向、宗教團體意向的可能變因，進一步嘗試建構影響政教互動的內在因素，豐富政教關係理論，也可釐清我國當前〈宗教團體法草案〉形成的爭議點。

　　本研究在第一章提出七個假設，在上一節也討論這七個假設與「新國家主義」、「多元主義」的關係。形同本研究個案證實了既有理論。此外，本研究最主要的意義與貢獻在於，探索影響國家宗教主管官署、宗教團體領袖意向的因素，這是過去這兩個理論比較少碰觸的範疇。經由本研究發現，國家自主性或市民社會自主性的建構，背後有其相關變因。

肆、質化與量化研究的結合，探索「政教互動」與產、官、學三類菁英意向

本研究另外一項意義在於結合質化與量化的方法論，將之運用在〈宗教團體法草案〉相關團體及個人意向的討論。先以質化研究中的文獻回顧當基礎，了解與〈宗教團體法草案〉過去的研究成果後，再設計深度訪談問題，從深度訪談資料的理解與整理，進一步規劃及設計問卷問題。

問卷初稿形成後，委請專家學者做信度與效度的分析。最後，再對與「政教關係」直接相關的「宗教主管官署」、「宗教學者」與「宗教團體領袖」三類菁英做調查。從本研究的設計結合質化與量化方法學的相關理論，理解產、官、學三類菁英的意向，從中分析代表「政」的「宗教主管官署」與代表「教」的「宗教學者」、「宗教團體領袖」彼此之間的意向及其互動關係。從文獻回顧中，可以發現本研究與過去研究的重大差異。在過去的研究嫌少結合質化與量化研究，並以民意測驗調查產、官、學三類菁英的意向。因此就此面向來看，本研究成果對政治科學的實證研究與經驗研究，具有一定的象徵意義。

第三節　研究限制與發展

壹、〈宗教團體法草案〉尚未通過，限制本研究的方向與內容

本研究雖然以政教關係的相互角力，理解〈宗教團體法草案〉的決策過程，然而，最大的研究限制之一是在於，〈宗教團體法草案〉至今尚未在立法院完成三讀。因此，無法對〈宗教團體法草案〉在行政、立法的互動，或是政黨政治下的立法

院各黨團之間的協調與杯葛做深入的討論。

　　從草案的決策過程論述本研究，只是屬於草案提出的「前半段」研究。至於從草案提出的「中段、後段研究」，例如由草案變成正式的法案；至法案提出後，對社會的衝擊；民意的「回饋」（feedback），甚至法案對民意的正、負向「影響」（impact）；帶給決策當局的「支持」（support）或「需求」（demand）。（王浦劬等譯，David Easton，1992）皆是在〈宗教團體法草案〉形成正式法案後，可以進行的研究。

貳、未來可對〈宗教團體法草案〉做過後續的研究

　　當未來國家通過〈宗教團體法草案〉之後，可以從政治科學的諸多理論擇一途徑，對本個案進行深刻的討論。前面所敘述的政治系統理論，只是決策過程理論中的一項選擇。另外尚可以透過「政黨政治」（雷飛龍譯，Giovanni Sartori 著，2002）、「理性選擇」（陳敦源、吳秀光譯，William H. Riker，2006：171-218）、「新制度主義」等理論，擇一理論當作研究〈宗教團體法草案〉決策模式的「研究途徑」。因此，未來對本議題的後續研究，筆者或其他政治科學家當可持續關注。

參、從「政教關係」視野研究公共政策或政治行為

　　從過去既有的文獻回顧資料顯現出，關心〈宗教團體法草案〉內容與決策過程，只有國家宗教主管官署、宗教團體領袖與宗教學者等三類菁英，因此，本研究乃從「政教關係」的理論思維，關注三類菁英在此議題的「意向」。

　　本研究的成果也顯現出，「政教關係」是一個相當具「分析架構」意涵的「理論氋型」。因此，未來公共政策或政治行為兩類問題的研究，只要該問題呈現具體的「政治」、「宗教」

的活動，皆可用此理論毀型當作研究架構。（research framework）思考形塑「政治」與「宗教」兩個概念的變因，或是建構「政治」與「宗教」對公共政策、政治行為的影響。將之勾連成具合理意義的「因果關連」假設，將可對「政教關係」的分析架構，賦予新的「理論意涵」。例如以國家宗教政策為範圍，研究各國的宗教政策，或以政教關係看兩岸宗教交流，亦或是研究大陸宗教發展的政教關係因素等議題。

肆、「新國家主義」、「多元主義」可思考與「新制度主義」的連結，當作新研究途徑

本研究的另外一項後續發展是在研究過程中發現，代表「政」的國家宗教主管官署，與代表「教」的宗教團體領袖或宗教學者，他們的意向展現在民主轉型之後，深受「憲政體制」的影響。此憲政結構像是一個具有獨立變數概念的「制度」，它影響了國家與民間宗教團體的「意向」。

或許我們可以思考，在民主政治結構下，可以把相關的「憲法」、「法律」、立法院中的不成文「政治習慣」，當作約束政治人物政治行為的重要變數，分析這些「制度」規範下，對代表國家的政治人物及宗教團體領袖、宗教學者的內、外在行為的規約。因此，筆者以為將「新制度主義」與「新國家主義」、「多元主義」連結起來的研究思維，或許可以開展政治科學研究的另一扇「窗」。

推薦跋

　　在諸多博士生中，秀菁博士是最不用我操心的學生。

　　從博士論文的選題、研究問題確認、方法選擇、資料收集、資料分析與論文撰寫，她都可獨立運作，是一位不可多得的年輕博士。

　　她處理一篇難度甚高的〈宗教團體法草案〉的政治學理論檢證研究，運用質化與量化調查法，使這篇研究的資料更為豐富，且具前瞻性。在宗教、政治統計研究中，最難處理「估計研究」的議題，而這篇論文卻駕輕就熟，讓讀者讀來耳目一新，不會覺得是篇生硬、難懂的高深研究。

　　秀菁博士具有女性的細膩，才有辦法以溫柔婉約的筆調，寫出宗教政治學敖口難讀的論文。同時，她也擁有女性中難得的豪氣，精準地處理產、官、學三類菁英在本議題的政教角力過程，及其背後的因素等問題。

　　她會請我擔任指導教授，最主要的原因是我出版過《宗教統計學》一書，但是，在整個研究過程中，她已經把該書菁華完整的運用在她的研究中。就一位優質的博士標準來看，她的年紀與論文的成熟度不成正比。我非常期待這位優秀女博士，未來可以順利發展她的學術事業，衷心地祝福！

輔仁大學統計資訊學系教授兼進修成長學院院長　謝邦昌

2013 年 3 月

推薦跋

　　蔡秀菁博士撰寫之『政教互動與宗教團體自由權限』一書，具有很高之可讀性，尤其本主題甚具繼續深入研究之價值，非常值得對政教互動感興趣之讀者仔細閱讀。

　　政治與宗教這兩塊看似不相干的人類社會行為模組，事實上一直有著千絲萬縷的關係，尤其是在近代之前，事實上許多政體的社會基礎就是宗教。換言之，政治權力是建立在宗教的基礎上，這種現象在西方特別明顯。在中華文化社群裡這種政治與宗教相結合的現象雖不若西方社會明顯，但是神秘神權思想事實上也支配著人們的政治思維。亦即即使中華文化社群裡缺乏明確的一神論思維，可是神秘主義仍舊是政權的權力基礎。

　　近代以後民權思想發軔，政教分離的訴求提高，宗教自由更成為當代人權不可或缺的一部分。至此政治與宗教似乎已經「分家」，可是事實並非如此，宗教對政治仍有著極其深刻的影響，它仍主宰著人們的政治行為，透過宗教它可以形成政黨、社團，甚至在特殊情況下還會形成軍事組織。就算是在民主國家，宗教團體仍舊是選舉動員最有力的管道。

　　台灣政治民主化之後，各類民間組織的力量快速發展，其中宗教性團體的興盛更是顯而易見的。然而宗教與政治的互動關係研究卻相對貧乏，因此對我國政治社會學發展來說，這一學術區塊的研究是有很大的學術潛力的。

　　蔡秀菁博士長年專研宗教社會學，進入台師大政治學研究所

之後更著力於政治宗教之研究，特別可貴的是她長年投入台灣宗教活動的調查研究，蒐羅了許多寶貴資料。現在她開始逐步發表研究心得，余忝為其博士指導教授，很樂意為其著作推薦。盼其繼續在此學術主題上繼續努力，期待收割的時刻。

臺灣師範大學政治學研究所教授　曲兆祥

2013 年 3 月

推薦跋

　　韶光荏苒，寒暑流易，初識蔡博士時，她正在讀碩士班，對於宗教有深厚的興趣，對學術研究則抱有熱情。經過幾次與她深談，對於她的析辨能力與治學態度，則有深刻的印象。同時也發現，蔡博士亮麗的外表下，有一顆耿直、充滿正義、真誠無私的心。她憑著比別人加倍的努力，考入博士班就讀，最近得知她已完成博士學位，並準備將她這數年來的研究心血加以整理出版。

　　蔡博士的這項研究有許多創見與價值。她仔細地去探究臺灣在民主轉型之後，對〈宗教團體法草案〉的法制化過程，對宗教團體與國家相互角力的種種向度有深刻的分析。在這過程中，宗教團體對國家的施壓，得到「憲法」宗教自由與集會結社自由的保障；國家在憲政主義的結構下，必須尊重「市民社會」中的宗教學者、宗教團體及其領袖的主張。因此，〈宗教團體法草案〉是在此角力過程中，逐漸修訂完成。同時，產、官、學三類菁英同意〈宗教團體法草案〉通過後，帶來不同層次的正向影響。而此影響對人民的宗教自由實踐、宗教團體以特殊團體而得以發展、宗教主管官署的組織層級與能力提升、宗教輔導專業能力的升級等，都有不同程度的正向發展。蔡博士在這項研究當中，著力於探索影響國家宗教主管官署、宗教團體領袖意向的因素，這也是過去理論比較少探究的。而她發現，國家自主性或市民社會自主性的建構，背後有其相關變因。蔡博士深化政教關係理論，操作與建立影響國家意向、宗教團體意向的可能變因，進一步嘗

試建構影響政教互動的內在因素，豐富政教關係理論，不但釐清目前〈宗教團體法草案〉形成的爭議點，也讓我們見證臺灣宗教、政治互動過程當中的複雜現象。

　　蔡博士無論在宗教、政治學、社會學、宗教理論等皆有相當深入的研究，並試圖整合這些學理，為人文社會提供一個可以運用的理論。她的研究無論在理論層面與運用層面皆提出創新觀點，更重要的是，她對台灣社會有一份很深關懷，跟隨著張家麟教授的腳步，踏遍臺灣各鄉鎮，深入民間宮廟，領略民間最虔誠、最樸實的宗教心靈，因此有著強大的願力想為臺灣社會盡心盡力。在教學上，她親切誠懇的教學態度，打動無數的年輕學子，潛移默化當中，也將求學的熱誠與做人的原則，根植於學生的心中。作為臺灣的學術公民，應該鼓勵像她這般有熱誠的新學者繼續從事研究、教學，並將其研究成果出版發表，為社會帶來正面的力量。

國立政治大學宗教研究所副教授

謝世維

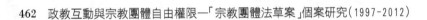

推薦跋

　　蔡秀菁博士的這部著作，對臺灣《宗教團體法草案》進行的
個案研究，具有三個顯著特點：其一是研究的全面性和綜合性，
對草案自身的背景、內容及圍繞草案所展開的研究與討論進行了
全面分析與檢視；其二是突出政治學的研究視角，得出了頗有助
益的研究結論；其三是進行了大量的田野調查工作，使研究成果
貼近現實。因此，相信這部著作在將對本領域學術研究的重要推
進。

北京大學宗教學系教授　徐鳳林

2013 年 3 月

推薦跋

　　政教關係和宗教自由，無論在現代政治學還是宗教學中，都一個相當要害的問題。蔡秀菁博士的《政教互動與宗教團體自由許可權——<宗教團體法草案>研究》就緊緊扣住臺灣政治中的政教關係問題，特別是圍繞《宗教團體法草案》，作了非常詳細的梳理和討論。作者主要從政治科學的角度，對這份草案的形成、其中的國家意向和宗教意向，以及通過之後在社會各界形成的反響作了非常精彩的論述。整本著作條理極為清楚，針對的問題非常集中，相信此書的出版一定會大大有益於相關問題在學術界和社會層面的深入討論。因此，我強烈推薦此書給優質的讀者大眾。

北京大學宗教學系 吳飛 副教授

2013 年 3 月

推薦跋

　　應甫獲國立師範大學政治學研究所博士學位的蔡秀菁小姐之邀，於其研究成果的學術論文付梓之際，寫一篇推薦文，讓我覺得相當榮幸！

　　和蔡秀菁小姐的結識，雖是因其論文口試委員真理大學張家麟教授的引薦，不過看到她以過人的才學，完成如此卓越的主題論文，讓我不由得感佩萬分！

　　身為宗教人士的我，以天理教傳教師的立場居住在台灣。天理教是由教祖中山美伎開創，以拯救世界為標榜的一個教義。自1838年立教以來，一個原本住戶不到20戶的偏僻小村，隨著本教的發展，成為世界上少數被冠上宗教名稱的城市之一，以「天理市」名聞國際。開創之初，由於日本國內法律體制尚未完備，時代混亂，自是歷經多重苦難。

　　世界上每個宗教皆祈求人類與世界的和平，以各自信奉的信仰從事佈教活動，然而一旦引發危害人民、擾亂社會秩序的事，當接受法律的規正；相對的，有益者則受保護和獎勵。我們天理教也和其他宗教一樣，受日本宗教法人法的保護。

　　儘管是法律的門外漢，但相信此本研究書籍必能成為台灣成立宗教團體法案貴重的指針，備受注視，並被賦予社會發展之責，由衷慶賀該論文的出刊上市！

天理教台灣傳道廳廳長　三濱善朗

2013 年 3 月

推薦跋

　　與秀菁相識在母校國立臺灣師範大學政治學研究所的「臺灣族群政治專題」課程時，當時她是博一研究生，她熱衷鑽研學問，熱忱親切的笑容，吸引著身為學姊的我。之後，又在我服務的國立國父紀念館與母校合辦「中山思想與國家發展」研究生論文研討會中見面，當時的她擔任該研討會的業務承辦人。自此我倆因業務往來，時常聯繫；更讓我欽佩的是該項業務不論在規畫或聯繫上，她總比別人更細膩、親切，值得信賴。

　　其後我得知她以「宗教」為研究課題，她定好研究方向後，努力蒐集、爬梳資料，一頭栽進宗教政治學的研究。她的努力不僅獲得國立國父紀念館「100 年中山思想與國家發展學術研究人才進修獎助」的殊榮，她也如期完成博士論文，順利取得學位。

　　細讀她的博士論文後，乃鼓勵她出版，因為這本與「宗教團體法草案」的研究，將對我國政治學中的「政教關係」理論有重大貢獻。因此，我很樂意推薦本書給讀者，並期許她持續研究，再創高峯。

國父紀念館研究員　劉碧蓉

2013.3.18

參考書目

一、書籍

　　大藏經刊行彙編（1994），〈菩薩三聚淨戒〉，《大乘莊嚴經論》，《大正新脩大藏經》，第 31 冊，台北：世樺。

　　小坂機融、佐藤達玄、鏡島元隆等（2001），《譯注禪苑清規》，日本：曹洞宗宗務廳。

　　尹今黎、張蕾譯，R.l. J ohnstone 著（1991），《社會中的宗教：一種宗教社會學》，成都：四川人民。

　　內政部（2006），《中華民國 94 年台灣地區宗教團體普查報告》，台北：內政部統計處。

　　內政部（2007），《宗教財團法人籌組及變更須知》，台北：內政部。

　　內政部（2008），《宗教法令彙編》，台北：內政部。

　　內政部民政司編印（1998），《內政部民政司組織規程》，台北：內政部。

王六二（2004），〈近現代神秘主義研究狀況〉，《宗教研究四十年》，北京：宗教文化。

王佳煌（1998），《國家發展著》，台北：臺灣書店。

王浦劬等譯，David Easton 著（1992），《政治生活的系統分析》，台北：桂冠。

王愈榮（2004），〈宗教團體法與宗教行政管理〉，《宗教論述專輯第三輯-宗教法制與行政管理篇》，台北：內政部。

王震寰（1993），〈資本、勞工舉國家機器〉，《台灣社會研究叢刊》，第 4 集，台北：唐山。

朱浤源（1982），《開放社會的先驅-卡爾巴伯》，台北：允晨。

朱堅章主譯，黃紀、陳忠慶譯，Issak, Alan C.著（1991），《政治學的範圍與方法》，台北：幼獅文化。

自　慶（2010），〈增修教苑清規〉，《卍新纂續藏經》57 冊，台北：中華電子佛典協會 CBETA 電子佛典集成。

何景榮譯，Jan-Erik Lane & Svante Ersson（2002），《新制度主義政治學》，台北：韋伯。

吳庚（1993），《韋伯的政治理論及其哲學基礎》，台北：聯經。

吳明隆、涂金堂（2009），《SPSS 與統計應用分析》，台北：五南。

吳芝儀、李奉儒譯，Patton, Michael Quinn（1995），《質的評鑑與研究》，台北：桂冠出版社。

吳寧遠（1991），《宗教法研究》，高雄：中山大學。

呂亞力（1979），《政治學方法論》，台北：三民。

呂亞力（1985），《政治學》，台北：三民。

李永然（2010），〈《宗教團體法》草案立法面面觀〉，《「宗教自由與宗教立法」論壇實錄》，台北：內政部。

李亦園（1984），《人類學與現代社會》，台北：水牛。

李建忠（2010），〈第一場論壇：國家管制、宗教自由與宗教立法〉，《宗教自由與宗教立法論壇實錄》，台北：內政部。

李惠宗（2010），〈第三場論壇引言摘要〉，《宗教自由與宗教立法論壇實錄》，台北：內政部。

邢福增（1999），《當代中國政教關係》，香港：建道神學院基督教與中國文化研究中心。

周志杰譯，Todd Landman 著（2007），《最新比較政治的議題與途徑》，台北：韋伯。

易君博（2003），《政治理論與研究方法》，台北：三民。

林端（2006），〈憲法與宗教：社會學家另類的看法〉，《部門憲法》，台北：元照。

林端（2010），〈第一場論壇：國家管制宗教自由與宗教立法〉，《「宗教自由與宗教立法」論壇實錄》，台北：內政部。

林本炫（1997），〈宗教法的國際比較研究〉，《台灣宗教變遷的社會政治分析》，台北：桂冠。

林本炫（2004），〈我國當前宗教立法的分析〉，《宗教論述專輯第三輯-宗教法制與行政管理篇》，台北：內政部。

林本炫（2005），〈試論「宗教法人」的屬性和定位〉，《宗教論述專輯第七輯-宗教組織與管理篇》，台北：內政部。

林本炫（2006），〈宗教行政基本概念之探討〉，《宗教論述專輯第八輯-宗教法制建立與發展篇》，台北：內政部。

林本炫（2007），〈宗教團體法的法人相互隸屬問題與教派認定問題〉，《宗教論述專輯第九輯-各國宗教發展與法制篇》，

台北：內政部。

　　林本炫、陳惠馨、曾紀鴻、黃麗馨、陳新民（2010），〈第二場論壇：宗教團體法制之探討〉，《宗教自由與宗教立法論壇實錄》，台北：內政部。

　　林本炫編譯（1993），《宗教與社會變遷》，台北：巨流。

　　林江亮（2010），〈第三場論壇：從社會公平觀點評析『宗教團體法』〉，《「宗教自由與宗教立法」論壇實錄》，台北：內政部。

　　林昌恆譯，Garner, James Wilfor 著（1976），《政治科學與政府》，第一冊，台北：台灣商務。

　　林蓉芝（2003），〈當代台五佛教政教關係的再檢討─以宗教團體法立法折衝過程為例〉，《人間佛教與當代對話─第三屆印順導師思想之理論與實踐學術研討會論文》，台北：內政部。

　　林蓉芝（2004），〈解析寺廟實務與法令關係〉，《宗教論述專輯第三輯-宗教法制與行政管理篇》，台北：內政部。

　　林蓉芝（2006），〈論「宗教團題法草案」之爭議〉，《宗教論述專輯第八輯-宗教法制建立與發展篇》，台北：內政部。

　　武金正（2000），《人與神會晤：拉內的神學入觀》，台北：光啟。

　　法治斌、董保城（2011），《憲法新論》，台北：元照。

　　姚玉霜（2007），〈北美與歐洲地區的宗教立法新趨勢〉，《宗教論述專輯第九輯-各國宗教發展與法制篇》，台北：內政部。

　　范國廣（1985），《寺廟行政》，台中：瑞成。

　　席如楫（1997），《社會與行為科學研究方法》，台北：五南。

　　徐子婷、梁書寧、朱玉譯，Gary Gortz 著（2010），《社會

科學概念：方法論的思考》，台北：韋伯。

時和興（1996），《關係、限度、制度：政治發展過程中的國家與社會》，北京：北京大學。

晏揚清（2011），《中華民國憲法》，台北：高立。

荊知仁（1991），《憲法論衡》，台北：東大。

高永光（1995），《論政治學中國家研究之新趨勢》，台北：永然。

張永明（2005），〈國家對宗教組織行使權限的法律探討〉，《宗教論述專輯第七輯-宗教組織與管理篇》，台北：內政部。

張永明（2006），〈宗教法人的租稅優惠〉，《宗教論述專輯第八輯-宗教法制建立與發展篇》，台北：內政部。

張永明（2010），〈宗教捐獻的比較法研究〉，《宗教商品化之法律爭議》，台北：翰蘆。

張永明（2010），〈宗教資源管理的法制分析〉，《宗教商品化之法律爭議》，台北：翰蘆。

張永明（2010），〈宗教團體營利行為之法律分析〉，《宗教商品化之法律爭議》，台北：翰蘆。

張永明（2010），〈國家對宗教團體行使權限的法律探討〉，《宗教商品化之法律爭議》，台北：翰蘆。

張永明（2010），〈第三場論壇：從社會公平觀點評析宗教團體法〉，《「宗教自由與宗教立法」論壇實錄》，台北：內政部。

張永明（2010），〈新興宗教營利行為案例研究—以德國山達基教會事件為中心〉，《宗教商品化之法律爭議》，台北：翰蘆。

張永明（2010a），《宗教商品化之法律爭議》，台北：翰蘆。

張家麟（2006），〈論「新宗教」申請案的行政裁量權〉，《宗

教論述專輯第八輯-宗教法制建立與發展篇》，台北：內政部。

張家麟（2008），〈「宗教行政」列為國家考試類科的需求性分析〉，《國家與宗教政策》，台北：蘭臺。

張家麟（2008），〈宗教儀式認知與感受-以拜斗參與者的宗教經驗為焦〉，《台灣宗教儀式與社會變遷》，台北：蘭臺。

張家麟（2008），〈政教關係與兩岸宗教交流—以兩岸媽祖廟團體為焦點〉，《國家與宗教政策》，台北：蘭臺。

張家麟（2008），〈國家對宗教的控制與鬆綁-論台灣的宗教自由〉，《國家與宗教政策》，台北：蘭臺。

張家麟（2008），〈當前大陸宗教自由與限度〉，《社會、政治結構與宗教現象》，台北：蘭臺。

張家麟（2008a），〈論「新宗教」申請案的行政裁量權〉，《社會、政治結構與宗教現象》，台北：蘭臺。

張家麟(2009)，〈當代台灣新興宗教研究趨勢之分析〉，《當代台灣宗教發展》，台北：蘭臺。

張家麟（2011），〈政教關係與宗教法制：論台灣『宗教團體法草案』的形成與可能影響〉，《當代政教理論與個案》，台北：蘭臺。

張家麟（2011），〈當代美國宗教自由原則的建構與發展：以學校教育中的司法審核案例為焦點〉，《當代政教理論與個案》，台北：蘭臺。

張家麟（2011），〈解構與需求：論台灣新興宗教變遷經驗（1949-2010）〉，《當代政教理論與個案》，台北：蘭臺。

張家麟、林端、郭承天、李建忠、曾華松（2010），〈國家管制、宗教自由與宗教立法〉，《宗教自由與宗教立法論壇實錄》，台北：內政部。

張家麟譯，Kenneth Hoover 等著（2001），《社會科學方法論的思維》，台北：韋伯。

張博雅（2004），〈序〉，《宗教論述專輯第三輯-宗教法制與行政管理篇》，台北：內政部。

許育典（2002.9），〈論宗教自由的保障與實質法治國的實現—評司法院大法官釋字第 490 號解釋〉，《憲法解釋之理論與實務（三）》。

許育典（2005），〈宗教自由、宗教團體與國家管制〉，《宗教自由與宗教法》，台北：元照。

許育典（2005），〈宗教自由作為基本權的憲法保障〉，《宗教自由與宗教法》，台北：元照。

許育典（2006），〈宗教團體法草案的合憲性探討〉，《宗教論述專輯第八輯-宗教法制建立與發展篇》，台北：內政部。

許育典（2010），〈宗教信仰自由與行政管制的分際：以宗教組織科層化為例〉，《宗教自由暨教義與國家法制之規範論壇論文集》，台北：內政部。

許慶雄（2001），《憲法入門》，台北：元照。

郭承天（2007），〈政教分立理論與法制之新發展〉，《宗教論述第九輯-各國宗教發展與法制篇》，台北：內政部。

陳水扁（2000），《宗教政策白皮書》，台北：陳水扁總統競選指揮中心、國家藍圖委員會。

陳志榮（2007），〈西歐宗教發展與法制現況：德國、西班牙與瑞士〉，《宗教論述專輯第九輯-各國宗教發展與法制篇》，台北：內政部。

陳坤森等譯，Leon P. Baradat 著（2004），《政治意識型態與近代思潮》，台北：韋伯。

陳恆鈞、王崇斌、李珊瑩譯，Charles E. Lindblom & Edward J. Woodhouse 著（1998），《政策制定的過程》，台北：韋伯。

陳英淙（2007），〈從宗教自由到宗教團體自主權之探討〉，《宗教論述專輯第九輯-各國宗教發展與法制篇》，台北：內政部。

陳惠馨（2006），〈個人、宗教團體、宗教信仰與國家法律〉，《宗教論述專輯第八輯-宗教法制建立與發展篇》，台北：內政部。

陳惠馨（2010），〈第二場論壇：宗教團體法制之探討〉，《「宗教自由與宗教立法」論壇實錄》，台北：內政部。

陳新民（2006），〈憲法宗教自由的立法界限—評「宗教團體法」草案的立法方式〉，《宗教論述專輯第八輯-宗教法制建立與發展篇》，台北：內政部。

陳新民（2010），〈國家規範宗教的基本原則〉，《「宗教自由與宗教立法」論壇實錄》，台北：內政部。

傅大為、程樹德、王道還等譯，Thomas Kuhn（1985），《科學革命的結構》，台北：允晨。

曾紀鴻（2010），《「宗教自由與宗教立法」論壇實錄》，台北：內政部。

華力進（1997），《政治學》，台北：五南。

黃光國（2003），《社會科學的理路》，台北：心理。

黃淑冠（2010），〈第三場論壇：從社會公平觀點評析宗教團體法〉，《「宗教自由與宗教立法」論壇實錄》，台北市：內政部。

黃運喜（2006），〈民國時期寺廟管理法規的剖析〉，《宗教論述專輯第八輯-宗教法制建立與發展篇》，台北：內政部。

黃慶生（2000），《寺廟經營與管理》，台北：永然。

黃慶生（2004），〈神壇行政管理初探〉，《宗教論述專輯第六輯-民間信仰與神壇篇》，台北：內政部。

黃慶生（2004a），〈我國宗教行政業務的檢視與探討〉，《宗教論述專輯第三輯-宗教法制與行政管理篇》，台北：內政部。

黃慶生（2005），《寺廟經營與管理》，台北：永然。

黃慶生（2005a），〈宗教財團法人組織與運作〉，《宗教論述專輯第七輯-宗教組織與管理篇》，台北：內政部。

黃麗馨（2010），〈第二場論壇：宗教團體法制之探討〉，《「宗教自由與宗教立法」論壇實錄》，台北：內政部。

楊國樞、文崇一、吳聰賢、李亦園（2012），《社會及行為科學研究法（上、下）》，台北：東華。

楊惠南（1979.11），《李鴻禧教授談「寺廟教堂條例草案」》，台北：海潮音。

葉啟政（2004），《進出「結構-行動」的困境：與當代西方社會學理論論述對話》，台北：三民。

董芳苑（1983），《台灣民間信仰之認識》，台北：長青文化。

雷飛龍譯，Giovanni Sartori 著（2002），《最新政黨與政黨制度》，台北：韋伯。

管倖生（2010），《設計研究方法（第三版）》，台北：全華。

趙竹成（2007），〈東歐宗教發展與法制現況〉，《宗教論述專輯第九輯-各國宗教發展與法制篇》，台北：內政部。

劉軍寧（2008）譯，Samuel P. Huntington 著，《第三波：二十世紀末的民主化浪潮》，台北：五南。

潘明宏、陳志瑋譯，C.Frankfort-Nachmias，David Nachmias

著（2003），《最新社會科學研究方法》，台北：韋伯。

　　潘德榮（1999），《詮釋學導論》，台北：五南。

　　蔡怡佳、劉宏信編譯，William James 著（2001），《宗教經驗之種種》，台北：立緒。

　　蔡源林（2007），〈馬來西亞伊斯蘭法的發展與現況〉，《宗教論述專輯第九輯-各國宗教發展與法制篇》，台北：內政部。

　　鄭志明（2006），〈台灣宗教法制建立的困境〉，《宗教論述專輯第八輯-宗教法制建立與發展篇》，台北：內政部。

　　鄭志明（2006），〈台灣宗教團體法草案建立的困境〉，《宗教論述專輯第八輯-宗教法制建立與發展篇》，台北：內政部。

　　賴俊達（2004），〈從公共政策觀點論當前宗教問題與對策〉，《宗教論述專輯第三輯-宗教法制與行政管理篇》，台北：內政部。

　　謝邦昌、張家麟、李國隆（2008），《台灣宗教統計學》，台北：蘭臺。

　　瞿海源（1993），〈台灣與中國大陸宗教變遷的比較研究〉，《宗教與社會變遷》，台北：巨流。

　　瞿海源（1997），〈宗教信仰自由的憲法基礎〉，《台灣宗教變遷的社會政治分析》，台北：桂冠。

　　瞿海源（1997），〈宗教教育的國際比較研究〉，《台灣宗教變遷的社會政治分析》，台北：桂冠。

　　瞿海源（1997），〈宗教與法制及法律觀念〉，《台灣宗教變遷的社會政治分析》，台北：桂冠。

　　瞿海源（1997），〈政府訂定宗教法令的檢討〉，《台灣宗教變遷的社會政治分析》，台北：桂冠。

　　瞿海源（1997），〈政教關係的思考〉，《台灣宗教變遷的社

會政治分析》，台北：桂冠。

瞿海源（1997），〈查禁與解禁一貫道的政治過程〉，《台灣宗教變遷的社會政治分析》，台北：桂冠。

瞿海源（2002），《宗教與社會》，台北：台灣大學。

釋星雲（2006），〈有關宗教法答問〉，《宗教論述專輯第八輯》，台北：內政部。

羅慎平譯，Dunleavy,P.& Brendan O' Leary 著（1994），《國家論》，台北：五南。

鯨鯤、和敏譯，拉斯威爾（Harold D. Lasswell）（1991），《政治:論權勢人物的成長、時機和方法》，台北：時報。

釋印順（1980），《太虛大師年譜》，台北：正聞。

釋東初（1974），《中國佛教近代史》，台北：東初。

釋昭慧、淨心、洪山川、黃麗馨（2010），〈開幕式〉，《宗教自由與宗教立法論壇實錄》，台北：內政部。

釋星雲（2004），〈宗教立法之芻議〉，《宗教論述專輯第三輯-宗教法制與行政管理篇》，台北：內政部。

釋星雲（2006），〈有關宗教法答問〉，《宗教論述專輯第八輯-宗教法制建立與發展篇》，台北：內政部。

釋淨心（2004），〈論宗教法制與行政管理〉，《宗教論述專輯第三輯-宗教法制與行政管理篇》，台北：內政部。

釋淨心（2006），〈論宗教法制的建立與發展〉，《宗教論述專輯第八輯-宗教法制建立與發展篇》，台北：內政部。

釋淨心（2007），〈論日本宗教的發展與法制〉，《宗教論述專輯第九輯-各國宗教發展與法制篇》，台北：內政部。

釋淨心（2010），〈開幕式〉，《宗教自由與宗教立法論壇實錄》，台北：內政部。

釋德煇撰（2002），《敕修百丈清規》二卷，上海：上海古籍。

C.K. Yang （1961）, Religion in Chinese Society: a study of contemporary social functions of religion and some of their historical factors, Berkley: University of California Press.

Evans, P. B., Rueschemeyer, D. & Skocpol（1985），" Bringing the State Back In." Cambridge: Cambridge University Press.

Goodin, R.E.（1996）The Theory of Institutional Design, Cambridge: Cambridge University Press.

Hoover,Kenneth R.（1992）, The Elements of Social Scientific Thinking. New York: St. Martins Press.

Lindblom, C.E.& Braybroook, David（1970）, A Strategy of Decision: Policy Evaluation as a Social Process. New York: The Free Press.

Lipset, Seymour Martin.（1964）, "Religion and Politics in the America Past and Present" in Robert Lee and Martin E. Marty eds. ,Religion and Social Conflict, New York : Oxford.

Migdal, Joel S., Kohli, Atul & Shue Vivinne（eds.）（1994）, "State Power and Social Forces: Domination and transformation in the Third World." N.Y.: Cambridge University.

Nordlinger, Eric A.（1981）," On the Autonomy of the Democratic State", Cambridge：Harvard University Press.

Nordlinger, Eric A.（1987）, "Taking the State Seriously," in Myron Weiner and Samuel P. Huntington, Understanding Political Development. The Little, Brown Series in Comparative

Politics.

　　Rudolf Otto（1958）, The ideal of The Holy, John W. Harvey（tr.）,London a.o.: Oxford University Press

　　Thomas S. Kuhn （1996）,＂The structure of scientific revolutions＂, Chicago, IL :University of Chicago Press.

二、期刊

　　史慶璞（1999），〈宗教與法律相關問題之研究〉,《輔仁法學》，第 18 期，頁 159-182。

　　江芳盛、鄭淑娥（2004），〈美國公立中小學教育與宗教分離之釋憲判例研究及其對台灣的啟示〉,《台北市立師範學院學報》，第 35 卷第 2 期，頁 119-140。

　　吳寧遠（1996），〈後現代化社會與宗教現象〉,《東方宗教研究》，第 5 卷第 7 期，頁 259-265。

　　宋光宇（1998），〈試論新興宗教的起源〉,《歷史月刊》，5月號，頁 68-70。

　　李文政（2002），〈政教關係之研究〉,《社會科學教育學報》，第 5 期，頁 1-21。

　　李惠宗（1999.12），〈論宗教信仰自由及國家保護義務—評司法院大法官釋字第 490 號解釋〉,《台灣本土法學》，第 25 期，頁 39-60。

　　林本炫（2001），〈我國當前宗教立法的分析〉,《思與言》，第 39 卷第 3 期，頁 59-102。

　　林本炫（2001.5），〈神學院、佛學院納入高教體制政策之觀察座談會〉,《台灣社會學通訊》，第 42 期，頁 14-18。

　　林本炫 （2004.9），〈台灣高等教育的另一側面：基督書

院〉,《思與言》,第 42 卷第 3 期,頁 93-128。

林蓉芝(2011.3),〈台灣宗教團體倫理與法制面的現況探討〉,《弘誓》,第 105 期,頁 56-59。

胡　佛(1991),〈威權體制的傘狀結構〉,《二十一世紀》,第 5 卷第 6 期,頁 36-40。

海潮音(1979.11),〈籲請「善意」擁護「善意對待宗教」的國策—從「國家建設討論會」成就輝煌說起〉,《海潮音》,11 月號,頁 3-4。

海潮音(1979.7),〈為新的「寺廟教堂條例」催生〉,《海潮音》,7 月號,頁 26-28。

翁寶桂(2005),〈我國宗教團體立法政策之評估〉,《北台學報》,第 28 期,頁 465-485。

高永光(1998),〈從政治學新國家主義論台灣研究的新趨勢〉,《中山人文社會科學期刊》第 6 卷第 2 期,頁 11-22。

高永光、郭中玲(2000),〈跨世紀政治學發展趨勢之探討〉,《政治科學論叢》,第 12 期,頁 59-100。

張　璠(2009),〈立法院第 7 屆第 3 會期內政委員會「宗教團體法草案」公聽會會議紀錄〉,《立法院公報》,第 98 卷第 16 期,頁 299。

張永明(2001.9),〈德國與台灣宗教自由基本權與宗教立法之比較〉,《思與言》,第 39 卷第 3 期,頁 103-144。

張家麟(2000.6),〈論科學哲學中的「求知方法」〉,《中山人文社會科學期刊》,第 8 卷第 1 期,頁 279-304。

張家麟(2011.3),〈政教關係與宗教法制:論台灣「宗教團體法草案」的形成與影響〉,《宗教哲學》,第 55 期,頁 35-58。

張家麟、莊士勳(1998.12),〈政治學方法論及其理論發

展―政治學科學化的迷思與典範蹊徑〉,《中山人文社會科學期刊》,第 6 卷第 2 期,頁 103-146。

許育典(2004.11),〈宗教自由保障下的宗教團體自治-評釋字第 573 號解釋〉,《月旦法學雜誌》,第 114 期,頁 211-225。

許育典、周敬凡(2006.2),〈從宗教自由檢討「宗教團體法(上)」〉,《政大法學評論》,第 89 期,頁 55-107。

許育典、周敬凡(2006.4),〈從宗教自由檢討「宗教團體法(下)」〉,《政大法學評論》,第 90 期,頁 69-118。

陳敦源、吳秀光譯,William H. Riker(2006),〈理性選擇、民主制度與「操控遊說」:新政治經濟學的回顧與評述〉,《政治科學論叢》,第 26 期,頁 171-218。

陳新民(2002.2),〈宗教立法的基本原則〉,《法令月刊》,第 53 卷第 2 期,頁 53-99。

陳歆怡(2011.9),〈銀髮商機,創意無限〉,《台灣光華雜誌》,頁 86。

陳銘祥(1997.5),〈宗教立法與宗教自由〉,《月旦法學雜誌》,第 24 期,頁 29-34。

游　謙(2004.9),〈宗教研修學院立案的討論―以神學院為例〉,《思與言》,第 42 卷第 3 期,頁 45-68。

黃昭元(2000.3),〈信上帝者下監獄?--從司法院釋字第 490 解釋論宗教自由與兵役義務的衝突〉,《台灣本土法學》,第 8 期,頁 44-45。

楊日旭(1991.3),〈論美國憲法上的宗教自由權〉,《憲政思潮》,第 93 期,頁 1-19。

葉永文(2001.9),〈論國家與宗教自由〉,《思與言》,第 39 卷第 3 期,頁 145-172。

董芳苑（1980），〈『一貫道』-一個最受非議的秘密宗教〉，《台灣神學論刊》，第 2 期，頁 85-131。

劉昌崙（2001.8），〈違法違憲，開民主倒車—百分之百惡法的宗教團體法草案〉，《靈泉月刊》，第 47 期。

劉淑芬（2011.6），〈唐、宋時期的功德寺—以懺悔儀式為中心的討論〉，《中央研究院歷史語言研究所集刊》，第 82 卷第 2 期，頁 261-323。

廣　聞（1985.4），〈佛教寶塔起源〉，《香港佛教》，第 299 期，頁 22-25。

鄭志明（1999），〈台灣「新興宗教」的文化特色（上）〉，《宗教哲學》，第 5 卷第 1 期，頁 176-189。

鍾秉正（2005.6），〈憲法宗教自由權之保障—兼評大法官釋字第 573 號解釋〉，《玄奘法律學報》，第 3 期，頁 293-358。

瞿海源（1996.11），〈訂定有關宗教法律基本分析簡論〉，《國家政策雙周刊》，第 152 期，頁 2-3。

顏厥安（1997.5），〈凱撒管得了上帝嗎？-由法管制理論檢討宗教立法〉，《月旦法學雜誌》，第 24 期，頁 34-43。

羅慎平譯，Dunlcavy,Patrick.,&O'Lear,Brendan（1994），《國家論—自由民主政治學》，台北：五南。

嚴震生（1997.6），〈由最高法院案例看美國憲法中的「宗教自由」之爭議:公立學校與「禁止設置條款」檢驗標準的適用性〉，《美歐季刊》，第 12 卷第 2 期，頁 107-160。

Akoko, Robert Mbe & Oben,Timothy Mbuagbo.（2006），"Christian Churches and the Democratization Conundrum in Cameroon", Africa Today vol.52,no.3,pp.24-48.

Berg, Thomas （2005） "Establishment of Religion", in

Edwin Meese III et al.（eds），The Heritage Guide to the Constitution, Washington D.C: Regnery Publishing, pp302-311.

Johnson , B.（1964）, "Ascetic Protestantism and Political Preference" in the Deep South. America Journal of Sociology , 69, 359-366.

Krasner, Stephen D.（1984）, "Review Article: Approaches to the State: Alternative Conceptions and Historical Dynamics," Comparative Politics. Vol.16,No.2.pp.223-246.

Mann Michael（1984）, "The Autonomous Power of the State: It' s Origins, Mechanism and Results," European Journal of Sociology,25.pp.185-213.

Skocpol, Theda.（1985）, "Bring the State Back in: Strategies of Analysis in Current Research," pp.3-37, in Bringing the State Back in.（eds.）by Peter B. Evans, Dietrich Rueschemeyer and Theda Skocpol. New York: Cambridge University Press.

Skocpol,Theda & A.S.Orloff（1984）, "Why Not Equall Protection? Explaining the Politics of Publics Social Spending in Britain, 1990-1991, and United States, 1880-1920," American Review,49.pp.726-750.

三、學位論文

周敬凡（2002），《宗教自由的法建構—兼論「宗教團體法草案」》，國立成功大學法律學研究所碩士論文。

林冠伶（2006），《台北市政府民政局「宗教團體財務查核簽證專案」執行之研究-標的團體順服的觀點》，國立台灣大學

國家發展研究所碩士論文。

張民杰（1993），《美國聯邦法院學生自由權判例之研究》，國立台灣師範大學教育研究所碩士論文。

張兆林（2005），《台灣基督長老教會政教關係之演變》，私立真理大學宗教學系碩士論文。

張家麟（2000），《國家與社會福利-全民健康保險政策個案研究（1986-1995）》，國立政治大學中山人文社會科學研究所博士論文。

許茂新（1999），《台灣宗教管理之政策分析—以台中縣21鄉鎮市為研究焦點》，私立東海大學公共行政研究所碩士論文。

郭正亮（1988），《國民黨政權在台灣的轉化（1945-88）》，國立台灣大學社會學研究所碩士論文。

黃淑冠（2008），《台灣宗教財團法人監督制度之變革與發展》，國立台灣大學國家發展研究所碩士論文。

黃慶生（2003），《我國宗教團體法制之研究》，私立銘傳大學公共管理與社區發展研究所碩士在職專班碩士論文。

黃麗馨（2008），《台灣宗教政策與法制之評估研究》，國立台灣大學政治學系碩士論文。

黃寶瑛（2008），《兩岸宗教交流模式之研究〈1987-2008〉—以政教關係論述》，國立台灣師範大學政治學研究所博士論文。

葉筱凡（2007），《燃素論失敗的光榮紀事:拉卡托斯科學競爭理論的再考察》，私立東吳大學哲學系碩士論文。

詹雨芝（2009），《甘特圖式的專案網路圖建構之研究》，私立中華大學工業工程與系統管理學系碩士論文。

劉佩怡（2002），《台灣發展經驗中的國家、地方派系、信

用合作社的三角結構分析》，國立政治大學中山人文社會科學研究所博士論文。

蔡秀菁（2006），《宗教政策與新宗教團體發展—以台灣地區新宗教申請案為焦點》，私立真理大學宗教研究所碩士論文。

鄭淑丹（2008），《由憲法角度論宗教自治的法制化—以日本與台灣的法制為探討中心》，國立台灣大學國家發展研究所碩士論文。

鍾則良（2007），《台北市宗教團體管理之探討—以行天宮為核心》，國立台灣大學國家發展研究所碩士論文。

四、電子媒體

游謙，〈宗教研修學院立案的討論〉，

http://yuchien.wordpress.com/%E5%AE%97%E6%95%99%E7%A0%94%E4%BF%AE%E5%AD%B8%E9%99%A2%E7%AB%8B%E6%A1%88%E7%9A%84%E8%A8%8E%E8%AB%96/瀏覽日期，2012.5.15。

陳新民，〈宗教立法的基本原則—評行政院「宗教團體法」草案〉，《國改評論》，

http://old.npf.org.tw/PUBLICATION/CL/091/CL-C-091-049.ht/瀏覽日期，2012.5.15。

黃麗馨，〈「宗教團體法」草案之探討〉

http://hongshi.org.tw/writings.aspx?code=BF46DC69595485CEBA698BEC653F21CA/瀏覽日期，2012.5.18。

何展旭，〈宗教團體法草案評析〉

http://www.npf.org.tw/getqr/6087/瀏覽日期：2012.5.18

李永然，〈宗教團體法草案〉立法面面觀

http://taipei.law119.com.tw/personview.asp?kname=%A7%F
5%A5%C3%B5M&ktop=%A1m%A9v%B1%D0%B9%CE%C5
%E9%AAk%A1n%AF%F3%AE%D7%A5%DF&idno=5836&ke
ywords=/瀏覽日期，2012.5.18。

內政部全國宗教資訊系統

http://religion.moi.gov.tw/web/09.aspx/瀏覽日期，2012/8/7

大法官會議第 573 號解釋文

http://www.judicial.gov.tw/constitutionalcourt/p03_01.asp?e
xpno=573/瀏覽日期：2012/8/8

行政院版〈宗教團體法草案總說明〉，

http://www.moi.gov.tw/files/Act_file/Act_file_23.doc/瀏覽日
期：2012/8/9

行政院內政部民政司「台灣地區宗教簡介」，

http://www.moi.gov.tw/dca/02faith_001.aspx/ 瀏 覽 日 期 ：
2012/8/9

行政院版〈宗教團體法草案第 28 條宗教研修學院設立辦
法說明〉，

http://www.moi.gov.tw/files/Act_file/Act_file_23.doc　　說
明.doc/瀏覽日期：2012/8/10

行政院，〈內政〉，《行政院施政報告》，

http://www2.ey.gov.tw/public/Data/2221630471.pdf/瀏覽日期：
2012/8/10

臨濟宗淨覺山光德寺（2012），《淨公上人論文集-論宗教
法制的建立與發展》，高雄：臨濟宗淨覺山光德寺。
http://www.chingjou.org.tw/talks-L11.htm 瀏覽日期 2012/10/3

地球公民，2009.4.15，http://met.ngo.org.tw/node/500/瀏覽

日期：2012/8/9

　　http://cois.moi.gov.tw/MOIWEB/Web/frmHome.aspx，瀏覽日期：2012.10.18。

　　http://epaper.edu.tw/e9617_epaper/news.aspx?news_sn=1888。教育部部務會報審議通過「宗教研修學院設立辦法」草案。瀏覽日期：2012/10/20。

　　內政部民政司台灣地區宗教簡介：

　　http://www.moi.gov.tw/dca/02faith_001.aspx，瀏覽日期：2012/8/9

　　內政部統計資料：內政部統計處內政統計寺廟組織型態查詢網，

http://statis.moi.gov.tw/micst/stmain.jsp?sys=220&ym=10000&ymt=10000&kind=21&type=1&funid=c0210101&cycle=4&outmode=0&compmode=0&outkind=1&fldlst=1111&cod00=1&cod10=1&rdm=mEhh2ibb，瀏覽日期：2012.8.7

　　內政部統計資料：內政部統計處內政統計教會、已辦理財團法人登記查詢網，

　　http://statis.moi.gov.tw/micst/stmain.jsp?sys=220&ym=10000&ymt=10000&kind=21&type=1&funid=c0210201&cycle=4&outmode=0&compmode=0&outkind=6&fldlst=110&cod00=1&codspc1=0,11,&rdm=ev5Iki8l，瀏覽日期：2012.8.8。

　　水月閣網站，閣主法師文集，〈宗教界對當前「宗教立法」議題應有的了解與共識（十一）〉，

http://www.sanghanet.net/wanfo-website/master/04/master4-35.htm，瀏覽日期：2012/10/22。

　　http://www.moi.gov.tw/files/Act_file/Act_file_23.doc，瀏覽

日期：2012/8/9

五、研究報告

宋光宇（1995），〈神壇的形成—高雄市神壇調查資料的初步分析〉，《寺廟與民間文化研討會論文集》，台北：行政院文化建設委員會。

林建山（2008），《對宗教團體之附屬事業組織輔導之研究》，台北：內政部民政司委託研究報告。

翁興利（2002），《從精省經驗規劃未來政府改造的配套措施》，行政院研究發展考核研究會委託研究。

張家麟（2005），《新宗教建立衡量指標之研究》，台北：內政部。

張家麟（2012），〈社會誌〉，《續修淡水鎮誌》，新北市：淡水區公所。

黃運喜（2010），《台灣地區宗教建築物問題之研究》，台北：內政部委託研究。

趙建民（1994），《論威權政體的起源與特質》，台北：行政院國家科學委員會科資中心。

六、會議及座談會的會議記錄

Rubinstein , Murray A.（1987），〈現代台灣政教關係的模式〉，台北：淡江大學歷史系《中國近代政教關係國際學術研討會論文集》，頁 359-376。

吳英毅（1998），〈日本宗教法人法〉，《第一屆「宗教與行政」學術研討會論文集》，台北：真理大學。

吳景欽（2007），〈從信仰自由談日本宗教法人的特殊定位〉，《「宗教行政法專題」教學品質提升會議結案報告》，台北：

真理大學宗教學門教學會。

　　林　　端（2000），〈試論「宗教法人」的屬性和定位引言〉，《第二屆宗教與行政學術研討會會議論文》，台北：真理大學。

　　林本炫（1998），〈關於宗教行政的幾個關鍵概念的討論〉，《第一屆「宗教與行政」學術研討會論文集》，台北：真理大學。

　　林本炫（2000），〈試論「宗教法人」的屬性和定位〉，《第二屆宗教與行政學術研討會會議論文》，台北：真理大學。

　　林本炫（2002），〈寺廟總登記之法制分析〉，《第三屆宗教與行政學術研討會論文集》，台北：真理大學。

　　林蓉芝（2002），〈寺廟登記作業之檢討與建議〉，《第三屆宗教與行政學術研討會論文集》，台北：真理大學。

　　林蓉芝（2003），〈當代台灣佛教政教關係的再檢討—以宗教團體法立法折衝過程為例〉，《第三屆印順導師思想之理論與實踐學術研討會論文集》，台北：台灣大學文學院佛學研究中心。

　　武永生（2010），〈宗教團體法立法之省思〉，《宗教自由暨教義與國家法制之規範論壇論文集》，台北：銘傳大學法律學院。

　　紀俊臣（1998），〈宗教團體法制立法構思〉，《第一屆「宗教與行政」學術研討會論文集》，台北：真理大學。

　　紀俊臣（2000），〈宗教法制建構之新思維〉，《第二屆宗教與行政學術研討會會議論文》，台北：真理大學。

　　范國廣（2000），〈宗教財務〉，《第二屆宗教與行政學術研討會會議論文》，台北：真理大學。

　　張樫（2011.7.15），〈台北市政府府民宗教第 10031497600

號函〉，台北：宗教諮詢委員會開會記錄。

張家麟（2002），〈宗教行政列為國家考試類科的需求性分析〉，《第三屆宗教與行政學術研討會論文集》，台北：真理大學。

莊謙本（2010），〈國家制定宗教團體法應有的考量〉，《宗教自由暨教義與國家法制之規範論壇論文集》，台北：銘傳大學法律學院。

陳文政（2007），〈神聖與世俗之間：美國宗教自由重要憲法判決之研究〉，《「宗教行政法專題」教學品質提升會議結案報告》，台北：真理大學。

陳惠馨（1998），〈我國宗教立法何去何從〉，《第一屆「宗教與行政」學術研討會論文集》，台北：真理大學。

陳進富（2002），〈道教宮廟登記之問題分析與建議〉，《第三屆宗教與行政學術研討會論文集》，台北：真理大學。

曾紀鴻（2010），〈第一場論壇：宗教立法正當性之商榷〉，《宗教自由暨教義與國家法制之規範論壇論文集》，台北：銘傳大學法律學院。

黃慶生（2002），〈解讀寺廟登記法規檢視登記實務問題〉，《第三屆宗教與行政學術研討會論文集》，台北：真理大學。

董傳義（2010），〈宗教立法的基本原則〉，《宗教自由暨教義與國家法制之規範論壇論文集》，台北：銘傳大學法律學院。

廖武治（2002），〈寺廟總登記之檢討與建議〉，《第三屆宗教與行政學術研討會論文集》，台北：真理大學。

翟兆平（2010），〈由基督教史政教關係發展趨勢，探討行政管理與宗教團體之間應有的分際〉，《宗教自由暨教義與國家法制之規範論壇論文集》，台北：銘傳大學法律學院。

劉俊良（2002），〈寺廟登記之屬性與類型〉，《第三屆宗教與行政學術研討會論文集》，台北：真理大學。

瞿海源（2011），〈回顧台灣政教關係〉，《建國一百年宗教回顧與展望》，台北：台灣宗教學會。

藤井健志（2005），〈日本宗教在台灣的發展與限度〉，《宗教學門教學研究會結案報告書》，台北：真理大學宗教學系。

七、未出版的著作或手稿

史尚寬（1954），《民法原論總則》，自印本。

吳寧遠、鄧學良、林新沛、李建忠（1991），《宗教團體法研究》，台北：內政部委託研究（未出版）。

黃右昌（1960），《民法總則詮解》，自印本。

八、報紙

江燦騰（1996.1017），〈法規不健全如何進行宗教掃黑〉，載：《中國時報》，第 11 版。

李勝雄（1983.7.17），〈對『宗教保護法草案』之意見及建議〉，《台灣教會公報》，第 7 版。

附錄

附錄 1：「宗教團體法制意向」問卷調查

敬愛的 學術先進、宗教團體領袖與宗教主管官員：您好！

為了理解您對「宗教團體法制」的意向，特別進行本問卷調查。您寶貴的意見，將對國家未來宗教法制建構產生重大影響，期盼您協助填寫問卷。再次表達十二萬分的謝意！

後學 台師大政研所博士候選人　蔡秀菁 敬上

2012/5/7

　　壹、問卷題目（填答說明：回答時，根據您的意向勾選，在五個向度中，每個級距相等。您可在非常同意、同意、沒意見、不同意與非常不同意的□，擇一打"☑"。）

一、您同意國家整合「宗教團體法制」嗎？　　　　5 4 3 2 1

非同沒不非
常意意同常
同　見意不
意　　　同
　　　　意

1.國家應該由立法院通過「宗教團體法」，作為宗教團體輔導的依據。　□□□□□
2.配合大法官會議 573 號解釋「監督寺廟條例」違憲，停止使用該法。　□□□□□
3.國家應整合散見於行政院各部會的宗教業務，成立專責的宗教主管機關。　□□□□□
4.國家修訂的「宗教團體法」，應採低度輔導宗教團體原則，尊重宗教自由。　□□□□□

二、您同意宗教法人成立的「類型與條件」？　　　5 4 3 2 1

1.國家將現存的宗教建築物、社團及基金會規劃為宗教法人。　□□□□□
2.寺院、宮廟、教會等以宗教建築而設立的宗教團體，可成立法人。　□□□□□
3.宗教社會團體是以個人或團體所組成的宗教組織，可成立法人。　□□□□□
4.宗教基金會是以捐助特定金額所組成的宗教組織，可成立法人。　□□□□□
5.宗教團體若登記成為法人，擁有國家給予相對於營利團體的特殊權利。　□□□□□
6.在同一行政區域內有同級同類的宗教法人時，不得登記相同名稱。　□□□□□

三、您同意宗教社團依下列規定運作？

5 4 3 2 1
非同沒不非
常意意同常
同　見意不
意　　　同
　　　　意

1.宗教社團的籌備應依《人民團體法》進行。　　　　□□□□□

2.宗教社團成立後應依《人民團體法》規定推動會務。　□□□□□

3.宗教社團負責人由會員直接或間接選舉產生。　　　□□□□□

4.宗教社團領袖皆應該有任期制。　　　　　　　　　□□□□□

四、您同意宗教基金會的「組成條件」？　　　　　　5 4 3 2 1

1.以「特定金額」當作基金，依法設立用來推動與宗教相關活動的團體。□□□□□

2.應推展與宗教公益、慈善、教育、醫療及社會福利相關活動。　□□□□□

3.董事會任期屆滿，可由現任董事會指派下任的董事。　　　　□□□□□

4.董事成員中，三等親內不得超過董事會名額 1/3。　　　　　□□□□□

五、您同意寺院、宮廟與教會「領袖傳承與組織建構」的規定？　5 4 3 2 1

1.佛教寺院可依其宗教傳統，「遴選」其組織成員。　　　　　□□□□□

2.佛教寺院可依宗教傳統，由領袖「遴選」下任接班人。　　　□□□□□

3.民間宗教宮廟必須依宗教團體法，選出其「管理組織成員」。　□□□□□

4.民間宗教宮廟管理委員會依「民主票選」方法，選出主任委員。□□□□□

5.道教宮廟必須依宗教團體法，選出其管理組織成員。　　　　□□□□□

6.道教宮廟依「民主票選」方法，選出負責人。　　　　　　　□□□□□

7.基督教會各教派可依其宗教傳統，「遴選」管理組織成員。　□□□□□

8.基督教會各教派可依宗教傳統，由管理組織「遴選」神職人員。□□□□□

9.伊斯蘭教寺院可依其宗教傳統，「遴選」寺院管理組織成員。　□□□□□

10.伊斯蘭教寺院可依宗教傳統，由領袖「遴選」下任接班人。　□□□□□

11.新興宗教聚會所必須依宗教團體法，選出其管理組織成員。　□□□□□

12.新興宗教聚會所依「民主票選」方法，選出負責人。　　　□□□□□

六、您同意國家對宗教法人的不動產，「應有必要程序輔導或管理」？　　5 4 3 2 1

非同沒不非
常意意同常
同　見意不
意　　　同
　　　　意

1.擁有的不動產，應登記為該法人名下。　　　　　　　　　　□□□□□

2.擁有的不動產，應造清冊送主管機關備查。　　　　　　　　□□□□□

3.擁有的動產、基金之管理，應受主管機關監督。　　　　　　□□□□□

4.擁有的不動產未經主管機關許可，不得處分、變更或設定負擔。□□□□□

七、您同意國家對宗教建築物認定「放寬規定」？　　　　　　　5 4 3 2 1

1.從事宗教活動，依建築法取得使用執照或所有權狀之建築物。□□□□□

2.可取得主管機關同意，作為社區活動中心。　　　　　　　　□□□□□

3.可取得主管機關同意，作為村里辦公室。　　　　　　　　　□□□□□

4.宗教法人在都市設立道場、教會，經主管機關許可可就地合法。□□□□□

八、您同意宗教法人使用土地，得向國家申請「特殊利益」？　　5 4 3 2 1

1.使用公有非公用土地超過五年，得向國家申請「讓售」。　　□□□□□

2.使用土地得向國家申請優先辦理「都市通盤檢討計畫」讓其合法使用。□□□□□

3.使用土地得向國家申請優先辦理「使用地類別變更」讓其合法使用。□□□□□

九、您同意國家應對宗教團體財務管理，作「必要的要求」？　　5 4 3 2 1

1.寺院、宮廟、教會的會計採現金收支的流水帳簿。　　　　　□□□□□

2.宗教社會團體的會計採年度計畫預算與實際支付的帳簿。　　□□□□□

3.宗教基金會的會計採年度計畫預算與實際支付的帳簿。　　　□□□□□

4.宗教法人的財務收支應向主管機關備查。　　　　　　　　　□□□□□

5.宗教法人的財務達一定規模者，財務收支應由會計師認證。　□□□□□

6.宗教法人的財務收支應向組織成員公告。　　　　　　　　　□□□□□

7.宗教法人的財務收支應在網路上公告。　　　　　　　　　　□□□□□

十、您同意宗教法人營利及接受捐贈，享有「免稅的權利」？

5 4 3 2 1
非同沒不非
常意見意常
同　見意不
意　　　同
　　　　意

1.宗教法人銷售貨物（如供品、餐飲、住宿）讓信徒隨喜布施，可依法免稅。□□□□□

2.宗教法人從事宗教服務（宗教儀式）讓信徒隨喜布施，可依法免稅。□□□□□

3.宗教法人附屬組織（如餐廳、幼稚園、飯店等），可依法免稅。□□□□□

4.個人或營利事業捐款給宗教法人，在一定金額內可依法減稅。□□□□□

5.宗教法人接受的捐款所獲得的利息，可依法免稅。□□□□□

6.宗教法人接受的捐款，可依法免稅。□□□□□

7.個人或團體捐土地給宗教法人做宗教活動，免徵土地增值稅。□□□□□

8.個人捐贈財產給宗教法人，依法不用計入遺產或贈與總額？□□□□□

9.伊斯蘭教法人從事飲食認證（哈拉）收入，得免稅。□□□□□

10.宗教法人的宗教建築物，可依法免房屋稅及地價稅。□□□□□

11.宗教法人的宗教建築物出租所得作為宗教活動，可依法免稅。□□□□□

十一、您同意政府對宗教建築物附屬納骨塔、火化設施，作「有條件的
限制」？　　　　　　　　　　　　　　　　　　　　5 4 3 2 1

1.寺院、宮廟、教會附屬的納骨塔、火化設施，滿十年就地合法。□□□□□

2.寺院、宮廟、教會在大樓、公寓共有建築物內，不得設立納骨塔。□□□□□

3.超過十年以上的宗教納骨塔、火化設施，可在原地、原規模修建。□□□□□

4.國家應要求宗教團體的殯葬服務，與民間業者一樣納稅公平競爭。□□□□□

5.宗教團體新設的納骨塔、火化設施，比照民間業者條件依法設立。□□□□□

十二、您同意國家對宗教教義研修機構設立「放寬規定」？　5 4 3 2 1

1.宗教法人經內政部、教育部的許可，可依法設立宗教教義研修機構。□□□□□

2.宗教教義研修機構設立的條件，可比一般大學設立的條件更寬鬆。□□□□□

3.宗教教義研修機構1/3以上的課程，由具大學教授資格擔任。□□□□□

4.宗教教義研修機構的校地，需要二公頃整體土地開發。□□□□□

5.宗教教義研修機構的設校基金需要新台幣五千萬以上存入銀行專戶。□□□□□

6.宗教教義研修機構可依教育部相關法規頒予學士、碩士或博士學位。□□□□□

十三、您同意宗教法人及其負責人若違法時，國家可處罰或「取消其特殊利益」？

5 4 3 2 1
非同沒不非
常意意同常
同　見意不
意　　　同
　　　　意

1.宗教法人的宗教活動涉及詐欺，可依法處罰。　☐☐☐☐☐

2.宗教法人的宗教活動涉及恐嚇，可依法處罰。　☐☐☐☐☐

3.宗教法人的宗教活動涉及賭搏，可依法處罰。　☐☐☐☐☐

4.宗教法人的宗教活動涉及暴力，可依法處罰。　☐☐☐☐☐

5.宗教法人的宗教活動涉及妨害風化，可依法處罰。　☐☐☐☐☐

6.宗教法人的宗教活動涉及違反性自主，可依法處罰。　☐☐☐☐☐

7.宗教法人的宗教活動涉及背信，可依法處罰。　☐☐☐☐☐

8.宗教法人違反上述法律，可按照情節輕重解除法人代表職務。　☐☐☐☐☐

9.宗教法人違法時，可按照情節輕重廢止其法人資格。　☐☐☐☐☐

10.宗教法人未向國家申報財產登記，可取消其免稅特殊利益。　☐☐☐☐☐

11.宗教法人未經國家同意處分其財產，可取消其免稅特殊利益。　☐☐☐☐☐

12.宗教法人未向國家核備帳簿，可取消其免稅特殊利益。　☐☐☐☐☐

13.宗教法人未向國家備查預算書、業務計畫書，可取消其免稅特殊利益。　☐☐☐☐☐

14.宗教法人違法時，國家為慎重處分，應召開學者、專家會議，依 2/3 絕對

多數出席及同意，再行處理。　☐☐☐☐☐

十四、您同意「宗教團體法草案」的實踐，是「尊重宗教的表現 」？　5 4 3 2 1

1.是實踐憲法對人民宗教自由的保障。　☐☐☐☐☐

2.是國家對宗教團體活動的「低度」輔導。　☐☐☐☐☐

3.國家不介入宗教領袖的選拔與傳承，是尊重宗教團體自主的表現。　☐☐☐☐☐

4.國家低度要求宗教團體的財務透明，尊重其財務自主。　☐☐☐☐☐

5.宗教法人的資源取之社會，其領袖的道德性相對要求高於一般人。　☐☐☐☐☐

十五、您同意「宗教團體法草案」通過，有利宗教團體的發展？

5 4 3 2 1
非同沒不非
常意意同常
同　見意不
意　　　同
　　　　意

1.國家給予宗教法人免稅特殊利益，有利其募款。　　　　□□□□□

2.國家同意都市道場的設立，有利於宗教團體在都市的宣教。　□□□□□

3.國家同意宗教研修學院設立，有利於神職人員的制度化培養。　□□□□□

4.承認十年以上的宗教納骨塔合法，可與私人殯葬業者公平競爭。　□□□□□

5.宗教法人享受國家的特殊利益，就應該將其財務透明化。　□□□□□

十六、您同意「宗教團體法草案」通過，有利國家宗教主管官署管理與發展？

5 4 3 2 1
非同沒不非
常意意同常
同　見意不
意　　　同
　　　　意

1.三個類型的宗教法人，有利於宗教團體組織的發展。　　　□□□□□

2.國家擴編內部民政司宗教輔導科為宗教司，比較有能力輔導宗教團體。　□□□□□

3.宗教團體法通過有利國家主管宗教事務的權力統一。　　　□□□□□

4.承認三種類型的宗教法人，有利於宗教團體向國家登記，且收集資訊。　□□□□□

貳、基本資料（填答方式：請在適當□位置上以 "✓"）

一、性別：□男 □女

二、年齡：□20-29 歲 □30-39 歲 □40-49 歲 □50-59 歲 □60-69 歲 □70 歲以上

三、教育：□小學（含以下）　□國中　□高中（職）　□專科
　　　　　　　　□大學 □碩士 □博士

四、類別：□宗教學者　□宗教行政官員　□宗教團體領袖

五、宗教信仰別：＿＿＿＿＿＿＿教

＊問卷到此結束，非常感恩您的填寫！

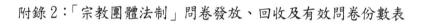

附錄2：「宗教團體法制」問卷發放、回收及有效問卷份數表

日期	施測單位	發放份數	回收份數	有效份數	SPSS問卷編碼
5/16	真理大學	9	9	9	001~008 203
5/18	台灣大學社會科學院	70	45	45	009~052 202
5/19	台灣大學社會科學院	26	15	14	053~066
5/19	獅頭山勸化堂	6	6	6	067~072
5/26	新店北宜天明宮（新店無極道場）	20	20	20	090~109
6/8	蘆洲湧蓮寺	5	5	5	110~114
6/8	玄奘大學宗教系	20	17	17	073~089
6/10	蘆洲保和宮	5	0	0	0
6/11	山達基教會（高雄）	5	5	5	115~119
6/13	臺中慈德慈惠堂	5	5	5	120~124
6/13	天帝教雷力阿道場	5	0	0	0
6/14	臺北市佛教會	5	4	3	199~201
6/16	臺北大龍峒保安宮	10	7	7	125~131
6/18	彌勒大道	5	0	0	0
6/19	中華民國道教協會	5	3	3	196~198
6/19	一貫道總會	5	5	5	132~136
6/19	基督教榮耀堂	5	5	5	137~141
6/19	內政部民政司宗教輔導科	5	5	5	166~170
6/28	宜蘭三清道教總廟	20	19	18	142~159
6/22	天理教	5	5	5	160~164
7/4	國立高雄大學	1	1	1	165
7/14	中華無極瑤池西王金母教會（新竹道場）	20	20	20	176~195
7/27	台北市政府宗教輔導科	5	5	5	171~175
	合計	268	206	203	

資料來源：本研究整理

附錄 2-1：「宗教團體法制」問卷調查時間、類別及有效問卷表

日期	施測單位	宗教學者	宗教主管官署	宗教團體領袖
5/16	真理大學	7	1	1
5/18	台灣大學社會科學院	37	1	7
5/19	台灣大學社會科學院	7	2	5
5/19	獅頭山勸化堂	0	0	6
5/26	新店北宜天明宮（新店無極道場）	1	0	19
6/8	蘆洲湧蓮寺	0	0	5
6/8	玄奘大學宗教系	17	0	0
6/10	蘆洲保和宮	0	0	0
6/11	山達基教會（高雄）	0	0	5
6/13	臺中慈德慈惠堂	0	0	5
6/13	天帝教雷力阿道場	0	0	0
6/14	臺北市佛教會	0	0	3
6/16	臺北大龍峒保安宮	0	0	7
6/18	彌勒大道	0	0	0
6/19	中華民國道教協會	0	0	3
6/19	一貫道總會	0	0	5
6/19	基督教榮耀堂	0	0	5
6/19	內政部民政司宗教輔導科	0	5	0
6/28	宜蘭三清道教總廟	0	0	18
6/22	天理教	0	0	5
7/4	國立高雄大學	1	0	0
7/14	中華無極瑤池西王金母教會（新竹道場）	1	0	19
7/27	台北市政府宗教輔導科	0	5	0
有效問卷類別總計		71	14	118
有效問卷總計		203		

資料來源:本研究整理

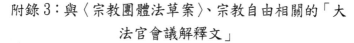

附錄 3：與〈宗教團體法草案〉、宗教自由相關的「大法官會議解釋文」

壹、釋字第 65 號

發文單位：司法院

解釋日期：民國 45 年 10 月 01 日

資料來源：

司法院大法官會議解釋彙編 第 97 頁

司法院大法官解釋（一）（98 年 10 月版）第 114 頁

解釋文：

監督寺廟條例第三條第二款所謂地方公共團體，係指依法令或習慣在一定區域內，辦理公共事務之團體而言。

附件：行政院函

一、據本院秘書處案呈內政部函以據臺灣省政府民政廳代電為監督寺廟條例第三條第二款所稱之公共團體前經貴院二十一年十一月十一日院字第一八一七號解釋佛教會僅屬關於宗教文化團體不得謂為地方公共團體但地方公共團體究係指何種團體未見解釋請轉請解釋一案

二、茲抄附內政部原函函請查照解釋見復為荷

原抄附內政部致行政院秘書處函

一、據臺灣省政府民政廳代電稱關於監督寺廟條例第三條第二項由地方公共團體管理者其公共團體究係指何種團體而言請

釋示

　　二、查監督寺廟條例疑義向由司法院解釋經查司法院於二十一年十一月十一日院字第一八一七號解釋佛教會僅屬關於宗教文化團體不得謂為地方公共團體但地方公共團體究係指何種團體未見解釋

　　三、依照司法院大法官會議規則之規定此類解釋案件應由上級機關層轉特函查照轉陳並請轉咨司法院解釋

資料來源：全國法規資料庫，
http://law.moj.gov.tw/LawClass/ExContent.aspx?ty=C&K1=&K2=
&K3=&CC=D&CNO=65，瀏覽日期 2012.8.9

貳、釋字第 200 號

發文單位：司法院

解釋日期：民國 74 年 11 月 01 日

資料來源：

司法院大法官會議解釋續編（三）第 69 頁

司法院公報第 27 卷 11 期 4-5 頁

司法院大法官解釋（二）（98 年 10 月版）第 491-493 頁

相關法條：

監督寺廟條例 第 5、6、11 條

解釋文：

　　寺廟登記規則第十一條撤換寺廟管理人之規定，就募建之寺廟言，與監督寺廟條例第十一條立法意旨相符，乃為保護寺廟財產，增進公共利益所必要，與憲法保障人民財產權之本旨，並無牴觸。

資料來源：全國法規資料庫，
http://law.moj.gov.tw/LawClass/ExContent.aspx?ty=C&K1=&K2=&K3=&CC=D&CNO=200，瀏覽日期 2012.8.9

參、釋字第 460 號

發文單位：　司法院

解釋日期：民國 87 年 07 月 10 日

資料來源：

司法院公報　第 40 卷 8 期 28-35 頁

司法院大法官解釋（十）（99 年 5 月版）第 263-273 頁

總統府公報　第 6233 號 5-14 頁

相關法條：

中華民國憲法　第 7、13、19 條

土地稅法　第 6、9 條

解釋文：

　　土地稅法第六條規定，為發展經濟，促進土地利用，增進社

會福利，對於宗教及合理之自用住宅等所使用之土地，得予適當之減免；同條後段並授權由行政機關訂定其減免標準及程序。同法第九條雖就自用住宅用地之定義設有明文，然其中關於何謂「住宅」，則未見規定。財政部中華民國七十二年三月十四日台財稅字第三一六二七號函所稱「地上建物係供神壇使用，已非土地稅法第九條所稱之自用『住宅』用地」，乃主管機關適用前開規定時就住宅之涵義所為之消極性釋示，符合土地稅法之立法目的且未逾越住宅概念之範疇，與憲法所定租稅法定主義尚無牴觸。又前開函釋並未區分不同宗教信仰，均有其適用，復非就人民之宗教信仰課予賦稅上之差別待遇，亦與憲法第七條、第十三條規定之意旨無違。

資料來源：全國法規資料庫，
http://law.moj.gov.tw/LawClass/ExContent.aspx?ty=C&K1=&K2=&K3=&CC=D&CNO=460，瀏覽日期 2012.8.9

肆、釋字第 490 號

發文單位：　司法院
解釋日期：　民國 88 年 10 月 01 日
資料來源：
司法院公報 第 41 卷 11 期 4-48 頁

司法院大法官解釋續編（十三）第 383-460 頁

司法院大法官解釋（十二）（99 年 5 月版）第 60-135 頁

總統府公報　第 6309 號 6-60 頁

相關法條：

中華民國憲法　第 7、13、20、23 條

兵役法　第 1、3、4、5、20、25、38 條

召集規則　第 19 條

解釋文：

　　人民有依法律服兵役之義務，為憲法第二十條所明定。惟人民如何履行兵役義務，憲法本身並無明文規定，有關人民服兵役之重要事項，應由立法者斟酌國家安全、社會發展之需要，以法律定之。憲法第十三條規定：「人民有信仰宗教之自由。」係指人民有信仰與不信仰任何宗教之自由，以及參與或不參與宗教活動之自由；國家不得對特定之宗教加以獎勵或禁制，或對人民特定信仰畀予優待或不利益。立法者鑒於男女生理上之差異及因此種差異所生之社會生活功能角色之不同，於兵役法第一條規定：中華民國男子依法皆有服兵役之義務，係為實踐國家目的及憲法上人民之基本義務而為之規定，原屬立法政策之考量，非為助長、促進或限制宗教而設，且無助長、促進或限制宗教之效果。復次，服兵役之義務，並無違反人性尊嚴亦未動搖憲法價值體系之基礎，且為大多數國家之法律所明定，更為保護人民，防衛國

家之安全所必需，與憲法第七條平等原則及第十三條宗教信仰自由之保障，並無牴觸。又兵役法施行法第五十九條第二項規定：同條第一項判處徒刑人員，經依法赦免、減刑、緩刑、假釋後，其禁役者，如實際執行徒刑時間不滿四年時，免除禁役。故免除禁役者，倘仍在適役年齡，其服兵役之義務，並不因此而免除，兵役法施行法第五十九條第二項因而規定，由各該管轄司法機關通知其所屬縣（市）政府處理。若另有違反兵役法之規定而符合處罰之要件者，仍應依妨害兵役治罪條例之規定處斷，並不構成一行為重複處罰問題，亦與憲法第十三條宗教信仰自由之保障及第二十三條比例原則之規定，不相牴觸。

資料來源：全國法規資料庫，
http://law.moj.gov.tw/LawClass/ExContent.aspx?ty=C&K1=&K2=
&K3=&CC=D&CNO=490，瀏覽日期 2012.8.9

伍、釋字第 573 號

發文單位：　司法院

解釋日期：　民國 93 年 02 月 27 日

資料來源：

司法周刊 第 1174 期 1 版

司法院公報 第 46 卷 4 期 1-50 頁

法令月刊 第 55 卷 3 期 109-120 頁

考選周刊　第 956 期 3 版

法務部公報　第 327 期 62-115 頁

相關法條：

中華民國憲法　第 7、13、15、23、170 條

中央法規標準法　第 2、5、6 條

監督寺廟條例　第 1、2、3、8 條

解釋文：

　　依中華民國十八年五月十四日國民政府公布之法規制定標準法（以下簡稱「前法規制定標準法」）第一條：「凡法律案由立法院三讀會之程序通過，經國民政府公布者，定名為法。」第二條第三款所稱，涉及人民權利義務關係之事項，經立法院認為有以法律規定之必要者，為法律案，應經立法院三讀會程序通過之，以及第三條：「凡條例、章程或規則等之制定，應根據法律。」等規定觀之，可知憲法施行前之訓政初期法制，已寓有法律優越及法律保留原則之要求，但有關人民之權利義務關係事項，亦得以未具法律位階之條例等規範形式，予以規定，且當時之立法院並非由人民直接選舉之成員組成。是以當時法律保留原則之涵義及其適用之範圍，均與行憲後者未盡相同。本案系爭之監督寺廟條例，雖依前法規制定標準法所制定，但特由立法院逐條討論通過，由國民政府於十八年十二月七日公布施行，嗣依三十六年一月一日公布之憲法實施之準備程序，亦未加以修改或廢止，而仍

持續沿用，並經行憲後立法院認其為有效之法律，且迭經本院作為審查對象在案，應認其為現行有效規範人民權利義務之法律。人民之宗教信仰自由及財產權，均受憲法之保障，憲法第十三條與第十五條定有明文。宗教團體管理、處分其財產，國家固非不得以法律加以規範，惟應符合憲法第二十三條規定之比例原則及法律明確性原則。監督寺廟條例第八條就同條例第三條各款所列以外之寺廟處分或變更其不動產及法物，規定須經所屬教會之決議，並呈請該管官署許可，未顧及宗教組織之自主性、內部管理機制之差異性，以及為宗教傳布目的所為財產經營之需要，對該等寺廟之宗教組織自主權及財產處分權加以限制，妨礙宗教活動自由已逾越必要之程度；且其規定應呈請該管官署許可部分，就申請之程序及許可之要件，均付諸闕如，已違反法律明確性原則，遑論採取官署事前許可之管制手段是否確有其必要性，與上開憲法規定及保障人民自由權利之意旨，均有所牴觸；又依同條例第一條及第二條第一項規定，第八條規範之對象，僅適用於部分宗教，亦與憲法上國家對宗教應謹守中立之原則及宗教平等原則相悖。該條例第八條及第二條第一項規定應自本解釋公布日起，至遲於屆滿二年時，失其效力。

附錄 4：台北市政府民政局 2011.7.1 第 1 屆第 4 次宗教諮詢
　　　會議記錄

臺北市政府宗教事務諮詢委員會第 1 屆第 4 次會議
會議議程

壹、會議開始

貳、主席致詞

參、報告事項：

　　報告案：確認前次會議紀錄。

肆、諮詢事項：

　　案由一：臺北市自訂宗教性自治條例管理宗教團體之適法性？

　　說　明：

　　決　議：

　　案由二：在憲法揭示宗教平等與保障言論自由的原則下，主管機
　　　　　　關應如何輔導不同宗教信仰及教義產生之爭議—以「財
　　　　　　團法人正覺教育基金會」為例。

　　說　明：

　　決　議：

伍、臨時動議

陸、散會

案由二：在憲法揭示宗教平等與保障言論自由的原則下，主管機
關應如何輔導不同宗教信仰及教義產生之爭議─以「財
團法人正覺教育基金會」為例

一、說明

（一）自99年12月陸續有民眾反映「財團法人正覺教育基金會」於大樓外牆懸

掛文字不雅布條，經查該基金會係教育部所管轄，本案經本局轉請教育部

多次函請該基金會促請改善，而該基金會於100年1月8日撤除「喇嘛的

無上瑜伽修行就是與女信徒性交」及「自己造惡業還能替人消業嗎？」布

條，惟民眾復於100年4月反映該基金會裝設之電子看板播放跑馬燈文字

「藏傳佛教根本法是男女交合的雙身法、喇嘛們淫樂擴及全身時自稱即身

成佛…」，內容涉及宗教偏見及可能對學童產生不良的影響，經教育部及

本局於100年5月再次函請該基金會應尊重不同宗教信仰自由，並留意刊

登文字勿有引起市民觀感不住及影響學童之情形，以免損及其聲譽及形象。

二、諮詢綱要

（一）宗教主管機關在面對不同宗教團體間，因不同宗教信仰及教義所衍生之爭

議，應基於何立場予以輔導：

臺灣社會在多元化發展趨勢之下，促成了多元宗教信仰的發展空間，依據內

政部統計，臺灣社會現有宗教類別已達27種之多，而在多元宗教信仰的社會

中，不同宗教團體間難免因信仰及教義之差異致產生誤解或爭議。而本府民

政局既為本市宗教主管機關，職司宗教輔導業務，在面對不同宗教團體間因不同信仰及教義所衍生之爭議時，本應擔負起促進宗教融合之責任，以發揮宗教社會教化功能，達到安定社會人心之作用。基此，宗教主管機關在面對前揭之爭議時，究應基於何立場予以輔導，始得在各種利益衝突中取得平衡，而不違反憲法保障「宗教平等」與「言論自由」及「宗教自由」之要求？

（二）本局對於市民反映「財團法人正覺教育基金會」懸掛布條及設置電子看板播放之跑馬燈文字不雅及可能形成宗教對立之處理方式是否妥適：

本局基於中立立場，對於各宗教教義、儀式或修行等行為，本局均予以尊重，故本局除函請該基金會應尊重不同宗教信仰，並留意刊登文字勿有引起市民觀感不佳及涉及攻擊單一宗教引起宗教對立之情形外，亦請本府警察局及本市建築管理處依法卓處，案經本府警察局以無法援引社會秩序維護法予以裁罰，而本市建管處除針對該電子看板以未經申請擅自設置，限期法人依法改善外，另該張貼帆布內容因係屬標語非屬廣告物，無違反建管法令，致該基金會目前懸掛布條之行為，查無相關法令可茲援用，僅得續請本市大同區公所持續訪查及勸導，俟後如發現有違法事證再交由權責主管機關依法辦理，以上本局之處理方式是否妥適？

三、決議

附錄5：2012.2.10 教育部開會通知及議程

正本

檔　號：
保存年限：

教育部　開會通知單

111
臺北市士林區大南路325號14樓之2

受文者：真理大學宗教系張教授家麟
發文日期：中華民國101年2月7日
發文字號：臺社(四)字第1010020918號
密等及解密條件或保密期限：
附件：會議議程、監察院函影本、本部監督要點、該會大事紀

開會事由：「研商財團法人正覺教育基金會透過大眾傳播工具，
　　　　　散播不利藏傳佛教等行為，本部後續處理事宜」
開會時間：101年2月10日(星期五)上午11時30分至下午1時30分
開會地點：中央聯合辦公大樓18樓第3會議室
主持人：柯司長正峯
聯絡人及電話：詹蕙芳 (02)77365712

出席者：行政院法規會黃前參事英覓、黃律師旭田、國立中正大學社福系官教授有垣、
　　　　真理大學宗教系張教授家麟、廉風會計師事務所廉會計師純忠、法務部、內政
　　　　部民政司、臺北市政府民政局、本部法規會、會計處
列席者：社教司熊副司長宗樺、楊專門委員修安、許科長慧卿、詹蕙芳專員
副本：中央聯合辦公大樓南棟管理委員會(18樓會議室)、本部社教司（含附件）
備註：響應環保，請自備環保杯、環保筷。
　一、會議資料請攜帶與會。

檔　號：
保存年限：

監察院　函
地址：100 臺北市忠孝東路一段2號
傳真：(02)23410324

受文者：教育部

發文日期：中華民國101年1月20日
發文字號：院台業二字第1010700315號
速別：普通件
密等及解密條件或保密期限：
附件：無

主旨：據訴，為正覺教育基金會、正覺同修會迭次透過大眾傳播
　　　工具，散播詆毀藏傳佛教、羞辱西藏民族言行，主管機關
　　　未加制止及查明，涉有違失等情乙案，請於101年3月30日
　　　前就權責部分併案說明處理情形函復本院。

說明：
　一、相關文號：本院101年1月9日院台業二字第1010160158號
　　　函及內政部101年1月13日台內民字第1010070968號函。
　二、下列事項請一併詳予敘明：
　　(一)據指稱正覺教育基金會、正覺同修會迭次透過大眾傳播
　　　　工具，散播詆毀藏傳佛教等情，其詳情如何？如屬實情
　　　　，該等行為是否屬於憲法保障宗教自由範圍？
　　(二)有關正覺教育基金會、正覺同修會涉嫌散播詆毀藏傳佛
　　　　教等行為，目前有無相關處理規定？倘有，其相關處理
　　　　情形為何？

正本：臺北市政府、教育部
副本：台北市在台西藏人福利協會

101/07/20
14:54:41

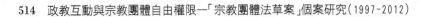

附錄 6：〈內政部宗教事務諮詢委員會設置要點〉

中華民國 89 年 9 月 22 日內政部台（89）內民字第 8970256 號函訂定發布全文 12 點
中華民國 92 年 1 月 24 日內政部台內民字第 0920066216 號函修正發布第 3 點
中華民國 95 年 7 月 21 日內政部台內民字第 0950113160 號函修正發布第 5 點、第 9 點、第 10 點

一、 內政部宗教事務諮詢委員會（以下簡稱本會）。

二、 本會之任務在維護宗教信仰自由及宗教平等，提供有關宗教事務通盤性諮詢意見，協助解決宗教團體面臨之問題，積極參與社會服務工作。

三、 本會置委員 37 人至 45 人，本部政務次長為當然委員並擔任召集人，其餘委員由本部就下列人員聘任之，任期 2 年，期滿得續聘之。

宗教團體之代表。

對宗教具有專門學識經驗之專家學者。

其他人士。

四、 本會置執行秘書 1 人，由本部民政司司長兼任，幹事 2 人至 4 人，由本部民政司派員兼任，負責辦理本會幕僚事務。

五、 本會會議每半年舉行 1 次，必要時得召集臨時會議，開會時以召集人擔任主席，召集人因故不能出席時，由召集人指定委員 1 人擔任主席。

六、 本會會議應於 3 日前將議事日程及有關資料送達各委員，但緊急性之臨時會議不在此限。

七、 本會討論議案時，與出席委員有利害關係者應自行迴避。

八、 本會會議時得邀請政府有關業務主管列席。

九、 本會委員應親自出席會議，未能親自出席時，得委託他人代理出席會議；開會應有 1/2 以上委員出席，決議事項應經出席委員過半數之同意；可否同數時，取決於主席。

十、 本會召集人、委員、執行秘書及幹事均為無給職。

十一、　本會決議事項，由本部送交有關業務主管單位參酌採行。

十二、　本會所需經費由本部民政司編列預算支應。

附錄7：全國型佛教與道教財團法人組織

一、 全國型佛教團體財團法人基金會

編號	全國型佛教組織
1	財團法人法鼓山佛教基金會
2	財團法人中國佛教阿含宗基金會
3	財團法人中華民國日蓮正宗基金會
4	財團法人台灣日蓮佛教基金會
5	財團法人地藏悲願基金會
6	財團法人伽耶山基金會
7	財團法人中台山佛教基金會
8	財團法人達賴喇嘛西藏宗教基金會
9	財團法人中華民國佛教金剛乘蓮花精舍
10	財團法人南方寶生佛剎
11	財團法人靈鷲山佛教基金會
12	財團法人萬佛山聖印佛教事業基金會
13	財團法人天中天佛教基金會
14	財團法人慈光山佛教基金會
15	財團法人靈巖山佛教基金會
16	財團法人中國人間淨土功德基金會
17	財團法人新生佛教基金會
18	財團法人台灣省基隆市靈泉禪寺
19	財團法人宗南聯合佛教基金會
20	財團法人慧深佛教基金會
21	財團法人佛教慈濟功德會
22	財團法人印順佛教基金會
23	財團法人佛教靈宗基金會
24	財團法人佛教佛乘宗基金會
25	財團法人佛教大毘盧遮那禪林基金會

資料來源：內政部民政司網站

http://www.moi.gov.tw/dca/02faith_002.aspx，瀏覽日期：

2012.10.8。

二、全國型道教團體財團法人組織

編號	全國型道教組織
1	財團法人台灣省台中聖賢堂
2	財團法人台灣省台中樂成宮
3	財團法人北港朝天宮
4	財團法人道教發展基金會

資料來源：內政部民政司網站

http://www.moi.gov.tw/dca/02faith_002.aspx，瀏覽日期：
2012.10.8。

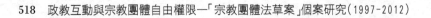

附錄 8：〈宗教團體法草案〉總說明

97 年 2 月 5 日台內民字第 0970008931 號函送行政院

宗教團體法草案

內政部民政司

宗教團體法草案總說明

　　按目前宗教有關之團體計有依監督寺廟條例登記之寺廟，依民法及內政業務財團法人監督準則許可設立之宗教性質財團法人，包括寺院、宮廟、教會、基金會等，及依人民團體法許可設立之宗教性質社會團體。各類團體適用之法律不同，其主管機關分屬民政機關及社政機關，故有關宗教團體之規範體系，略顯紛雜，且政出多門。復查現行專屬規範宗教團體之法律，僅有制定於民國十八年之監督寺廟條例，該條例僅以佛、道等宗教為適用對象，且其制定時代背景與當今社會現況已有不同，無法因應需要，有大幅檢討修正必要。內政部自民國四十二年起，即廣泛蒐集國內外相關法令，先後研擬宗教相關法律草案多種，惟因憲法明文保障宗教平等及信仰自由，長久以來立法規範宗教相關組織與活動是否干預宗教信仰自由，仍有爭議，且不同之宗教對於宗教立法之意見及立場不一，以致宗教立法之推動難以突破。近年來，臺灣地區各宗教蓬勃發展，引發與宗教有關之事件頻仍，社會各界要求推動宗教立法以規範宗教團體之議不斷，且目前宗教團體之規範體系亦有統合之需要，爰擬具「宗教團體法」草案，計七章，共三十七條，其要點如次：

一、　第一章「總則」；明定宗教團體法之宗旨、主管機關、性質、定義、種類、發給登記證書及圖記。（草案第一條至第六條）

二、　第二章「寺院、宮廟、教會」；明定寺院、宮廟、教會之定義、登記事項及章程應載明事項。（草案第七條及第八條）

三、　第三章「宗教社會團體」；明定宗教社會團體之定義、類

　　　　別、成員、籌設及章程應載明事項。（草案第九條至第十

　　　　三條）

四、　第四章「宗教基金會」；明定宗教基金會之定義、類別、

　　　　基金數額、許可之申請規定及章程應載明事項。（草案第

　　　　十四條至第十七條）。

五、　第五章「財產」；明定宗教法人財產之登記、讓售、會計、

　　　　年度決算、免稅規定及其解散後賸餘財產之歸屬。（草案

　　　　第十八條至第二十六條）

六、　第六章「宗教建築物」；明定宗教建築物之定義，又符合

　　　　土地使用分區者，得為其他使用，並依相關稅法規定享有

　　　　免稅規定，及宗教法人於不違反相關法令規定範圍內，經

　　　　主管機關許可，得以區分所有建築物為宗教建築物。（草

　　　　案第二十七條及第二十八條）

七、　第七章「附則」；明定宗教法人之宗教活動違反規定之處

　　　　置、宗教教義研修機構之許可設立、納骨、火化設施、外

　　　　國宗教法人之認許、已依其他法令登記之宗教團體定位問

　　　　題及本法之施行日期。（草案第二十九條至第三十七條）

宗教團體法草案

條　　　　　　　文	說　　　　　　　明
第一章　總則	章名
第一條　為維護信仰宗教自由，協助宗教團體健全發展，特制定本法；本法未規定者，適用其他法令之規定。	本法之立法宗旨。
第二條　本法所稱主管機關：在中央為內政部；在直轄市為直轄市政府；在縣（市）為縣（市）政府。 主管機關為處理宗教事務，得遴選宗教界代表及學者、專家十五人至三十七人參與提供諮詢意見，其中宗教界代表不得少於成員總數三分之二；其遴聘及集會辦法，由主管機關定之。	第一項明定宗教團體之主管機關。 第二項明定主管機關處理宗教事務，得遴選宗教界代表及專家、學者提供諮詢意見，並授權由各主管機關定其遴聘及集會辦法。
第三條　依本法完成登記或設立之宗教團體為宗教法人。 全國性宗教團體得設立分支機構或分級組織，接受該團體之監督輔導。	按現行法制，除法律另有規定外，依法創設權利義務主體者，乃以民法規定之社團法人與財團法人為依據。惟宗教團體組織屬性特殊，爰參酌國外法例，依民法第二十五條規定之意旨，另創設宗教法人，以別於民法上之社團與財團，於第一項明定依本法完成登記或設立之宗教團體為宗教法人。 二、第二項明定全國性宗教團體得設立分支機構，接受該團體之監督輔導。
第四條　本法所稱宗教團體，指從事宗教群體運作與教義傳佈及活動之組織，分為下列三類： 　　　　寺院、宮廟、教會。 　　　　宗教社會團體。 　　　　宗教基金會。	明定宗教團體定義。 鑑於目前國內宗教類別有十餘種之多，其從事宗教祭祀及活動場所名稱甚多，無從一一涵蓋，且其宗教團體之組織、制度及成員之特性不同，爰明定宗教團體之分類名稱，俾依其特性分別規範其組織與活動。 三、第一款所稱寺院、宮廟、教會，係指本法施行前依監督寺廟條例與寺廟登記規則登記之寺廟、依民法與內政業務財團法人監督準則所設立之各類宗教財團法人，及將來本法施行後以宗教

	建築為基礎而設立之宗教團體。至其名稱因各宗教對其傳教場所用詞各異，如佛教之寺院、庵堂、道教有宮廟、堂觀、一貫道之佛道堂、基督宗教之教會、教堂……，不一而足，無從一一列舉，故以寺院、宮廟、教會概括稱之；第二款所稱「宗教社會團體」係指以個人或團體所組成之宗教組織；第三款所稱「宗教基金會」係指捐助特定金額所組成之宗教組織。
第五條　在同一行政區域內，有同級同類之宗教法人者，其名稱不得相同。	明定宗教法人名稱之限制，以免混淆。
第六條　依本法完成登記或設立之宗教團體，由主管機關發給宗教法人登記證書及圖記。	依本法完成登記或設立之宗教團體，即具有宗教法人資格，無須向法院辦理法人登記，逕由各該宗教法人主管機關發給宗教法人登記證書及圖記。
第二章　寺院、宮廟、教會	章名
第七條　寺院、宮廟、教會指有住持、神職人員或其他管理人主持，為宗教之目的，有實際提供宗教活動之合法建築物，並取得土地及建築物所有權或使用同意書之宗教團體。 寺院、宮廟、教會發起人或代表人應檢具申請書、章程及其他應備文件，向寺院、宮廟、教會建築物所在地直轄市或縣（市）主管機關辦理登記；具有隸屬關係之十三所以上寺院、宮廟、教會，且分布於十三以上直轄市或縣（市）行政區域者，向中央主管機關辦理登記。 前項登記之資格要件、應備文件、審查程序及其他應遵行事項之規則，由中央主管機關定之。	第一項明定寺院、宮廟、教會之定義。第二項明定以宗教建築物之數量及座落劃分為地方或全國性宗教團體組織，單一寺院、宮廟、教會應向其建築物所在地直轄市或縣（市）主管機關登記；十三所以上寺院、宮廟、教會具有隸屬關係之寺院、宮廟、教會分布於十三直轄市或縣（市）行政區域者，向中央主管機關辦理登記，俾明確劃分其主管機關。 三、第三項明定寺院、宮廟、教會登記之資格要件、審查程序之規則由中央主管機關定之。
第八條　寺院、宮廟、教會之章程，應載明下列事項： 　　名稱。 　　宗旨。 　　宗教派別。 　　管理組織及其管理方法。	第一項明定寺院、宮廟、教會章程應載明之事項，俾利其依章程運作與管理。基於宗教事務自治原則，於第二項明定寺院、宮廟、教會之章程除應載明組織管理方法等重要事項外，對解散後賸餘財產之歸屬及其他必要事項，亦得於章

法人代表之名額、職權、產生及解任方式；有任期者，其任期。財產之種類與保管運用方法，經費與會計及其不動產處分或設定負擔之程序。 法人之主事務所及分事務所所在地。 章程修改之程序。 寺院、宮廟、教會之章程，除應載明前項事項外，並得載明解散事由與程序、解散後賸餘財產之歸屬及其他必要事項。 第一項第五款法人代表之名額超過三人時，其相互間有配偶或三親等以內血親、姻親關係者，不得超過其總名額三分之一。	程中載明，俾減少不必要之困擾。 第三項明定法人代表親等之限制，以利組織之健全。
第三章　宗教社會團體	章名
第九條　宗教社會團體指以實踐宗教信仰為目的，由個人或團體組成之社會團體。 宗教社會團體分全國、直轄市及縣（市）二類。 直轄市及縣（市）宗教社會團體由團體組成者，其發起團體不得少於十個；由個人組成者，其發起人不得少於三十人。 全國性宗教社會團體由團體組成者，其發起團體數不得少於三十個，且應分布於十三以上直轄市或縣（市）行政區域；由個人組成者，其發起人數不得少於一百人，且其戶籍應分布於十三以上直轄市或縣（市）行政區域。	第一項明定宗教社會團體之定義。 第二項明定宗教社會團體分全國、直轄市及縣（市）等二類，並為使各類宗教社會團體確實發揮其功能，爰於第三項及第四項明定其設立條件。 宗教社會團體由團體組成及個人組成之計算方式，採分別計算，不得以個人與團體混合計算其發起人額數。 四、宗教社會團體分全國性由內政部主管及地方性由直轄市或縣（市）政府主管，為明確規定全國性及地方性宗教社團受理標準及條件之主管機關，參酌社會團體許可立案作業規定訂定全國性與縣（市）級設立標準，俾使將來實務執行避免窒礙難行情況。
第十條　宗教社會團體之籌設，應由發起人檢具申請書、章程草案、發起人名冊及其他應備表件，向主管機關申請許可。 前項申請許可應備表件、審查程序及其他應遵行事項之規則，由中央主管機關	參考人民團體法第八條，於第一項明定宗教社會團體應向各該主管機關申請許可。 二、第二項明定宗教社會團體申請籌設之應備表件、審查程序之規則，由中央主管機關定之。

定之。	
第十一條　宗教社會團體經許可籌設後，應於六個月內召開發起人會議，推選籌備委員，組織籌備會；籌備完成後，應於三個月內召開成立大會。 前項成立大會，因故不能召開時，經主管機關核准者，得展延一次，其展延期間不得超過三個月；屆期仍未召開時，原籌設許可失其效力。 發起人會議、籌備會議及成立大會，均應通知主管機關，主管機關得派員列席。	宗教社會團體籌備及成立大會召開程序。
第十二條　宗教社會團體應於成立大會後三十日內，檢具章程、選任職員簡歷冊，送請主管機關許可設立。	宗教社會團體成立三十日內，應檢具相關表件送請主管機關許可設立。
第十三條　宗教社會團體之章程，應載明下列事項： 　　一、名稱。 　　二、宗旨。 　　三、宗教派別。 　　四、組織區域。 　　五、會址。 　　六、任務。 　　七、組織。 　　八、會員之權利及義務。 　　九、會員入會、出會及除名。 　　十、會員代表、理事、監事之名額、職權、任期、選任及解任。 十一、會議。 十二、財產之種類與保管運用方法、經費與會計及其不動產處分或設定負擔之程序。 十三、章程修改之程序。 宗教社會團體之章程，除應載明前項事項外，並得載明解散事由與程序、解散後賸餘財產之歸屬及其他必要事項。 第一項第十款理事之名額，不得少於五人，最多不得超過三十一人，並須為單	第一項明定宗教社會團體章程應載明之事項，俾利宗教社會團體依章程運作與管理。 基於宗教事務自治原則，於第二項明定宗教社會團體之章程除應載明組織管理方法等重要事項外，對解散後賸餘財產之歸屬及其他必要事項，亦得於章程中載明，俾減少不必要之困擾。 為健全組織，爰於第三項至第五項明定法人代表之名額及親等之限制。

數；理事相互間有配偶或三親等以內血親、姻親關係者，不得超過其總名額三分之一。 監事名額為理事名額三分之一，任期與理事同。 監事相互間或監事與理事間，不得有配偶或三親等以內血親、姻親關係。	
第四章　宗教基金會	章名
第十四條　宗教基金會指以特定金額之基金為設立基礎，並以推展宗教相關公益、慈善、教育、醫療及社會福利事業為目的所組成之團體。 宗教基金會分全國、直轄市及縣（市）二類，其基金數額由主管機關定之。但直轄市及縣（市）類者，不得超過全國類之基金數額。	宗教基金會係指本法施行前依民法及內政業務財團法人監督準則許可設立之以捐助一定基金所成立財團法人組織及將來依本法許可設立之宗教基金會。 二、明定宗教基金會之定義、類別，有關基金數額，則由各該主管機關定之。
第十五條　宗教基金會之籌設，應由捐助人檢具申請書、章程及其他應備文件，向主管機關申請許可。 前項申請許可應備文件、審查程序及其他應遵行事項之規則，由中央主管機關定之。	第一項明定宗教基金會應向各該主管機關申請許可。 二、第二項明定宗教基金會申請許可應備表件由中央主管機關定之。
第十六條　宗教基金會之章程，應載明下列事項： 　　名稱。 　　宗旨。 　　宗教派別。 　　管理組織及其管理方法。 　　董事名額、產生方式、任期、任期　屆滿之改選及任期屆滿不辦理改選之處理方式。 　　設有監察人者，其名額、任期及產生方式。 　　董事會之職權。 　　財產之種類與保管運用方法、經費與會計及其不動產處分或設定負擔之程序。 　　法人之主事務所及分事務所所在	列明宗教基金會章程應載明及得載明之事項，俾利其管理及運作。

地。 　　章程修改之程序。 宗教基金會之章程除應載明前項事項外，並得載明解散事由與程序、解散後謄餘財產之歸屬及其他必要事項。	
第十七條　宗教基金會以董事會為執行機構，置董事長一人，由董事互選之。 董事之名額，不得少於五人，最多不得超過三十一人，並須為單數；董事相互間有配偶或三親等以內血親、姻親關係者，不得超過其總名額三分之一。 置有監察人者，名額為董事名額三分之一，任期與董事同。 監察人相互間、監察人與董事間，不得有配偶或三親等以內血親、姻親關係。	宗教基金會屬他律法人性質，故於第一項明定宗教基金會以董事會為執行機構、董事長之人數及產生方式。 第二項至第四項明定董事、監察人之上下限額數及擔任董事、監察人之親等額數限制。
第五章　財產	章名
第十八條　宗教法人因出資、徵募購置或受贈之不動產，應造具不動產清冊送經主管機關備查。 前項不動產登記名義人應為該宗教法人，並由該法人章程所定有權管理之人管理之。	宗教法人因出資、徵募購置或受贈之不動產，應造具不動產清冊送主管機關備查，且其不動產應以宗教法人名義登記，以避免宗教法人財產私有化產生紛爭及社會問題，俾利監督。
第十九條　宗教法人之財產及基金之管理，應受主管機關之監督；其監督辦法，由中央主管機關定之。 宗教法人之不動產，非經主管機關許可，不得處分、變更或設定負擔。 前項許可應備表件、審查程序及其他應遵行之規則，由中央主管機關定之。 宗教法人辦理獎助或捐贈，應符合章程所定之宗旨；其對特定團體或個人所為之獎助或捐贈，超過財產總額一定比率者，應經主管機關許可。 前項財產總額一定比率，由主管機關定之。	第一項、第二項及第三項明定宗教法人之財產及基金管理應受主管機關之監督，且其不動產之處分應經主管機關許可及許可應備表件、審查程序及其他應遵行之規則，由中央主管機關訂定，以確保宗教法人之財產。 第四項及第五項明定宗教法人辦理獎助或捐贈超過財產總額一定比率者，應經主管機關許可。
第二十條　宗教法人於本法施行前已繼續使用公有非公用土地從事宗教活動滿五年者，得檢具相關證明文件，報經主	第一項明定宗教法人在本法施行前已繼續使用公有非公用土地從事宗教活動滿五年者，得依公產法規辦理讓售。

管機關核轉土地管理機關，依公產管理法規辦理讓售。 前項供宗教目的使用之土地，得優先辦理都市計畫或使用地變更編定。 各級政府擬定或變更都市計畫時，應以維護既有合法宗教用地及建築之完整為原則。	第二項明定供宗教目的使用之土地，得優先辦理都市計畫或使用地變更編定，俾解決宗教法人土地使用問題。 三、第三項明定各級政府擬定或變更都市計畫時，應以維護既有合法宗教用地及建築之完整為原則。
第二十一條　寺院、宮廟、教會之會計基礎採現金收付制，應設置帳簿，詳細記錄有關會計事項。 宗教社會團體及宗教基金會之會計年度起迄以曆年制為準，會計基礎採權責發生制，應設置帳簿，詳細記錄有關會計事項，按期編造收支報告。 前二項會計帳簿及憑證，準用商業會計法規定保存十年或五年。	關於宗教法人之會計基礎，為配合現況，宜就不同宗教法人型態作不同規範，爰明定寺院、宮廟、教會採現金收付制；宗教社會團體及宗教基金會採權責發生制。
第二十二條　宗教社會團體及宗教基金會應於年度開始前三個月，檢具年度預算書及業務計畫書，報主管機關備查。 宗教法人應於年度結束後六個月內，檢具年度決算書，報主管機關備查。	宗教團體依其類別，於年度開始及終了後應檢具相關書類報請主管機關備查。
第二十三條　宗教法人除有銷售貨物、勞務收入或附屬作業組織外，得依所得稅法相關規定，免辦理年度結算申報。 個人或營利事業對宗教法人之捐贈，得依所得稅法相關規定，作為列舉扣除額，或列為費用或損失。 宗教法人接受捐贈之所得及孳息，得依所得稅法相關規定，免納所得稅。	依財政部八十六年三月十九日台財稅第八六一八八六一四一號函訂定之「宗教團體免辦理所得稅結算申報認定要點」規定，宗教團體無銷售貨物、勞務收入或附屬作業組織者，得依所得稅法相關規定免辦理結算申報，爰於第一項明定之。 第二項明定個人或營利事業，對宗教法人之捐贈，得依規定作為列舉扣除額，或列為費用或損失，以鼓勵捐贈。 三、第三項明定以宗教法人名義接受捐款，得依所得稅法相關規定，免納所得稅。
第二十四條　私人或團體捐贈宗教法人專供宗教、教育、醫療、公益、慈善事業或其他社會福利事業等直接使用之土地，得由受贈人申請不課徵土地增值稅	私人或團體捐贈宗教法人專供宗教等直接使用之土地，於捐贈移轉時，不課徵土地增值稅。

。但於再移轉第三人依法應課徵土地增值稅時，以該土地捐贈前之原規定地價或前次移轉現值為原地價，計算漲價總數額，課徵土地增值稅。	
第二十五條　私人捐贈宗教法人之財產，專供宗教、教育、醫療、公益、慈善事業或其他社會福利事業等使用者，得依遺產及贈與稅法規定，不計入遺產總額或贈與總額。	私人所有之財產，捐贈並登記為宗教法人所有，專供公益、慈善事業等使用時，得依遺產及贈與稅法第十六條或第二十條第一項第三款規定，不計入遺產總額或贈與總額。
第二十六條　宗教法人解散，於清償債務後，其賸餘財產得依其章程之規定，歸屬於其他宗教法人。 無前項章程之規定時，其賸餘財產歸屬於該宗教法人主事務所或會址所在地之地方自治團體。 宗教法人經依第三十條第一項第二款規定，廢止其登記或設立許可後，其財產之處理，準用前二項規定。	第一項及第二項明定宗教法人解散後其賸餘財產之歸屬。 第三項明定宗教法人經廢止其登記或設立許可後，其財產之處理，以期完備。
第六章　宗教建築物	章　名
第二十七條　宗教建築物指宗教團體為從事宗教活動，依建築法令得使用領得使用執照之建築物。 宗教建築物為社會發展之需要，經宗教建築物所在地之主管機關許可，並符合土地使用分區管制者，得為其他使用。 宗教法人所有之宗教建築物供其作為宗教活動使用者，得依房屋稅條例免徵房屋稅，其基地得依土地稅減免規則免徵地價稅。供出租使用，且其收入全部作為宗教目的使用者，亦同。	宗教建築性質特殊，且基於公共安全考量，故於第一項明定宗教建築物應依建築法令領得使用執照。 又為鼓勵宗教與社區生活相結合，於主管機關許可並符合土地使用分區規定者，宗教建築物得為其他使用，如作為社區活動中心、村里辦公處等，爰於第二項規定之。 三、第三項明定宗教建築物享有免稅規定之情形。
第二十八條　宗教法人於不妨礙公共安全、環境安寧及不違反建築或土地使用或公寓大廈管理法令之範圍內，經主管機關之許可，得以區分所有建築物為宗教建築物。	都市土地價格高昂，供宗教團體使用之土地取得不易，為因應都市道場、教會傳教之需，爰明定建築物於不違反建築、土地使用分區、水土保持、環境保護、公寓大廈管理或其他公共安全法令之範圍內，經主管機關之許可，得以區分所有建築物為宗教建築物。
第七章　附則	章　名

第二十九條　宗教法人得按其章程所定目的及財產情形，依法興辦相關教育、醫療、公益、慈善事業或其他社會福利事業。	宗教法人得按其章程所定目的及財產情形，興辦公益、慈善事業或其他社會福利事業，以充分發揮宗教功能。
第三十條　宗教法人之宗教活動，有涉及詐欺、恐嚇、賭博、暴力、妨害風化或性自主犯罪行為者，除依相關法律規定處罰外，主管機關得限期令其改善；屆期仍不改善者，按其情節輕重，為下列之處分： 　　解除法人代表、董事、理事、監事或監察人之職務。 　　廢止其登記或設立許可。 主管機關為前項之處分，有遴選宗教界代表及學者、專家處理宗教事務者，應徵詢其意見。非有三分之二以上之成員出席及出席成員三分之二以上之同意時，主管機關不得為前項之處分。	為維護公共秩序及公共利益，於第一項明定宗教法人之宗教活動違反相關法律，按其情節輕重予以處分。 第二項明定宗教法人違反相關法律處分時，有遴選宗教界代表及學者、專家處理宗教事務者，應徵詢其意見。
第三十一條　宗教法人違反第十八條、第十九條、第二十一條或第二十二條規定或違反章程情節重大者，主管機關得限期令其改善；屆期仍不改善者，應按其情節輕重，不予適用第二十三條至第二十五條及第二十七條全部或一部之規定。	宗教法人違反本法規定之處分。
第三十二條　宗教法人經主管機關之許可，得設立宗教教義研修機構；其許可條件、應備表件、審查程序、廢止許可及其他應遵行事項之辦法，由中央主管機關定之。 前項宗教教義研修機構其授予教育部認定之學位者，應依教育相關法律規定辦理。	為規範宗教教義研修機構，爰於第一項明定宗教法人經主管機關許可，得設宗教教義研修機構。 第二項明定宗教教義研修機構如授予教育部認定之學位，應依教育相關法律規定辦理。
第三十三條　本法施行前，寺院、宮廟、教會附設之納骨、火化設施已滿十年者，視為宗教建築物之一部分。但以區分所有建築物為宗教建築物者，不適用之。	寺院、宮廟、教會附設納骨、火化設施由來已久，為宗教文化之一，惟多數未依墳墓設置管理條例之規定申請設置，為解決寺廟附設納骨、火化設施之問題，爰於第一項明定寺院、宮廟、教會

前項視為宗教建築物一部分之納骨、火化設施,其有損壞者,得於原地原規模修建。	於本法施行前,已附設滿十年之納骨、火化設施,視為宗教建築物之一部分。但以區分所有建築物為宗教建築物者,不適用之。此一規定旨在預防寺院、宮廟、教會在區分所有建築物內設置納骨塔及假借宗教名義附設納骨塔,而行營利之實。 二、第二項明定視為宗教建築物一部分之納骨、火化設施如有損壞者,得於原地原規模修建。
第三十四條　本法施行前,已依其他法律登記之宗教團體,經依本法規定修正章程並報主管機關備查後,視為依本法登記或設立之宗教法人,發給宗教法人登記證書及圖記。	本法施行前,已依其他法律登記之宗教團體,符合一定條件者,視為依本法登記或設立之宗教法人。
第三十五條　外國宗教法人經主管機關之認許,得在本國購置土地供宗教團體興建宗教建築物使用;其認許條件、應備表件、審查程序、廢止認許及其他遵行事項之辦法,由中央主管機關定之。	土地法第十九條規定:「外國人為供自用、投資或公益之目的使用,得取得左列各款用途之土地,其面積及所在地點,應受該管直轄市或縣(市)政府依法所定之限:一住宅。二營業處所、辦公場所、商店及工廠。三教堂。四醫院。五外僑子弟學校。六使領館及公益團體之會所。七墳場。八有助於國內重大建設、整體經濟或農牧經營之投資,並經中央目的事業主管機關核准者。前項第八款所需土地之申請程序、應備文件、審核方式及其他應遵行事項之辦法,由行政院定之。」爰增訂此條文,俾利外國宗教法人在國內取得或設定不動產權利。惟第三款所規定之「教堂」,係採廣義規定,應包含本草案第四條第一款所稱之寺院、宮廟、教會等宗教建築物。
第三十六條　非依本法設立或登記為宗教法人之個人或團體,而有經常性藉宗教信仰名義,對外從事宗教活動之事實者,直轄市或縣(市)主管機關應予清查,列冊輔導、管理。 前項輔導、管理,由直轄市、縣(市)制定或訂定自治法規辦理之。	非依本法設立或登記為宗教法人之個人或團體而有對外從事宗教活動事實者之輔導管理措施。
第三十七條　本法自公布日施行。	本法之施行日期。

附錄 9：2009 年〈宗教團體法草案〉行政院版、黃昭順版及
　　　立法院一讀通過條文對照表

行政院版	黃昭順版	內政委員會審查通過條文
第一章總則		第一章總則
第一條　為維護信仰宗教自由，協助宗教團體健全發展，特制定本法；本法未規定者，適用其他法令之規定。	第一條　為維護信仰宗教自由，協助宗教團體健全發展，特制定本法；本法未規定者，適用其他法令之規定。	第一條　為維護**宗教信仰自由**，**保障**宗教團體健全發展，特制定本法。
第二條　本法所稱主管機關：在中央為內政部；在直轄市為直轄市政府；在縣（市）為縣（市）政府。 主管機關為處理宗教事務，得遴選宗教界代表及學者、專家十五人至三十七人參與提供諮詢意見，其中宗教界代表不得少於成員總數三分之二；其遴聘及集會辦法，由主管機關定之。	第二條　本法所稱主管機關：在中央為內政部；在直轄市為直轄市政府；在縣（市）為縣（市）政府。	第二條　本法所稱主管機關：在中央為內政部；在直轄市為直轄市政府；在縣（市）為縣（市）政府。
第四條　本法所稱宗教團體，指從事宗教群體運作與教義傳佈及活動之組織，分為下列三類： 　　　　寺院、宮廟、教會。 　　宗教社會團體。 　　三、宗教基金會。	第四條　本法所稱之宗教團體，分為下列四類： 寺院、宮廟、教會。 宗教社會團體。 宗教基金會。 **四、宗教所設立之教育及教育研修機構。**	**第三條**　本法所稱宗教團體，指從事宗教群體運作與教義傳佈及活動之組織，分為下列三類： 寺院、宮廟、教會。 宗教社會團體。 　　三、宗教基金會。
第三條　依本法完成登記或設立之宗教團體為宗教法人。 全國性宗教團體得設立分支機構或分級組織，接受該團體之監督輔導。	第三條　依本法完成登記或設立之宗教團體為宗教法人。 全國性或地區性宗教團體得設立分支機構或分級組織，接受該團體之監督輔導。	**第四條**　依本法完成登記或設立之宗教團體為宗教法人。 全國性宗教團體得設立分支機構或分級組織，接受該團體之監督輔導。
第五條　在同一行政區域內，有同級同類之宗教法人者，其名稱不得相同。		第五條　在同一行政區域內，有同級同類之宗教法人者，其名稱不得相同。 **依條約、協定或其他法令規定，其名稱具有專屬性者，該宗教團體名稱之使用，應經其上級宗教團體之同意。**

行政院版	黃昭順版	內政委員會審查通過條文
第六條 依本法完成登記或設立之宗教團體，由主管機關發給宗教法人登記證書及圖記。	第五條 依本法完成登記或設立之宗教團體，由主管機關發給宗教法人登記證書及圖記。	第六條 依本法完成登記或設立之宗教團體，由主管機關發給宗教法人登記證書及圖記。
		第七條 本法所稱宗教派別，指依其宗教歷史傳承，具有獨立教義、宗旨、經典、儀軌及宗教組織之特性，經中央主管機關列為分類統計項目者。
第二章 寺院、宮廟、教會		第二章 寺院、宮廟、教會
第七條 寺院、宮廟、教會指有住持、神職人員或其他管理人主持，為宗教之目的，有實際提供宗教活動之合法建築物，並取得土地及建築物所有權或使用同意書之宗教團體。 寺院、宮廟、教會發起人或代表人應檢具申請書、章程及其他應備表件，向寺院、宮廟、教會建築物所在地直轄市或縣(市)主管機關辦理登記；具有隸屬關係之十三所以上寺院、宮廟、教會，且分布於十三以上直轄市或縣(市)行政區域者，向中央主管機關辦理登記。 前項登記之資格要件、應備表件、審查程序及其他應遵行事項之規則，由中央主管機關定之。	第六條 寺院、宮廟、教會係指有住持、神職人員或其他管理人主持，為宗教之目的，實際提供宗教活動之建築物，並取得土地及建築物所有權或使用同意書之宗教團體。 寺院、宮廟、教會發起人或代表人應檢具申請書、章程及其他應備表件，向寺院、宮廟、教會建築所在地直轄市或縣(市)政府辦理登記。	**第八條** 寺院、宮廟、教會指有住持、神職人員或其他管理人主持，為宗教之目的，有實際提供宗教活動之合法建築物，並取得土地及建築物所有權或使用同意書之宗教團體。 寺院、宮廟、教會發起人或代表人應檢具申請書、章程及其他應備表件，向寺院、宮廟、教會建築物所在地直轄市或縣(市)主管機關辦理登記；具有隸屬關係之寺院、宮廟、教會，且分布於**全國**直轄市或縣(市)行政區域半數以上者，向中央主管機關辦理登記。 前項登記之資格要件、應備表件、審查程序及其他應遵行事項之規則，由中央主管機關定之。
第八條 寺院、宮廟、教會之章程，應載明下列事項： 名稱。 宗旨。 宗教派別。 管理組織及其管理方法。 法人代表之名額、職權、產生及解任方式；有任期者，其任期。	第七條 寺院、宮廟、教會之章程，應載明下列事項： 名稱。 宗旨。 宗教派別。 管理組織、管理方法及章程修改之程序。 法人代表之產生方式；有任期者，載明其任期。	**第九條** 寺院、宮廟、教會之章程，應載明下列事項： 名稱。 宗旨。 宗教派別。 管理組織及其管理方法。 法人代表之**名稱**、名額、職權、產生及解任方式；有任期者，其任期。

行政院版	黃昭順版	內政委員會審查通過條文
財產之種類與保管運用方法，經費與會計及其不動產處分或設定負擔之程序。 法人之主事務所及分事務所所在地。 章程修改之程序。 寺院、宮廟、教會之章程，除應載明前項事項外，並得載明解散事由與程序、解散後賸餘財產之歸屬及其他必要事項。 第一項第五款法人代表之名額超過三人時，其相互間有配偶或三親等以內血親、姻親關係者，不得超過其總名額三分之一。	財產之種類、保管運用方法；經費及不動產處分或設定負擔之程序。 法人之主事務所及分事務所所在地。 **解散後賸餘財產之歸屬。**	財產之種類與保管運用方法，經費與會計及其不動產處分或設定負擔之程序。 法人之主事務所及分事務所所在地。 章程修改之程序。 寺院、宮廟、教會之章程，除應載明前項事項外，並得載明解散事由與程序、解散後賸餘財產之歸屬及其他必要事項。 第一項第五款法人代表之名額超過三人時，其相互間有配偶或三親等以內血親、姻親關係者，不得超過其總名額三分之一。
第三章　宗教社會團體		第三章　宗教社會團體
第九條　宗教社會團體指以實踐宗教信仰為目的，由個人或團體組成之社會團體。 宗教社會團體分全國、直轄市及縣（市）二類。 直轄市及縣（市）宗教社會團體由團體組成者，其發起團體不得少於十個；由個人組成者，其發起人不得少於三十人。 全國性宗教社會團體由團體組成者，其發起團體數不得少於三十個，且應分布於十三以上直轄市或縣（市）行政區域；由個人組成者，其發起人數不得少於一百人，且其戶籍應分布於十三以上直轄市或縣（市）行政區域。	第八條　宗教社會團體係指以實踐宗教信仰為目的，由個人或團體組成之社會團體。**宗教團體分全國、直轄市及縣（市）二類。** 前項宗教社會團體由團體組成者，其發起團體不得少於十個；由個人組成者，其發起人不得少於三十人。 全國性宗教社會團體由團體組成者，其發起團體應分布於二個以上直轄市或縣（市）行政區域；由個人組成者，其發起人之戶籍應分布於過半數之直轄市或縣（市）行政區域。	第十條　宗教社會團體指以實踐宗教信仰為目的，由個人或團體組成之社會團體。 宗教社會團體分全國、直轄市及縣（市）二類。 直轄市及縣（市）宗教社會團體由團體組成者，其發起團體不得少於十個；由個人組成者，其發起人不得少於三十人。 全國性宗教社會團體由團體組成者，其發起團體數不得少於三十個，且應分布於**全國**直轄市或縣（市）行政**區域半數以上**；由個人組成者，其發起人數不得少於一百人，且其戶籍應分布於**全國**直轄市或縣（市）行政區**域半數以上**。
第十條　宗教社會團體之籌設，應由發起人檢具申請書、章程草案、發起人名冊及其他應備表件，向主管機	第九條　宗教社會團體之籌設，應由發起人檢具申請書、章程草案、發起人名冊及其他應備表件，向主管機關	第十一條　宗教社會團體之籌設，應由發起人檢具申請書、章程草案、發起人名冊及其他應備表件，向主管

行政院版	黃昭順版	內政委員會審查通過條文
關申請許可。 前項申請許可應備表件、審查程序及其他應遵行事項之規則,由中央主管機關定之。	申請許可。	機關申請許可。 　　前項申請**之資格要件、**應備表件、審查程序及其他應遵行事項之規則,由中央主管機關定之。
第十一條　宗教社會團體經許可籌設後,應於六個月內召開發起人會議,推選籌備委員,組織籌備會;籌備完成後,應於三個月內召開成立大會。 前項成立大會,因故不能召開時,經主管機關核准者,得展延一次,其展延期間不得超過三個月;屆期仍未召開時,原籌設許可失其效力。 發起人會議、籌備會議及成立大會,均應通知主管機關,主管機關得派員列席。	第十條　宗教社會團體經准其籌設後,應於六個月內召開發起人會議,推舉籌備委員,組織籌備會,籌備完成後,應於三個月內召開成立大會。 前項成立大會,因故不能召開時,經主管單位核准,得展延之。 發起人會議、籌備會議及成立大會均應通知主管機關,主管機關得派員列席。	第**十二**條　宗教社會團體經許可籌設後,應於六個月內召開發起人會議,推選籌備委員,組織籌備會;籌備完成後,應於三個月內召開成立大會。 前項成立大會,因故不能召開時,經主管機關核准者,得展延一次,其展延期間不得超過三個月;屆期仍未召開時,原籌設許可失其效力。 發起人會議、籌備會議及成立大會,均應通知主管機關,主管機關得派員列席。
第十二條　宗教社會團體應於成立大會後三十日內,檢具章程、選任職員簡歷冊,送請主管機關許可設立。	第十一條　宗教社會團體應於成立大會後三十日內,檢具章程、選任職員簡歷,造冊送請主管機關許可設立。	第**十三**條　宗教社會團體應於成立大會後三十日內,檢具章程、選任職員簡歷冊,送請主管機關許可設立。
第十三條　宗教社會團體之章程,應載明下列事項: 名稱。 宗旨。 宗教派別。 組織區域。 會址。 任務。 組織。 會員之權利及義務。 會員入會、出會及除名。 會員代表、理事、監事之名額、職權、任期、選任及解任。 十一、會議。 十二、財產之種類與保管運	第十二條　宗教社會團體章程應載明下列事項: 名稱。 **宗教派別。** 宗旨。 組織區域。 會址。 任務。 組織。 會員之權利及義務。 會員之入會、出會及除名方法。 會員代表及理事、監事之名額、職權、任期以及選任、解任方法。 十一、會議。	第**十四**條　宗教社會團體之章程,應載明下列事項: 名稱。 宗旨。 宗教派別。 組織區域。 會址。 任務。 組織。 會員之權利及義務。 會員入會、出會及除名。 會員代表、**管理組織或監察組織之名稱、**名額、職權、任期、選任及解任。 十一、會議。

行政院版	黃昭順版	內政委員會審查通過條文
用方法、經費與會計及其不動產處分或設定負擔之程序。 十三、章程修改之程序。 宗教社會團體之章程，除應載明前項事項外，並得載明解散事由與程序、解散後賸餘財產之歸屬及其他必要事項。 第一項第十款理事之名額，不得少於五人，最多不得超過三十一人，並須為單數；理事相互間有配偶或三親等以內血親、姻親關係者，不得超過其總名額三分之一。 監事名額為理事名額三分之一，任期與理事同。 監事相互間或監事與理事間，不得有配偶或三親等以內血親、姻親關係。	十二、經費及管理運用方式。 十三、章程修改之程序。 十四、解散後賸餘財產之歸屬。 十五、其他依法令規定應載明之事項。	十二、財產之種類與保管運用方法、經費與會計及其不動產處分或設定負擔之程序。 十三、章程修改之程序。 宗教社會團體之章程，除應載明前項事項外，並得載明解散事由與程序、解散後賸餘財產之歸屬及其他必要事項。 第一項第十款**管理組織**之名額，不得少於五人，最多不得超過三十一人，並須為**單數**；**其成員**相互間有配偶或三親等以內血親、姻親關係者，不得超過其總名額三分之一。 **監察組織**名額為**管理組織**名額三分之一，任期與管理組織同。 **監察組織**成員相互間或**與管理組織成員**相互間，不得有配偶或三親等以內血親、姻親關係。
第四章　宗教基金會	**第四章　宗教基金會**	**第四章　宗教基金會**
第十四條　宗教基金會指以特定金額之基金為設立基礎，並以推展宗教相關公益、慈善、教育、醫療及社會福利事業為目的所組成之團體。 宗教基金會分全國、直轄市及縣（市）二類，其基金數額由主管機關定之。但直轄市及縣（市）類者，不得超過全國類之基金數額。	第十三條　宗教基金會係指以特定金額之基金為設立基礎，並以推展宗教相關公益、教育、慈善、醫療及社會福利事業為目的所組成之團體。 宗教基金會分全國、直轄市及縣（市）政府二類，其基金數額由主管機關定之。	第**十五**條　宗教基金會指以特定金額之基金為設立基礎，並以推展宗教相關公益、慈善、教育、醫療及社會福利事業為目的所組成之團體。 宗教基金會分全國、直轄市及縣（市）二類，其基金數額由主管機關定之。
第十五條　宗教基金會之籌設，應由捐助人檢具申請書、章程及其他應備表件，	第十四條　宗教基金會之籌設，應由捐助人檢具申請書、章程及其他應備表件，向	第**十六**條　宗教基金會之籌設，應由捐助人檢具申請書、章程及其他應備表件，

行政院版	黃昭順版	內政委員會審查通過條文
向主管機關申請許可。前項申請許可應備表件、審查程序及其他應遵行事項之規則,由中央主管機關定之。	主管機關申請許可設立。宗教基金會章程應載明之事項,準用第七條規定。	向主管機關申請許可。前項申請許可應備表件、審查程序及其他應遵行事項之規則,由中央主管機關定之。
第十六條　宗教基金會之章程,應載明下列事項: 名稱。 宗旨。 宗教派別。 管理組織及其管理方法。 董事名額、產生方式、任期、任期屆滿之改選及任期屆滿不辦理改選之處理方式。 設有監察人者,其名額、任期及產生方式。 董事會之職權。 財產之種類與保管運用方法、經費與會計及其不動產處分或設定負擔之程序。 法人之主事務所及分事務所所在地。 章程修改之程序。 宗教基金會之章程除應載明前項事項外,並得載明解散事由與程序、解散後賸餘財產之歸屬及其他必要事項。		第十七條　宗教基金會之章程,應載明下列事項: 名稱。 宗旨。 宗教派別。 管理組織及其管理方法。 **管理組織之名稱**、名額、產生方式、任期、任期屆滿之改選及任期屆滿不辦理改選之處理方式。 設有監察**組織**者,其名稱、名額、任期及產生方式。 **管理組織**之職權。 財產之種類與保管運用方法、經費與會計及其不動產處分或設定負擔之程序。 法人之主事務所及分事務所所在地。 章程修改之程序。 宗教基金會之章程除應載明前項事項外,並得載明解散事由與程序、解散後賸餘財產之歸屬及其他必要事項。
第十七條　宗教基金會以董事會為執行機構,置董事長一人,由董事互選之。董事之名額,不得少於五人,最多不得超過三十一人,並須為單數;董事相互間有配偶或三親等以內血親、姻親關係者,不得超過其總名	第十五條　宗教基金會之管理,以董事會為執行機構。董事會之組織,其成員之員額、職權、任期及選任、解任方法,應以章定之,送請主管機關核定。	第十八條　宗教基金會以其章程所定**管理組織**為執行機構。 **宗教基金會管理組織**成員之名額,不得少於五人,最多不得超過三十一人,並須為單數;**成員**相互間有配偶或三親等以內血親、姻親關

行政院版	黃昭順版	內政委員會審查通過條文
額三分之一。 置有監察人者,名額為董事名額三分之一,任期與董事同。 監察人相互間、監察人與董事間,不得有配偶或三親等以內血親、姻親關係。		係者,不得超過其總名額三分之一。 **宗教基金會設有監察組織者,其名額為管理組織名額三分之一,任期與管理組織**同。 **監察組織成員**相互間或與**管理組織成員**間,不得有配偶或三親等以內血親、姻親關係。
第五章　財產		**第五章　財產**
第十八條　宗教法人因出資、徵募購置或受贈之不動產,應造具不動產清冊送經主管機關備查。 前項不動產登記名義人應為該宗教法人,並由該法人章程所定有權管理之人管理之。	第十六條　宗教團體因出資、徵募購置或受贈不動產,免課贈與稅、土地增值稅。惟其不動產應造具不動產清冊,送經主管機關核備後,以團體名義向地政機關辦理登記,並依團體章程所定之有權管理者管理之。	第十九條　宗教法人因出資、徵募購置或受贈之不動產,應造具不動產清冊送經主管機關備查;**其有變動時亦同。** 前項不動產登記名義人應為該宗教法人,並由該法人章程所定有權管理之人管理之。
第十九條　宗教法人之財產及基金之管理,應受主管機關之監督;其監督辦法,由中央主管機關定之。 宗教法人之不動產,非經主管機關許可,不得處分、變更或設定負擔。 前項許可應備表件、審查程序及其他應遵行之規則,由中央主管機關定之。 宗教法人辦理獎助或捐贈,應符合章程所定之宗旨;其對特定團體或個人所為之獎助或捐贈,超過財產總額一定比率者,應經主管機關許可。 前項財產總額一定比率,由主管機關定之。	第十七條　宗教團體之財產及基金之管理,應受主管機關之協助。 宗教團體已成立基金會者,得依其組織章程處分財產。寺院、宮廟、教會得由其管理委員會或執事會、寺眾會、信徒大會處分其財產。 宗教團體於本法公布施行前已繼續使用公有非公用土地滿五年者,得申請讓售。 前項不動產供宗教目的使用之土地,得優先辦理都市計畫或使用地點變更登記。 各級政府擬定及變更都市計畫時,應以維護既有宗教用地及建築物之完整為原則。	第二十條　**宗教法人之財產及基金之管理及處分,應依據章程之規定辦理。** 宗教法人之財產及基金之管理,應受主管機關之監督;其監督辦法,由中央主管機關定之。
第二十條　宗教法人於本法施行前已繼續使用公有非公用土地從事宗教活動		第二十一條　宗教法人於本法施行前已繼續使用公有非公用土地從事宗教活

行政院版	黃昭順版	內政委員會審查通過條文
滿五年者，得檢具相關證明文件，報經主管機關核轉土地管理機關，依公產管理法規辦理讓售。 前項供宗教目的使用之土地，得優先辦理都市計畫或使用地變更編定。 各級政府擬定或變更都市計畫時，應以維護既有合法宗教用地及建築之完整為原則。		動滿五年者，得檢具相關證明文件，報經主管機關核轉土地管理機關，依公產管理法規辦理讓售。 前項供宗教目的使用之土地，得優先辦理都市計畫或使用地變更編定。 各級政府擬定或變更都市計畫時，應以維護既有合法宗教用地及建築之完整為原則。
第二十一條　寺院、宮廟、教會之會計基礎採現金收付制，應設置帳簿，詳細記錄有關會計事項。 宗教社會團體及宗教基金會之會計年度起迄以曆年制為準，會計基礎採權責發生制，應設置帳簿，詳細記錄有關會計事項，按期編造收支報告。 前二項會計帳簿及憑證，準用商業會計法規定保存十年或五年。		第二十二條　宗教團體之會計基礎採權責發生制。但一定規模以下或報經主管機關同意者，得採現金收付制。 宗教團體之會計年度起迄以曆年制為準，並應設置帳簿，詳細記錄有關會計事項及憑證；其會計帳簿應保存十年，憑證應保存五年。 第一項一定規模，由主管機關定之。
第二十二條　宗教社會團體及宗教基金會應於年度開始前三個月，檢具年度預算書及業務計畫書，報主管機關備查。 宗教法人應於年度結束後六個月內，檢具年度決算書，報主管機關備查。		第二十三條　宗教團體應於年度結束後六個月內，檢具年度決算或收支報告，報主管機關備查。
第二十三條　宗教法人除有銷售貨物、勞務收入或附屬作業組織者外，得依所得稅法相關規定，免辦理年度結算申報。 個人或營利事業對宗教法人之捐贈，得依所得稅法相關規定，作為列舉扣除額，或列為費用或損失。	第十八條　宗教法人、團體舉行宗教活動或興辦慈善公益事業所產生之各項收入，包括各界捐款、銷售貨物、勞務收入或附屬作業組織等收入，得依所得稅法相關規定免辦理年度結算申報及免課所得稅。個人或營利事業機構對宗教社會團體之捐贈	第二十四條　宗教法人除有銷售貨物、勞務收入或附屬作業組織者外，得依所得稅法相關規定，免辦理年度結算申報。 個人或營利事業對宗教法人之捐贈，得依所得稅法相關規定，作為列舉扣除額，或列為費用或損失。

行政院版	黃昭順版	內政委員會審查通過條文
宗教法人接受捐贈之所得及孳息，得依所得稅法相關規定，免納所得稅。	，準用所得稅法相關規定，作為列舉扣除額，或列為費用或損失。 宗教團體接受捐贈之所得孳息，準用所得稅法相關規定，免納所得稅。	宗教法人接受捐贈之所得及孳息，得依所得稅法相關規定，免納所得稅。
第二十四條　私人或團體捐贈宗教法人專供宗教、教育、醫療、公益、慈善事業或其他社會福利事業等直接使用之土地，得由受贈人申請不課徵土地增值稅。但於再移轉第三人依法應課徵土地增值稅時，以該土地捐贈前之原規定地價或前次移轉現值為原地價，計算漲價總數額，課徵土地增值稅。	第十九條　依本法設立或登記之宗教團體，免徵地價稅、土地增值稅、土地改良物稅，契稅、房屋稅及贈與稅。 前項賦稅之減免，及於登記於宗教團體之全部不動產。 私人、法人或團體捐贈宗教團體專供宗教、教育、醫療、公益、慈善事業或其他社會福利事業等之土地，免徵土地增值稅及贈與稅。 前項之土地於再移轉第三人，而第三人為宗教法人，或其移轉土地之收入仍用於宗教目的使用時，準用前項免稅規定。 若第三人非宗教法人，且移轉後未為宗教目的使用時，應以土地捐贈前之原規定地價或前次移轉現值為原地價，計算漲價總額，課徵土地增值稅。 前項之土地於再移轉第三人，而第三人為宗教法人，或其移轉土地之收入仍用於宗教目的使用時，準用前項免稅規定。 若第三人非宗教法人，且移轉後未為宗教目的使用時，應以土地捐贈前之原規定地價或前次移轉現值為原地價，計算漲價總額，課徵土地增值稅。	第二十五條　私人或團體捐贈宗教法人專供宗教、教育、醫療、公益、慈善事業或其他社會福利事業等直接使用之土地，得由受贈人申請不課徵土地增值稅。但於再移轉第三人依法應課徵土地增值稅時，以該土地捐贈前之原規定地價或前次移轉現值為原地價，計算漲價總數額，課徵土地增值稅。
第二十五條　私人捐贈宗	第二十條　私人捐贈宗教團	第二十六條　私人捐贈宗

行政院版	黃昭順版	內政委員會審查通過條文
教法人之財產，專供宗教、教育、醫療、公益、慈善事業或其他社會福利事業使用者，得依遺產及贈與稅法規定，不計入遺產總額或贈與總額。	體之財產，專供宗教、教育、醫療、公益、慈善事業或其他社會福利事業等使用，準用遺產及贈與稅法規定，不計入遺產總額或贈與總額。	教法人之財產，專供宗教、教育、醫療、公益、慈善事業或其他社會福利事業等使用者，得依遺產及贈與稅法規定，不計入遺產總額或贈與總額。
第二十六條　宗教法人解散，於清償債務後，其賸餘財產得依其章程之規定，歸屬於其他宗教法人。 無前項章程之規定時，其賸餘財產歸屬於該宗教法人主事務所或會址所在地之地方自治團體。 宗教法人經依第三十條第一項第二款規定，廢止其登記或設立許可後，其財產之處理，準用前二項規定。	第二十一條　宗教團體、法人解散後，除法律另有規定外，於清償債務後，其賸餘財產之歸屬，應依其章程之規定。 如無前項法律或章程之規定時，其賸餘財產應歸餘寺院、宮廟、教會或其他宗教團體主事務所所在地之地方自治團體。	第二十七條　宗教法人解散，於清償債務後，其賸餘財產得依其章程之規定，歸屬於其他宗教法人，**或辦理教育、文化、社會福利事業之財團法人**。 無前項章程之規定時，其賸餘財產歸屬於該宗教法人主事務所或會址所在地之地方自治團體。
第六章　宗教建築物		第六章　宗教建築物
第二十七條　宗教建築物指宗教團體為從事宗教活動，依建築法令領得使用執照之建築物。 宗教建築物為社會發展之需要，經宗教建築物所在地之主管機關許可，並符合土地使用分區管制者，得為其他使用。 宗教法人所有之宗教建築物供其作為宗教活動使用者，得依房屋稅條例免徵房屋稅，其基地得依土地稅減免規則免徵地價稅。供出租使用，且其收入全部作為宗教目的使用者，亦同。	第二十二條　宗教建築物係指宗教團體為從事宗教活動，依建築法令取得使用執照之建築物。 宗教建築物為社會發展之需要，得經宗教團體報請宗教建築物所在地之宗教主管機關許可，並符合土地使用分區管制者，得為其他使用。 宗教團體所有之宗教建築物用於出租者，其出租收入作為宗教目的使用者，準用前項免稅規定。	第二十八條　宗教建築物指宗教團體為從事宗教活動，依建築法令領得使用執照之建築物。 宗教建築物為社會發展之需要，經宗教建築物所在地之主管機關許可，並符合土地使用分區管制者，得為其他使用。 宗教法人所有之宗教建築物供其作為宗教活動使用者，得依房屋稅條例免徵房屋稅，其基地得依土地稅減免規則免徵地價稅。供出租使用，且其收入全部作為宗教目的使用者，亦同。
第二十八條　宗教法人於不妨礙公共安全、環境安寧及不違反建築或土地使用或公寓大廈管理法令之範圍內，經主管機關之許可，得以區分所有建築物為宗	第二十三條　宗教團體於不妨礙公共安全、環境安寧及不違反建築或公寓大廈管理法令之範圍內，經主管機關之許可，得以區劃為宗教建築物。	第二十九條　宗教法人於不妨礙公共安全、環境安寧及不違反建築或土地使用或公寓大廈管理法令之範圍內，經主管機關之許可，得以區分所有建築物為宗

行政院版	黃昭順版	內政委員會審查通過條文
教建築物。		教建築物。
第七章　附則		**第七章　附則**
第二十九條　宗教法人得按其章程所定目的及財產情形，依法興辦相關教育、醫療、公益、慈善事業或其他社會福利事業。		*第三十條　宗教法人得依據章程規定，辦理與宗教相關之公益、慈善、教育、醫療、社會福利或其他經主管機關許可之附屬事業。但其附屬事業應符合設立目的。前項附屬事業依法應經目的事業主管機關同意或許可者，應先取得該目的事業主管機關之同意或許可；其業務並應受該目的事業主管機關之監督。*
第三十條　宗教法人之宗教活動，有涉及詐欺、恐嚇、賭博、暴力、妨害風化或性自主犯罪行為者，除依相關法律規定處罰外，主管機關得限期令其改善；屆期仍不改善者，按其情節輕重，為下列之處分：　　解除法人代表、董事、理事、監事或監察人之職務。　　廢止其登記或設立許可。主管機關為前項之處分，有遴選宗教界代表及學者、專家處理宗教事務者，應徵詢其意見。非有三分之二以上之成員出席及出席成員三分之二以上之同意時，主管機關不得為前項之處分。		*第三十一條　宗教法人之代表、管理組織或監察組織成員於辦理宗教活動，有涉及詐欺、恐嚇、賭博、暴力、妨害風化或妨害性自主犯罪行為，經司法機關判刑確定者，得按其情節輕重，由主管機關解除其職務。*
第三十一條　宗教法人違反第十八條、第十九條、第二十一條或第二十二條規定或違反章程情節重大者，主管機關得限期令其改善；屆期仍不改善者，應按其		*第三十二條　宗教法人違反第十九條、第二十條、第二十二條或第二十三條規定或違反章程情節重大者，主管機關得限期令其改善；屆期仍不改善者，應按其*

行政院版	黃昭順版	內政委員會審查通過條文
情節輕重，不予適用第二十三條至第二十五條及第二十七條全部或一部之規定。		情節輕重，不予適用**第二十四條至第二十六條及第二十八條全部或一部之規定。**
第三十二條 宗教法人經主管機關之許可，得設立宗教教義研修機構；其許可條件、應備表件、審查程序、廢止許可及其他應遵行事項之辦法，由中央主管機關定之。 前項宗教教義研修機構其授予教育部認定之學位者，應依教育相關法律規定辦理。	第二十四條 宗教團體經主管機關許可，得設立宗教教義研修機構；其許可之條件、審查程序、應備表件及撤銷或廢止辦法，由中央主管機關教育部、內政部訂之。 宗教學院、佛學院、神學院授與學位，得經教育主管機關依相關法律核准立案後，使得為之。 教育研修機構之學制及師資，依各宗教之傳統及需要訂定之。但宗教性之課程不得少於全部課程四分之三。 教義研修機構之在學學生，承認其學籍，並得為兵役之緩召。	第三十三條 宗教法人經主管機關之許可，得設立宗教教義研修機構；其許可條件、應備表件、審查程序、廢止許可及其他應遵行事項之辦法，由中央主管機關定之。 前項宗教教義研修機構其授予教育部認定之學位者，應依教育相關法律規定辦理。
第三十三條 本法施行前，寺院、宮廟、教會附設之納骨、火化設施已滿十年者，視為宗教建築物之一部分。但以區分所有建築物為宗教建築物者，不適用之。 前項視為宗教建築物一部分之納骨、火化設施，其有損壞者，得於原地原規模修建。	第二十五條 本法公佈施行前，寺院、宮廟、教會附設之納骨、火化及喪葬設施，視為宗教建築物之一部分。 第二十六條 前條寺院、宮廟、教會附設之納骨、火化及喪葬設施，訂有或未定有一定收費標準收取費用者，其收入用於該宗教團體設立之公益、慈善事業者免稅。且其收入於年度終了未用完而保留往後年度使用者，準用之。 前項視為宗教建築物之一部分之納骨、火化及喪葬設施如有損壞者，得於原地修建。	第三十四條 本法施行前，寺院、宮廟、教會附設之納骨、火化設施已滿十年者，視為宗教建築物之一部分。但以區分所有建築物為宗教建築物者，不適用之。 前項視為宗教建築物一部分之納骨、火化設施，其有損壞者，得於原地原規模修建。 （98年5月21日立法院黨團協商通過條文） 第三十四條 本法施行前，寺院、宮廟、教會附設之納骨、火化設施已滿十年者，視為宗教建築物之一部分。但以區分所有建築物為宗教建築物者，不適用之。 前項視為宗教建築物一部分之納骨、火化設施，**其管理及使用等事項之辦法，由**

行政院版	黃昭順版	內政委員會審查通過條文
		中央主管機關定之；其有損壞者，得於原地原規模依相關法令規定修建。
第三十四條　本法施行前，已依其他法律登記之宗教團體，經依本法規定修正章程並報主管機關備查後，視為依本法登記或設立之宗教法人，發給宗教法人登記證書及圖記。	第二十七條　本法施行前，已依其他法律登記之宗教團體，視為依本法登記之宗教團體。 前項宗教團體之章程應依本法規定修正，並報主管機關備查後，發給宗教法人登記證及圖記。	第三十五條　本法施行前，已依其他法令登記之宗教團體，經依本法規定修正章程並報主管機關備查後，視為依本法登記或設立之宗教法人，發給宗教法人登記證書及圖記。 主管機關發給宗教法人登記證書及圖記時，應列冊函請原登記機關註銷或廢止其登記；其原為向法院聲請登記之法人，並應函請法院廢止法人之登記。 依第一項規定登記或設立宗教法人之宗教團體，其所有之不動產得申請以更名登記方式變更登記為宗教法人所有；其不動產於本法施行前以自然人名義或自然人名義以外名義登記，且現為該宗教團體使用者，亦同。 第一項修正章程、備查應備文件等注意事項及第三項申請程序，由中央主管機關定之。
第三十五條　外國宗教法人經主管機關之認許，得在本國購置土地供宗教團體興建宗教建築物使用；其認許條件、應備表件、審查程序、廢止認許及其他應遵行事項之辦法，由中央主管機關定之。		（本條刪除）
	第二十八條　宗教團體相關人事、教義、制度之爭議，由宗教團體或所屬教會自行議處，以保障宗教信仰自由	（本條刪除）

行政院版	黃昭順版	內政委員會審查通過條文
	。 前項若違反法律，概依中華民國憲法及相關規定處罰之，不得另行組織其他委員會議處，以免影響司法公正審議。	
第三十六條　非依本法設立或登記為宗教法人之個人或團體，而有經常性藉宗教信仰名義，對外從事宗教活動之事實者，直轄市或縣（市）主管機關應予清查，列冊輔導、管理。 前項輔導、管理，由直轄市、縣（市）制定或訂定自治法規辦理之。		第三十六條　非依本法設立或登記為宗教法人之個人或團體，而有經常性藉宗教信仰名義，對外從事宗教活動之事實者，直轄市或縣（市）主管機關應予清查，列冊輔導、管理。 前項輔導、管理，由直轄市、縣（市）制定或訂定自治法規辦理之。
第三十七條　本法自公布日施行。	第二十九條　本法自公布日施行。 原頒訂之各項宗教法令同時廢止。	第三十七條　本法施行日期，由行政院定之。

其餘均照內政委員會審查條文通過。

資料來源：內政部民政司網站，

http://www.moi.gov.tw/dca/03download_001.aspx?sn=12&page=0，瀏

覽日期：2012.12.3。

附錄 10：各學科對〈宗教團體法草案〉相關議題論文

附錄 10.1 宗教哲學文獻性質分類表

作者年代	篇名	相關	整體/細項	個案/比較
釋法雲（1979）	〈關於監督寺廟條例修正草案〉	直接	整體（監督寺廟條例）	台灣個案
釋恆清（2002）	〈宗教教育辨義—兼論宗教研修機構體制化的問題〉	直接	細項（宗教教育機構）	台灣個案
釋星雲（2002）	〈宗教立法之芻議〉	直接	整體（宗教立法）	台灣個案
釋淨心（2000）	〈二十一世紀佛教僧伽教育的願景〉	直接	細項（宗教教育機構）	台灣個案
釋慧開（2002）	〈宗教教育之定位與取向芻議—從宗教的哲理與精神內涵談起〉	直接	細項（宗教教育機構）	台灣個案
簡文鎮（1979）	〈敝屣何以至遠？綜論「寺廟教堂條例草案」〉	直接	整體（監督寺廟條例）	台灣個案
顏厥安（1997.5）	〈凱撒管得了上帝嗎？—由法管制理論檢討宗教立法〉	直接	整體（宗教立法）	台灣個案
鄭壽彭（1979）	〈評監督寺廟條例〉	直接	整體（監督寺廟條例）	台灣個案
鄭志明（2005）	〈「監督寺廟條例」下的宗教行政〉	直接	整體（監督寺廟條例）	台灣個案
鄭志明（2006）	〈台灣宗教團體法制建立的困境〉	直接	整體（宗教立法）	台灣個案
聖印（1979）	〈從修正條文談起—讀《監督寺廟條例條正草案》有感〉	直接	整體（監督寺廟條例）	台灣個案
開證（1979）	〈寺廟教堂新條例瑕疵之管見〉	直接	整體（監督寺廟條例）	台灣個案
游謙（2004）	〈宗教研修學院立案的討論：以神學院為例〉	直接	細項（宗教教育機構）	台灣個案
陳志榮（2007）	〈西歐宗教發展與法制現況：德國、西班牙與瑞士〉	間接	整體（西歐宗教發展經驗）	比較歐洲三國

陳水扁總統競選指揮中心（2000）	《宗教政策白皮書》	直接	整體（宗教立法）	台灣個案
淨　心（2006）	〈論宗教法制的建立與發展〉	直接	整體（宗教立法）	台灣個案
淨　心（2007）	〈論日本宗教的發展與法制〉	間接	整體（日本宗教法制）	日本個案
淨　耀（2001）	《宗教團體對「宗教團體法」之建議》	直接	整體（宗教立法）	台灣個案
淨　心（2001）	〈論宗教法制與行政管理〉	直接	整體（宗教立法）	台灣個案
張全鋒（2003）	〈從統一教會的發展省思政府對新興宗教應有的態度〉	間接	細項（新興宗教管理）	台灣個案
星　雲（2006）	〈有關宗教法問答〉	直接	整體（宗教立法）	台灣個案
星　雲（2001）	〈宗教立法之芻議〉	直接	整體（宗教立法）	台灣個案
林蓉芝（1999）	〈宗教立法路迢遙〉	直接	整體（宗教立法）	台灣個案
林蓉芝（2001）	〈解析寺廟實務與法令關係〉	直接	整體（監督寺廟條例）	台灣個案
林蓉芝（2001）	〈解析寺廟實務與法令關係〉	直接	整體（監督寺廟條例）	台灣個案
林蓉芝（2002）	〈寺廟登記作業之檢討與建議〉	直接	細項（寺廟登記）	台灣個案
林蓉芝（2006）	〈論「宗教團體法草案」之爭議〉	直接	整體（宗教立法）	台灣個案

林蓉芝 （2009.7）	〈當代台灣佛教政教關係的再檢討--以宗教團體法立法折衝過程為例〉	直接	整體（宗教立法）	台灣個案
林志欽 （2002）	〈談寺廟總登記之意義與價值〉	直接	細項（寺廟登記）	台灣個案
林本炫	〈對宗教團體內部經濟活動的規範〉	直接	細項（政府對宗教經濟活動管理）	台灣個案
林本炫 （2007）	〈宗教團體法的法人相互隸屬問題與教派認定問題〉	直接	整體（宗教立法）	台灣個案
林本炫 （2006）	〈宗教行政基本概念之探討〉	直接	細項（宗教行政概念）	台灣個案
林本炫 （2005）	〈試論「宗教法人」的屬性和定位〉	直接	細項（宗教法人屬性）	台灣個案
太　虛 （1979）	〈評監督寺廟條例〉	直接	整體（監督寺廟條例）	台灣個案
李岳勳 1971.3）	〈「宗教團體法」制定的必要性〉	直接	整體（宗教立法）	台灣個案
李崇信 （2002）	〈台灣社會宗教現象的哲學省思－宗教信仰之法律規範的可能性檢討〉	間接	整體（宗教信仰的法律規範）	台灣個案
李崇信 （2003）	〈宗教團體組織爭議法律問題研究〉	間接	細項（宗教團體組織爭議）	台灣個案
李崇信 （2004）	〈神壇的社會功能與法律問題研究〉	間接	細項（神壇的功能與法律問題）	台灣個案
李豐楙 （2002）	〈道教教義與研修機構的未來〉	直接	細項（宗教教育機構）	台灣個案
林本炫 （1998）	〈關於宗教行政的幾個關鍵概念的探討〉	直接	細項（宗教行政概念）	台灣個案
林本炫 （2001）	〈我國當前宗教立法的分析〉	直接	整體（宗教立法）	台灣個案
林本炫 2001.9）	〈我國當前宗教立法的分析〉	直接	整體（宗教立法）	台灣個案

陳進富（2002）	〈道教宮廟登記之問題分析與建議〉	直接	細項（寺廟登記）	台灣個案
黃懷秋（2002）	〈台灣天主教的—宗教教育回顧與展望〉	直接	細項（宗教教育機構）	台灣個案
葉學美 2005.4）	〈對非營利組織的捐款與佈施〉	直接	細項（宗教捐款）	台灣個案
廖武治（2002）	〈寺廟總登記之檢討與建議〉	直接	細項（寺廟登記）	台灣個案
蔡維民（2002）	〈從寺廟管理之歷史演變反省寺廟登記的意義〉	直接	細項（寺廟登記）	台灣個案

資料來源:本研究整理

附錄 10.2 公共政策學研究文獻性質分類表

作者年代	篇名	相關	整體/細項	個案/比較
黃麗馨（2008）	《台灣宗教政策與法制之評估研究》	直接	整體（宗教政策）	台灣個案
林冠伶（2006）	《台北市政府民政局「宗教團體財務查核簽證專案」執行之研究—標的團體順服的觀點》	直接	細項（宗教團體財務查核）	台灣個案
黃淑冠（2009）	《台灣宗教財團法人監督制度之變革與發展》	直接	細項（宗教財團法人監督）	台灣個案
鍾則良（2007）	《台北市宗教團體管理之探討—以行天宮為核心》	直接	細項（政府對宗教團體管理）	台灣個案
謝淑雲（2006）	《台灣宗教團體所得稅課稅問題之研究》	直接	細項（宗教租稅）	台灣個案
賴俊達（2001）	〈從公共政策觀點論當前宗教問題與對策〉	間接	整體（宗教問題）	台灣個案
葉良增（2000）	〈台北市宗教團体之財務輔導〉	直接	細項（政府對宗教團體財務管理）	台灣個案
黃慶生（2001）	〈我國宗教行政業務的檢視與探討〉	直接	整體（宗教行政業務管理）	台灣個案
黃慶生（2002）	〈解讀寺廟登記法規檢視登記實務問題〉	直接	細項（寺廟登記管理）	台灣個案
黃慶生（2002）	《寺廟經營與管理》	直接	整體（寺廟管理）	台灣個案
黃慶生（2003）	《我國宗教團體法制之研究》	直接	整體（宗教團體法制）	台灣個案
黃慶生（2004）	〈神壇行政管理初探〉	直接	細項（神壇管理）	台灣個案
黃慶生（2005）	〈宗教財團法人組織與運作〉	直接	細項（宗教財團法人管理）	台灣個案

黃運喜 （2006）	〈民國時代寺廟管理法規的剖析〉	直接	整體（寺廟管理）	台灣個案
陳玲蓉 （1990）	〈日據時期台灣宗教政策研究－以神道為中心－〉	間接	整體（日據時代台灣宗教政策）	台灣個案
許茂新 （1999）	《台灣宗教管理之政策分析－以台中縣21鄉鎮市為研究焦點》	間接	整體（宗教管理的政策分析）	台灣個案
翁寶桂 （2005.3）	〈我國宗教團體法立法政策之評估〉	直接	整體（宗教立法的評估）	台灣個案
林清淇 （2005）	〈我國宗教輔導與宗教立法的回顧與展望〉	直接	整體（宗教立法的回顧）	台灣個案
王愈榮 （2001）	〈宗教團體法與宗教行政管理〉	直接	整體（宗教團體法的行政管理）	台灣個案
吳惠巧 （2011.9）	〈台灣寺廟之土地使用與建築違章問題研究〉	直接	細項（寺廟違建）	台灣個案
洪長興 （2005）	《台北市宗教管理之研究－以民政業務系統為例》	直接	整體（宗教管理）	台灣個案
紀俊臣 （1998）	〈宗教團體法制立法之構思〉	直接	整體（宗教團體法立法）	台灣個案
紀俊臣 （1999）	〈宗教自由與法律規範〉	間接	整體（宗教自由規範）	台灣個案
范國廣 （1985）	《寺廟行政》	直接	整體（寺廟管理）	台灣個案

資料來源:本研究整理

附錄 10.3 社會學、人類學研究文獻性質分類表

作者/年代	篇名	相關	整體/細項	個案/比較
瞿海源（1989）	《宗教法研究》	直接	整體（宗教法）	台灣個案
鄭弘岳（2005）	〈廟產爭論的歷程：一個社會學衝突論的分析〉	間接	細項（廟產爭議）	台灣個案
蔡源林（2007）	〈馬來西亞伊斯蘭法的發展與現況〉	間接	整體（伊斯蘭法）	馬來西亞個案
桃玉霜（2007）	〈北美與歐洲地區的宗教立法新趨勢〉	間接	整體（北美、歐洲宗教立法）	比較北美與歐洲個案研究
朱永昌（1997）	〈寺廟神壇糾紛案例之分析〉	間接	細項（寺廟神壇糾紛）	台灣個案
宋光宇（1995）	〈神壇的形成－高雄市神壇調查資料的初步分析〉	間接	細項（神壇形成的調查）	台灣個案
李亦園（1982）	〈政府政策與民間信仰〉	間接	整體（政策與民間信仰的關係）	台灣個案
李淑慧（1999）	《神明住在我家隔壁？－談都市神壇現象》	間接	細項（都市神壇）	台灣個案
林　端（2008）	〈台灣新宗教法令對民間宗教、新興宗教與祭祀公業的可能影響〉	間接	細項（法令對民間宗教、新興宗教與祭祀公業的影響）	台灣個案
林本炫（1994）	《台灣的政教衝突》	間接	整體（政教衝突）	台灣個案
林本炫（1996）	〈國家、宗教與社會控制〉	間接	整體（政教關係）	台灣個案

資料來源:本研究整理

附錄 10.4 政治科學研究文獻性質分類表

作者/年代	篇名	相關	整體/細項	個案/比較
邢福增（2006）	《新酒與舊皮袋：中國宗教立法與《宗教事務條例》解讀》	間接	整體（政教關係）	中國個案
柯若樸（2011.9）	〈Book Review: Rebecca Nedostup, «Superstitious Regimes: Religion and the Politics of Chinese Modernity （迷信的政權：宗教與中國現代性的政治面向）» （Cambridge （Massachusetts） and London: Harvard University Asia Center, 2009〉	間接	整體（宗教與現代政治的關係）	中國個案
張家麟（2005）	《新宗教建立衡量指標之研究期末報告》	間接	細項（新興宗教指標）	台灣個案
張家麟（2006）	〈論「新宗教」申請案的行政裁量權〉	間接	細項（新興宗教的行政裁量）	台灣個案
張家麟（2011.3）	〈政教關係與宗教法制：論台灣「宗教團體法草案」的形成與影響〉	直接	整體（宗教團體法草案的形成）	台灣個案
郭承天（2001.12）	〈民主的宗教基礎--新制度論的分析〉	間接	整體（新制度論的民主宗教）	美國個案
郭承天（2002.6）	〈基督教與美國民主政治的建立--新制度論的重新詮釋〉	間接	整體（新制度論的美國宗教與政治）	美國個案
郭承天（2004.3）	〈宗教與台灣認同——一個不確定的關係；評 Religion and the Formation of Taiwanese Identities「宗教與台灣認同的形成」〉	間接	整體（宗教與台灣人的認同）	台灣個案

郭承天（2005.3）	〈宗教容忍：政治哲學與神學的對話〉	間接	整體（宗教容忍）	台灣個案
郭承天（2007）	〈政教分立理論與法治之新發展〉	間接	整體（政教分立與法制）	台灣個案
郭承天（2009.6）	〈兩岸宗教與政治態度之比較〉	間接	整體（宗教與政治態度）	台灣與大陸比較
郭承天（2010.12）	〈台灣宗教與政治保守主義〉	間接	整體（宗教與政治的關係）	台灣個案
陳敦源、郭承天（2001.1）	〈基督教倫理與民主制度發展--從美國經驗看台灣〉	間接	整體（宗教倫理與民主政治）	美國與台灣個案
黃柏棋（2007）	〈南亞宗教社群主義與國家體制之間的關係—以印度與斯里蘭卡為例〉	間接	整體（宗教與國家體制）	南亞個案
劉佩怡（2005）	〈國家對宗教捐獻的管制〉	間接	細項（國家對宗教捐獻的管理）	台灣個案

資料來源:本研究整理

附錄 11：〈宗教研修學院設立辦法草案〉說明

條文	說明
第一條　　本辦法依私立學校法（以下簡稱本法）第八條第二項規定訂定之。	依私立學校法（以下簡稱本法）第八條第二項：「前項之申請程序、許可條件、宗教學位授予之要件及其他相關事項之辦法，由教育部會同中央宗教主管機關定之。」，明定本辦法之法源依據。
第二條　　本法第八條第一項所稱宗教研修學院，指專為培養特定宗教之神職人員及宗教人才，並授予宗教學位，經教育部（以下簡稱本部）許可設立之私立大學或私立大學下設之學院。	定義本法所稱之宗教研修學院。
第三條　　宗教研修學院依其設立程序，分類如下： 一、由學校財團法人（以下簡稱學校法人）或財團法人私立學校報經本部許可設立者。 二、由內政部或直轄市、縣（市）主管機關（以下簡稱宗教主管機關）許可設立並向法院登記具宗教性質之財團法人或公益社團法人　（以下簡稱宗教法人），報經本部許可設立者。 前項第二款所稱直轄市、縣（市）主管機關，在直轄市，按其設立依據分別為直轄市政府民政局或社會局，在縣（市），為縣（市）政府。	一、第一項就宗教研修學院設立主體及程序不同，予以分為二類： （一）由學校法人或財團法人私立學校設立。 （二）由宗教法人設立之大學院校。 二、第二項明定宗教法人由直轄市主管機關同意設立者，其屬財團法人者，設立之許可機關為民政局，其屬公益社團法人者，則為社會局，以期明確，並杜爭議。
第四條　　前條第一項第一款學校法人或第二款宗教法人申請籌設宗教研修學院，應依本法及相關法令規定，提出籌設學校計畫，報本部審核後，許可籌設。 宗教法人為前項申請時，應檢附載有籌設宗教研修學院為其設立目的之章程、法人決議籌設宗教研修學院之會議紀錄及宗教法人相關資料。 本部為第一項宗教法人申請案之籌設許可前，得會同宗教主管機關或其他相關機關審查。	法人申請籌設宗教研修學院之程序，並賦予教育部（以下簡稱本部）會同宗教主管機關或其他相關機關審查籌設計畫之機制。
第五條　　學校法人或宗教法人經許可籌設後，應於三年內依籌設內容，完成籌設學校及立案許可。 學校法人或宗教法人未能於前項所定期限內完成宗教研修學院之立案許可者，應於期限屆滿三個月前載明理由，向本部申請展延，每次展延期限不得	一、第一項明定宗教研修學院許可立案之程序。 二、第二項明定法人應於籌設期限內完成設校，以免設校期間過長，因情事變更造成設校計畫改變，並避免假

超過六個月,展延次數以二次為限;屆期未申請或其申請經駁回,或設校活動涉有違法情事者,本部得撤銷或廢止原籌設許可,並公告之。	藉籌設學校名義向外詐財。
第六條 宗教研修學院之校地,其可開發使用面積至少應有二公頃,且應毗鄰成一整體,不得畸零分散。 校地應符合環境影響評估及土地使用分區管制等相關法令之規定。	一、第一項參照各級各類私立學校設立標準第八條之一規定,明定設立宗教研修學院之校地基準。 二、第二項說明校地須符相關環境開發法令規定。
第七條 宗教研修學院之校舍,應符合下列規定: 一、有足夠之教學、實習與特別教室或場所,及學校行政、學生活動所需之場所。 二、申請立案時,校舍建築應完成總樓地板面積達四千平方公尺以上。	參照各級各類私立學校設立標準第八條之一規定,明定設立宗教研修學院之校舍基準。另考量學生總人數較少及減少環境開發,總樓地板最低面積基準由五千平方公尺降至四千平方公尺。
第八條 宗教研修學院之設備,應符合下列規定: 一、針對各系、所課程之實際需要,備置足夠之教學、輔助及實驗(習)設備。 二、設有圖書館,並備置足夠之基本圖書、資訊、專門期刊及相關設備。	參照各級各類私立學校設立標準第八條之一規定,明定設立宗教研修學院之設備基準。
第九條 宗教研修學院完成籌設後申請立案時,其設校經費及設校基金應符合下列規定: 一、有充足之設校經費(包括購地、租地、建築、設備等經費)及維持基本運作所需之每年經常費,且應提出相關證明文件,並具募款能力。 二、設校基金新臺幣五千萬元以上,並存入銀行專戶。	參照各級各類私立學校設立標準第八條之一規定,明定設立宗教研修學院之設校經費及設校基金基準。
第十條 宗教研修學院之教師資格,應符合教育人員任用條例及大學法相關規定。 宗教研修學院師資除依一般大學之規定,應有三分之一以上課程由符合大學教師資格條件者擔任外,其餘得以專業技術人員擔任。	一、參照各級各類私立學校設立標準第八條之一規定,明定宗教研修學院之師資基準。 二、宗教研修學院教師資格依教育人員任用條例相關規定辦理,另得依大學法第十七條第四項及大學聘任專業技術人員擔任教學辦法規定,延聘專業技術人員擔任教學工作。
第十一條 宗教研修學院申請設立或調整系、所、學位學程,應依大學法及其相關法令規定辦理。	宗教研修學院設立教學單位及其名稱之規定。

宗教研修學院及其系、所、學位學程之名稱，均應冠以該學院所屬宗教名稱或該宗教慣用之文字。	
第十二條　宗教研修學院學生總人數，以不超過二百人為限。但情形特殊且經本部依相關規定評鑑績優，經報本部核准者，不在此限。	一、參照各級各類私立學校設立標準第八條之一規定，明定宗教研修學院之學生總人數基準。 二、學生總人數規定係參考教義研修機構現況規模，並避免衝擊已過度飽和之高等教育市場。惟為因應學校辦學需要，情況特殊且經本部依相關規定評鑑績優，得經本部核准後增加學生人數基準。
第十三條　宗教研修學院之宗教學位授予，依學位授予法之規定辦理；其學位名稱，應冠以該學院所屬宗教名稱或該宗教慣用之文字。	宗教研修學院授予宗教學位之依據。
第十四條　宗教研修學院校長選聘及解聘事項之相關規定，應由所屬法人董事會或理事會訂定，報本部備查。	法人應訂定校長選聘及解聘事項之規定且須送本部備查，以避免選聘及解聘作業滋生爭議。
第十五條　宗教研修學院設立後，宗教法人繼續辦理本辦法施行前已設立之宗教教義研修機構者，宗教研修學院之名稱、校地、校舍及相關教學資源，應與宗教教義研修機構明確區別。 前項宗教教義研修機構學員除依法令規定入讀宗教研修學院外，宗教研修學院不得依學位授予法規定授予其學位。	一、第一項明定新設宗教研修學院校名不得與宗教法人原有並繼續辦理之教義研修機構相同，以免社會大眾無法區別學校差異，且教學資源應區隔。 二、第二項明定宗教法人續辦教義研修機構之學員，如無依規定入讀宗教研修學院，該研修學院不得依學位授予法規定授予學位。
第十六條　宗教研修學院由宗教法人設立，其法人事務涉及學校運作者，準用本法第二十九條、第三十二條第一項第三款至第五款、第二項、第三項、第三十七條、第四十一條至第四十六條、第四十八條、第四十九條、第五十一條第一項、第五十二條、第五十三條、第七十條、第八十一條及其相關法令有關學校法人之規定。 前項運作事項涉及教育與宗教主管機關者，其業務範圍及權責劃分，由本部會商內政部及直轄市、縣（市）政府定之。	一、第一項明定宗教研修學院由宗教法人設立，其法人事務涉及學校運作者，準用本法及相關法令有關學校法人之規定，俾使宗教法人依私立學校法規定經營學校並受其監督。 二、第二項明定宗教法人及其所設宗教研修學院之主管機關權責劃分原則。

第十七條　宗教研修學院屬第二條私立大學下設之學院者，應依大學法及其相關法令之規定，不適用第六條至第九條規定。	為區別法人所設宗教研修學院與私立大學下設宗教研修學院性質不同，其所規範之設立基準亦不同；私立大學下設宗教研修學院參照本部大學校院增設調整院系所學位學程及招生名額總量發展審查作業要點相關規定辦理。
第十八條　宗教研修學院應定期對教學、研究、服務、輔導、校務行政及學生參與等事項，進行自我評鑑；其評鑑規定，由各校定之。 本部應依相關規定辦理宗教研修學院評鑑。	一、為落實宗教研修學院自主管理之原則，於第一項明定其應定期辦理自我評鑑，檢視各項校務辦理情形。 二、為促進宗教研修學院之發展，於第二項明定本部應依大學法及本法相關規定，辦理對學校之評鑑。
第十九條　本辦法自發布日施行。	施行日期。

資料來源：http://www.edu.tw/files/news/EDU02/971028宗教研修學院設立辦法草案.doc

國家圖書館出版品預行編目資料

政教互動與宗教團體自由權限：「宗教團體法草案」
個案研究(1997-2012)／蔡秀菁 著-- 初版
臺北市：蘭臺出版 2014.2
　ISBN　978-986-6231-72-8 (平裝)

1.政教關係 2.宗教法規
571.81　　　　　　　　　　　　　　　　　　102018611

台灣宗教研究叢刊 9

政教互動與宗教團體自由權限：「宗教團體法草案」個案研究(1997-2012)

作　者：蔡秀菁
編　輯：張加君
美　編：陳俐卉
封面設計：陳俐卉
出 版 者：蘭臺出版社
發　行：博客思出版社
地　址：台北市中正區重慶南路 1 段 121 號 8 樓之 14
電　話：(02)2331-1675 或(02)2331-1691
傳　真：(02)2382-6225
E—MAIL：books5w@gmail.com
網路書店：http://bookstv.com.tw/
　　　　　http://store.pchome.com.tw/yesbooks/
　　　　　博客來網路書店、博客思網路書店、華文網路書店、三民書局
總 經 銷：成信文化事業股份有限公司
劃撥戶名：蘭臺出版社　帳號：18995335
網路書店：博客來網路書店 http://www.books.com.tw
香港代理：香港聯合零售有限公司
地　址：香港新界大蒲汀麗路 36 號中華商務印刷大樓
　　　　　C&C Building, 36,Ting, Lai, Road, Tai,Po, New,Territories
電　話：(852)2150-2100　　傳真：(852)2356-0735
出版日期：2014 年 2 月 初版
定　價：新臺幣 800 元整（平裝）
ISBN：978-986-6231-72-8